Christopher Berry-Dee

Wie
Serienmörder
denken

Christopher Berry-Dee

Wie Serienmörder denken

Ein schockierender Blick in die Abgründe des Bösen

Bibliografische Information der Deutschen Nationalbibliothek
Die Deutsche Nationalbibliothek verzeichnet diese Publikation in der Deutschen National-
bibliografie. Detaillierte bibliografische Daten sind im Internet über http://dnb.d-nb.de
abrufbar.

Für Fragen und Anregungen
info@rivaverlag.de

1. Auflage 2020
© 2020 by riva Verlag, ein Imprint der Münchner Verlagsgruppe GmbH
Nymphenburger Straße 86
D-80636 München
Tel.: 089 651285-0
Fax: 089 652096

Die englische Originalausgabe erschien 2003 bei John Blake Publishing unter dem Titel *Talking
with Serial Killers*. © 2003 by Christopher Berry-Dee. All rights reserved.

Übersetzung: Egbert Baqué
Redaktion: Caroline Kazianka
Umschlaggestaltung: Manuela Amode in Anlehnung an das Original
Umschlagabbildung: © shutterstock.com/Africa Studio
Abbildungen im Bildteil: © shutterstock.com/Sonya illustration, shutterstock.com/Flas100 (Lay-
outelemente) sowie Alamy.de/World History Archive (Seite 2) und Popperfoto; The Democrat
and Chronicle, Rochester, NY; Daytona Beach News Journal
Satz: Carsten Klein, Torgau
Druck: GGP Media GmbH, Pößneck
Printed in Germany

ISBN Print 978-3-7423-1545-8
ISBN E-Book (PDF) 978-3-7453-1220-1
ISBN E-Book (EPUB, Mobi) 978-3-7453-1221-8

Weitere Informationen zum Verlag finden Sie unter

www.rivaverlag.de
Beachten Sie auch unsere weiteren Verlage unter www.m-vg.de

Inhalt

Wie Serienmörder denken

CHRISTOPHER BERRY-DEE

Damit wir das Leid nicht vergessen, das diese brutalen Menschen anrichten, widme ich dieses Buch der Erinnerung an:

Leanna Williams (gestorben am 23. August 1994)

Santiago Margarito Rangel Varelas (Gefangener-Nr. 999159), der im Todestrakt der Ellis-Haftanstalt in Texas sitzt, ist selbst im Vergleich mit anderen Kindermördern und ihren abstoßenden Taten ein besonders widerliches Monster. Sein Opfer war Leanna Williams, seine zwei Jahre alte Stieftochter. Als das Kind starb, war Varelas noch nicht einmal vier Monate mit Leannas Mutter verheiratet. Doch in dieser kurzen Zeit hatte er die Kleine erbarmungslos mit Gewalt traktiert und sie sexuell missbraucht; die Gewalt, die er ihr angetan hat und die gleich nach der Heirat einsetzte, hätte allein schon gereicht, um sogar einen gesunden Erwachsenen umzubringen.

Nach wiederholten Tritten gegen ihren Kopf starb das Mädchen an Gehirnblutungen. Die meisten ihrer Rippen waren gebrochen und sie war anal missbraucht worden. Varelas erzählte der Polizei, das Kind sei in ihrem Haus in der 4415 2nd Street in Bacliff, Texas, gestürzt. Ebenso erschreckend und unvorstellbar ist, dass Leannas Mutter den geschockten Ermittlern gegenüber erklärte, sie habe von all dem nichts gewusst, und dies, obwohl Varelas auch noch wegen unsittlicher Handlungen gegenüber Leannas beiden Schwestern, fünf und neun Jahre alt, angeklagt wurde.

Dank

Wie Professor Elliott Layton, ein international häufig konsultierter Experte für Serienmorde, und Robert Ressler, früherer Spezialagent des FBI und renommierter Fallanalytiker, bestätigen, ist es, wenn man kein Polizeibeamter oder Psychiater ist und damit einen besonderen Zugang zum Strafvollzug hat, nahezu unmöglich, auch nur einen einzigen Serienmörder für eine Befragung aufzusuchen, schon gar nicht zwei solcher Kreaturen. Ich habe im Laufe der Zeit mehr als 30 befragt.

Abgesehen vom finanziellen Aufwand, der sich auf viele Tausend Dollar belaufen kann – kaum ist man vor dem Gefängnistor angekommen, da überlegt es sich der Straftäter oder die Straftäterin in letzter Minute anders –, muss man eine Beziehung zu Mördern erst einmal über viele Jahre der Korrespondenz aufbauen, bevor sie einem langsam Vertrauen entgegenbringen. Aber das ist nur ein Bruchteil des nötigen Arbeitsaufwands.

Um den Betroffenen verstehen zu können, muss man von Anfang an dessen Geschichte bis zu seiner Geburt zurückverfolgen. Sich mit seinen Eltern, Verwandten, Freunden, Lehrern oder Arbeitskollegen treffen, mit den nächsten Angehörigen des Opfers, der Polizei, Anwälten, Richtern, Psychiatern und Psychologen, selbst mit den Justizbeamten, die sich um das Wohlergehen des Straftäters in Haft – oft im Todestrakt – kümmern. Sodann muss man sich einen Weg durch all die Vorschriften bahnen, die die Mörder wie der Stacheldraht um das Gefängnis herum als nahezu undurchdringliche Barriere abschotten. Ohne die Genehmigung der Gefängnisbehörde erhält man nirgendwo Zutritt. Erst wenn alle genannten Punkte »abgehakt« sind, bekommt man die Gelegenheit, sie zu treffen – die gefährlichsten menschlichen Raubtiere auf Erden.

Wie Sondra London in ihrem vorzüglichen Buch *Knockin' on Joe* bemerkt, ist es »eine gefährliche Angelegenheit, sich auf solche Leute einzulassen, denn konzentriert man sich über einen längeren Zeitraum intensiv auf eine Persönlichkeit, wird man unweigerlich selbst in deren Welt hineingezogen … Und während man in ihren Käfigen sitzt und sie beobachtet, beobachten sie einen selbst.«

Oft habe ich an die Worte von Friedrich Nietzsche denken müssen: »Wer mit Ungeheuern kämpft, mag zusehen, dass er nicht dabei zum Ungeheuer wird. Und wenn du lange in einen Abgrund blickst, blickt der Abgrund auch in dich hinein.«

Ohne die gemeinsamen Anstrengungen vieler Menschen ist ein Sachbuch nicht möglich, und die Untersuchung von Gewaltverbrechen auf der Basis von Informationen aus erster Hand kann lohnend, aufregend und quälend zugleich sein. Doch am Ende des Weges ist es an der Zeit, über die zurückgelegte Strecke nachzudenken und sich all jener Personen und Organisationen zu erinnern, die auf ganz unterschiedliche Weise dabei halfen, dieses Buch möglich zu machen und, wie ich hoffe, lesenswert zu gestalten.

Viele ihrer Namen werden im Text genannt. Andere jedoch nicht, doch waren sie für die Ausarbeitung, die Recherche und das Verfassen von *Wie Serienmörder denken* genauso wichtig.

Mein Dank gilt da, wo es angemessen ist, insbesondere den nächsten Angehörigen der Opfer. Die in diesem Buch vorgestellten Mörder haben ihre Rache an der Gesellschaft genommen und die Qualen, die sie verursacht haben, lassen sich in keiner Weise ermessen. Der Tod ist greifbar, die Trauer weniger. Die Hinterbliebenen haben trotz der tragischen Verluste von geliebten Menschen auch Mitgefühl für die Mörder ihrer Kinder gezeigt. Ohne ihre Hilfe, ohne ihren Kummer und ohne ihren unauslöschlichen Schmerz hätte diesem Buch der wichtige emotionale Ausgleich gefehlt, den es zur umfassenden Darstellung gebraucht hat.

Ich danke auch den Gefängnisbehörden für die Erlaubnis eines uneingeschränkten Zugangs zu ihren jeweiligen Vollzugsanstalten und zu den befragten Straftätern. Und den vielen Polizeibeamten, Anwälten und Richtern, die in anerkennenswerter Weise ihre beruflichen Pflichten erfüllt haben, indem sie die Straftäter der Justiz zugeführt haben, aber auch, wo es ihnen möglich war, bei den eingehenden Recherchen für dieses Buch geholfen haben. Schließlich gilt, so seltsam das klingen mag, mein Dank auch den

Serienmördern und Massenmördern, die mir Einblick in ihre dunkle Welt gewährten. Denn wenn die Gesellschaft wissen will, wie diese Bestien ticken, müssen wir, so abstoßend das auch sein mag, dem zuhören, was sie zu sagen haben, ihren Wahrheiten und Lügen.

Wie stets bin ich meinem engen Freund Robin Odell zu Dank verpflichtet. Robin, ein wunderbarer Autor und Lektor, ist mit diesem Thema besser vertraut als viele andere.

Er hat sich einen großen Teil meines Rohmanuskripts vorgenommen und es zu dem nun vorliegenden fertigen Werk ausgefeilt.

Hier ist auch der richtige Ort, um einigen wenigen für ihre persönliche Unterstützung zu danken, jenen, die die Geduld aufbrachten, sich monatelang meine Gedanken über Serienmorde anzuhören. Großen Dank schulde ich dafür meinem Vater und meiner Mutter, Patrick und May. Guten Freunden wie Jackie Clay, Graham Williams, David »Elvis« Murphy, Ace Francis, Bob Noyce, Phil Simpson, Barbara Pearman und Tony Brown, die mich ermutigt haben, wenn ich niedergeschlagen war. Meinem Fernsehproduzenten Frazer Ashford und meinen Mitarbeitern bei *The New Criminologist*. Kollegen wie Elliott Leyton (Professor für Anthropologie an der Memorial University of Newfoundland, der immer kritisch ist und sich mit dem Rätsel der XYY-Chromosomenstörung auseinandersetzen muss) und David Canter (Professor für angewandte Psychologie). Mein Dank gilt auch Adam Parfitt und John Blake vom Verlag Blake Publishing, die den Mut aufbrachten, dieses Buch zu veröffentlichen.

Zum Schluss noch ein mit viel Zuneigung verbundener, ganz besonderer Dank an meine Studenten im praktischen Jahr – letztlich ist es für Sie ja gut gelaufen –, ich werde Ihre Gesellschaft sehr vermissen, und an Alyona Minenok aus Nowosibirsk. Die spätabendlichen Gespräche mit Ihnen haben mir enorm geholfen.

Christopher Berry-Dee
Direktor des Criminology Research Center
Southsea, 2001

HARVEY LOUIS CARIGNAN

»Dieser Kerl ist der Teufel in Person. Sie hätten ihn schon vor Jahren grillen sollen, Punkt, und sie hätten Schlange stehen müssen, um den Schalter zu betätigen. Wenn er dann tot gewesen wäre, hätten sie ihm einen Pfahl durchs Herz treiben, ihn begraben und eine Woche später wieder ausgraben sollen, um einen weiteren Pfahl hineinzurammen, nur um sicherzugehen, dass er wirklich tot ist.«

RUSSELL J. KRUGER, CHEFERMITTLER,
MINNEAPOLIS POLICE DEPARTMENT

Der 24. September 1974, frühmorgens in Minneapolis: Die Sonne war bereits aufgegangen und die Streifenpolizisten Robert Nelson und Robert Thompson fuhren die 1841 E 38th Street entlang, als sie einen verdreckten erbsengrünen 1968er Chevrolet Caprice erblickten. Der Wagen war auf der anderen Seite der Straße gegenüber einem Diner abgestellt. Thompson fuhr einmal langsam um den Block herum, während sein Partner die Angaben des Polizeiberichts überprüfte, der am Vortag herausgegeben worden war.

»Das könnte er sein«, sagte Nelson, »der sieht aus wie der gesuchte Wagen. Jetzt müssen wir nur noch den Fahrer finden. Das ist ein groß gewachsener Typ und, nach dem, was hier steht, hat er eine Figur wie ein Gorilla.«

Die beiden Polizisten blickten durch das Fenster des Caprice und schauten sich das Wageninnere genau an. Und tatsächlich waren da eine rot karierte Decke, Pornozeitschriften und eine Bibel zu sehen. Neben dem Schaltknüppel bemerkten sie mehrere Schachteln Marlboro-Zigaretten. All diese Dinge hatte ein Vergewaltigungsopfer im Zusammenhang mit dem Mann erwähnt, den die Polizei suchte.

Während Nelson mit seiner Wache telefonierte und Verstärkung anforderte, betrat Thompson den Diner und fragte den Inhaber, ob er wisse, wer der Fahrer des Wagens sei.

»Ja klar«, antwortete der misstrauisch, »aber als er euch Polizisten gesehen hat, ist er auf und davon.«

Ein paar Minuten später wurde Harvey Louis Carignan gestellt, kurz befragt und dann festgenommen. Er wurde in die Stadt gebracht, über sein Recht der Aussageverweigerung belehrt und des Mordes und der Vergewaltigung angeklagt.

Nach bis zu 50 Tötungsdelikten konnte nun einer der grausamsten Serienmörder Amerikas nie wieder seinen Hammer einsetzen.

* * *

»Selbst jetzt kommt es mir manchmal so vor, als wäre meine Kindheit kurz gewesen und hätte nur ein paar Tage gedauert. Es gibt nichts, an dem ich mich festhalten, und nichts, auf das ich mit Freude zurückblicken kann. Von meiner damaligen und heutigen Situation aus betrachtet, war und ist sie eine einzige große Verzweiflung.«
CARIGNAN, IN EINEM BRIEF AN DEN AUTOR, 14. APRIL 1993

Harvey, am 18. Mai 1927 im Armeleuteviertel von Fargo, North Dakota, geboren, war wie viele Serienmörder ein uneheliches Kind, das seinen leiblichen Vater nie kennenlernte. Seine 20 Jahre alte Mutter Mary tat sich schwer mit dem kränklichen Jungen, der einfach nicht gedeihen wollte. 1930, als die Große Depression ihre schlimmste Phase erreicht hatte, begann sie, das Kind jedem anzuvertrauen, der es irgendwie versorgen konnte. So wuchs der Junge bei unterschiedlichen Personen auf, wechselte von einer Schule zur nächsten und war außerstande, familiäre Bindungen zu entwickeln oder eine solide Ausbildung zu absolvieren.

Schon sehr früh in diesen prägenden Jahren litt Harvey unter Zuckungen im Gesicht und bis zu seinem 13. Lebensjahr war er Bettnässer. Auch erkrankte er an Chorea Huntington – auch Veitstanz genannt – einer Erbkrankheit, die sich durch unkontrollierbare spasmische Ruckbewegungen äußert.

Mit zwölf Jahren wurde er in einer Erziehungsanstalt in Mandan, North Dakota, untergebracht, in der er – so steht es in seinem »Vorstrafenregister« des FBI – sieben Jahre lang blieb. Während dieser Zeit wurde er nach eigenen Aussagen von einer Lehrerin ständig sexuell belästigt und missbraucht. In einem Brief vom 12. Juni 1993 schreibt er:

»... Ich hatte eine Lehrerin, die sich immer an meinen Schreibtisch setzte, und dann schrieben wir obszöne Bemerkungen auf und tauschten sie aus. Damals war ich 13 oder 14 – und man zeige mir doch mal einen 14-jährigen Jungen, der nicht bereitwillig und mit Vergnügen in einem Schulzimmer sitzen und pornografische Notizen mit seiner Lehrerin austauschen würde. Ich habe sie nie berührt, ohne eine gewischt zu bekommen, doch nach der Schule behielt sie mich da, und dann musste ich mich vor sie stellen, während sie masturbierte, mich beschimpfte und mir sagte, wozu sie mich zwingen würde. Aber verdammt, keine ihrer Drohungen hat sie je wahrgemacht. Das Weibsstück ließ mich nicht mal gemeinsam mit ihr masturbieren! Wenn ich meinen Penis herausholte, hat sie mich grün und blau geprügelt! Sie hatte ungeheuer große Brüste. Sie war wirklich eine grausame Frau ...«

Während seiner Teenagerjahre blieb Harvey Carignan in der Erziehungsanstalt in Mandan. Dann, 1948, im Alter von 21 Jahren, ging er zur Armee, die ihn mit offenen Armen willkommen hieß.

Harvey war nun nicht mehr der schmächtige kleine Wicht, der seit seinem vierten Lebensjahr unter seelischem und sexuellem Missbrauch zu leiden hatte. Die kohlenhydratreiche und ausgewogene Ernährung in Mandan hatte dazu beigetragen, dass er mittlerweile zu einem bärenstarken, gut genährten und enorm muskulösen jungen Mann herangewachsen war.

Seine mörderische Karriere begann Carignan 1949, als er am frühen Sonntagabend des 31. Juli die 57 Jahre alte Laura Showalter tötete, nachdem er zuvor in einem kleinen Park in Anchorage, Alaska, versucht hatte, sie zu vergewaltigen. Der Tod trat rasch ein, nachdem er ihren Kopf zertrümmert hatte, was zu schrecklichen Hirnverletzungen geführt hatte. Das Gesicht des Opfers war vom Kinn bis zur Stirn zerstört, Knochen und Gewebe wurden unter den Hieben seiner wuchtigen Fäuste zu Brei zermalmt.

»Dieser Mörder war so stark«, sagte ein Polizeibeamter, »dass er mit einem Schlag wie eine Rakete, die in einen Panzer kracht, ein Loch in ihren Schädel hieb.«

Am Freitag, dem 16. September 1949, versuchte Carignan eine junge Frau namens Dorcas Callen zu vergewaltigen, doch sie entkam seinem Angriff. Der Soldat, augenscheinlich betrunken, obwohl es erst elf Uhr vormittags war, stellte sich ihr in der Nähe einer Kneipe in der Anchorage Street in den Weg. Als er Dorcas aufforderte, mit ihm mitzufahren, lehnte sie ab und wandte sich um.

»Hey«, rief er, »ich glaube, ich kenne dich … vielleicht.«

»Bitte gehen Sie«, flehte Dorcas. »Sie kennen mich nicht.«

Sie hatte große Angst, denn sie wusste, dass in dieser Gegend erst vor ein paar Wochen eine Frau totgeprügelt worden war. Der groß gewachsene Soldat, der da vor ihr stand, war über ihre Ablehnung verärgert, und sie schaffte es nicht, davonzulaufen. Bevor sie auch nur einen Schritt tun konnte, packte der Mann sie und zog sie von der Straße. Sie fielen in einen Graben neben der Straße und er lag mit seinem ganzen Körper auf ihr. Er fing an, ihr die Kleidung vom Leib zu reißen, berührte mit seinen Händen ihre Brüste und griff ihr zwischen die Beine. Er war kurz davor, sie zu vergewaltigen.

Dorcas wehrte sich verbissen und versuchte verzweifelt, sich auf der lockeren Erde des Grabens abzustützen. Er war sehr kräftig, fast unmenschlich stark. Doch irgendwie schaffte sie es, schreiend aus dem Graben zu klettern und über die Straße in die Kneipe zu rennen, von der aus sie die Polizei anrief.

Im Krankenhaus durchlebte sie mit ihrem zerschrammten und blutverschmierten Gesicht den Schrecken dieses Überfalls noch einmal in allen Einzelheiten. »Er verwandelte sich schlagartig in ein Wesen aus der Hölle. Seine Wut kam aus dem Nichts, als ob jemand plötzlich das Böse in ihm angeschaltet hätte«, erzählte sie mit geschwollenen Lippen.

Dank ihrer Beschreibung des Mannes, der sie angegriffen hatte, konnte Carignan noch am gleichen Tag festgenommen werden. 1950 musste er sich vor dem Bundesbezirksgericht für das Territorium von Alaska, dritte Abteilung, unter dem Vorsitz von Richter George W. Folta wegen vorsätzlichen Mordes an Laura Showalter verantworten. Als Ass hatte die Staatsanwaltschaft ein Mordgeständnis im Ärmel, das der Angeklagte gegenüber Marshal Herring abgegeben hatte. Harvey Carignan wurde schuldig gesprochen und zum Tod durch den Strick verurteilt. Bei der folgenden Revision vor dem Obersten Gerichtshof befanden die Richter Reed, Douglas, Black und Frankfurter einstimmig, dass Harvey Carignans Verurteilung der McNabb-Regel widerspreche. Die besagt, dass Geständnisse nicht anerkannt werden können, wenn sie während eines illegalen Gewahrsams erwirkt wurden, weil der Gefangene nicht sofort einem Haftrichter vorgeführt wurde. Weil diese Regel verletzt worden war, stuften die Richter das Geständnis als unzulässig ein. So kam es, dass Harvey dem Tod entkam, jedoch zu 15 Jahren Haft verurteilt wurde. Der Gefangene Nr. 22072 wurde vom Seward-Gefängnis in Alaska auf die Gefängnisinsel McNeil Island im Bundesstaat Washington gebracht.

Während seines Gesprächs mit dem Autor bemerkte Carignan: »Laura Showalter … Dorcas Callen? Diese Namen sagen mir nichts.«

* * *

Am 13. September 1951 wurde Carignan in das Staatsgefängnis von Alcatraz, Kalifornien, verlegt, wo er die nächsten neun Jahre verbrachte. Mit 32 Jahren wurde er dann am 2. April 1960 auf Bewährung entlassen. Mit

Ausnahme der wenigen Jahre bei der Armee und seiner ersten elf Kindheitsjahre war er nicht mehr in Freiheit gewesen.

Nachdem er in seinem billigen, vom Gefängnis gestellten Anzug und mit einer Tasche mit seinen Habseligkeiten an der Mole von San Francisco angekommen war, blickte er der kleinen Gefängnisbarkasse hinterher, die nun wieder zurück zum »Felsen«, wie Alcatraz auch genannt wurde, tuckerte, dann stieg er in einen Zug nach Duluth, Minnesota. Dort zog er bei einem seiner drei Halbbrüder ein, wurde jedoch am 4. August 1960, nur vier Monate nach seiner Freilassung, wegen Einbruchs dritten Grades und Körperverletzung mit der Absicht der Vergewaltigung erneut festgenommen.

Carignan hatte Glück, dass eine Anklage wegen Vergewaltigung aus Mangel an Beweisen fallen gelassen wurde. Hätte ihm die Vergewaltigungsabsicht nachgewiesen werden können, wäre er sofort wieder im Gefängnis gelandet und nie wieder freigekommen. Allerdings hatte er seine Bewährungsauflagen verletzt und so wurde er zu 2086 Tagen Haft im Bundesgefängnis von Leavenworth, Kansas, verurteilt.

1964 kehrte Carignan zurück in die Gesellschaft und zog schnell nach Seattle um, wo er sich am 2. März als zur Bewährung Verurteilter C-5073 anmeldete. Am 22. November jenes Jahres nahm ihn der Sheriff aus King County wegen Landstreicherei und Einbruchs zweiten Grades fest.

Am 20. April 1965 saß er wieder auf der Anklagebank und wurde zu 15 Jahren in der Strafanstalt des Staates Washington in Walla Walla verurteilt, einer der Städte im Dreistaateneck, zu denen auch Richland und Kennewick gehören, an der südöstlichen Grenze zwischen Washington und Oregon.

Nun, da er in einer der ältesten und berüchtigtsten Strafanstalten der Vereinigten Staaten saß, versuchte er, seinen Mangel an Bildung auszugleichen. Er erlangte einen Highschool-Abschluss, belegte viele College-Kurse in Soziologie und Psychologie und verfasste schriftliche Arbeiten über sexuelle Psychopathie, über paranoide Persönlichkeiten und das gut angepasste Individuum. Er las ständig, erhielt Bestnoten und studierte Journalismus – all dies beeindruckte seine Betreuer. Doch es gab da eine dunklere Seite, die sich zeigte, sobald er allein war. Wenn er sich mit seinen Mitgefangenen unterhielt, fantasierte Harvey von hübschen jungen Mädchen, er war ganz auf

· »junges Fleisch« fixiert. Er hat oft und bis ins hohe Alter erklärt, dass seine Wahl letztlich immer auf junge Mädchen fallen würde, was gerade für einen alten Mann doch ein ziemlich ungesundes Verlangen ist.

* * *

Als Mann mittleren Alters und Ex-Häftling mit einer wenig attraktiven Erscheinung waren Harveys Chancen, nach seiner Entlassung aus dem Gefängnis mit einem Teenager anbandeln zu können, alles andere als groß. Als er Sheila Moran kennenlernte, eine geschiedene Frau mit drei Kindern, heiratete er sie. Sie hatte ihr eigenes Haus in Ballard, dem skandinavischen Viertel von Seattle, in dem sie gemeinsam lebten. Sheila, die eine ordentliche Erziehung genossen hatte, machte sich schon bald keinerlei Illusionen mehr über die Persönlichkeit ihres Ehemanns, der sich mit einem Haufen unangenehmer Menschen umgab. Dauernd war er bis spätabends unterwegs und raste mit halsbrecherischer Geschwindigkeit in seinem Auto durch die Gegend. Nachdem Carignan ihren betagten Onkel böse angegriffen hatte, beschloss sie, ihre Sachen zu packen und ihn mit den Kindern zu verlassen. Sie lief einfach weg. Harvey wollte sie daraufhin töten und wartete vergeblich eine Nacht lang mit einem Hammer in der Hand auf sie, doch glücklicherweise kehrte Sheila nicht nach Hause zurück.

Am 14. April 1972 heiratete Harvey erneut. Alice Johnson, eine geistig etwas eingeschränkte, schlichte Frau über 30 verliebte sich in ihn. Die naive und gutgläubige Putzfrau, die nur wenige Freunde hatte, dachte, sie hätte einen hart arbeitenden, anständigen Mann kennengelernt. Alice war schon einmal verheiratet gewesen und hatte einen elfjährigen Sohn, Billy, und eine hübsche Tochter, Georgia, die 14 Jahre alt war und nach der Harvey bald schon gierte.

Zu diesem Zeitpunkt hatte Harvey es geschafft, von der Time Oil Company eine Tankstelle zu pachten. Alice fiel auf, dass stets junge Mädchen die Zapfsäulen bedienten. Doch kaum hatte eines der Mädchen bei ihm angefangen, war es bald auch schon wieder weg und wurde durch ein anderes ersetzt, das genauso jung und hübsch war. Diese Vorgänge weckten in ihr einen Verdacht, den sie von Gerüchten, dass ihr Mann von Mädchen im Teenageralter besessen war, bestätigt sah. Jedem Mädchen, dem er begegnete, näherte er sich mit obszönen Angeboten und Bemerkungen, und als Alice ihm deshalb Vorhaltungen machte, brüllte er sie an, schlug ihren Sohn und machte sich davon, nicht ohne lüsterne Blicke auf Georgia zu werfen, die seiner Stieftochter ausgesprochen unangenehm waren. Wenig überraschend brach die Ehe kurz darauf auseinander.

Am 15. Oktober 1972 vergewaltigte und tötete Carignan einen Teenager namens Laura Brock in der Nähe von Mount Vernon im Bundesstaat Washington.

* * *

Eine Suchanzeige in der *Seattle Times* vom 1. Mai 1973 war der Beginn einer Kette von grauenvollen Ereignissen. In der Anzeige, die die 15-jährige Kathy Sue Miller las, wurde für eine örtliche Tankstelle eine Hilfskraft gesucht. Kathy brauchte eigentlich keinen Job für sich selbst, sondern für ihren Freund Mark Walker. Als sie jedoch am nächsten Morgen unter der angegebenen Kontaktnummer anrief, erklärte ihr der Mann am Telefon zu ihrer Überraschung, dass er Mädchen suche. Sie gab ihm ihre Adresse und Telefonnummer und willigte ein, sich nach der Schule mit ihm zu treffen. Sie vereinbarten, dass er sie vor dem Sears Building in Seattle mit seinem Auto abholen und dann zur Tankstelle bringen würde, um einen Bewerbungsbogen auszufüllen.

Kathys Mutter Mary machte sich Sorgen. Dass ihre Tochter einem Fremden ihre Nummer gegeben hatte, gefiel ihr nicht, und sie war auch beunruhigt von der Art und Weise, wie das Vorstellungsgespräch ablaufen sollte. Insbesondere missfiel ihr, dass Kathy zu jemandem in ein Auto steigen wollte, den sie noch nie zuvor gesehen hatte. Dabei dachte sie auch an einen kürzlich veröffentlichten Zeitungsartikel über Laura Brock, die beim Trampen vergewaltigt und ermordet worden war.

»Ich meine es ernst, Kathy«, warnte Mary ihre Tochter, »ich möchte nicht, dass du diesen Mann triffst.«

Ungeduldig versprach Kathy, es nicht zu tun, und machte sich mit einem Stapel Schulbücher unter dem Arm auf den Weg zum Unterricht.

Mutter und Tochter nahmen an jenem Morgen den gleichen Bus, und in der Nähe der Roosevelt High School stieg Kathy als Erste aus. Mary sah durch das schmutzige Fenster, wie ihre hübsche Tochter davoneilte, sich noch einmal umdrehte und ihr lächelnd zuwinkte.

An jenem Nachmittag gehorchte Kathy ihrer Mutter nicht und traf sich, wie verabredet, mit Carignan. Er hatte schon mit wachsender Ungeduld auf sie gewartet, und als er ein groß gewachsenes, kräftiges, athletisches Mädchen auf sich zukommen sah, schlug sein Herz höher. Ihr von Haus aus blondes Haar war in einem glänzenden Karamellton gefärbt und fiel in dichten Wellen bis auf die Mitte ihres Rückens. Kathy hatte grüne Augen und auf ihrer hellen Haut waren ganz zart Sommersprossen zu entdecken. Gegenüber Carignans Wagen blieb sie kurz stehen, um dann die Straße zu überqueren. Carignan sah, wie ihm das junge Mädchen in ihrem blauweißen Trägerkleid, mit einer marineblauen Bluse und bläulichen Nylonstrümpfen zuwinkte.

Carignan neigte sich über den Beifahrersitz und drückte die Tür auf. Doch Kathy ging zur Fahrerseite und sprach ihn durchs Fenster an. Als sie Carignan nun zum ersten Mal sah, fand sie den Anblick nicht besonders erfreulich. Er war ein unattraktiver Mann mit einer eigentümlich gewölbten Stirn. Er hatte ein fliehendes Kinn und über einem Auge eine tiefe Narbe. Mit seiner zerfurchten Haut und den Tränensäcken und Falten unter den Augen sah Carignan um Jahre älter aus als 46, sein wirkliches Alter. Normalerweise machte er ein finsteres Gesicht und runzelte die Stirn. Wollte er lächeln, kostete ihn das einige Anstrengung. Doch diesmal brachte er all seinen Charme auf, über den er verfügte.

»Hi, du bist bestimmt Kathy«, fragte er mit einem breiten Lächeln.

Kathy bemerkte ein Grübchen auf seinem Kinn, dann lächelte sie zurück. »Na klar, bin ich.«

Um sie dazu zu bewegen, ins Auto einzusteigen, sagte er: »Wir müssen die Bewerbungsformulare ausfüllen, und die liegen in meinem Büro. Spring einfach rein. Wenn wir damit fertig sind, bring ich dich noch nach Hause.«

Kathy war unbehaglich zumute. »Meine Mutter ist davon nicht gerade begeistert«, erklärte sie, und Harvey schaltete einen Gang höher.

»Das kann ich wirklich verstehen. Ich habe selbst Kinder. Bin auch verheiratet. Hübsches Haus, reizende Frau. Echt, wir können deiner Mutter keine Vorwürfe machen, dass sie vorsichtig ist.«

Die beruhigenden Worte des Mannes hatten Kathy fast überzeugt. »Sind Sie sicher, dass es okay ist?«

»Absolut. Ich werd dir was sagen: Wenn ich dich nach Hause bringe, werde ich mich deiner Mutter sogar vorstellen. Dann ist sicher alles gut.«

Kathy Sue Miller wurde nie wieder lebend gesehen. Carignan, dessen Gewaltbilanz der Polizei bekannt war, wurde ausführlich verhört und seine Aktivitäten wurden 24 Stunden überwacht, doch es gab nicht genügend Beweise, um ihn wegen Entführung oder gar Mord anzuklagen. Dann entdeckten zwei 16-jährige Jungs, die am Sonntag, dem 3. Juni, mit ihren Motorrädern durch die Tulalip Reservation nördlich von Everett kurvten, Kathys Leiche. Sie war in schwarzes Plastik eingewickelt und nackt. Der Körper war bereits so stark verwest, dass zunächst nicht einmal das Geschlecht der Leiche festgestellt werden konnte. Mit Abschluss der Autopsie war klar, dass die Zähne mit Kathys zahnärztlichen Unterlagen übereinstimmten. Die Beschädigungen des Schädels ließen darauf schließen, dass der Tod durch schwere Schläge verursacht worden war.

Selbst nach Entdeckung der Leiche schaffte »Harvey, der Hammer« es noch, sich dem Zugriff der Polizei zu entziehen. Zuerst zog er nach Colorado und später nach Minneapolis, Minnesota, wo er am 4. August 1974 Eileen Hunley ermordete. Ihre Leiche wurde am 18. September im Sherburne County gefunden. Als Reaktion auf diesen Mord kommentierte Carignan: »Sie war meine Lebensgefährtin, und ich dachte, sie hätte sich mit einem Schwarzen eingelassen, deshalb habe ich sie auf der Straße angehalten … Ich habe ihren Kopf gegen einen Laternenmast geknallt und ihr Gesicht auf einen Kanaldeckel geschlagen, bis sie tot war. Dann wollte ich sie an ein paar Schweine verfüttern.«

* * *

Eine Serie von sexuellen Übergriffen gegenüber Tramperinnen in den Bundesstaaten Colorado und Minnesota in den letzten Monaten des Jahres 1974 ließen Carignans Handschrift erkennen. Sie waren meist von einem großen Mann begangen worden, der einen Hammer als Waffe schwang. Die Beschreibung des Täters traf weitgehend auf ihn zu. Mindestens sieben der Mädchen starben und die übrigen waren für den Rest ihres Lebens geistig und körperlich gezeichnet.

Am 8. September 1974 ließ Carignan eine Tramperin bei sich einsteigen, fuhr mit ihr in eine ländliche Gegend in der Nähe von Mora und missbrauchte sie sexuell. Dann schlug er ihr mit dem Hammer auf den Kopf und missbrauchte sie zudem mit dem Hammerstiel. Das Opfer ließ er auf einem Feld zum Sterben liegen, doch es überlebte. Anschließend konnte die Frau eine Beschreibung des Angreifers und des Wagens, den er fuhr, liefern.

Am 14. September 1974 nahm Carignan eine Frau namens Roxanne Wesley mit, die auf einem Parkplatz im Süden von Minneapolis Probleme mit ihrem Auto hatte. Unter dem Vorwand, sie an einen Ort zu bringen, an dem sie Hilfe bekommen konnte, fuhr er mit ihr in eine ländliche Gegend im Carver County, missbrauchte sie mehrfach sexuell, trieb ihr dabei auch den Hammerstiel in die Vagina, schlug ihr mit dem Hammer auf den Kopf und ließ sie dann wieder zum Sterben auf einem Feld liegen. Auch dieses Opfer überlebte und schaffte es, bis zur Straße zu kriechen. Diese Frau konnte den Angreifer und sein Auto ebenfalls beschreiben, dazu andere auffallende Dinge, die im Wagen herumlagen.

Zwei trampende Teenager berichteten am 19. September 1974, dass ein Mann sie mitgenommen habe und mit ihnen aufs Land gefahren sei, um sie zu vergewaltigen und zu töten. Einem der Mädchen hatte Carignan einen Fausthieb verpasst und ihm dabei einen Vorderzahn ausgeschlagen. Als er an einer Straßenkreuzung gehalten hatte, waren beide Mädchen aus dem Auto gesprungen und geflohen. Auch in diesem Fall stimmten die Beschreibungen des Mannes und seines Fahrzeugs mit denen der vorherigen Opfer überein.

Am nächsten Tag wurde bei der Polizei von Minneapolis von zwei weiteren Teenagern eine Anzeige erstattet. Sie erklärten, ein Mann habe sie angesprochen und jeder von ihnen 25 Dollar geboten, wenn sie mit ihm im Norden von Minnesota ein Auto abholten und es für ihn nach Minneapolis fuhren. Die beiden Mädchen gaben an, dass er mit ihnen in eine ländliche bewaldete Gegend gefahren sei, wo er dann eine der beiden gebeten habe, ihm in den Wald zu folgen, angeblich um dort das Fahrzeug zu holen, von dem er gesprochen hatte. Er hatte einen Benzinkanister und einen Schraubenzieher mitgenommen. Kurz danach hatte das im Auto gebliebene Mädchen Schreie gehört und war zu einem Haus in der Nähe gerannt, um die Polizei anzurufen. Das andere Mädchen wurde später bewusstlos und mit schweren Kopfverletzungen, die offensichtlich von Hammerschlägen herrührten, aufgefunden. Ihre Beschreibung des Angreifers passte in jeder Hinsicht zu Carignan.

Am 21. September wurde ein weiterer Bericht eines ähnlichen Angriffs aufgenommen, bei dem das Opfer überlebte. Ein paar Tage später wurde Carignan festgenommen.

* * *

Das Folgende ist Teil einer Klageschrift, die sich auf fünf Anklagepunkte zu Straftaten bezieht, die an einem 13-jährigen Mädchen begangen wurden. Der Name des Mädchens wurde entfernt, um die Identität des Opfers zu schützen. Das Originaldokument wurde freundlicherweise von den Staatsanwaltschaften in Minneapolis und Hennepin County zur Verfügung gestellt. Es ist zuvor noch nie publiziert worden.

Schwere Körperverletzung. Schwere Unzucht. Unsittliches Gebaren. Sodomie an oder mit einem Kind. Schwere Sodomie.

»Die besagte ——————— trampte in Minneapolis, als der Beschuldigte, der einen Truck Camper fuhr, anhielt, sie einsteigen ließ, in ein Gespräch verwickelte, wohin sie denn wolle, bemerkte, dass er sie zu ihrem Ziel bringen werde, sie dann unter Androhung von Schlägen mit einem Hammer, den er einem Fach zwischen den Sitzen seines Campers entnahm, zu oraler Unzucht mit ihm zwang, sie unter der Drohung ihr ›den Kopf mit dem Hammer einzuschlagen‹ nötigte, sich auszuziehen, versuchte, den Stiel des Hammers in ihre Vagina zu schieben, sie mehrfach mit dem Hammer im Bereich ihres Gesäßes schlug, als sie gegen die Annäherungen des Beschuldigten Widerstand leistete, sie dann ein weiteres Mal zu oraler Unzucht mit ihm nötigte, mit ihr anschließend zu einem Kornfeld fuhr, wo er sie zwang, sich auf den Bauch zu legen und Geschlechtsverkehr mit ihrem Rektum versuchte, sie dann zum dritten Mal erneut nötigte, orale Unzucht mit ihm zu treiben. Dann erlaubte der Beschuldigte dem Opfer, sich anzuziehen, und fuhr die Betroffene zum Haus einer Freundin an der 5644 Lakeland Avenue, Chrystal, Hennepin County, (Minnesota), wo er dem Opfer gestattete, aus dem Camper auszusteigen; zusätzlich zu den vorgehenden

*Ausführungen erzählte der Beschuldigte dem Opfer, sein Vorname sei ›Paul‹
und sein Nachname ›Harvey‹.«*

In getrennten, 1975 und 1976 geführten Prozessen wurde Carignan nur für
zwei der Morde und für eine Reihe anderer Vergehen belangt. Er wurde zu
einer Gefängnisstrafe von insgesamt 100 Jahren plus lebenslänglich verurteilt.

* * *

*»Ich weiß, wo Ihr Haus liegt. Ich weiß, dass Sie eine junge, hübsche dunkel-
haarige Frau und zwei Kinder haben. Sie haben einen silbernen Mercedes.
Aber ich will dafür sorgen, dass nichts und niemand Ihnen und Ihrer Fa-
milie Schaden zufügt, denn ich habe Freunde in Ihrem Land, die auf mich
aufpassen.«*
HARVEY CARIGNANS BEUNRUHIGENDER WILLKOMMENSGRUSS,
ALS DER AUTOR, CHRISTOPHER BERRY-DEE, IHN IM GEFÄNGNIS
BESUCHTE.

Harvey Louis Carignan, bekannt als »Harv', der Hammer« oder auch als
»Suchanzeigen-Killer«, lebte zur Zeit unseres Gesprächs hinter den trost-
losen Mauern der Justizvollzugsanstalt von Minnesota in Stillwater, an der
Grenze von Minnesota und Wisconsin. Dieses Gefängnis war die größte
Hochsicherheitsanstalt der Sicherheitsstufe 5 für erwachsene Schwerverbre-
cher und mit rund 1320 Insassen belegt.

Fünf Jahre lang habe ich mit Harvey korrespondiert und ihn schließlich
im März 1995, bei einem »Vollkontakt-Besuch«, befragt. Dies war das erste
und einzige Interview, das »Der Hammer« gewährt hat, seit er am 24. September 1974 wegen mehrfacher Vergewaltigung und Mord verhaftet worden
ist.

Weil Individuen wie Harvey so extreme Situationen durchlebt haben, haben sich ihre Seelen zu verschlossenen Räumen entwickelt, in denen sich
mysteriöse Geheimnisse verbergen. Daher braucht es etwas Einfühlungs-
vermögen, um sie aus der Reserve zu locken. Jeden Fall gehe ich gründlich an und verbringe enorm viel Zeit damit, die typischen Eigenschaften
jedes dieser Individuen kennenzulernen, statt sie mit auf ihren Verbrechen

basierenden Allgemeinheiten zu entpersonalisieren. Während ich für meine Zielperson ein gewisses Maß an Mitgefühl entwickele, achte ich stets darauf, dass mein Verständnis keinesfalls so weit geht, dass ihre Dramen sich auch in meinem Kopf abspielen. Es ist ein ständiger Balanceakt zwischen Identifikation und Analyse.

Um einen Menschen kennenzulernen, muss man sich in seine Lage versetzen, seinen Gedankengängen folgen und seine Gefühle nachempfinden. Während man dem oft dysfunktionalen Denken seiner Zielperson bis zu einem gewissen Grade folgt, wird man allerdings selbst nie wie sie. Man bleibt man selbst. Für eine Zeit lang mag man sich ihr nähern, nah genug, um ein Gefühl für diese oft fremdartigen Vorstellungen und Emotionen zu bekommen, doch muss man sich immer wieder zurückziehen, um die eigenen Moralvorstellungen und die mentalen Grenzen wiederherzustellen.

Und was hatte Carignans Psychiater gesagt? Ja, das war's: »Sie werden Harvey interviewen oder etwas, das in seinem Kopf lebt. Sie werden ihn interviewen, und das Böse wird Sie interviewen.«

Harvey wurde über sein persönliches Funkgerät zu unserem Gespräch gerufen, und dem ersten Eindruck nach handelte es sich bei diesem mörderischen Irren um einen deutlich über 1,80 Meter großen, schwerfälligen Kerl, der gebaut war wie ein Kleiderschrank. Er wog mehr als 114 Kilo und erinnerte ein bisschen an einen Affen. Er hatte einen massigen Körperbau, einen kahlen Schädel wie ein Neandertaler und riesige Hände an überlangen schlaksigen Armen, die von breiten hängenden Schultern baumelten. Carignan hatte stechend blaue Augen und sprach mit einer tiefen, heiseren Stimme. Im Gesamteindruck wirkte er wie ein sanfter, ja sogar vernünftiger Riese. Allerdings wissen wir alle, dass der äußere Schein trügen kann. »Der Hammer« war in Wahrheit einer der bösartigsten und berüchtigtsten Serienmörder, der sogar im Alter von 74 Jahren noch 15 Minuten lang ohne Unterlass Klimmzüge mit einem Arm machen konnte, ohne dabei eine Miene zu verziehen.

Es vergingen fünf quälend lange Minuten, ohne dass einer von uns beiden ein Wort sprach. Dabei starrte er mich die ganze Zeit mit seinen gefährlichen Augen an. Es war, als würde ein fremdartiges Wesen, ja eine heimtückische Macht mit den langen, sich windenden Tentakeln fragender Gedanken sanft in meinen Kopf eindringen, ihn erkunden, ertasten, ihn schmeckend und riechend erfühlen. Dann umspielte ein verstohlenes, aber falsches Lächeln Harveys Mund. Seine von Speichel feuchten Lippen waren leicht geöffnet, doch ansonsten blieb sein Gesicht ausdruckslos.

Es war faszinierend, diesen eiskalten Serienmörder aus der Nähe zu betrachten, denn er war der Wolf im Schafspelz, halb Mensch, halb Antichrist und der Stoff für die übelsten Albträume unserer Kinder. Dann sprach er zum ersten Mal.

»Wissen Sie, Chris, ich habe nie wirklich ein Verbrechen begangen und dann ein zweites, um das erste geheim zu halten. Ich habe Morde begangen, um nicht fälschlicherweise der Vergewaltigung beschuldigt zu werden.«

Das Eis war gebrochen und meine Überzeugung, dass Harvey in einem fortwährenden Zustand der Verleugnung lebte – in einer Welt, in der er einige Schuld zugab, aber nicht die völlige Verantwortung für seine brutalen, abscheulichen Verbrechen übernahm –, wurde bestätigt.

Als er im Verlauf des Gesprächs eingestand, eine junge Frau vergewaltigt und getötet zu haben, führte er das aus seiner Sicht darauf zurück, dass sie ihn provoziert hatte. Er sagte, dass es immer das Opfer gewesen war, das das Thema Sex angesprochen habe, wenn er jemanden mitgenommen hatte.

Dies lässt sich gut an seinem Bericht über ein Mitfahrangebot veranschaulichen, das er einer absolut seriösen 20-jährigen Krankenschwester gemacht hatte, deren Auto eine Panne hatte.

Er hatte ihr angeboten, ihr Auto zu reparieren, vorab aber erklärt, dass er erst noch sein Werkzeug holen müsse. Dann hatte er sie dazu gebracht, in seinen Wagen einzusteigen, und war mit ihr aufs Land gefahren, wo er sie brutal vergewaltigt hatte und versucht hatte, sie zu töten, indem er ein Radkreuz auf ihren Kopf geschlagen hatte.

Carignans Bericht hört sich natürlich ganz anders an, denn er behauptete, sie sei aus freien Stücken bei ihm eingestiegen. Seine Geschichte enthält einen Hauch von Wahrheit und einen Haufen Lügen. Sie ist verstörend und abstoßend zugleich, zeigt jedoch auch auf faszinierende Weise die Denkweise eines mörderischen Sexualpsychopathen und ausgewachsenen Serienmörders, der vermutlich bis zu 50 Frauen abgeschlachtet hat. Das Folgende ist nichts für Zartbesaitete:

»*Sie stieg ein und war vielleicht etwas nervös, aber Angst schien sie nicht zu haben. Während der Fahrt sprachen wir über ein anderes Mädchen, mit dem ich öfter zusammen war, eine, die gegangen war, weil ich ihr nicht die 30 Dollar gegeben habe, die ich ihr Woche für Woche in die Hand gedrückt hatte. Das war keine Bezahlung für irgendwas, sondern ein Geschenk. Das Mädchen, das bei mir im Auto saß, sagte, sie würde sich nie für 30 Dollar auf Sex einlassen – das wirkte so, als ob sie glaubte, dass die andere Frau das getan hatte und dass sie die Erstgenannte dafür verachtete. Ich habe versucht, ihr das Ganze zu erklären, doch sie blieb stur dabei, dass sie sich für 30 Dollar auf keinen Sex einlassen würde. Das waren ihre Worte und nicht, dass sie das prinzipiell nicht für Geld tun würde, das ging mir damals durch den Kopf.*

Dann habe ich verstanden, was sie meinte; sie dachte wohl, ich würde ihr für Sex den gleichen Betrag anbieten, und das lehnte sie ab – aber ich behaupte nicht, dass sie unbedingt Geld für Sex wollte. So wie sich das Gespräch entwickelte, konnte es entweder bedeuten, dass ihr 30 Dollar für Sex zu wenig waren oder dass sie sich für überhaupt keinen Geldbetrag zu Sex überreden lassen würde. Damals war das für mich keine große Sache, das Gespräch hatte für mich erst viel später eine besondere Bedeutung, als ich versuchte, mich an all das zu erinnern, worüber wir gesprochen hatten und wie das Gespräch gelaufen war.

Als wir am Haus meines Freundes ankamen, wo das Werkzeug war, hielt ich den Wagen an, drehte um und fuhr sofort wieder weiter. Mein Freund hatte mir gesagt, wenn sein Pick-up, ein Chevrolet, nicht im Hof stehe, solle ich nicht bleiben, weil seine Söhne mich nicht leiden konnten. Das hat mich überrascht, denn ich kannte seine Söhne nicht. Ich war keinem von ihnen je begegnet. [Carignan hatte überhaupt keine sogenannten Freunde.] *Wie auch immer, ich fuhr los und hielt, bevor ich auf die Hauptstraße einbog, kurz an. Ich legte meinen Arm um sie, sie zögerte zwar, rutschte dann aber näher zu mir heran, als ich es ihr mit dem Druck meines Arms signalisierte. Der Druck war nicht so groß, dass sie zu ihrer Bewegung gezwungen war, es war kein Griff, der sie gegen ihren Willen bewegt hätte. Es war eher ein Hinweis auf das, was ich mir von ihr wünschte, und sie kam dem entgegen. Ich kann mich an das, was mir durch den Kopf ging, so klar erinnern, als wäre es gestern gewesen: ›Sie will es!‹ Und das, obwohl ich mich gefragt habe, warum sie so darauf beharrt hatte, sich nicht für 30 Dollar auf Sex einzulassen, wobei es meiner Meinung nach damals jeder beliebige Betrag hätte sein können. Ich schob meinen Arm hinter ihren Kopf, übte leichten, fast sanften Druck auf ihren Nacken aus und sie beugte sich nieder – nicht aufgrund meines Drucks, sondern aus eigener Kraft –, knöpfte meine Hose auf, nahm meinen Penis hervor und streichelt ihn, während wir uns küssten, bis ich ihr mit der gleichen Art von Druck bedeutete, dass sie mir einen blasen sollte. Was sie dann auch tat.*

Als sie damit fertig war und ich sie mit dem Samen im Mund da sitzen sah, sagte ich zu ihr: ›Spuck das verdammte Zeug aus.‹ Das tat sie – aber ich hielt sie, für den Fall, dass sie herausspringen und davonlaufen wollte, dabei fest. Mir gefiel es nicht, dass sie nicht sagte, ich hätte sie zu dem, was sie getan hatte, gezwungen. Mit einem seltsamen Lächeln sah sie mich an – als ob ich ein Trottel wäre, zu denken, sie würde davonlaufen – schloss die Tür und dann fuhr ich weiter.

Auf der Fahrt sagte ich zu ihr: ›Ich will dich ficken. Und ich kenne einen Ort, an den wir fahren können!‹

Sie fragte. ›Wie lange wird das dauern? Ich muss gegen ein Uhr zurück sein.‹ Da war es ungefähr 10.30 Uhr.

Ich hatte einen Ort im Kopf, der aber ein paar Kilometer entfernt war. Also fuhr ich weiter und bog in der Nähe eines Sees ab. Als ich anhielt, sah ich ein von Bäumen umgebenes Haus und einen Mann, der aus einer anderen Richtung auf uns zukam. Ich wendete und fuhr weiter. Währenddessen machte das Mädchen nicht den geringsten Versuch, die Wagentür zu öffnen und auszusteigen.

Direkt gegenüber der Straße, die vom See wegführte, lief eine andere zu einer Schlucht. Wir waren 150 bis 200 Meter von der Hauptstraße entfernt. Als wir dort angekommen waren, ging ich zum Kofferraum und holte eine [später von der Polizei sichergestellte] blaue Decke heraus, warf sie auf den Boden und sagte: ›Mach dich bereit!‹ Aus irgendeinem Grund war ich mit ihr nicht so ganz glücklich, doch sie war eine sehr attraktive Frau um die 20 Jahre, und ich wollte Sex mit ihr haben, vor allem weil wir schon so viel darüber geredet hatten. Sie zog mir die Jeans und sich den Schlüpfer aus und legte sich mit den Füßen in meine Richtung auf den Rücken. Ihre Vulva zeigte in ihrer ganzen Schönheit zu mir – sie war hübsch anzusehen, so wie sie selbst, eine sehr hübsche Frau. Nun weiß ich nicht, worauf andere Männer achten oder wie sie sich verhalten, aber ich schaue mir die Vulva meist genau an und spiele mit ihr. Je hübscher der Genitalbereich einer Frau aussieht, desto mehr macht mich das an.

Eigentlich hatte ich ja nur angehalten, um dem Mädchen zu helfen, ihren Wagen wieder in Gang zu bringen. Als sie einstieg, hatte ich nur vor, Werkzeug zu holen, um das Auto zu reparieren. Sex hatte ich nicht im Kopf, und ich habe sie nicht verschleppt. Alle gehen immer davon aus, dass diese Frauen und Mädchen unschuldig sind. Das sind sie aber nicht. Jede Einzelne von ihnen wollte etwas von mir, entweder Geld oder mein Auto fahren oder etwas, das sie nicht preisgaben. Ich habe nie eine von ihnen entführt oder gezwungen, mit mir zu kommen. Und die war auch nicht anders als die übrigen. Ich bin kein Vergewaltiger, schon allein dieses Wort ist so abstoßend, dass sich mir der Magen umdreht.

Ungeachtet dessen, was wer auch immer dazu sagt, verbrachten wir auf dieser Lichtung eine wunderbare Zeit, bis sie mich beschuldigte, Geld aus ihrem Portemonnaie genommen zu haben, und da dachte ich: ›Jetzt geht das schon wieder los!‹ Das machte mich wütender, als es in diesem Moment nötig gewesen wäre, und ich handelte aus Zorn, statt mich einfach gegen die Anschuldigung zur Wehr zu setzen, indem ich ihr erklärte, dass ich ihr Geld nicht genommen hatte. Das rechte Hinterrad meines Autos hatte einen Platten und ich wechselte es gerade aus, als sie mich anschrie. Sie schrie weiter, das sei nicht ihr Geld, und verlangte wie eine Wahnsinnige von mir, es zurückzugeben. Dann änderte sie abrupt ihren Ton und erzählte mir, dass sie ihr Auto gegen ein anderes tauschen wollte. Dass ich ihr dafür 200 Dollar geben solle oder sie würde erzählen, ich hätte sie vergewaltigt. Ich hatte währenddessen meine Arbeit fortgesetzt und begonnen, die Schrauben festzuziehen. In dem Augenblick, als sie diese Drohung aussprach, packte mich eine so große, unkontrollierbare Wut, dass ich mit dem Radkreuz auf sie einschlug – und nicht, wie sie später aussagte und wie allgemein angenommen wird, mit dem Hammer. Sie war voll angezogen und ich kann es jetzt so klar vor mir sehen, als wäre es gerade erst geschehen. Sie fiel wie von einer

Axt gefällt auf den Boden und rutschte langsam, mit den Füßen voran, eine drei bis vier Meter lange Schräge hinunter in einen Graben. Dabei rollte sich ihr brauner Pullover bis unter die Achseln auf. In Panik geriet ich nicht, aber ich legte den Kreuzschlüssel in den Kofferraum, steckte die übrig gebliebene Radschraube in meine Tasche, stieg in mein Auto und fuhr davon. Als ich ungefähr 15 bis 20 Minuten, vielleicht 25 bis 30 Kilometer weit gefahren war, wurde mir klar, dass ich die Frau dort nicht sterben lassen konnte, wenn sie nur verwundet war, und das musste ich wissen. Also wendete ich und fuhr zurück. Als ich die Stelle erreichte, standen da am Straßenrand mehrere Autos und ein Traktor mit einem Anhänger, und all die Leute beugten sich über jemanden, von dem ich wusste, dass sie es war. Also fuhr ich weiter.«

Als Harvey mit dem Erzählen seiner Version fertig war, konfrontierte ich ihn damit, wie sich der Angriff in Wirklichkeit abgespielt hatte. Ich erinnerte ihn daran, dass er die junge Krankenschwester tatsächlich in diesem Graben dem Tod überlassen hatte. Einige Stunden später hatte sie wieder das Bewusstsein erlangt und sich mit gravierenden Kopfverletzungen in einer Blutlache liegend wiedergefunden. Die Nacht war bereits angebrochen, doch unter furchtbaren Schmerzen war sie über 1,5 Kilometer über leere Felder zu einer Straße gekrochen, an der sie dann am Morgen ein Farmer gefunden und daraufhin Hilfe geholt hatte.

Carignan war später, als er sich erneut zum Tatort begeben hatte – nicht etwa, um das Leben seines Opfers zu retten, sondern in Sorge, dass es überleben und ihn und sein Auto beschreiben könnte – am Rettungswagen vorbeigefahren. Er war in der Absicht zurückgekehrt, die Frau zu erledigen, doch zu diesem Zeitpunkt hatte sie sich bereits in Sicherheit gebracht. Das Einzige, was die junge Frau am Leben gehalten hatte, war die Nachricht, die ihr ihre Schwester am Tag zuvor verkündet hatte – dass sie ein Kind erwartete, und dieses Baby wollte sie unbedingt sehen.

Harvey behauptete, er sei von fast jeder Frau, der er begegnet ist, sexuell missbraucht worden, auch von Bezugspersonen, von Babysittern und von der Lehrerin in der Erziehungsanstalt. Im Laufe der letzten Jahrzehnte ist Kindesmissbrauch als gesellschaftlicher Schandfleck zwar immer wieder aufgedeckt worden, doch gibt es nicht die Spur eines ernst zu nehmenden Beweises dafür, dass Harvey in dem Maße missbraucht wurde, wie er fortwährend angegeben hat.

Was wir mit einer gewissen Sicherheit sagen können, ist, dass er mit einem Groll gegen Frauen im Allgemeinen aufgewachsen ist, einem Groll, der sich vielleicht gegen seine ihn vernachlässigende Mutter und ihre Familie und Freunde gerichtet hat. Möglicherweise ist das also die Erklärung, die wir brauchen, denn Menschen wachsen ja normalerweise nicht damit auf, dass sie ohne jeden Grund Frauen oder Männer hassen. Vielleicht erzählte Carignan also doch die Wahrheit.

Carignan sagte einmal: »Ich hasse Frauen aus ganzem Herzen ... Sie haben mit meinem Kopf immer psychologische Spielchen getrieben.« Auf jeden Fall kann sein Bericht über sexuellen Missbrauch uns etwas anderes Wertvolles liefern, wenn wir in seine Vergangenheit blicken. Die wenigen Zeilen in seinen Briefen sind voller Widersprüche und können zweifellos seiner Fantasie entsprungen sein. Es sind aber Aussagen, die genau auf ihn zugeschnitten sind – eine dominante, »wirklich grausame Frau«, die ihn missbraucht hat, während er, der arme junge Bursche, hilflos war und doch gleichzeitig die Situation, in die er geraten war, genoss.

Von Geburt an hatte Harvey wie so viele Mörder mit Problemen zu kämpfen. Ihm haftete das Stigma an, ein uneheliches Kind zu sein, er war ein schwaches, nervöses Kind, ein Bettnässer, der an Zuckungen litt, und er wurde wie der britische Serienmörder Peter Sutcliffe während seiner prägenden Jahre ständig gemobbt.

Er behauptete, Frauen hätten ihn schon als Kind sexuell missbraucht, obwohl diese Anschuldigungen von keinerlei Fakten belegt sind. Allerdings ist kaum zu bezweifeln, dass ihn seine Mutter und andere weibliche Verwandte wie seine Tanten und seine Großmutter nicht besonders gut behandelt haben. Der psychologische Schaden, der dadurch angerichtet wurde, mag den leidenschaftlichen Hass, den Harvey gegen Frauen hegte, zum großen Teil erklären. Er glaubte, sie alle hätten mit seinem Kopf »psychologische Spielchen« getrieben, was vielleicht der Grund dafür ist, dass er stumpfes Werkzeug dazu benutzt hat, die Köpfe seiner Opfer zu verstümmeln und zu zerstören. Sein Zorn war dabei so stark, dass er nicht nur ein- oder zweimal zuschlug. In den meisten Fällen zertrümmerte er die Schädel mit einer dämonischen und unmenschlichen Gewalt zu einem undefinierbaren Brei.

Rache – genauer: die Rache an Frauen – war ein entscheidendes Motiv für sein Handeln, und seine Vorgehensweise war immer dieselbe. Doch die Taten dieses Mörders weisen noch eine andere Seite auf, die erstaunlich ist. Während er ältere Frauen (mit wenigen Ausnahmen) vielleicht als Sinnbild für seine Mutter, Tanten und Großmutter abschlachtete, ließ er jüngere Opfer trotz der gravierenden Verletzungen, die er ihnen beibrachte, oft am Leben. In wenigen Fällen fuhr er sie sogar nach Hause oder verarztete ihre Verletzungen. Der Grund für dieses widersprüchliche Verhalten mag der eindeutige sexuelle Reiz sein, den jüngere Mädchen auf ihn ausübten. In dieser Hinsicht gibt es keinen Zweifel, dass Carignan Fantasien hatte. Diese Fantasien von Sex mit jungen Mädchen bereiteten ihm großes Vergnügen, während Gedanken an ältere Frauen intensiven Hass auslösten.

Während der gesamten Zeit meiner Korrespondenz mit Harvey machte er viel Aufhebens um etwas, das er als »Perlenkette« bezeichnete. Er deutete an, dass diese »Perlen der Weisheit« wertvolle Details seien, die er nur dann preisgeben würde, wenn er die Zeit für gekommen halte.

»Die Wahrheit ist in meinen Perlen der Weisheit verborgen«, verkündete er. »In den nächsten Jahren werde ich die Perlen dieses Teils der Wahrheit nicht preisgeben«, fügte er hinzu. Dann sagte er kein Wort mehr und weigerte sich, noch irgendwelche Fragen zu seinen Verbrechen zu beantworten.

Harvey »Der Hammer« Carignan widmete den Rest unserer Gesprächszeit seinem Bemühen, sich als Mann mit viel Gefühl darzustellen. Als Mann mit großem Wissen und einer, der, da er ja Philosophie studiere, es wert sei, dass seine Worte und Gedanken von anderen beachtet würden. Doch »Der Hammer« hatte tief in seinem Inneren noch immer eine fatale Schwäche.

Obwohl er den größten Teil seines wertlosen Lebens hinter Gittern verbracht hat, war dieses Monster absolut nicht imstande, seine Schuld zu erkennen und zuzugeben. Dies ist ein Charakterzug, den er mit vielen anderen Serienmördern gemein hat. Obgleich die Beweislage in jedem der Fälle eines sexuellen Angriffs, einer Vergewaltigung oder eines Mordes eindeutig und erdrückend war, war Carignans Psyche so ausgebildet, dass er den größten

Teil der Schuld an den Verbrechen seinen unglücklichen Opfern zuweisen musste.

Wurde er entlarvt und lagen all seine Ausreden als völlige Unwahrheiten auf der Hand, zog er sich zurück. Dann flüchtete er sich in die von vielen Straftätern benutzte Anklage, die dem gesamten Strafverfolgungs- und Justizsystem die Schuld zuwiest, ihm etwas anhängen zu wollen.

Wären seine Straftaten nicht so schwerwiegend und zahlreich, könnte man seine Ausreden einfach als lächerlich abtun. Manche mögen einwenden, seine Briefe seien das Geschwafel eines Verrückten und hätten deswegen zurückgewiesen oder am besten ignoriert werden sollen. Allerdings ist Harvey keinesfalls verrückt. Was er nicht sagen wollte, zwischen den Zeilen verbarg oder aus irgendwelchen Beweggründen zu sagen vergaß, kann letztlich von großem Interesse sein, denn in seiner pathologischen Selbstverleugnung liegt die wahre Natur der Bestie verborgen.

Dieses Kapitel basiert auf exklusiven, 1996 auf Tonband aufgenommenen Gesprächen zwischen Christopher Berry-Dee und Harvey Louis Carignan in der Justizvollzugsanstalt von Minnesota und auf einer langjährigen Korrespondenz.

ARTHUR JOHN SHAWCROSS

Einen Moment lang erstarrten seine
Augen. Kurz zuvor hatte ein seltenes
Lächeln Shawcross' schwelende Wut
überdeckt; nun war die Maske der
Vernunft zum ersten Mal verrutscht,
und das Feuer des gemeingefährli-
chen Wahnsinns flackerte in seinen
Augen auf, als er sich bemühte,
die mörderischen Emotionen zu
überwinden, die in ihm brodelten.
Im Gesprächszimmer wurde es nun
ruhig, gefährlich ruhig.

SHAWCROSS' REAKTION, ALS ER VON
CHRISTOPHER BERRY-DEE ZUM MORD
AN DEM ZEHN JAHRE ALTEN JACK
BLAKE BEFRAGT WURDE.

Im Verborgenen der Sullivan-Justizvollzugsanstalt in Fallsburg, New York, lebte lange Zeit der berüchtigtste Serienmörder des Bundesstaates, sein Name war Arthur John Shawcross. Da ihn die Medien »Das Monster der Flüsse« nannten, fragte ich ihn, wie er zu dieser Bezeichnung gekommen sei.

»Weil ich sie da getötet habe«, entgegnete er.» Dort hat sich das Monster, das in mir verborgen ist, gezeigt und es hat sich ziemlich oft am Ufer eines Flusses gezeigt.«

Der Name »Shawcross« ist vom Altenglischen *crede cruci* abgeleitet, was frei als »Glaube an das Kreuz« übersetzt werden kann. Frühe Variationen der Schreibweise waren »Shawcruce« und »Shawcrosse«. Aktuell leben in den Vereinigten Staaten rund 5000 Shawcrosses, im Vereinigten Königreich sind es sogar noch mehr, und nach übereinstimmenden Berichten war Sir Hartley Shawcross, einstiger Generalstaatsanwalt von Großbritannien und britischer Chefankläger bei den Nürnberger Prozessen, ein entfernter Cousin unseres besagten Serienmörders.

»Art« war ein kleines Baby und wog nur 2,3 Kilogramm. Das Kind wurde am Mittwoch, dem 6. Juni 1945, um 4.14 Uhr im US-Marine-Hospital in Kittery geboren, einem Ort, der von Portsmouth, Maine, aus gesehen auf der anderen Seite des Piscataqua-Flusses liegt.

In der Geburtsurkunde des Babys ist als Vater der 21-jährige Korporal Arthur Roy Shawcross und als Mutter die 18-jährige Bessie Yerakes Shawcross verzeichnet. Seine Eltern lebten im Apartment 5, 28 Chapel Street, in Portsmouth, Maine.

Auch sein Vater war für die Polizei kein Unbekannter, da er als Bigamist aktenkundig war. Während des Zweiten Weltkriegs hatte er im amerikanischen Marinecorps gedient und war mit einem Artillerieregiment der 1. Marinedivision an der Landung auf Guadalcanal beteiligt. Dabei verdiente er sich einige Auszeichnungen und Medaillen. Im Februar 1943, nach Abschluss der Aktion, wurden er und seine Kollegen von der Marine zum Fronturlaub nach Australien geschickt, wo er bei einer Tanzveranstaltung Thelma June kennenlernte. Am Montag, dem 14. Juni, heirateten die beiden in Melby, Australien, und Thelma brachte später einen Sohn zur Welt, den sie – nach dem berühmten britischen Namensvetter – Hartley nannten.

Im Juli 1944 wurde Arthur Roy Shawcross Heimaturlaub gewährt, und so kehrte er in die USA zurück, wo er am Donnerstag, dem 23. November, in einer zweiten Ehe seine mittlerweile schwangere Sandkastenliebe Bessie Yerakes heiratete. Bessie, allgemein »Betty« genannt, war die Tochter von Fabrikarbeitern, die in Somersworth, New Hampshire, lebten. Ihr Vater, James Yerakes, wurde in Griechenland geboren und ihre Mutter, Violet Libby, war von unbekannter mediterraner Abstammung. Eine Woche nachdem Bessie mit Baby Arthur aus dem Krankenhaus entlassen worden war, schickte ihr Mann die beiden nach Watertown im Hinterland von New York, wo sie bei seiner Schwester wohnten, während er seinem Dienst in der Marine nachkam. Kurz nach seiner Entlassung aus dem Wehrdienst fand das Paar eine eigene kleine Unterkunft in der schönen Stadt Brownville. Hier lebten, nur einen Steinwurf von der kanadischen Grenze und vom Ontario-See entfernt, 1200 Bürger, die der unteren Mittelklasse angehörten.

Der junge Arthur war das Älteste von vier Kindern. Seine Geschwister waren Jean, Donna und James und man kann sagen, dass Arthur sich als der einzige verfaulte Apfel in einem Korb ansonsten guter Früchte erwies. Seine Ausbildung begann er eigentlich ganz normal an der Brownville-Glen Park Central School, doch bald schon zeigten sich Probleme. Er mochte seine Geschwister nicht, nur mit Jean konnte er sich vorstellen, Sex zu haben.

Mit fünf Jahren hatte sich Arthur zwei imaginäre Freunde geschaffen. Der eine hieß Paul und war offenbar ein Junge in Arthurs Alter; der andere war ein etwas jüngeres, blondes Mädchen, das keinen Namen hatte. Während der folgenden Monate führte er mit diesen imaginären Freunden lange Gespräche in Babysprache, was seinen Mitschülern und den Lehrern den Eindruck vermittelte, dass er mit sich selbst sprach.

»Ich brauchte diese Freunde«, erzählte er dem Autor, »weil ich jemanden zum Spielen haben wollte. Mich mochte ja sonst keiner.«

Seine Klassenkameraden nannten ihn nun »Oddie«, und der kleine Arthur wurde zur Zielscheibe von Spott und Mobbing. Er zog sich in seine eigene Welt zurück und wanderte oft wie im Traum von Klassenzimmer zu Klassenzimmer. Für stärkere Kinder war er ein gefundenes Fressen und sie schikanierten ihn bei jeder Gelegenheit. Wenn das wieder einmal geschehen war, schrie er und schüttelte seine Fäuste oder ging schmollend nach

Hause, um dann aus Rache seinen jüngeren Bruder und die Schwestern zu peinigen.

Als den Sozialarbeitern der Schule klar wurde, dass sie es mit einem Problemkind zu tun hatten, zogen sie Erkundigungen ein und fanden schnell heraus, dass die Eltern Arthur verzogen. Benahm er sich schlecht, schlug ihn seine Mutter leicht oder sperrte ihn in sein Zimmer. Die Betreuer kamen auch zu dem Schluss, dass Arthurs Vater seinem Sohn gegenüber viel zu nachsichtig war.

Die Ereignisse nahmen eine ernstere Wendung, als Arthur von zu Hause weglief. Er wurde zwar schnell wieder zurückgebracht, doch von da an nahm er für die Busfahrt zur Schule ein Montiereisen mit, mit dem er die anderen Kinder schlagen wollte, falls sie ihn belästigten. Der junge Shawcross hatte gelernt, dass er das, was er mit seinen Fäusten nicht schaffen konnte, durch den Gebrauch einer Waffe erreichen konnte. Kurz vor seinem achten Geburtstag ordnete die Schule eine Untersuchung der psychischen Gesundheit Arthurs an. Psychologen der Jefferson-County-Mental-Health-Klinik stellten fest, dass Frau Shawcross ihrem »hübschen, ordentlich gekleideten, gepflegten« Kind verstörende emotionale Botschaften vermittelte. Offenbar war die Mutter-Sohn-Beziehung sehr komplex, denn während sie ihren Sohn einerseits wie ein kleines Püppchen behandelte, bestrafte sie ihn plötzlich ohne ersichtlichen Grund. Und das verwirrte den Jungen sehr.

Frau Shawcross brachte ihrem Sohn Sauberkeit und Ordnung bei, und sie und ihr Mann, der einst bei der Marine gedient hatte, legten Wert auf altmodische Werte, die zum Teil von militärischer Disziplin geprägt waren. Arthur musste sein Zimmer makellos sauber halten, seine Kleidung musste stets ordentlich gefaltet sein, und für die kleinste Zuwiderhandlung wurde er geschlagen oder in sein Zimmer verbannt. Im Gegenzug und im Bestreben, die Gunst seiner Eltern zu erhalten, überhäufte Arthur sie mit Geschenken, nie vergaß er einen Geburtstag oder einen Jahrestag. Doch noch immer war er verwirrt. Er entwickelte eine Angst vor ungewöhnlichen Geräuschen, und langsam verwandelte sich die Verwirrung in Wut. Er stahl seiner Mutter Geld, um seine Peiniger an der Schule zufriedenzustellen. Er hatte keine Freunde, war gemein zu seinem jüngeren Bruder, und es war sehr schwer, ihm die Wahrheit zu entlocken, da er immer Angst zu haben schien. Die Psychiater waren zudem der Ansicht, dass in Arthurs Wahrnehmung sein Vater die anderen Kinder bevorzugte und seine Mutter ihn zurückwies.

Arthurs Interesse an der Schule schwand zunehmend, seine Leistungen ließen nach, er machte keine Fortschritte mehr und war bald einer der Schlechtesten in seiner Klasse. Die Lehrer führten das nicht etwa auf mangelnde Intelligenz zurück, sondern auf eine mangelhafte Einstellung. Die größeren Jungs mobbten und piesackten ihn nach wie vor. Um diese Zeit entwickelte er ein charakteristisches Blinzeln, das er sein Leben lang behielt. Außerdem begann er, wie ein Lamm zu meckern, und verfiel oft in Babysprache. Er litt unter Albträumen und entwickelte sich zum Bettnässer, was bis in seine frühen Teenagerjahre andauerte. Dann lief er erneut von zu Hause weg und wurde unter Geschrei und Protesten wieder zurückgebracht. Das genaue Datum ist nicht bekannt, doch es gab im Hause Shawcross ein einschneidendes Ereignis, das mit bleibenden Folgen alles auf den Kopf stellte.

Arthur war neun Jahre alt, als seine Großmutter mütterlicherseits einen Brief aus Australien von Thelma June erhielt. In ihm behauptete Thelma – zu Recht –, dass Arthur Roy Shawcross ihr Ehemann sei und sie einen gemeinsamen mittlerweile zehnjährigen Sohn hätten. Als Bessie Shawcross den Brief las, war sie schockiert vom Geheimnis ihres Mannes und hasste von da an jeden Moment, den sie in seiner Gegenwart verbringen musste. Sie beschloss, ihm das Leben zur Qual zu machen. Arthur, ohnehin schon ein überempfindlicher und verwirrter Junge, blieb fortan so oft wie möglich von zu Hause fern. Er schämte sich für seinen Vater und konnte die ständigen Streitereien, die nun zum festen Bestandteil des Lebens seiner Eltern wurden, nicht ertragen.

Wieder rannte er davon und verbrachte viele Stunden bei seiner Großmutter, die er verehrte. Mittlerweile hatte der einerseits sehr aufmerksame und freundliche Bursche aber auch eine andere, sehr viel dunklere Seite entwickelt. Tatsächlich spaltete sich sein Geist in zwei Hälften, und er spiegelte das Verhalten seiner Mutter, die immer wieder gegensätzliche Einstellungen und Emotionen zeigte.

Ab 1960, als der junge Arthur in der siebten Klasse der General Brown High School war, zeichneten sich gravierendere Verhaltensauffälligkeiten ab. In seiner Freizeit quälte er kleine Tiere, häutete lebende Fische und spielte mit ihren Kadavern. Er sah zu, wie sie litten, und beobachtete, wie lange es dauerte, bis sie starben. Er stellte Kaninchen eine Falle und brach ihnen dann in aller Ruhe das Genick. Er fing Fledermäuse, setzte sie in parkende Autos und sah zu, wie die Fahrer in Panik gerieten. Er fesselte Katzen aneinander, erschlug Eichhörnchen und Streifenhörnchen, bewarf Frösche, die er auf seine Dartscheibe genagelt hatte, mit Dartpfeilen und riss lebenden Hühnern die Federn aus. Einmal trug er einen Sack zu einem nahe gelegenen See und warf ihn ins Wasser. »Wer behauptet, Katzen könnten nicht schwimmen?«, fragte er einen Mitschüler. Nachdem das verängstigte Tier aus dem Sack geschlüpft und an Land geschwommen war, hob er es hoch und warf es noch weiter ins Wasser hinein. Nach vier Versuchen, sich in Sicherheit zu bringen, ertrank das Kätzchen.

Während dieser Phase seines jugendlichen Sadismus merkte Shawcross, dass das Töten von Tieren den Nachteil hatte, dass sie Lärm machten und die Exkremente und der Urin, den sie ausschieden, seine Kleidung beschmutzten. Um dem vorzubeugen, begann er ihnen Blätter und andere Dinge in die Körperöffnungen zu stopfen, eine Praktik, die er später, als er dazu überging, Frauen und Kinder zu ermorden, in seinen *modus operandi* übernahm. Mit 15 hatte sich das Blatt gewendet und Arthur wurde, insbesondere wenn andere Kinder betroffen waren, zur Plage seiner Umgebung. Er kannte keine Furcht, war sehr stark und schoss oft mit seinem Luftgewehr Kaliber 22 auf irgendwelche Leute, die ihm über den Weg liefen. Ärgerte ihn ein anderer Jugendlicher, dann verprügelte er ihn gnadenlos mit einem Baseballschläger oder schlug den Betroffenen mit seinen Fäusten bewusstlos.

Nun war Arthur unkontrollierbar geworden, und alle Versuche seiner Lehrer, ihn zu disziplinieren, endeten damit, dass er aus dem Klassenzimmer stürmte und »Schieben Sie sich dieses Zimmer doch in Ihren verdammten Arsch« und ähnliche Obszönitäten brüllte.

Mit 17 verließ er – zur großen Erleichterung seiner Lehrer – die Schule. Jetzt, da er genug freie Zeit hatte, beging er kleine Diebstähle und klaute alles, was nicht niet- und nagelfest war. Er verübte Einbrüche in seiner Umgebung, plünderte Sommerhäuser und stahl Geld aus der Kasse einer Tankstelle, für die er kurzzeitig arbeitete. Er brach auch in örtliche Geschäfte ein, stahl Lebensmittel und Bargeld und beging fast täglich Ladendiebstähle.

Eines Sonntagsnachts, im Dezember 1963, brach er in den Keller eines Ladens ein und wurde, nachdem er einen Alarm ausgelöst hatte, von der Polizei verhaftet. Der Richter war jedoch nachgiebig und verurteilte Arthur als jugendlichen Straftäter zu 18 Monaten auf Bewährung. Was sich strafmildernd auswirkte und offenbar die Sympathie des Richters erregt hatte, war Arthurs Begründung, er habe gestohlen, um Weihnachtsgeschenke zu kaufen – was in diesem Fall sogar gestimmt hatte.

Mittlerweile zeigte der Sadist, Rowdy und Einbrecher im Teenageralter weitere auffällige Verhaltensweisen, dazu gehörte, dass er mit einer kindischen, hohen, entenähnlichen Stimme sprach. Zudem entwickelte Arthur die sonderbare Gewohnheit, quer über Grundstücke zu laufen. Dabei legte er schnellen Schrittes weite Entfernungen zurück, schwang seine Arme wild hin und her, nahm eine aufrechte und steife Körperhaltung ein und marschierte in gerader Linie über jedes Hindernis hinweg, das ihm im Wege war. Ein Cousin erinnerte sich an dieses Verhalten von Arthur und sagte: »Eher zerriss er sich die Hose an einem Drahtzaun, als ein nur wenige Schritte entferntes Tor zu benutzen. Er marschierte in einen Sumpf hinein und amüsierte sich königlich bei dem Versuch, wieder herauszukommen. Damals war er echt durchgeknallt.«

Als er 20 und der Polizei bereits bekannt war, wurde Shawcross beschuldigt, nach einer Schneeballschlacht einen 13-jährigen Jungen angegriffen zu haben. Es schien, als bevorzuge er die Gesellschaft von Kindern, die viel jünger waren als er selbst, und oft wurde er dabei gesehen, wie er heimlich mit den Spielsachen der Kinder spielte. Der angehende Mörder neigte auch zu Unfällen. Abgesehen von gelegentlichen Aussetzern, schlug er sich einmal beim Stabhochsprung selbst bewusstlos. Als er von einem Diskus getroffen wurde, zog er sich einen Haarriss am Schädel zu, an einem defekten elektrischen Schalter bekam er einen Stromschlag, einmal wurde er von einem Vorschlaghammer getroffen, ein andermal fiel er von einer 12 Meter hohen Leiter. Und als er von einem vorbeifahrenden Lkw umgerissen wurde, kam er zum fünften Mal ins Krankenhaus.

Etwa um diese Zeit – das genaue Datum ist nicht bekannt – lernte Arthur Sarah Louise Chatteron kennen. Im September 1964 wurden die beiden in der Sandy Creek Baptist Chapel getraut und bekamen dann einen Sohn, den sie Michael nannten. Doch das Eheglück endete bald schon in Verbitterung. Sarah gab später zu Protokoll, Arthur sei »sehr unreif gewesen und gab dauernd vor, krank oder verletzt zu sein, um sich vor Arbeit zu drücken. Der Sex mit ihm war lausig, er bekam einfach keinen hoch.« Im August 1966 trennte sich das Paar, und Shawcross gab Sarah die Schuld am Scheitern der Ehe. Er beklagte sich darüber, dass sie ihm keinen Oralsex bieten wollte, den er bevorzugte, doch keiner von beiden erwähnte seine ständigen Seitensprünge.

Wieder Single, trieb Shawcross sich in Fast-Food-Restaurants und Tanzlokalen herum. Er fuhr seinen aufgemotzten Pontiac zu Schrott und lernte dann Linda Ruth Neary kennen, mit der er eine Beziehung begann. Doch am Freitag, dem 7. April 1967, wurde er zur Armee eingezogen. Wenn es etwas gab, das Arthurs psychologische Probleme eindämmen konnte, dann war das sicher die Armee, und so begann der 22 Jahre alte Rekrut Arthur John Shawcross, Kennnummer 52967041, seine Ausbildung in Fort Lee, Virginia.

Den ersten Vorgeschmack auf militärische Ordnung erhielt der frischgebackene Soldat, als ihn ein Sergeant kritisierte, weil er »faulenze«. Die offiziellen Aufzeichnungen der Armee belegen, dass Shawcross entgegnete: »Was glauben Sie denn, was ich tue – mir einen runterholen?« Für seine Frechheit musste er 27 Dollar Strafe zahlen. Seine Grundausbildung schloss er in Fort Benning, Georgia, ab und wurde zu einem Versorgungs- und Ersatzteilespezialisten ernannt. Als er nicht zu einem Arbeitseinsatz erschien, wurde er zu einer Strafe von 11 Dollar verdonnert und für 14 Tage suspendiert. Danach akzeptierte er die Disziplin der Armee und in den Aufzeichnungen sind keine weiteren Strafen zu finden. Bei verschiedenen Intelligenztests schnitt er mit unterdurchschnittlich bis leicht darüber ab. Seine Leistungsbewertungen umfassten »mittelmäßig« und »gut«, lauteten meist jedoch »ausgezeichnet«. Dies war ein frühes Beispiel dafür, dass sich sein Verhalten in einer strukturierten Umgebung verbesserte.

Während eines Urlaubs heiratete er im Oktober 1967 Linda Neary. Danach wurde er mit einem C-130-Transportflugzeug nach Südvietnam geflogen, wo er bei der in der südvietnamesischen Stadt Pleiku stationierten Versorgungs- und Transporteinheit der 4. Infanterie-Division einen ziemlich unspektakulären 12-monatigen Dienst leistete. Zu dieser Zeit litt Südvietnam unter der Tet-Offensive, während der der Vietkong und die nordvietnamesische Armee koordinierte Angriffe auf praktisch alle Groß- und Kleinstädte starteten. Ein Ende des Krieges war nicht in Sicht, stattdessen waren die US-Streitkräfte bis zum Äußersten gefordert und auf jeden Mann angewiesen, den sie für den Wehrdienst rekrutieren konnten.

Eine Überprüfung von Arthurs Wehrpass offenbart, dass er – abgesehen davon, dass er vor einschlagenden Granaten in Deckung gehen musste – an keinen Kampfhandlungen beteiligt war. Er jedoch erzählte eine ganz andere Geschichte und behauptete, er sei im zentralen Hochland stationiert und ein »Rambo-Typ«, eine 1-Mann-Erstschlagwaffe gewesen und habe im Mittelpunkt des Geschehens gekämpft. In einem seiner Briefe an den Autor schrieb er enthusiastisch:

> *»Ein anderes Mal ging ich auf Patrouille und erschoss einen Burschen, der an einen Baum gekettet war. Er hatte einen GI getötet, mit einer M1, einer unserer eigenen Waffen. Da waren es drei. Wieder mal auf Patrouille tötete ich zwei Frauen in einem Fluss, nachdem sie zwei GIs umgebracht hatten. Sie hatten eine Karte unseres Basislagers dabei, plus AK47-Gewehre und Munition, Lebensmittel und 280 000 Dollar in Geldgürteln. Ich teilte das Geld mit ein paar Jungs, zertrümmerte die AKs, machte die Munition unbrauchbar und nahm alles andere mit zurück ins Lager. Die Leichen ließen wir stromabwärts treiben.«*

In einem weiteren handgeschriebenen Bericht beschrieb dieser einstige »Rambo«, wie er angeblich noch andere Gräueltaten beging. Diese Berichte sind widerlich und sollten nicht für bare Münze genommen werden:

> *»Ich erschoss eine Frau, die dabei war, Munition in einem Baum zu verstecken. Sie starb nicht sofort. Ich fesselte sie, knebelte sie, dann suchte ich die Gegend ab. Fand die Hütte, in der ein weiteres, ungefähr sechzehnjähriges Mädchen war. Schlug sie mit dem Gewehrkolben nieder und schleppte sie dahin, wo das andere Mädchen war. In der Hütte war eine Menge Reis, Munition und anderer Kram. Ich band das junge Mädchen an einen Baum, auch ihre Beine fesselte ich. Sie sagten die ganze Zeit kein Wort. Ich hatte eine sehr scharfe Machete und schnitt der Frau die Kehle*

durch. Dann nahm ich den Kopf ab und steckte ihn auf den Pfahl vor dieser Hütte.

Das Mädchen am Baum pinkelte und fiel dann in Ohnmacht. Dann zog ich sie aus. ... Zuerst trieb ich Oralsex mit ihr. Sie konnte nicht wissen, was ich da tat, aber ihr Körper verstand es! Ich band sie los, dann fesselte ich sie wieder an zwei andere kleine Bäume. ... Sie fiel ein paar Mal in Ohnmacht. Ich schnitt sie leicht vom Hals bis zum Schritt auf. Sie schrie und schiss sich ein. Ich nahm meine M16, zog an einer Brustwarze, dann hielt ich das Gewehr an ihre Stirn und drückte ab. Schnitt ihr den Kopf ab und platzierte ihn auf einem Pfahl an der Stelle, wo sie Wasser holten.«

Auf Heimaturlaub zurück in Oklahoma reparierte Shawcross Waffen und absolvierte widerwillig Sitzungen beim Armee-Psychiater. Im Frühjahr 1969 wurde er ehrenhaft entlassen und zog mit seiner Frau nach Clayton am St.-Lorenz-Strom. Sofort meldete er eine Erwerbsunfähigkeit aufgrund von Kriegsverletzungen an, und obgleich ein Prüfer der Veteranenverwaltung keinen Hinweis auf die Berechtigung von Arthurs Behauptung fand, schaffte es der ehemalige Soldat durch sein penetrantes Nachfragen, dass ihm der Prüfer schließlich eine Erwerbsunfähigkeitsrente von 73 Dollar pro Monat zusprach, damit er ihn endlich in Ruhe ließ.

Sieben Monate nach Ausscheiden aus der Armee wurde Arthur Shawcross wieder geschieden und hatte bald schon Ärger mit der Polizei. Er hatte eine Anstellung in einer Papierfabrik gefunden, dem größten Arbeitgeber der Stadt, und dankte es der Firma, die ihm einen Job gegeben hatte, indem er einen Brand in der Fabrik legte und damit einen Schaden von 28 000 Dollar verursachte. Drei Monate später fing ein Heuschober unerklärlicherweise Feuer, und es war Arthur, der Alarm schlug. Drei Tage danach legte er bei einer Molkerei Feuer. Das war der zweitgrößte Arbeitgeber der Stadt und diesmal war der »sozial denkende« Arthur immerhin fürsorglich genug, die Feuerwehr anzurufen. Dann stand er dabei und bewunderte die roten Fahrzeuge, während sein Werk das Gebäude in Asche legte.

Kurz nachdem er die Molkerei niedergebrannt hatte, vermasselte er den Überfall auf eine Tankstelle. Der Besitzer, der Shawcross vom Sehen kannte, rief den Sheriff und Arthur wurde festgenommen. Er gestand seine

Verbrechen, einschließlich der Brandstiftungen. Als er dann vor Gericht gestellt wurde, verurteilte der Richter aus Jefferson County, Milton Wiltse, ein strenger Richter der alten »Auspeitschen und Hängen«-Schule« Arthur zu fünf Jahren Gefängnis in Attica.

* * *

Bei Antritt seiner Haftstrafe wurde Shawcross einer psychologischen Beurteilung unterzogen. Er wurde als »unreifer Erwachsener mit einer schizoiden Persönlichkeitsstörung« bezeichnet, »der unter dem Einfluss von Stress aufgrund von Arbeitslosigkeit oder Beschäftigung, bei Ablehnung durch die Ehefrau als funktionierendes Ego dekompensiert [sich auflöst oder zusammenbricht]. Er sollte als schizoider Brandstifter gesehen werden, der Überwachung und emotionale Unterstützung benötigt und nach Haftentlassung sofort in eine psychiatrische Klinik überwiesen werden sollte. Der Aspekt eines versuchten Mordanschlags bei mindestens zwei seiner Brandstiftungen sollte nicht außer Acht gelassen werden. Seine Entlassung zur Bewährung stellt ein erhebliches Risiko dar ... er braucht psychiatrische Behandlung und eine strenge Überwachung.«

Am Montag, dem 18. Oktober 1971, wurde Shawcross nach nur 22 Monaten Haft auf Bewährung entlassen. Zuerst arbeitete er in einem Unternehmen in Clayton, wurde jedoch vier Tage später wieder entlassen, nachdem bekannt worden war, dass er als Dieb und Brandstifter eine kriminelle Vergangenheit hatte. Kurz nach Weihnachten stellte ihn die Abteilung für öffentliche Bauarbeiten von Watertown im Rahmen eines Beschäftigungsprogramms ein. Ein Vorgesetzter wies ihm einen Arbeitsplatz am Rand der riesigen Mülldeponie am Ende der Water Street zu. Wie sich herausstellte, lebte sein erstes Mordopfer nur etwa 1,5 Kilometer entfernt.

Anfang des Jahres 1972 attackierte und vergewaltigte Shawcross ein 16-jähriges Mädchen in einem unterirdischen Bereich des alten Bahnhofs von Watertown, doch zu seinem Glück meldete das Mädchen den Vorfall nicht der Polizei. Dann traf er eine alte Schulfreundin namens Penny Nichol Sherbino wieder. Sie war eine kleine Frau mit einer guten Figur, lebhaften braunen Augen, rotbraunen Haaren und einer naiven Munterkeit, die sich in einem häufigen Lachen und Kichern zeigte. Nach einer kurzen Zeit als Paar gaben sie sich am Samstag, dem 22. April 1972, das Eheversprechen und richteten sich in einer adretten zweistöckigen Wohnung in den 233 Cloverdale Apartments in der Clover Street ein.

Am Sonntag, dem 7. Mai, 15 Tage nach der Hochzeit, lief Arthur vormittags die Clover Street entlang, um am Kelsey Creek zu angeln. Der Bach, der sich durch ein vom Interstate Highway 81 und den Staatsstraßen 37 und 12E begrenztes Dreieck aus Wald- und Sumpfgebiet schlängelte, war nur etwa 1,5 Kilometer von Arthurs Zuhause entfernt. Plötzlich lief der zehnjährige Jack Blake auf Arthur zu und fragte ihn, ob er ein paar Würmer als Köder haben wolle. An jenem Tag ging Jack mit Shawcross angeln und wurde nie wieder lebend gesehen.

Die Blakes waren eine einfache Familie, aber sie liebten ihre Kinder, und Mary Blake hatte ihren leicht zu beeindruckenden Sohn gewarnt, mit Arthur Shawcross keinen Umgang zu pflegen. Sie mochte die Art dieses Mannes nicht, der ständig mit seinem Einsatz in Vietnam prahlte und ihrem Jungen Fotos von nackten Frauen zeigte.

»Er war ein seltsamer Typ«, sagte sie. »Er fuhr ständig mit einem weißen Damenrad herum.«

Als Jack später nicht nach Hause kam, informierte Mary die Polizei, dass ihr Sohn vermisst werde; sie erklärte, dass Jack mit Shawcross zum Angeln gehen wollte und dies vermutlich trotz ihrer Warnung und gegen ihren Willen auch getan habe.

So fiel von Anfang an ein Verdacht auf Shawcross. Er leugnete aber, an jenem Tag mit Jack zusammen gewesen zu sein. Da es keine weiteren Beweise gab, die etwas anderes besagten, wurde Shawcross nach zwei Befragungen durch die Polizei, die nun davon ausging, dass Jack von zu Hause ausgerissen war, wieder freigelassen.

Am Freitag, dem 26. Mai, hatte Shawcross erneut Ärger mit der Polizei. Diesmal war er dabei erwischt worden, wie er einem sechsjährigen Jungen Grasschnitt ins Hemd und in die Shorts stopfte und ihn schlug. Für dieses Vergehen wurde Shawcross von einem Gericht zu 10 Dollar Strafe verurteilt und verwarnt.

Am Samstag, dem 2. September 1972, ereignete sich in Watertown erneut eine Tragödie, als Shawcross die acht Jahre alte Karen Hill vergewaltigte und erdrosselte. Das blonde Mädchen war, weil ihr Elternhaus durch ein Feuer zerstört worden war, bei Freunden der Familie in der Pearl Street untergebracht worden.

Die Chance, dass ein amerikanischer Bürger in die Fänge eines rücksichtslosen psychopathischen Sexualmörders gerät, steht bei 350 Millionen : 1. Karens Chancen verschlechterten sich jedoch beträchtlich, als ein derartiges Monster auftauchte, während sie an jenem wunderbar klaren Tag im Vorgarten spielte.

Gegen 15.30 Uhr beobachteten Kinder, wie ein Mann, dessen Beschreibung auf Shawcross passte, Karen von ihrem Aufenthaltsort nur ein kurzes Stück bergab zur eisernen Pearl-Street-Brücke über den Black River führte. Obwohl die Kinder den Namen des Mannes nicht kannten, erkannten sie sein markantes weißes Fahrrad mit den braunen Schutzblechen und einem Korb, das er an das südliche Brückengeländer gelehnt hatte. Aus der Entfernung sahen die Kinder, wie der Mann Karen über das Geländer hob und sie behutsam das steile Ufer hinabführte, um ihr wohl die Fische zu zeigen.

Als die Meldung kam, dass Karen vermisst wurde, gingen die Kinder zur Polizei und erzählten, was sie gesehen hatten. Um 22.00 Uhr entdeckte ein mit Taschenlampen ausgerüsteter Suchtrupp eine zerdrückte Leiche. Sie war mit einer Betonplatte abgedeckt und lag mit dem Gesicht nach unten in einem Abwasserrohr am Südufer der Brücke.

Als Polizeispürhunde eintrafen, nahmen sie Witterung auf, liefen von der Pearl Street zur Starbuck Avenue, dann zogen sie ihre Hundeführer ungeduldig nach links, in die Clover Street, und schnurstracks zur Treppe vor Arthurs Eingangstür. Er wurde sofort festgenommen. Bei der Autopsie stellte der Gerichtsmediziner fest, dass Karen vaginal und anal vergewaltigt worden war. Sie starb, weil sie unter einem Haufen Schlamm erstickt war. Neben all den anderen Grausamkeiten dieses Mordes hatte Shawcross dem Kind zudem Gras und Schmutz in die Nase, in den Mund und in Vagina und Rektum gestopft.

Aber was war mit Jack Blake? Während seines Verhörs zum Mord an Karen Hill machte Shawcross Andeutungen über das Verschwinden des Jungen, gestand jedoch nichts. Doch diese Hinweise waren für die Polizei Grund genug, ihre Suche nach dem Jungen wiederaufzunehmen. Ihre

Bemühungen wurden am Mittwoch, dem 6. September, nach einer vierstündigen Suchaktion am Kelsey Creek belohnt. Detective Gordon Spinner, der von Hilfssheriff John Griffith begleitet wurde, hatte bemerkt, dass von einem Baumstamm lange Streifen von Rinde abgelöst und feinsäuberlich über eine lockere Aufschüttung von Erde gelegt worden waren. Als er die Borke mit seinem Stiefel beiseiteschob, schreckte Spinner angeekelt zurück, denn plötzlich schwirrten von einem Klumpen verwesenden Fleisches Schmeißfliegen hoch. Die fast schon skelettierte Leiche war unbekleidet und am Schädel hing eine blonde Haarsträhne. Einige der Knochen lagen nicht mehr an ihrer eigentlichen Körperposition, ein Hinweis darauf, dass sich Tiere an den Überresten gütlich getan hatten. Die Polizei fand auch einen abgebrochenen Zahn und im Wald Jacks Kleidung. Seine blaue Latzhose, schwarze Sneaker, seine grüne Jacke mit zusammengeknoteten Ärmeln und ein T-Shirt, auf das mit einem Stift der Name »Blake« geschrieben war und das den Spruch *I act different because I am different* trug – all dies lag ordentlich zusammengefaltet rund zehn Meter von dem Grab entfernt.

Shawcross hat diesen Mord erst während eines Gesprächs mit dem Autor im Gefängnis gestanden. Fügt man alle verfügbaren Informationen zusammen, zeichnet sich bezüglich der Geschehnisse jenes verhängnisvollen Tages folgendes Szenario ab.

Jack begleitete seinen Mörder zum Angeln am Kelsey Creek. Sie gingen über die Schienen einer Bahnstrecke und begaben sich in das nahe gelegene bewaldete Sumpfgebiet. Auf einmal kam das Monster in Shawcross zum Vorschein und er befahl Jack, sich auszuziehen. Widerstrebend und zu Tode erschrocken tat Jack, was ihm befohlen wurde, doch dann rannte der entsetzte Junge davon. Danach muss sich in dieser abgelegenen sumpfigen Gegend eine Verfolgungsjagd abgespielt haben.

Doch dem flinken Ex-Soldaten war Jack nicht gewachsen. Barfuß schaffte es der Junge bis zu den Gleisen – an seinen Fußsohlen fanden sich entsprechende Spuren – und bei einem verzweifelten Versuch, einen massiven Stacheldrahtzaun zu überwinden, schnappte ihn Shawcross. Nun war der Junge verloren. Er bekam Hiebe ins Gesicht und wurde bewusstlos geschlagen. Shawcross sagt, er habe Jack vergewaltigt, dem Jungen Penis und Hoden abgeschnitten und dann beides gegessen. Dem Psychiater Dr. Theodore Kraus hat er erzählt, er habe auch das Herz herausgeschnitten und einen Teil davon verzehrt. Es gibt allerdings keine Beweise dafür, dass er hier die Wahrheit gesagt hat.

Am Dienstag, dem 17. Oktober 1972, bekannte sich Shawcross eines Totschlags ersten Grades schuldig und wurde von dem angewiderten Richter Wiltse, der das Pech hatte, Shawcross schon einmal vor sich gehabt zu haben, nach einem 20-minütigen Verfahren für den Mord an Karen Hill zur Maximalstrafe von 25 Jahren verurteilt.

* * *

Shawcross saß vierzehneinhalb Jahre im Gefängnis, wo ihm die Mitinsassen das Leben schwer machten, denn ihre gegenseitige Bewunderung für ihre kriminellen Taten schloss Vergewaltigung und Mord an Kindern nicht ein. Schon bald nach seiner Aufnahme in Attica war Shawcross Prügeln und Übergriffen ausgesetzt, und diese Behandlung ging so weiter, bis er schließlich in der berüchtigten Justizvollzugsanstalt Greenhaven in Stormville, New York, landete. In diesem Gefängnis, das in einer schroffen Berglandschaft zwischen dem Hudson River und der Grenze zu Connecticut rund 65 Kilometer nördlich von New York City gebaut worden ist, waren viele der bösartigsten Kriminellen des Staates untergebracht, von denen 742 (33 Prozent der Insassen) Gefangene Vergewaltiger und Mörder waren. Für Shawcross, einen überführten pädophilen Mörder, war dies nicht gerade der sicherste Unterbringungsort. Der Gefängnispsychiater schätzte ihn als »einen gefährlichen schizophrenen Pädophilen« ein, »der an einer emotional instabilen Persönlichkeitsstörung leidet«, zudem wurde angemerkt, dass »er Stimmen hörte, wenn er deprimiert war, und aus Fantasien Befriedigung zog. Auch ist er aus einem Bedürfnis nach mütterlichem Schutz auf Oral-Erotik fixiert.«

Shawcross, zu seinem Besten in einem geschützten Bereich untergebracht, war in einer Gruppe von 41 Männern ein lästiger Insasse. Um Aufmerksamkeit zu erlangen, gab er während der meisten Zeit im Gefängnis vor, krank zu sein oder psychische Probleme zu haben. Da er jedoch nicht dumm war, begriff er wie Tausende anderer verurteilter Verbrecher schnell, dass der Schlüssel zu einer früheren Haftentlassung auf Bewährung wenn überhaupt darin lag, sich bei den Sozialarbeitern, dem Gefängnispsychiater und den Kirchenvertretern einzuschleimen. Also fing Shawcross an, sich entsprechend zu benehmen, und entwickelte sich zu einem vorbildlichen Gefängnisinsassen. Er erwarb ein Diplom, das einem Highschool-Abschluss gleichkam, und ließ sich zum Schreiner ausbilden.

Nachdem er einen Großteil seiner Strafe abgesessen hatte, befand man, dass Arthur alle erwarteten Verhaltensmerkmale eines »resozialisierten« Mannes zeigte. Er hatte begriffen, dass es besser war, die Verantwortung für den Mord an Karen Hill zu übernehmen, wenn auch nur, um den Psychiatern zu gefallen, besuchte regelmäßig Gottesdienste und schaffte es, als Berater in einer Gruppe mitzuarbeiten, die sich im Gefängnis um die psychische Gesundheit der Insassen kümmerte. So lernte er die Sprache der Psychiatrie und Psychologie kennen und erschlich sich die Unterstützung einer dreiköpfigen staatlichen Bewährungskommission, die ihm schließlich seine Freiheit gewährte.

Am Dienstag, dem 28. April 1987, verließ Arthur Shawcross Greenhaven durch das Gefängnistor. Obwohl er von einer Expertengruppe hervorragende Bewertungen erhalten hatte, wurde deren positive Meinung über seine Entwicklung nicht von jedem geteilt. In einem Bericht des leitenden Bewährungsbeamten Robert T. Kent steht zu lesen. »Auf die Gefahr hin, dramatisch zu klingen – dieser Mann könnte möglicherweise das gefährlichste Individuum sein, das seit Jahren in diese Gesellschaft entlassen wurde.« Dr. Kents Beurteilung war sehr nah an der Realität, aber was war der wahre Grund für die Freilassung eines so gefährlichen Mannes wie Shawcross? Die Antwort ist wohl in der Politik und der Überbelegung des Strafvollzugs der Vereinigten Staaten zu finden. Abgesehen von den Bundesgefängnissen mit einer Belegung mit ungefähr 89 000 Männern und Frauen, hatte New York damals mit rund 65 000 Inhaftierten die dritthöchste Zahl von Insassen in den USA. Übertroffen wurde New York nur von Texas (ungefähr 99 500) und von Kalifornien (etwa 123 000). Es überrascht daher nicht, zu hören, dass der gesamte Strafvollzug aus allen Nähten platzte.

Die Überbelegung war ein gravierendes Problem, und das betraf auch die finanziellen Belange. Der finanzielle Aufwand New Yorks für den Strafvollzug belief sich auf 1,2 Milliarden Dollar pro Jahr, und die Inhaftierung jedes Insassen kostete den Steuerzahler im Schnitt 53 Dollar pro Tag. Behält man diese Überlegungen im Hinterkopf, ist es nicht verwunderlich, dass die Politik Druck machte, damit die Behörden einen Häftling so schnell wie möglich aus dem Gefängnis entließen, sobald es die geringste Chance gab, dass er als »resozialisiert« gelten konnte. Da er in der kriminellen Rangordnung nur als Verbrecher eingestuft wurde, der einen Totschlag ersten Grades begangen hatte, wurde Shawcross einfach als eher harmlose Nummer im System angesehen und wurde wie viele andere Mörder freigelassen, um Platz für einen neuen Ankömmling zu schaffen.

Arthur konnte dafür dankbar sein, denn er war nur knapp einer lebenslangen Freiheitsstrafe entkommen. Auch das hatte wirtschaftliche Gründe, denn wäre ein kompletter Mordprozess angesetzt worden, hätte das Jefferson County ein kleines Vermögen gekostet. Im Strafverfahren hatte er sich auf ein weitaus geringeres Strafmaß verständigt und hatte es zu allem Überfluss – und wieder aus finanziellen Gründen – auch geschafft, eine unkluge vorzeitige Entlassung zu erreichen. Das waren Fehler, die den Staat New York in den kommenden Jahren Millionen von Dollar kosten sollten, aber, und das ist weit schlimmer, damit wurden zudem die Leben von mindestens zwölf Frauen geopfert.

* * *

Der mittlerweile 42 Jahre alte grauhaarige und unförmige Shawcross unterschied sich erheblich von dem kräftig gebauten Ex-Soldaten, der vierzehneinhalb Jahre zuvor seine Strafe angetreten hatte. Zum dritten Mal geschieden, spazierte er nun aus dem Gefängnistor heraus, direkt in die Arme von Rose Marie Walley, einer Brieffreundin.

In einer Reihe von Gemeinden wurden seine Versuche, sich dort anzusiedeln, vereitelt, denn seine mörderische Vergangenheit verfolgte ihn auf Schritt und Tritt. Örtliche Strafverfolgungsbehörden und die Presse wiesen die Bürger schnell darauf hin, dass sich ein Mörder und Pädophiler in ihren Straßen herumtrieb. Schließlich ließen sich Rose und Arthur in Rochester nieder, einer ruhigen, konservativen Stadt. Rochester verdankt seine Existenz dem schnell dahinfließenden Genesee River, den Nathaniel Rochester im frühen 19. Jahrhundert dazu nutzte, seine Getreidemühlen anzutreiben. Der Fluss bildet einen Wasserfall, der eine kleinere Version der 130 Kilometer westlich gelegenen Niagarafälle ist. Dann bahnt er sich durch eine tiefe Schlucht seinen Weg zum Ontario-See. Obwohl auch Emissionen aus der Industrie in den Fluss gelangen, bietet die Schlucht Anglern und Liebenden einen Zufluchtsort mit viel Grün. Arthur Shawcross gehörte zu jenen, die sich von ihren Reizen angezogen fühlten, und wählte sie als einen idealen Ort zum Angeln.

Nachdem sie für kurze Zeit in einem Hostel untergekommen waren, richteten sich Shawcross und Rose Walley in der 241 Alexander Street ein, in einem aus braunem Stein und Ziegeln gebauten Haus nur zwei Blocks von der Monroe Avenue entfernt, einer der belebtesten Hauptstraßen der Stadt. Damit sie die Miete zahlen konnten, begann Rose als Krankenschwester im örtlichen Hospital zu arbeiten, während Arthur bei Fred and Tony Brognia Produce eine Anstellung fand, einem in einer Markthalle im Süden der Stadt ansässigen Großhändler für Gemüse und Obst.

Obwohl Arthur ein echter Angeber war, erwies er sich doch auch als guter Angestellter. Er war stets pünktlich oder erschien sogar zu früh zur Arbeit. Den Hin- und Rückweg von jeweils einer Stunde legte er auf einem blauen Damenrad zurück, das mit einem flachen Korb ausgestattet war. Am Lenker baumelte ein Sternenbanner und am Hinterrad hingen zwei tiefe Fahrradtaschen, in die er seine Angelausrüstung packen konnte. Wochentags arbeitete er von 7.00 Uhr bis 15.30 Uhr, sodass er die Abende freihatte, um seinen Hobbys nachzugehen oder sich auszuruhen.

Um diese Zeit begann Shawcross wieder damit, fremdzugehen. Er ließ sich auf eine Affäre mit Clara Neal ein, einer 58-jährigen Frau, die zehn Kinder und 17 Enkel hatte. Gelegentlich lieh er sich eines ihrer Autos aus, entweder einen Dodge Omni in Blaumetallic oder einen grauen Chevrolet und nutzte sie für Tagesausflüge oder um zum Angeln zu fahren. Zugleich fand er noch die Zeit, Rose zu heiraten.

Die Gebrüder Brognia erfuhren bald von Arthur, dass er ein Ex-Sträfling war, denn Tony hatte er erzählt, er habe eine Zeit lang gesessen, weil er einen Mann ermordet habe, der angeblich seine Frau bei einem Unfall mit Fahrerflucht umgebracht hatte. Fred hingegen sagte er, er sei ein Mafia-Killer in New York gewesen. Als sich die Brüder darüber unterhielten, stellten sie fest, dass die Geschichten ihres Angestellten nicht wirklich stimmen konnten.

Nachdem sie mit einem örtlichen Polizeibeamten gesprochen hatten, der sie über die wahre kriminelle Vergangenheit Arthurs informierte, kümmerten sich die Gebrüder Brognia darum, dass Arthur entlassen wurde.

Als Nächstes verkaufte er auf der Main Street Hot Dogs, bis er schließlich eine feste Anstellung als Salatzubereiter für G & G Food Services fand, die Verpflegung für Krankenhäuser und Schulen anboten. Arthur arbeitete nun nachts und erhielt 6,25 Dollar pro Stunde. Diese Nachtschichten waren dann wohl der Beginn für eine Welle des Schreckens in Rochester.

* * *

Dorothy »Dotsie« Blackburn war die 27-jährige Mutter eines sechs Monate alten Jungen und zweier älterer Kinder. Sie war eine zierliche Frau mit braunen Augen und langen braunen Haaren. Obwohl sie so zart und klein wirkte, war sie doch ziemlich gewieft und 1985 zwei Mal wegen Herumlungerns verurteilt worden. Am Dienstag, dem 15. März 1988, wurde sie, nachdem sie mit ihrer Schwester im »Runcone's Grill« an der Lyell Avenue zu Mittag gegessen hatte, zum letzten Mal lebend gesehen.

Dotsies Körper wurde am Morgen des 24. März, einem Donnerstag, entdeckt. Er trieb mit dem Gesicht nach unten im Salmon Creek, einem Fluss, der sich am östlichen Rand von Rochester durch Ackerland und Wälder schlängelt. Einige Arbeiter, die Schutt und Müll wegräumten, die einen Durchlass verstopft hatten, dachten zunächst, sie hätten eine mit Schlick bedeckte Schaufensterpuppe gefunden. Schnell wurde ihnen aber klar, dass sie die erstarrte Leiche einer Frau entdeckt hatten.

Ihr Gesicht wies markante dichte Augenbrauen auf, volle Lippen und leicht unregelmäßige Zähne, ihr linkes Auge war geschlossen. Sie hatte langes, dunkles Haar und trug Jeans, ein Kaputzen-Sweatshirt und nur einen weißen Sneaker der Marke »Soda Pop«. Ihr marineblaues Oberteil war von der Gürtellinie aus nach oben gerutscht, sodass ihr Bauch zu sehen war. Bei der Autopsie stellte der Gerichtsmediziner fest, dass sie erwürgt und im Bereich der Klitoris und der Vagina mehrfach gebissen worden war.

Während seines Gesprächs mit mir sagte Shawcross aus, er habe Clara Neals Omni gefahren, und er gab zu, Dotsie im Northampton Park getötet zu haben, weil sie ihn bei einer Fellatio in den Penis gebissen habe.

»Sie lachte mich aus«, sagte er, »weil ich meinen Pimmel nicht hochbekam … Ich schlug auf ihren Kopf ein und sie biss mich. Ich bin völlig ausgerastet. Deshalb habe ich sie getötet. Dann warf ich ihre Kleidung in einen Mülleimer, wischte das Blut vom Sitz ab und fuhr nach Hause.«

* * *

Die 27 Jahre alte Anna Marie Steffen war eine hagere Prostituierte, die sich nach dem Tod ihrer gelähmten Schwester auf den Straßen herumtrieb, um ihre Drogensucht zu finanzieren. Sie wurde zum letzten Mal lebend gesehen, als sie am Samstag, dem 9. Juli, die Lyell Avenue entlangspazierte. Shawcross begegnete ihr am »Princess Restaurant« in der Lake Avenue und ging mit ihr hinter das Gebäude des Christlichen Vereins Junger Menschen. Danach fuhr er mit ihr zur Driving Park Avenue und beim Oralsex packte er sie an der Kehle, erwürgte sie und stürzte ihren Körper anschließend in die Schlucht des Genesee-Flusses.

Ihr Körper wurde am Sonntag, dem 11. September 1988, von Hector Maldonado gefunden, der auf der Suche nach Pfandflaschen war, um sich Zigaretten kaufen zu können. Das Opfer lag zusammengekrümmt auf seiner linken Körperseite. Die Jeans waren bis zu den Fußknöcheln nach unten gezogen und auf links gedreht. Um das rechte Handgelenk war ein weißes Trägerhemd mit roten Trägern gewickelt. In der Nähe fand die Polizei ein Paar blauer Flip-Flops. Am Schädel war eine Haarsträhne herausgerissen worden und in den Augenhöhlen fehlten die Augen.

* * *

Dorothy Keeler war eine Herumtreiberin mit einem Alkoholproblem. Obwohl sie Fremden misstraute und Männer nicht mochte, freundete sie sich mit Shawcross an. Er engagierte sie als Putzfrau für seine Wohnung, und am Freitag, dem 29. Juli 1989, lockte er sie unter dem Vorwand, sie zum Angeln mitnehmen zu wollen, auf die mit Buschwerk bewachsene Insel Seth Green, wo sie sich auszogen, um Sex miteinander zu treiben. Danach beschuldigte er sie, ihn zu Hause bestohlen zu haben. Als sie protestierte und drohte, Rose Walley von ihrer Affäre zu erzählen, schlug Shawcross sie mit einem Stück Holz tot.

Drei Lachsfischer entdeckten den Körper am Samstag, dem 21. Oktober, und beschrieben ihn als »einen Haufen Knochen in Kleidung«. Der Leichnam lag in fötaler Haltung da. Der Reißverschluss der Jeans war offen und die Hose war heruntergezogen. Drei Pullis bedeckten ein Sortiment von Oberkörperknochen und eine Rippe war gebrochen. Der Kopf fehlte, denn Shawcross war noch einmal zum Schauplatz des Mordes zurückgekehrt, um über der Leiche zu masturbieren. Bei dieser Gelegenheit hatte er der Leiche den Kopf abgehackt und ihn in den Fluss geworfen. »Eine Weile trieb er dahin«, sagte er, »und wurde von der Strömung herumgewirbelt, dann verschwand er. Gerade als ich mich auf den Weg machen wollte, tauchte er wieder auf. Er schaute mich sozusagen an und lächelte. Dann war er verschwunden.«

* * *

Patricia Ives, auch bekannt als »Crazy Patty«, war eine 25-jährige drogenabhängige Schulabbrecherin mit einem kleinen Sohn, der in Pflege gegeben worden war. Die einst attraktive Frau, die Ähnlichkeit mit dem Filmstar Julia Roberts gehabt hatte, war mittlerweile ein wandelndes Skelett. Die als Prostituierte arbeitende Frau hatte ein ungepflegtes, verwahrlostes Aussehen, lange schmutzige Haare, eine fleckige Gesichtsfarbe und von ihren Ellbogen bis zu den Fingern aufgekratzte Nadeleinstiche. Es wurde angenommen, dass sie AIDS und vielleicht auch Herpes hatte.

Ein Zeuge, der am Freitag, dem 29. September 1989, gegen 19.30 Uhr von der Lake Avenue in die Driving Park Avenue einbog, war die letzte Person, die sie lebend sah. Später erklärte er der Polizei, dass er sie kannte und dass sie in Begleitung eines weißen Mannes gewesen war, der ein Fahrrad mit Ballonreifen fuhr. Aus den Taschen am Hinterrad des Fahrrads hatten Angeln herausgeragt. Der Zeuge fügte außerdem hinzu, dass er beobachtet hatte, wie die beiden durch ein Loch im Zaun hinter dem Tennisplatz des Christlichen Vereins Junger Menschen geklettert waren.

Patty wurde am nächsten Tag von ihrem Zuhälter und Freund, einem stadtbekannten Einbrecher, der »Ratface Billy« (Rattengesicht-Billy) genannt wurde, als vermisst gemeldet. Pattys Leiche wurde am Freitag, dem 27. Oktober, von Kindern gefunden, die einen verloren gegangenen Baseball suchten. Aus einem Stapel flach gedrückter Pappe, der unter einem großen Ahorn nahe der Schlucht lag, sahen sie einen Fuß herausragen. Die mit einer schwarzen Hose und einem dicken Sweatshirt bekleidete Leiche lag mit dem Gesicht nach oben da. An ihrem Finger fehlte der Ehering, Schuhe oder Socken hatte sie keine an, und Maden hatten den größten Teil ihres Körpers gefressen.

Shawcross sagte, er habe sie getötet, weil sie seine Brieftasche durchsucht habe. »In der Nähe spielten Kinder«, erklärte er, »also legte ich meine Hand auf ihren Mund und hielt ihr die Nase zu. Sie schlug nicht um sich, schrie nicht und wehrte sich nicht. «

* * *

June Stott war das jüngste von acht Kindern und hatte Probleme mit dem Lernen. Sie war eine scheue, obdachlose Frau, die in ihrem Kopf seltsame Stimmen hörte und an der Lyell Avenue im Freien übernachtete. Die 30-jährige June war weder eine Prostituierte noch drogenabhängig, sie war bloß eine verlorene und einsame Seele, die dachte, von bösen Geistern gejagt zu werden. Shawcross kannte sie, weil sie ein paar Mal zum Essen bei ihm zu Hause gewesen war. Am Montag, dem 23. Oktober 1989, sah er sie auf einer Bank zwischen der Dewey Avenue und der Saratoga Avenue sitzen. Er schlug ihr vor, gemeinsam am Ufer des Genesee-Flusses angeln zu gehen, und sie willigte ein.

Am Ufer versuchte er, sie zum Sex zu zwingen, und als sie sich wehrte und ihm sagte, sie werde ihn der Polizei melden, erwürgte er sie. Nachdem er ihr die Kleider ausgezogen und sie in den Fluss geworfen hatte, fuhr er Claras Dodge Omni zu ihrem Haus zurück, nahm sein Fahrrad und fuhr nach Hause. Zwei Tage später kehrte er zu der Leiche zurück, zog sie in das Schilf und schlitzte ihr mit einem Messer, das er in ihrer Tasche gefunden hatte, den Leib vom Genick bis zum Anus auf. Dann weidete er sie wie einen großen Fisch aus und warf die Eingeweide in das strudelnde Wasser.

Am Donnerstag, dem 23. November, führte Mark Stetzel seinen Hund in Charlotte aus, einem nördlichen Vorort von Rochester, und entdeckte zwischen gestrandeten rostenden Flusskähnen ein mit Eis bedecktes Objekt, das ins Schilf getrieben war. Es war ein gefrorener Teppich, unter dem sich der verweste Leichnam von June Stott befand. Ein paar Schritte entfernt fand sich ein blutbeflecktes Tuch. Der Leichnam lag mit dem Gesicht nach unten, doch die Leichenflecken zeigten, dass er nach dem Tod umgedreht worden war. Das rechte Bein war am Knie nach innen gebeugt, wodurch das Gesäß angehoben wurde, was einen Analverkehr nach dem Tod des Opfers vermuten lässt. Der Körper war vom Brustbein bis zum Schritt aufgeschlitzt, die Vagina war blutbeschmiert und die Schamlippen fehlten.

Shawcross sagte: »Ich schnitt die Vagina heraus und aß sie. Dann deckte ich sie mit dem Teppich ab, sammelte alles, was noch herumlag, auf, warf es in den Fluß und ging.«

Als ich ihn fragte, warum er den Körper nicht auch in den Fluss geworfen hatte, entgegnete er: »Na ja, irgendwie mochte ich sie.«

$$* * *$$

Maria Welch hatte einen fünf Monate alten Sohn namens Brad. Die 22-jährige Frau wurde als knapp 1,58 Meter groß, 50 Kilogramm schwer und von heller Hautfarbe beschrieben. Sie hatte braune Augen und braunes Haar, das sie oft blond färbte. Am Sonntag, dem 5. November 1989, wurde sie von einer anderen Prostituierten gegen Mitternacht in der Nähe der Lyell Avenue zum letzten Mal lebend gesehen. Am nächsten Tag meldete sie ihr 60-jähriger Freund Jim Miller als vermisst. Er erklärte der Polizei, sie habe weiße Sneaker angehabt, eine bis zu den Oberschenkeln reichende blaue Jacke, Jeans, ein violettes T-Shirt und um den Hals habe sie eine Goldkette getragen. Sie habe einige Tätowierungen am Körper: ein Einhorn auf ihrem Unterarm, ein Marihuana-Blatt und eine Rose an ihrem linken Fußgelenk, um damit den Namen »Leo« zu verdecken, ein Blatt am Fußgelenk ihres rechten Beins und den Schriftzug »L-O-V-E« an den Knöcheln ihrer rechten Hand.

Bis zu Shawcross' Verhaftung wurde Marias Leiche nicht gefunden. Er erzählte dem Autor, er habe Maria im Restaurant »Marques« an der Lake Avenue aufgegabelt.

»Wir fuhren ein wenig in dieser Gegend herum und parkten«, sagte er. »Wir saßen da und redeten miteinander, denn ihr war kalt. Hatte die

Heizung hochgedreht. Gab ihr 30 Dollar. Sie zog ihre Schuhe, die Socken und die Jeans aus. Dann legte sie auch noch den Rest ihrer Kleidung ab. Ich machte nur meinen Reißverschluss auf. Ich fragte sie, ob sie ihre Tage habe, und sie sagte: ›Nein.‹ Doch als ich meine Hand in sie steckte, fühlte ich einen Tampon und Blut. So habe ich es noch nie getrieben. Ich forderte mein Geld zurück und sie sagte, ich solle mich doch selbst ficken. Ich habe sie gewürgt, bis sie ohnmächtig wurde. Da ich einen Strick im Auto hatte, fesselte ich ihr die Hände auf dem Rücken und dann ihre Füße an ihre Hände. Ich musste erst diesen Tampon herausfischen und schob ihr dann ein Papiertuch rein. Sie kam wieder zu Bewusstsein und fragte mich, was ich da mit ihr getan habe. Dann wollte sie, dass ich sie losbinde. Ich schwitzte wie verrückt. Wischte mir dauernd meinen Kopf und mein Gesicht ab. Ich zog das Papiertuch raus, es war fast sauber. Dann bestieg ich sie. Mein Schweiß tropfte ihr ins Gesicht. In diesem Moment sagte sie: ›Ich liebe dich.‹ Ich küsste sie, dann brachte ich sie um.«

* * *

Frances »Franny« Brown war eine 22 Jahre alte Drogenabhängige. Mit 18 war sie Mutter geworden und hatte ein Mädchen bekommen. Kurz bevor sie am Samstag, dem 11. November 1989, im Rotlichtbezirk um die Lyell Avenue verschwand, hatte sie sich noch mit einer Nachbarin unterhalten.

Ein Fischer, der den Seth Green Drive entlangging, fand ihre Leiche am Mittwoch, dem 15. November, gegen 3.00 Uhr. Im Dämmerlicht des frühen Morgens dachte er, er hätte eine Ankleidepuppe eines Schneiders gefunden. Die Leiche war bis auf ein Paar weiße Stiefel nackt. Schulterlanges Haar säumte ihr einst attraktives Gesicht und auf ihrem Hintern befand sich ein wenig professionelles Tattoo – »KISS OFF«. Ihren Körper schmückten noch weitere Tattoos, darunter ein Kreuz am rechten Fußgelenk, ein Flügel auf der linken Schulter und an einem Handgelenk ein Schmetterling. Sie wurde in einer knienden Position aufgefunden und schien einen Betonblock zu umklammern. Die Polizei meinte, sie sei vielleicht über die Oberkante der Schlucht geworfen worden und an einem kleinen Baum am Felsvorsprung hängen geblieben.

Shawcross erklärte, dass sie »Sex hatten, oral in der 69er-Stellung. Sie bat mich, ihr den Schwanz bis zum Anschlag in den Mund zu stecken, und das tat ich. Ich zog ihn nicht heraus, damit sie atmen konnte. Sie pinkelte in meinen Mund und ich drückte weiter. Unkontrollierte Reaktion, wenn man es so miteinander treibt. Sie ist dann erstickt. Ich benutzte sie noch weiter, solange sie noch warm war. Ich küsste sie sogar und leckte ihre Zunge und ihre Brüste. Einen Orgasmus hatte ich nicht. Ich zog meine Kleidung an und stieg aus dem Auto. Öffnete die Tür auf ihrer Seite und stieß sie über die Klippe.«

* * *

Kimberley Logan, eine 30-jährige stumme Schwarze mit Lernschwierigkeiten, wurde zum letzten Mal gesehen, als sie am 15. November in der Nähe ihres Hauses mit einem Mann sprach, dessen Beschreibung auf Arthur passte. Später an jenem Tag stolperte ein Mann namens Jimmie James buchstäblich über ihren nackten, misshandelten und blutüberströmten Leib, der in einem Hof in der Megis Street nur zum Teil unter seinen dort geparkten Wohnwagenanhänger geschoben worden war. Kim war erdrosselt worden. Blätter und andere Dinge waren ihr in Nase und Mund gestopft worden. Ihre Kleidung fand sich, ordentlich zusammengefaltet, in der Nähe.

Diesen Mord hat Shawcross stets abgestritten. Nach meinem Gespräch mit ihm konnte dieser Fall allerdings, zur Zufriedenheit der Polizei von Rochester, abgeschlossen werden.

* * *

All die Morde von Rochester müssen wie ein Musterbeispiel für einen Profiler gewirkt haben, denn die Taten wiesen unübersehbare Parallelen auf. Die meisten der Opfer waren Prostituierte, die im Rotlichtbezirk an der Lake und der Lyell Avenue gearbeitet hatten. Die Frauen waren entweder erwürgt oder zu Tode geprügelt worden, und jede war nackt oder nur teilweise bekleidet in der Umgebung der Stadt und in ihrer Nähe abgelegt oder in eiskaltes Wasser getaucht worden. Den meisten der Opfer waren Pflanzenreste in die Ohren, in Nase, Anus und Vagina gestopft worden. Ihre Kleidung war oft ordentlich zusammengefaltet in der Nähe der Leichen gefunden worden, deren Zustand von beinahe skelettiert bis gut erhalten variierte. In einigen Fällen wiesen die Körper Anzeichen dafür auf, entweder von wilden Tieren oder vom Mörder selbst angefressen worden zu sein.

In Anbetracht dieses klar erkennbaren Musters und der offensichtlichen Tatsache, dass ein Serienmörder in der Gemeinde sein Unwesen trieb, verdoppelte die Polizei von Rochester die Einsatzkräfte. Sämtliche Polizeieinheiten von Rochester widmeten sich einer Rundum-Überwachung und konzentrierten ihre Aufmerksamkeit dabei besonders auf das Rotlichtviertel, in dem viele der Opfer zuletzt lebend gesehen worden waren. Die Polizei befragte Hunderte von Prostituierten. Tatsächlich wurde June Cicero zu einem späteren Zeitpunkt der Ermittlungen, nur wenige Minuten nachdem sie mit Beamten der Sittenpolizei gesprochen hatte, von Shawcross getötet. Dabei war sie gewarnt worden, besonders vorsichtig zu sein, doch leider ignorierte sie den Rat. Die Ermittler wurden ermahnt, die Tatorte intakt zu halten und die Spurensuche nicht durch Übereifer zu gefährden. Für Tausende von Dollar wurde neue Ausrüstung für die Kriminaltechniker beschafft. Formulare der New York State Police und des FBI wurden ausgefüllt und ausgewertet und die Profiler sowohl des FBI als auch der New York State Police wurden gebeten, ein psychologisches Profil des Serienmörders anzufertigen. Doch all dies nutzte offenbar wenig, denn das Morden ging unvermindert weiter.

* * *

Elizabeth Gibson, eine ehemalige Schönheitskönigin, heiratete noch am gleichen Tag, an dem sie die Schule verließ. Die kluge junge Frau ließ sich auf Kokain ein und begann, ungedeckte Schecks auszustellen, um ihre Sucht zu befriedigen. Sie endete als gewöhnliche Prostituierte und wurde zuletzt am Samstag, dem 25. November, dabei gesehen, wie sie an der Lyell Avenue mit jemandem verhandelte. Zwei Tage später entdeckte ein Jäger, der in den Wäldern 15 Kilometer östlich von Rochester unterwegs war, ihre Leiche. Sie war erstickt worden. Auf dem schlammigen Boden entdeckte die Polizei Reifenspuren und an einer Stelle, an der ein Fahrzeug einen Baum geschrammt hatte, lagen blaue Lacksplitter. Diese Farbe passte, wie später festgestellt wurde, zu Claras blauem Dodge Omni, dem Wagen, den sich Shawcross oft auslieh.

Am Genesee-Fluss hatte sich ein altbekanntes Spielchen ereignet. Shawcross hatte Elizabeth beschuldigt, Geld aus seiner Brieftasche gestohlen zu haben. Sie wehrte sich, stach in seine Augen und zerkratzte mit ihren Fingernägeln sein Gesicht. Während des Kampfes trat sie um sich und brach dabei den Schaltknüppel des Autos ab. Shawcross sagte: »Ich versuchte, sie wiederzubeleben. Ich weinte sogar ein wenig.« Nachdem er ihre Leiche im Wald zurückgelassen hatte, fuhr er zurück in die Stadt und warf unterwegs ihre Kleidung aus dem Auto.

* * *

Darlene Trippi, 32 Jahre alt, mit braunen Haaren, kannte Shawcross immerhin so gut, dass sie einander zu Weihnachten beschenkten. Nur ein paar Tage bevor sie vermisst wurde, hatte Shawcross sie besucht und einen Rehbraten mitgebracht. Sie hatten beim Kaffeetrinken sogar über die Morde, von denen Rochester damals heimgesucht wurde, gesprochen.

Ihr Familie liebte Darlene sehr und hatte beschlossen, sich nicht weiter über das Leben der Tochter als Prostituierte aufzuregen. Ihre verheiratete Schwester hatte sie am Freitag, dem 15. Dezember, zuletzt lebend gesehen, als sie an einer Straßenecke um Freier warb. Als Shawcross auftauchte, nahm er die ahnungslose Frau mit zum Genesee-Fluss, wo sie ihn, wie er sagte, nach fehlgeschlagenem Sex als einen hoffnungslosen Fall bezeichnete. »Ich rastete aus, dann erwürgte ich sie«, meinte er. Nach seiner Festnahme führte Shawcross die Polizei zu Darlenes gefrorener Leiche. Sie lag in einem Abwassergraben, acht Kilometer vom Salmon Creek entfernt.

* * *

Shawcross' vorletztes Opfer war die 34-jährige June Cicero, eine drogensüchtige Frau mit einer starken Persönlichkeit. Aus Brooklyn, New York, war sie 1973 nach Rochester gekommen und seit mittlerweile 16 Jahren war sie auf den Straßen der Stadt bekannt und wurde von vielen der jüngeren Prostituierten, die im Rotlichtbezirk aktiv waren, als eine Art Mutterfigur geschätzt. June, die es faustdick hinter den Ohren hatte, wurde von den Beamten der Sitte als Wildkatze bezeichnet. Am späten Abend des 17. Dezember 1989 verschwand sie spurlos von der »Stadtmatratze«, wie der Rotlichtbezirk im Ort genannt wurde.

Ihre im vereisten Salmon Creek liegende Leiche wurde am Mittwoch, dem 3. Januar 1990, von einem Polizeihubschrauber aus gesichtet. Bis auf einen weißen Pullover, weiße Socken und einen einzelnen Ohrring mit einem markanten rosafarbenen Stein war die Leiche nackt.

Der Polizist im Hubschrauber sah Shawcross am Geländer der nahen Brücke stehen und beobachtete, wie dieser, bevor er davonfuhr, etwas in den Fluss warf. Dieser Vorfall führte letztlich zu seiner Festnahme. Während einer Untersuchung des Tatorts setzten Kriminaltechniker eine Luma-Leuchte 2000A ein. Diese spezielle Lampe wirft einen phosphoreszierenden Strahl, der Spuren kenntlich macht, die bei einer normalen Untersuchung unentdeckt bleiben würden. In ein unheimliches Glühen getaucht, erwiesen sich kleine Flecken im Schnee als menschliches Gewebe. »Es sah aus wie menschliches Sägemehl«, meinte ein Beamter vom Einsatzkommando.

Shawcross erklärte, dass er mit June hinunter zum Fluss gefahren sei, wo sie ihn einen »Schlappschwanz« genannt habe.

»Ich gab ihr eins auf die Fresse«, sagte er, »dann habe ich sie erdrosselt, weil sie die Polizei rufen wollte.«

Mit dem toten Körper im Kofferraum von Claras Auto fuhr er die Route 31 entlang bis zum Northampton Park. Dort hielt er an und hievte den verstümmelten Leichnam in den gefrorenen Salmon Creek, der unter der Straße hindurchfließt. Unterwegs hielt er an einer Imbissbude, trank einen Kaffee und unterhielt sich mit den anwesenden örtlichen Polizisten über die Mordserie.

* * *

Felicia Stephens wurde als eine kleine, ungefähr 57 Kilogramm schwere Frau mit schwarzen Haaren, brauner Haut und braunen Augen beschrieben. Sie arbeitete als Prostituierte und beging den Fehler, am späten Donnerstagabend, dem 28. Dezember 1989, an der Lyell Avenue in Shawcross' Wagen zu steigen. Drei Tage später entdeckte ein Wächter im Northampton Park ein Paar eisverkrustete schwarze Denim-Jeans im Schnee. In den Taschen gefundene Ausweise identifizierten die ursprüngliche Trägerin als Felicia Stephens.

Später, bei einer gründlicheren Suche, fand die Polizei ihre ordentlich gefalteten grauen Stiefel und vermutete, dass sie in der Nähe begraben sein musste. Tatsächlich rief am Sonntag, dem 31. Dezember, ein Jäger die Polizei, nachdem er, ungefähr 270 Meter von der Stelle entfernt, an der ihre Kleidung gelegen hatte, in einem verfallenen Bauernhaus auf die Leiche der Frau gestoßen war.

Shawcross behauptete später, dass Felicia, abgesehen von einem Pelzmantel und Stiefeln, nichts weiter angehabt habe, als sie an der Lyell Avenue ihren Kopf durch das offene Fenster seines Wagens gesteckt hatte. »Sie war auf der Flucht vor ihrem Zuhälter«, sagte er. »Ich bekam richtig Muffensausen und drückte den Knopf am Wagenfenster herunter. Sie folgte mir über mehrere Blocks, dann hielt ich an, und kaum saß sie im Wagen, wollte sie Sex. Ich nahm sie mit hinunter zum Fluss und erwürgte sie.«

* * *

Die erfolgreiche Festnahme und der anschließende Prozess von Arthur Shawcross waren einer Kombination von Glück und beharrlicher Polizeiarbeit zu verdanken. Letztendlich allerdings war es der Psychopath selbst, der schließlich sein Schicksal besiegelte, denn am Donnerstag, dem 4. Januar 1990, fiel er durch sein Verhalten auf und führte so seine Verhaftung herbei.

An jenem Nachmittag flog ein Hubschrauber der New York State Police über die östliche Ecke des Northampton Parks, rund 4 Kilometer von der Stelle entfernt, an der nur wenige Tage zuvor June Ciceros Kleidung gefunden worden war. Chefermittler John P. McCaffrey war einer von zwei Beobachtern, die im Hubschrauber saßen. Er entdeckte etwas, das wie eine im Salmon Creek eingefrorene Leiche aussah. Fast im gleichen Moment wurde die Aufmerksamkeit des anderen Beobachters auf einen korpulenten weißen Mann gelenkt, der über das Brückengeländer zu urinieren oder zu masturbieren schien. Der Mann hielt inne, schaute nach oben und warf eine Plastikflasche in den Fluss, bevor er in einem grauen Chevrolet davonfuhr. Das Fahrzeug wurde bald darauf an einem Pflegeheim in Spencerport entdeckt, und die Spur führte zu Arthur Shawcross.

Nachdem sie von der kriminellen Vergangenheit ihres Verdächtigen erfahren hatte, befragte die Polizei Shawcross in seiner Wohnung. Da er vehement jede Verwicklung in die Morde bestritt, wurde entschieden, ihn über Nacht unbehelligt zu lassen und weitere Untersuchungen anzustellen. Doch sein Haus wurde von einer Polizeieinheit bis zum Morgen überwacht. Früh am nächsten Tag brachten ihn die Kriminalbeamten Lenny Boriello und Dennis Blythe zu einer Befragung auf die Polizeiwache. Innerhalb weniger Stunden gestand Shawcross und wurde daraufhin später zu 250 Jahren Haft verurteilt.

* * *

Nachdem er ins Gefängnis gekommen war, lehnte Arthur Shawcross es immer wieder ab, interviewt zu werden, und es bedurfte einer jahrelangen unregelmäßigen Korrespondenz, bevor er seine Meinung änderte. Als er das schließlich tat, kam die Bestätigung in Form einer knappen handgeschriebenen Notiz, die lautete: »Ich will Sie sehen.«

Zur Vorbereitung auf das Gespräch sprach ich mit jedem, der irgendwie mit Arthurs Leben und seinen Verbrechen in Verbindung stand, insbesondere mit Clara Neal, die felsenfest davon überzeugt war, dass Arthur freigelassen werden müsse.

»Ich werde dafür sorgen, dass er regelmäßig Tabletten nimmt, dann wird er auch nicht mehr morden«, versprach sie. »Außerdem werden wir bald heiraten. Ich liebe ihn wirklich. Er ist ein so wunderbar sanfter Mann.«

Am Montag, dem 19. Dezember 1994 um 10.15 Uhr, fand in der Sullivan-Justizvollzugsanstalt das erste Gespräch statt. Bevor ich zu diesem Serienmörder vorgelassen wurde, warnten mich die Wachleute, dass Shawcross noch immer als hochgefährliche, furchterregende Killermaschine galt.

»Innerhalb von Sekundenbruchteilen kann er wieder dazu werden«, sagten sie. »Sollte er blass werden und seine Gesichtszüge sich anspannen oder sollte er zu schwitzen beginnen, dann sehen Sie zu, dass Sie wegkommen. Er ist stark genug, Ihnen einfach den Kopf abzureißen.«

Arthur Shawcross wog knapp 130 Kilogramm und war ungefähr 1,80 Meter groß. Mit seinem kartoffelförmigen Kopf, grauen Haaren, einer Knollennase und kleinen, dunklen, wässrigen und eng zusammenstehenden Schweinsäuglein wirkte er ziemlich einschüchternd. An breiten hängenden Schultern baumelten mächtige Arme und seine Brust ging in einen Schmerbauch über, der über seinen Gürtel hing. Vom Gürtel abwärts kehrte sich seine Figur um. Unterhalb der Speckfalten, die seine Körpermitte ausmachten, hatte er kurze, stämmige Beine, die in sehr kleinen Füßen endeten. Alles in allem entstand der Eindruck, dass der obere Bereich zu schwer war und er jeden Augenblick umkippen konnte.

Beim ersten unserer vier Gespräche saßen wir uns in einer kleinen, abgeschlossenen Zelle gegenüber, ansonsten war niemand anwesend. Shawcross war noch mit seinem Mittagessen beschäftigt. Gierig stopfte er sich das Essen in den Mund, und dabei huschten seine Augen lauernd umher, als ob ihm jemand das Essen wegschnappen wolle.

Nachdem er sich das Fett und die Essensreste vom Mund abgewischt hatte, fragte ich ihn, warum er von vielen seiner Opfer Körperteile gegessen habe. Shawcross lächelte und meinte: »Ja, das habe ich. Menschenfleisch, das schmeckt wie Schwein. Ich esse Fleisch, rohes Fleisch, und so schmeckt das auch. Hamburger esse ich roh. Steaks esse ich roh, und ich esse rohes Schweinefleisch. Ich weiß nicht, warum ich Teile von Menschen gegessen habe, aber ich hab's einfach getan. Punkt.«

Für einen langen Moment verfiel Shawcross in Schweigen. Seine dicken Finger fummelten nervös an einem Styroporbecher herum. Seine Augen suchten die Decke ab, als hielte er Ausschau nach einer Fliege. Dann fügte er hinzu: »Ja, einen anderen habe ich mitsamt Knochen gegessen. Fiel mir gerade ein.«

Mein Gott, dachte ich, wie kann einem so etwas »gerade einfallen«?

Obwohl er in Wirklichkeit während seiner Dienstzeit in Vietnam nie eine Waffe in einem Ernstfall abgefeuert hatte, gab er doch gerne mit den Taten seiner Militärzeit an. Über sein Lieblingsthema zu sprechen war eine Möglichkeit, sein Vertrauen zu erlangen, und erwartungsgemäß reagierte

Shawcross entsprechend. Er erklärte, dass er während der, wie er es nannte, »Missionen Suchen und Vernichten« bis zu 50 Menschen getötet habe. Er behauptete, ihm sei befohlen worden, jedes menschliche Wesen zu vernichten, das ihm begegnete.

Obwohl Arthurs grausame Taten wohl kaum der Realität entsprachen, machte es ihm offensichtlich Spaß, darüber zu reden, wenn auch nur, um sein Gegenüber zu schocken. Wenn er dazu genötigt wurde, gab dieser nicht gerade hochintelligente Mensch im Bemühen, sein abscheuliches Verhalten irgendwie zu rechtfertigen, eine Vielzahl von oft widersprüchlichen Gründen an. Diese reichten von unterschiedlichen Arten des Kindesmissbrauchs, insbesondere Inzest, bis zu seinen in der Eigenwahrnehmung als Rambo-Typ ausgeführten Aktivitäten in Vietnam: »Die Armee brachte mir bei, wie man tötet, doch sie brachte mir nicht bei, nicht zu töten. Ich habe Gott gespielt. Ich war der Richter, die Geschworenenjury und der Henker. Ich habe im Laufe meines Lebens 53 menschliche Wesen ermordet, abgeschlachtet und vernichtet. Ich würde gern wissen, warum eigentlich.«

Arthurs Rechtfertigung dafür, gerade Prostituierte ermordet zu haben, war genauso grotesk. Zuerst brachte er vor, Gott habe ihm befohlen, sie zu ermorden, weil sie alle AIDS hätten. Als ich in Anbetracht der bekannten Tatsachen nachhakte, dass er auch zwei kleine Kinder vergewaltigt und ermordet hatte sowie zwei »anständige« Frauen, sagte er nichts mehr. Darauf wusste er keine Antwort. Im Verlauf des Gesprächs verwickelte er sich ständig in Widersprüche.

Er gab zu, viele der Frauen ermordet zu haben, nachdem er Sex mit ihnen gehabt hatte. Bei anderer Gelegenheit habe er sein Opfer erdrosselt, weil es ihm während der Fellatio in seinen Penis gebissen hatte. Das alles widerspricht seiner Behauptung, ihm sei befohlen worden, sie zu töten, weil sie AIDS hätten. Eine andere unglückliche Seele erschlug er, weil sie ihren Kopf zufällig in das Fenster seines Wagens gestreckt hatte. Er ging sogar noch weiter und erzählte, dass er, nachdem er sie zwei Blocks mitgeschleift habe, angehalten habe, sie dann seelenruhig in seinen Wagen gestiegen sei und gefragt habe, ob er Sex wolle. Doch dann fand er wieder eine neue Rechtfertigung: »Ich bin mit 80 bis 100 Frauen, auch Prostituierten, ausgegangen – wahrscheinlich um herauszufinden, warum ich impotent bin.«

Ein Mädchen wurde von ihm ermordet, weil sie ihn angeblich beschuldigt hatte, ihr Portemonnaie gestohlen zu haben. Ein anderes wurde abgeschlachtet, weil sie in seiner Wohnung Geld geklaut hatte und dann drohte, Mrs. Shawcross zu erzählen, dass ihr Mann eine Affäre habe. Dann wiederum argumentierte Arthur, er leide an einer seltenen Erbkrankheit, und das sei der Grund, warum er laufend morden müsse. Gleich darauf wechselte er seine Argumentation und beschuldigte seine vier Ehefrauen, ihm Sex verweigert zu haben, sodass er losziehen musste, um Prostituierte zu finden und zu töten. Schließlich sagte er, helles Licht bereite ihm fürchterliche Kopfschmerzen, und das sei der Grund für seine Probleme. Im Bemühen, den düsteren Abgrund seines Geistes zu ergründen, fragte ich ihn nach den Gefühlen, die er vor und während einer Mordtat empfunden habe. Wie erwartet enttäuschte seine Antwort nicht.

»Es war eine Kombination – die Ruhe der Umgebung, das Licht der Sterne, und ich fing an zu schwitzen und so weiter. Ich kann das nicht kontrollieren. Die meisten von ihnen hab ich erwürgt, und so wie im Fernsehen ist das nicht, wo sie einfach sofort tot sind. Im wirklichen Leben dauert es drei Minuten und manchmal sogar bis zu sieben Minuten, bevor sie abnippeln. Und eine Frau sagte noch, als ich schon dabei war, sie zu erwürgen: ›Ich weiß, wer du bist.‹ Dann erschlaffte sie und spürte nichts mehr. Sie wurde einfach schlaff.«

Bei der Frage, warum die Körper einiger seiner Opfer mehrere blaue Flecken aufwiesen, während andere ausgeweidet und manchen Pflanzenteile in ihre Körperöffnungen gestopft worden waren, fing er an, sich aufzuregen. Seine Finger und Hände zuckten und sein Blick wanderte ruhelos durch den Raum.

Nach einer Weile kam er wieder zur Ruhe und antwortete: »Ja, manche Körper hatten blaue Flecken. Das waren die Stellen, auf denen ich mit meinem ganzen Körpergewicht gekniet habe, oder ich zog sie ins Schilf unten am Ufer. Ich schnitt sie auf, denn so verwesen sie sehr viel schneller. Ich weidete sie sozusagen aus wie einen Fisch oder so was. Das andere Zeug. Also jetzt muss ich noch nicht mit Ihnen darüber reden.«

Dann besaß er die Frechheit, mich zu fragen, ob ich bei seiner bevorstehenden Heirat mit Clara Neal sein Trauzeuge sein wolle!

* * *

Lynde M. Johnston, Hauptkommissar der Polizeibehörde von Rochester, zeigte großes Interesse am Fortschritt meiner Gespräche mit Shawcross, der auch des Mordes an der 30-jährigen Kimberley Logan, einer jungen schwarzen Frau, mit der er sich angefreundet hatte, verdächtigt wurde.

Nun, hinter Gittern, war Arthur selbstbewusst genug, Antworten auf Fragen der Polizei zu verweigern, und da die Ermittlungen zu diesem Fall noch nicht abgeschlossen worden waren, brauchte die Polizei jede Art von Hilfe, die sie bekommen konnte.

Im Zusammenhang mit den Recherchen für dieses Buch gewährte mir die Polizeibehörde von Rochester Einblick in die Logan-Akte. Studierte man die Fotos vom Tatort und den Autopsiebericht, dann gab es zwischen dem Logan-Mord und den erwiesenermaßen von Arthur Shawcross begangenen Morden ganz offensichtlich verstörende Gemeinsamkeiten.

Das besondere Interesse der Ermittler konzentrierte sich auf die Hinweise verschiedener Zeugen auf einen Verdächtigen, dessen Beschreibung auf Shawcross passte. Dieser Mann hatte, als er sich zur fraglichen Zeit in der Gegend um die Megis Street herumgetrieben hatte, ein rotes T-Shirt an. Zum Zeitpunkt seiner Festnahme bestritt Shawcross, Kimberley Logan überhaupt gekannt zu haben, und er wies die Behauptung zurück, er besitze ein rotes T-Shirt. Da die Polizei bei der Durchsuchung seiner Wohnung kein solches Kleidungsstück gefunden hatte, fehlte die Verbindung zu Shawcross, zumal auch sonst keine Beweise erbracht werden konnten.

Kimberley war stumm gewesen, vertrauensselig und gehörte zu jener Art von Menschen, die sich mit jedem, einschließlich Arthur, anfreunden konnten. Was Shawcross betrifft, so hatte er zum Zeitpunkt von Kimberleys Tod bereits sein spezielles Muster eines Serienmörders etabliert; tatsächlich lag ihr Ableben zwischen dem Mord an Frances Brown am 11. November 1989 und dem an Elizabeth Gibson vom 25. November 1989. Überdies zeichnete sich der Mord an Kimberley durch einige Merkmale aus, die zu Shawcross typischer Vorgehensweise gehörten – üble Misshandlung, Strangulierung, keine offensichtlichen Anzeichen einer Vergewaltigung, schwere Prellungen, in Nase und Mund gestopfte Pflanzenreste, die in der Nähe der Leiche gefundene, ordentlich zusammengefaltete Kleidung und der Versuch, die

Leiche abzudecken, um einer vorzeitigen Entdeckung vorzubeugen. Auch wenn das Verbergen der Leichen nicht immer erfolgreich war, wusste Arthur doch, dass sich die forensische Beweislage verschlechterte, je länger die Opfer den Elementen und den Verwüstungen durch Tiere ausgesetzt waren. Mit anderen Worten, er war sich der forensischen Untersuchungsmöglichkeiten bewusst.

Obwohl Shawcross bereits im Fokus der Ermittlungsarbeit stand, war es letztlich doch eher Glück als guter Polizeiarbeit zu verdanken, dass eine Fotografie auftauchte, auf der Shawcross in einem roten T-Shirt zu sehen war. Die Person, die für diesen glücklichen Zufallsfund sorgte, war niemand anderes als Arthurs Verlobte, Clara Neal, die im aufrichtigen Bemühen zu beweisen, dass Arthur ein »liebevoller und fürsorglicher Mann« war, ein Fotoalbum angelegt hatte, in dem Aufnahmen enthalten waren, die in der Zeit der Mordserie entstanden waren. Als ich das Album durchblätterte, entdeckte ich ein Polaroid-Foto ihres Mannes, auf dem er ein leuchtend rotes T-Shirt trug, ein Kleidungsstück, dessen Besitz er abgestritten hatte und auf das die Beschreibungen der Zeugen passten. Als das Foto Shawcross vorgelegt wurde, reagierte er folgendermaßen: »Das ist alles Mist. So eins hab ich nie gehabt, und Sie gehen mir jetzt echt auf meine Scheißnerven.«

Mit dieser klaren Lüge, die auf Tonband aufgezeichnet wurde und durch das Foto widerlegt werden konnte, war die Polizei von Rochester in der Lage, den Fall Logan abzuschließen.

Allerdings warf diese Tat auch nach der Aufklärung jede Menge Fragen auf. Warum stritt Shawcross den Mord an Kimberley Logan ab, obwohl er doch alle anderen Rochester-Morde gestanden hatte? Die Polizei von Rochester hatte den Medien die grauenhaften Details des Logan-Mordes nie mitgeteilt, die Wahrscheinlichkeit, dass ein Nachahmungstäter zur gleichen Zeit in derselben Stadt ein Verbrechen mit identischer Vorgehensweise begangen hatte, war also eher gering. Es war in der Tat ein Rätsel.

Die Lösung dieses Rätsels hat mit dem Umstand zu tun, dass Shawcross ein Rassist war. Im Laufe der Jahre hatte er immer und immer wieder seinem Hass auf die schwarze Bevölkerung Ausdruck verliehen. Er hatte gesagt, Sex mit einer schwarzen Frau zu haben, fände er abstoßend, doch als er plötzlich mit dem roten T-Shirt konfrontiert worden war, machte er eine Kehrtwendung und erklärte in einem seiner Briefe:

>*Ich hatte Sex – guten Sex – mit fünf schwarzen Frauen, und sie leben heute alle noch. [Wobei er Felicia Stephens ermordet hat, die dunkelhäutig war.] Einige werden vielleicht gesteinigt, aber was soll's, es ist ihre Entscheidung. Ich hasse die Schwarzen nicht, nur manche von ihnen, Weiße aber genauso, plus Latinos! Sie können der Polizei von Rochester sagen, sie sollen sich die Sache in den Arsch schieben. Kimberley Logan ist nicht Teil meines Lebens. Ich habe sie nie gesehen oder getroffen. Ich kann da gerne einen Lügendetektor-Test machen und mit den Bullen reden. Sie ist weder mein Opfer noch meine Leiche.*«

Als ich Shawcross die Möglichkeit eines Lügendetektor-Tests und die Gelegenheit eines Gesprächs mit der Polizei in Aussicht stellte, lehnte er das kategorisch ab. Obwohl er sich ein weiteres Mal selbst widersprochen hatte, schrieb er einen weiteren Brief:

>*Mit keiner der Frauen und Mädchen habe ich mich bei mir zu Hause abgegeben. Mit sechs bis acht Frauen war ich zu Hause und keine von ihnen habe ich getötet. Meistens mit der Stummen. Sie tat mir so leid. Wir sind Freunde geworden.*« [Unterstreichung des Autors]

Selbst eine flüchtige Betrachtung dieses Statements zeigt, dass Shawcross wieder log. In Wirklichkeit ermordete er die 30-jährige Dorothy Keeler, die seine Wohnung geputzt hatte. Darlene Trippi kannte er immerhin so gut, dass die beiden Geschenke austauschten. Und niemand hat Shawcross je erzählt, dass Kimberley Logan stumm war, Tatsache aber ist, dass sie die einzige Stumme war, die getötet wurde.

Shawcross hatte von vornherein sehr deutlich gemacht, dass er unter keinen Umständen über den Mord von 1972 an Jack Blake sprechen würde. Arthur war beileibe kein intelligenter Mann, doch er besaß eine Art natürliche Cleverness und verfügte über den Instinkt, eine Ratte schon zu riechen, wenn sie noch Kilometer entfernt war. Es war also keine einfache Sache, das

Thema unauffällig anzuschneiden. Doch das war notwendig, denn obwohl Mrs. Blake mit unwiderlegbaren Beweisen konfrontiert worden war, dass ihr Sohn tot war, glaubte sie noch immer daran, dass Jack eines Tages wieder nach Hause kommen würde.

»Sie sagen, Shawcross habe meinen Jungen getötet«, schluchzte sie während eines emotionalen Gesprächs in ihrer Wohnung. »Ich glaube an Gott, ich bin eine anständige Frau, Christopher, und ich werde erst dann zur Ruhe kommen, wenn ich die Wahrheit von Mr. Shawcross höre. Dann kann ich wieder schlafen.«

Während eines dritten Gesprächs mit Shawcross kamen wir auf die vierzehneinhalb Jahre zu sprechen, die er zuvor schon im Gefängnis verbracht hatte. Ich erklärte ihm, dass es unmöglich sei, sein Leben, wie er es gewünscht hatte, gründlich zu dokumentieren und dabei diese Jahre auszusparen, als hätte es sie nie gegeben. Die Teile, die nun folgen, entsprechen wörtlich diesem auf Tonband aufgenommenen Gespräch – eine verstörende Lektüre:

AS: »Also was wollen Sie wissen?«

CBD: »14 Jahre Gefängnis, Art. Was ist damit?«

AS: »Überhaupt nichts. Sie werden mich nicht dazu bringen, also versuchen Sie es verdammt noch mal auch nicht. SPRECHEN SIE DAS VERDAMMT NOCH MAL NICHT AN.«

CBD: »Okay, ich nehme also einen Radiergummi raus und lösche 14 Jahre?«

AS: »Ja, genau.«

CBD: »Was ist mit Jack Blake?«

Als ich diese Frage stellte, war mir klar, dass ich mich auf dünnes Eis begab, denn wenn die anderen Gefängnisinsassen erfuhren, dass Shawcross in der Vergangenheit zwei Kinder vergewaltigt und umgebracht hatte, dann konnten wieder Probleme mit anderen Insassen auftreten, die ihn mir nichts, dir nichts töten würden.

Von einem Augenblick zum anderen veränderte sich Shawcross' Gesichtsausdruck. Seine Haut spannte sich an und eine seltsame Blässe zog über sein Gesicht. Auf seiner Stirn bildeten sich Schweißperlen, die wie glitzernde Rinnsale nach unten liefen und den Kragen seines Gefängnishemdes befleckten. Dann streckte er plötzlich wütend seinen Arm aus und packte meinen mit einem eisernen Griff.

»Sie wissen wohl nicht, mit wem Sie's zu tun haben, Sie Hackfresse«, fauchte er. »Sie wissen nicht, WER ich bin oder WAS ich bin.«

»Das müssen Sie nicht tun«, entgegnete ich. »Gut, Sie haben ein Problem mit Jack, und jetzt haben Sie ein Problem mit mir. Sie vermasseln dieses Gespräch und Clara wird die Wände hochgehen, mein Freund.«

Bei der bloßen Erwähnung von Claras Namen reagierte er, als hätte jemand einen Schalter in seinem Kopf umgelegt. Sein Gesichtsausdruck normalisierte sich wieder, er lockerte seinen Griff und ließ schließlich die Hand fallen. Dann schaute er verwirrt umher und schüttelte seinen Kopf. Die Augen des Mörders wurden feucht und er begann, eine Entschuldigung zu nuscheln:

AS: »Okay«, sagte er mit zittriger Stimme, »ja, ich hab ihn umgebracht, okay. Ich sagte ihm, er solle nach Hause gehen, aber er wollte nicht. Dann war ich irgendwie sauer auf ihn. Ja, ich hab ihn getötet und seine Leiche unter Erde begraben, dann bin ich angeln gegangen. Es war seine Schuld, dass er starb. Mit mir hat das nichts zu tun … Es tut mir leid.«

CBD: »Und die Kleidung. Was ist mit Jacks Kleidung?«

AS: »Er hat sie ausgezogen, und ich habe ihm gesagt, er soll sie zusammenlegen und so.«

CBD: »Warum?«

AS: »Weiß nich. Vielleicht, um ihn zum Schweigen zu bringen. Ihn denken lassen, dass er sie wieder anziehen wird. So was. Ich weiß nich. Am nächsten Tag bin ich zurück und hab Sachen mit ihm gemacht.«

Auf die Frage, ob seine Eltern ihn angehalten hatten, seine Kleidung ordentlich zusammenzufalten, wenn er sie als Kind ausgezogen hatte, entgegnete Arthur, das sei zu Hause eine der Regeln gewesen.

Dann kam ich wieder auf Jack Blake zu sprechen.

CBD: »Was haben Sie mit seiner Leiche gemacht, Art?«

AS: »Dazu sage ich nichts.«

CBD: »Warum?«

Noch einmal erinnerte ich ihn daran, dass Clara, würde ich die Befragung abbrechen, wütend auf ihn wäre, denn sie erwarte von ihm, dass er bei den Befragungen vollkommen aufrichtig sei.

CBD: »Was ist mit der kleinen Karen Hill. Warum haben Sie sie ermordet?«

AS: »Gleicher Grund. Irgendwie wollte sie's. Sex und so was. Dann lege ich los und sie fängt an zu weinen und will zu ihrer Mutter, deshalb hab ich sie erstickt. Nicht mit meinen Händen. Hab ihren Mund mit Erde und irgendwelchem Zeug bedeckt.«

CBD: »Aber Sie hatten Sex mit ihr. Vaginal und anal, Arthur.«

AS: »Ja. Aber das war, nachdem sie tot war. Dann bin ich nach Hause.«

Dann stellte ich die abschließende Frage:

CBD: »Art, wieso stopften Sie Blätter und Zweige in die Ohren und Nasen Ihrer Opfer? Oder andere Sachen?«

AS: »Ich weiß nich, wirklich, ich weiß nich. Mag einfach keine Schweinerei, nehm ich an.«

Damit waren die Gespräche abgeschlossen. Shawcross erhob sich langsam und schüttelte mir zum letzten Mal die Hand. Widerspruchslos unterzog er sich nach dem Besuch einer Leibesvisitation durch die Wärter. Dann wurde »Das Monster der Flüsse« abgeführt und schlurfte zurück in die Tiefen des Gefängnisses. Er blickte kein einziges Mal zurück und verabschiedet hat er sich auch nicht.

* * *

Die Wurzel dieses ganzen Übels ist Arthur Shawcross, denn ohne sein antisoziales Verhalten wäre die Welt ein viel sicherer Ort gewesen. Nachdem Shawcross verhaftet und für die Morde an Karen Hill und Jack Blake belangt worden war, ruhte die Verantwortung für sein Wohl und das Wohl der Gesellschaft auf den Schultern anderer.

Der vorsitzende Richter beim Verfahren zu den Rochester-Morden war Donald J. Wisner. Während eines Treffens mit ihm in einer Sitzungspause der Verhandlung sagte er nach reiflicher Überlegung, die Staatsanwaltschaft hätte, solange sie die Gelegenheit dazu gehabt hatte, für die beiden ersten Morde Anklage wegen vorsätzlichen Mordes erheben müssen. Tatsächlich hätte die Staatsanwaltschaft sogar noch weiter gehen und auf eine besonders schwere Schuld plädieren können, was gewährleistet hätte, dass Shawcross nie wieder freigelassen worden wäre.

»Wäre dies der Fall gewesen, so hätte er sicherlich eine lebenslange Freiheitsstrafe bekommen«, sagte der Richter. »Im Bemühen, dem Staat die Kosten für einen solchen Fall zu ersparen, entschied man sich stattdessen für eine abgemilderte Anklage, und damit haben die Verantwortlichen wie Leute gehandelt, die erst Fehler begehen und dann anfangen nachzudenken.«

Der Staatsanwalt, der für die Rochester-Morde zuständig war, sah das weitgehend genauso und unterstützte Richter Wisners Ansichten voll und ganz. Charles »Chuck« Siragusa – mittlerweile Richter am Obersten Gerichtshof – war empört, dass Shawcross nach vierzehneinhalb Jahren freigelassen worden war, um erneut zu morden. Das vielleicht vernichtendste Zeugnis zu der ganzen Geschichte kam über die spitzen Lippen von Edwin Elwin, Direktor der staatlichen Abteilung für Bewährungshilfe. Als er von Shawcross' grauenhafter Mordserie erfuhr, die er nach seiner Freilassung aus dem Gefängnis begonnen hatte, stellte Elwin fest, dass »er [Shawcross] sich den Bewährungsauflagen perfekt angepasst hat. Wir hassen es einfach, wenn einer unserer Leute Mist baut.«

Der Psychiater des Greenhaven-Gefängnisses, Dr. Robert Kent, hatte die Meinung vertreten, »dieser Mann könnte möglicherweise das gefährlichste Individuum sein, das seit Jahren in diese Gesellschaft entlassen wurde«, und ein anderer Psychiater von Greenhaven, Dr. Y. A. Haveiwala, der mehrere Gutachten zu diesem Mörder angefertigt hatte, unterstützte diese Einschätzung. Shawcross, der sich geweigert hatte, an Gruppentherapiesitzungen teilzunehmen, konnte Dr. Haveiwala nicht erklären, warum er die Kinder ermordet und Karen vergewaltigt hatte, nachdem sie tot war; wichtiger noch, Shawcross äußerte seine Bedenken, dass er wieder töten könnte, wenn er freigelassen würde. Dr. Haveiwala zog den Schluss, Shawcross sei »für eine Bewährung ein erhebliches Risiko mit einer dissozialen Persönlichkeitsstörung [Soziopath] und einer schizoiden Persönlichkeitsstörung, geprägt von psychosexuellen Konflikten«. Unglücklicherweise meinten Dr. Kents und Dr. Haveiwalas Kollegen, es besser zu wissen.

Die psychiatrischen Aufzeichnungen zu Shawcross zeigen ein Sammelsurium sogenannter professioneller Darlegungen, gespickt mit mehr oder weniger intelligenten Mutmaßungen und mit einer großen Unklarheit, nämlich ob er wieder morden würde oder nicht. Trotz allem wurde dieses Monster zehn Jahre vor Ablauf seiner Haftstrafe freigelassen.

Aber wurde damit der Gerechtigkeit auf günstigere Weise Genüge getan, wie es sich das Justizsystem erhofft hatte? Die Antwort muss ein kategorisches Nein sein, denn der Verlust bezogen auf all die menschlichen Leben, die Shawcross ausgelöscht hat, ist unermesslich. Während das ungeheure Leid mit keiner Zahl beziffert werden kann, können die Kosten für die öffentliche Hand durchaus geschätzt werden, und die sind wahrlich astronomisch. Abgesehen von den geschätzten 35 000 Dollar, die es gekostet hat, Shawcross für die beiden früheren Morde einer Strafe zuzuführen, und den 250 000 Dollar, um ihn in Greenhaven hinter Schloss und Riegel zu verwahren, plus Kleinkram wie Psychiater-Rechnungen, müssen ja auch noch die durch die Rochester-Morde verursachten Kosten aufgerechnet werden. Im Laufe der Ermittlungen führte die Polizei von Rochester 2210 Befragungen durch. 3255 Abfragen zu Nummernschildern wurden gestartet, von denen jede 12 Dollar kostete, und die Polizei ging Spuren von 150 Verdächtigen nach. Das diensthabende Personal kostete 420 447 Dollar. Die Kosten für Überstunden beliefen sich auf 121 916 Dollar. Leistungen für Sachmittel addierten sich auf 27 196 Dollar. Insgesamt summierten sich diese Kosten auf schwindelerregende 893 612 Dollar.

Die Polizei von Rochester fügte diesen Zahlen jedoch noch mehr hinzu und bemerkte, dass die Gesamtkosten dramatisch in die Höhe schießen würden – um möglicherweise zwei Millionen Dollar –, wenn Faktoren wie »die Zeit/Bereiche für Rundgänge angepasst an spezifische Verhaltensmuster, die Schulung von Ermittlungspersonal, die Arbeitszeiten der Verwaltungsbeamten für die Organisation des Projekts und die freiwilligen Stunden, die die Angestellten der Polizeibehörde von Rochester für die Ermittlungen aufgebracht haben«, miteinberechnet würden. Die Verwahrung von Shawcross im Gefängnis hat den Staat weitere Hunderttausende von Dollar gekostet, und damit war er ein sehr teurer Serienmörder.

Shawcross hat in seiner zweiten Haftzeit im Gefängnis Schlösser repariert, für seine Mitinsassen gekocht und sich wieder seinen Weg in die psychiatrische Einheit erschmeichelt, um andere Gefangene zu beraten. Er hat auch behauptet, an einer, wie er sich ausdrückt, »seltenen genetischen Störung« zu leiden. Auf den ersten Blick mag man dazu verleitet sein, zu glauben, dass dies nur ein weiterer Versuch war, Strafmilderung zu erlangen. Doch ist dem so? Seine Behauptung, die gestützt wird von vielen führenden amerikanischen Autoritäten auf diesem Gebiet, die der Theorie anhängen, dass XYY-Anomalien vermutlich der Grund für ein gewalttätiges und mörderisches Verhalten sein können, beruht darauf, dass Shawcross an einem extrem seltenen biochemischen Ungleichgewicht litt, das mit einer seltenen genetischen XYY-Störung verbunden war. Es wird angenommen, dass diese Kombination zumindest ein Teil der Erklärung sein könnte, warum er solche antisozialen Gewalttaten begangen hat.

Schaut man auf seine prägenden Jahre zurück, so gibt es damals schon gut dokumentierte Belege dafür, dass Shawcross Anzeichen eines dissozialen Verhaltens zeigte. Wir wissen, dass er gemobbt wurde, bis sich das Blatt wendete und er selbst zu einem Mobber und Sadisten wurde. Die Wurzeln für seine Bösartigkeit waren da bereits entstanden, denn diese genetische Störung war ja schon mit der Zeugung in ihm angelegt und könnte dafür verantwortlich sein, dass er das einzige Mitglied seiner engeren Familie ist, das derart extreme Taten beging.

Als ich den Arzt der Gefängnisverwaltung auf dieses Thema ansprach, lehnte dieser es ab, zu bestätigen, dass Shawcross irgendein Problem dieser Art habe. Doch Dr. Kraus, der Monate damit verbracht hat, Shawcross zu untersuchen, fand solide Beweise dafür, dass er tatsächlich an einem XYY-Syndrom litt. Die Kontaktaufnahme mit verschiedenen international renommierten Autoritäten, um Klarheit zu bekommen, ob das XYY-Phänomen mit dissozialem Verhalten verbunden sein könnte, brachte, wenig überraschend, keine klaren Antworten. Es gab zwei Lager, von denen jedes seine eigenen, festgefügten Ansichten vertrat. Nach unserem gegenwärtigen Kenntnisstand scheint es so, dass eine Chromosomenanomalie nur bei einem kleinen Bruchteil von Kriminellen relevant ist. Immerhin gibt es auf der Welt Millionen von Menschen mit einer XYY-Anomalie, die jedoch keinerlei antisoziale

Neigungen zeigen. Demzufolge mag ein XYY-Syndrom Shawcross' Verhalten vielleicht teilweise erklären, das Gesamtbild ist damit jedoch nicht zu fassen.

Eine durchschnittliche Person hat 100 Millionen Gehirnzellen, und das Vorhandensein eines zusätzlichen Chromosoms in jeder Zelle entspricht bei einem XYY-Mann dem Vorhandensein von weiteren 100 Millionen Chromosomen, die ein normaler XY-Mann nicht hat. Der weltweit anerkannte Genforscher Dr. Arthur Robinson hat einmal 40 000 Neugeborene auf XYY untersucht, und er hat herausgefunden, dass in den Vereinigten Staaten jedes Jahr rund 2000 XYY-Männer geboren werden. Seine Forschungen zeigen, dass zwei Drittel dieser Männer dünn, groß gewachsen und problematische Persönlichkeiten mit einem IQ von 80 bis 140 sind. Robinson sagt: »Diese Leute sind reizbar, schnell abgelenkt, hyperaktiv und aus Frustration intolerant. 50 Prozent von ihnen sind lernbehindert (verglichen mit 2 bis 8 Prozent der allgemeinen Bevölkerung) und die meisten leiden unter einer Verzögerung der Sprachentwicklung.« Viele dieser Merkmale passen zu Shawcross' Profil.

Dr. Kraus bemerkt weiter: »Studien beweisen, dass der XYY-Mann verglichen mit der Restbevölkerung ein 10- bis 20-mal erhöhtes Risiko hat, in eine psychiatrische Anstalt oder in ein Gefängnis eingewiesen zu werden – eine ziemlich hohe Wahrscheinlichkeit also. Im Durchschnitt weisen XYY-Männer einen viel höheren Prozentsatz an von Lernschwäche Betroffenen auf und werden als ›Problemkinder‹ beschrieben, die zu Hause und in der Schule gravierende Verhaltensauffälligkeiten und Autoritätsprobleme zeigen.« Studien belegen, dass »zumindest einige XYY-Jungen Verhaltensunzulänglichkeiten offenbaren, die sie nicht nur in einer Familie zu einem großen Problem werden lassen, sondern die sie auch vollkommen von den anderen Familienmitgliedern und deren Verhalten unterscheiden«.

Dies ist ein Befund, der zur Geschichte der ersten Lebensjahre von Arthur Shawcross passt und auch seiner häufig erwähnten Überzeugung entspricht, er sei »anders« als alle anderen Familienmitglieder gewesen. Zu den Persönlichkeitsmerkmalen, die mit diesen Kindern verbunden werden, gehören folgende: Sie werden als Herumtreiber oder Einzelgänger beschrieben, die dazu neigen, von zu Hause wegzulaufen, die in ihrer Kindheit häufig fahrig sind, pädophiles Verlangen verspüren, Brandstiftungen begehen, damit drohen, andere zu töten, Kinder anpöbeln, stehlen und Momente plötzlicher Gewalttätigkeit und Aggression zeigen. Dies sind alles Merkmale, die in Shawcross' Leben gut dokumentiert sind.

In einem im *Journal of Sex Research* veröffentlichten Artikel mit dem Titel »Human Behaviour Cytogenetics« unterstützt Dr. John Money die Behauptung von Dr. Kraus. Er schreibt: »Es scheint ganz offensichtlich, dass ein zusätzliches Chromosom im Kern jeder Gehirnzelle den Betroffenen auf die eine oder andere Weise anfälliger für das Risiko macht, eine geistige Verhaltensstörung oder Anomalien zu entwickeln.«

Es kann also durchaus sein, dass ein XYY-Syndrom zumindest ein Teil von Shawcross' Problemen war. Aber was ist mit dem biochemischen Ungleichgewicht? Auf der Suche nach einer Diagnose in Shawcross' Fall wandte Dr. Kraus seine Aufmerksamkeit Blut- und Urintests von ihm zu und stieß dabei auf eine Auffälligkeit im Zusammenhang mit Kryptopyrrol. In der Tat war über Kryptopyrrol zu der Zeit so wenig bekannt, dass die Hälfte der Autoritäten, die Dr. Kraus ratsuchend ansprach, davon noch nie gehört hatte. Das Biochemie-Labor der Universität von Rochester wusste nicht einmal, wie das Wort geschrieben wurde, und entgegnete: »Klingt wie etwas aus einem *Superman*-Film, oder?«

Bei Laboruntersuchungen von Shawcross' Körperflüssigkeiten fand Dr. Kraus heraus, dass die Konzentrationen von Kupfer, Zink, Eisen und Histaminen sich alle im normalen Bereich bewegten, doch eines der Ergebnisse einer Urinanalyse wies unerwartete Werte auf. Der Kryptopyrrol-Wert lag bei »H 200,66 Mikrogramm/100 Kubikzentimeter«, der normale Laborwert beträgt dagegen 0–20. Das »H« als Kürzel ist die Laborbezeichnung für »high« – »hoch«. Kryptopyrrol leitet sich von *kryptos* ab, dem griechischen Wort für »verborgen«, während »pyre« ein Präfix für Feuer ist. Das Wort leitet sich sowohl aus dem Griechischen wie aus dem Lateinischen ab, und »pyrrol« ist eine Wortverbindung, die »feuergefährliches Öl« bedeutet. Kryptopyrrol heißt demnach »verborgenes feuergefährliches Öl«, seine chemische Struktur ähnelt anderen chemischen Verbindungen, die sich – wie LSD zum Beispiel – toxisch auf die Gehirnfunktion auswirken. Das Vorhandensein von Kryptopyrrol in erhöhtem Maße wird zwar nicht als Zeichen eines bestimmten oder spezifischen Krankheitsbildes gesehen, bei anormal hohen Werten jedoch, ähnlich wie beim Ablesen einer erhöhten Temperatur auf dem Thermometer, als biochemischer Indikator für psychiatrische Funktionsstörungen betrachtet. Dieses biochemische Stoffwechselprodukt (5 Hydroxykryptopyrrol Lactam) ist bei Menschen normalerweise entweder in sehr niedrigen Werten oder gar nicht vorhanden, und es kann im Urin, der eine violette Färbung annehmen kann, nachgewiesen werden.

Da er das Gefühl hatte, einem Ergebnis näher zu kommen, arbeitete der unermüdliche Dr. Kraus noch häufiger bis spät in die Nacht und dabei wurde ihm klar, dass schon ein Kryptopyrrol-Wert von 20 Mikrogramm/100 Kubikzentimeter Anlass zur Besorgnis gibt. Shawcross' Messwerte gingen mit bis zu 200 Mikrogramm/100 Kubikzentimeter buchstäblich durch die Decke. Kryptopyrrol steht auch in Verbindung mit der Galle und kann, wenn im Übermaß vorhanden, zusammen mit Vitamin B6 und Zink eine Stoffwechselstörung namens »Pyrrolurie« verursachen. Dies erwies sich als ein weiterer Anhaltspunkt, um Shawcross besser zu begreifen, denn Betroffene haben in einem kontrollierten Umfeld mit wenig Stress, richtiger Ernährung und klaren Strukturen keine Probleme. Abgesehen von den Eingewöhnungsproblemen, mit denen alle, die ins Gefängnis kommen, anfänglich zu kämpfen haben, hat sich Shawcross innerhalb des strukturierten Gefängnislebens mit einer ausgewogenen Ernährung stets wohlgefühlt. Umgekehrt scheinen Pyrroluriker unter ungeregelten Bedingungen zu leiden. Sie sind unfähig, ihren Zorn, wenn er erst einmal ausgelöst wurde, zu kontrollieren, unterliegen Stimmungsschwankungen, können plötzlich auftretenden lauten Lärm nicht ertragen, reagieren empfindlich auf grelles Licht und neigen dazu, »Nachtmenschen« zu sein. Das Frühstück sparen sie sich in der Regel, sie können sich nur schwer an nächtliche Träume erinnern und sie weisen ein schlechtes Kurzzeitgedächtnis auf, sind also auch schlechte Lügner. Manchmal mangelt es ihrer Haut an Pigmenten, sodass sie blass erscheinen. Ihr Haar wird vorzeitig grau, und sie haben eine verminderte Fähigkeit, mit Stress umzugehen. Das alles kann sie gefährlich und zu einem Risiko für die Gesellschaft machen.

All dies zeigt Shawcross' Persönlichkeit und sein Verhalten in einem interessanten Licht. Dr. Kraus argumentiert, dass die bei Arthur Shawcross auftretenden Symptome und Merkmale ganz zu einem Menschen passen, der unter solch anormal erhöhten Werten leidet. Elterliche Desorientiertheit, auffällige Elektrokardiogramme, allgemeine Nervosität, fortschreitender Verlust von Ehrgeiz, schlechte schulische Leistungen und eine verringerte sexuelle Potenz, das alles gehört zu seiner persönlichen Geschichte.

Die Anomalie steht auch in Zusammenhang mit einer ausgeprägten Reizbarkeit, Wutausbrüchen, der Unfähigkeit, einmal provozierten Zorn zu kontrollieren, Stimmungsschwankungen, Problemen bei der Stressbewältigung, Gewalt und dissozialem Verhalten – lauter Risikofaktoren für ein hohes Maß an Gewalttätigkeit, wie sie sich eindeutig im Verhalten dieses Mannes gezeigt hat.

* * *

Es ist wohl kaum zu bezweifeln, dass Shawcross im genetischen und biochemischen Sinne vorbelastet geboren wurde. Das Klinefelter-Syndrom mit dem Karyotyp 47, XYY, verbunden mit den anormal hohen Werten von Kryptopyrrol, war schon bei der Zeugung verantwortlich für das Entstehen einer menschlichen Zeitbombe, und dies führte gewiss dazu, dass er die einzige faule Frucht in der Familie mit vier Kindern war und bereits im jugendlichen Alter antisoziales Verhalten zeigte. Natürlich wusste Shawcross schon immer, dass er irgendwie anders als alle anderen war, vor allem als der Rest seiner Familie, doch warum oder wie genau, das konnte er nicht wissen. Während der ersten 25 Jahre seines Lebens wies seine sexuelle Geschichte eine Neigung zu Kindern auf, die deutlich jünger waren als er selbst. Er genoss sexuelle Fantasien, in denen er mit seiner Schwester Jean Geschlechtsverkehr hatte, und wie seine angeborene Veranlagung zu Gewalt war vielleicht auch sein pädophiles Verhalten, das letztlich zu Vergewaltigung und Mord führte, wie durch einen fehlerhaften Computerchip vorprogrammiert. Die Morde an Jack Blake und Karen Ann Hill sind ein grausiger Beleg dafür. Shawcross, der sich sein Leben lang als sexuell unzulänglich empfand, beschuldigte seine Ehefrauen, ihn in dieser Hinsicht im Stich gelassen zu haben. Millionen von Männern lassen sich aus unterschiedlichen Gründen auf Prostituierte ein, und so hat sich vielleicht auch Shawcross nach seiner Entlassung aus dem Gefängnis der Prostitution zugewandt, um seine Bedürfnisse zu befriedigen.

Es gibt auch Hinweise darauf, dass Menschen mit den Shawcross zuge-schriebenen genetischen und chemischen Störungen sich in extrem gefähr-liche Individuen verwandeln können, die in der Dunkelheit aufleben. »Das Monster der Flüsse« kam nachts heraus, und tauchte das Ungeheuer auf, dann bekamen die Prostituierten seine mörderische Wut zu spüren.

Könnte man rückblickend, mit all den gewonnenen Erkenntnissen, nicht argumentieren, dass seine Beweggründe und sein Verhalten vorhersehbar wa-ren? Kleidung – nicht nur seine, sondern die seiner Opfer – war ihm wichtig. Unterbewusst war er von Kleidung besessen, und in seinen Aussagen gegenüber der Polizei, in Briefen und bei den Befragungen erwähnte er Kleidung immer wieder. Warum dies so war, ist ungeklärt, doch das Zusammenfalten der Klei-dungsstücke war ein wiederkehrendes Kennzeichen seiner Verbrechen. Viel-leicht ist ein Grund der, den er in einer der Befragungen erwähnt hat: »Wenn man die Kleidung ordentlich zusammenlegt, dann denken sie, dass sie sie später wieder anziehen werden.«. Da seine Mutter von ihm schon als kleines Kind verlangt hatte, immer sauber und ordentlich zu sein, ganz besonders im Hin-blick auf seine Kleidung, so war dies wohl ein während der Kindheit erlerntes Verhalten und ein Wesenszug, den er als Teil seines *modus operandi* übernahm.

Was ist die Erklärung für seine ekelhafte – allerdings ziemlich einzigar-tige – Gepflogenheit, vielen seiner Opfer Pflanzenreste in die Ohren, in Nase, Mund, Vagina und Anus zu drücken?

Auch das könnte ein Relikt aus seiner Kindheit sein, als er kleine Tiere, Fische und Vögel gequält und getötet hatte. Damals hatte er gemerkt, dass er dadurch, dass er Material in die Körperöffnungen seiner Opfer stopfte, nicht nur ihre Schmerzensschreie unterbinden, sondern auch verhindern konnte, dass Urin und Exkremente ausliefen und seine Kleidung beschmutzten. Shawcross ermordete alle seine Opfer in der Nähe eines Gewässers. Die-ser Aspekt ist leicht zu erklären, da er schon früh ein begeisterter Angler war und während dieser einsam verbrachten Zeiten an Flussufern reichlich Gelegenheit hatte, Sexfantasien nachzuhängen. Shawcross fühlte sich dem Wasser verbunden. Die Ufer von Flüssen waren sein Territorium, in dem er sich sicher und geborgen fühlte.

Shawcross kehrte zudem mehr als nur einmal zu den Leichen seiner Op-fer zurück. Oft hockte er sich neben die verwesenden Körper und redete mit den sterblichen Überresten über sein Leben. Er erzählte ihnen, wie sehr ihn seine Ehefrauen anwiderten. Er erklärte, dass er Kinder liebte und dass es nicht seine Schuld gewesen sei, dass er den kleinen Jack Blake und auch Karen Hill getötet hatte.

Mindestens zwei seiner Opfer schlitzte Shawcross auf und aß ihre intimsten Körperteile. Zu June Cicero, seinem vorletzten Opfer, kehrte er drei Mal zurück, beim zweiten Mal, um den gefrorenen Leichnam, der in einem Bach lag, aufzuschneiden und sich eine grausige Trophäe zu nehmen. »Es dauerte eine Zeit, es herauszukriegen«, erzählte er. »Ich hackte herum und taute es dann beim Fahren durch die Heizung auf. Ich aß es roh. Ich wollte der Polizei zeigen, wo der Knochen liegt, aber das wollten sie gar nicht wissen.«

Nicht einmal Stephen King könnte diese Szene in einer seiner Horrorgeschichten grausamer darstellen. Und dann, bei seinem dritten Besuch bei der Leiche von June Cicero, masturbierte Shawcross über dem Brückengeländer, ein Verhalten, das ein Polizeibeamter beobachtete und mit dem er sein eigenes Schicksal besiegelte.

Für seine Verbrechen empfand Shawcross keine Reue, vielmehr wies er die Schuld für seine antisozialen Taten immer und ausnahmslos anderen in die Schuhe – seinen Ehefrauen, Gott, der Armee und schließlich seiner genetischen und biochemischen Anomalie. Indem er die Schuld so von sich schob, konnte er sein Verhalten sogar bis zum Extrem einer gewissen Wertschätzung rechtfertigen, die ihm einen Platz auf einem Sockel in der Ruhmeshalle der Serienmörder sicherte. Dabei argumentierte er, er sei ein ganz besonderes menschliches Wesen und als solches habe er es verdient, dass sich wissenschaftliche Studien mit ihm befassten. Vielleicht hatte er damit ja recht, und sei es auch nur, um seine genetische und biochemische Veranlagung gründlicher untersuchen zu können und damit sein Wesen zu begreifen.

Der folgende Auszug stammt aus einem Brief, den Shawcross dem Autor schrieb. Er wird hier mit seiner Erlaubnis veröffentlicht:

»Ich wurde gefragt, ob ich getötet habe. Ja, viel zu oft für einen Einzelnen, der so etwas tut!

Mir wird vorgeworfen, ich hätte Menschenfleisch verzehrt. Denken Sie an die Vergangenheit zurück: Früher haben Menschen Menschen gejagt (was sie in manchen entlegenen Gegenden der Welt noch immer tun). Denken Sie an das Tier, das wir Schwein oder Wildschwein nennen. Warum heißt es in manchen Büchern, dass wir dieses Tier nicht essen sollen? Weil es genau wie Menschenfleisch schmeckt. Ich habe Fleisch von Männern und Frauen gegessen ... Wenn also das nächste Mal irgendjemand von euch Speck isst, Schinken, einen schönen saftigen Schmorbraten oder ein Schweinekotelett, dann denkt daran, dass dies der Geschmack, das Aroma von Menschenfleisch ist. Doch dies habe ich nur getan, wenn ich sehr wütend war – der Hunger des Raubtiers.

Ich war Gott für mich. Ich war der Richter, die Geschworenenjury und der Henker. Ich liebe Menschen, habe aber im Laufe meines Lebens 53 menschliche Wesen ermordet, abgeschlachtet und total vernichtet. Warum?

Stellen Sie sich das vor: Mir wurde beigebracht, stundenlang ruhig sitzen zu bleiben und mich nicht zu bewegen; mir wurde auch beigebracht, nach dem Feind Ausschau zu halten und ihn zu vernichten, sobald er mir über den Weg läuft.

Die Prostituierten, für deren Tod ich verantwortlich gemacht werde, waren für mich auf ihre eigene Weise der Feind, denn sie können mit Geschlechtskrankheiten und AIDS töten und kommen damit davon! Ob ich das bedaure, wurde ich gefragt? Meine Antwort lautet, ich bedaure es so sehr, dass ich mich frage, warum ich für diese Aufgabe ausgewählt wurde.

Die Regierung der Vereinigten Staaten hat mir das Töten beigebracht; was sie mir nicht beibrachte, war der Wunsch, es nicht zu tun! Noch immer überkommen mich diese Gefühle – aber die Tabletten, die ich jetzt nehme, dämpfen sie und beruhigen mich. Warum nicht vorher? Warum bin ich, wie ich bin? Untersuchen Sie das – suchen Sie die Antwort, bevor zu viele Leute getötet werden! Ich bin wie ein Raubtier, das jagen kann und zu jeder Zeit und in jedem Moment willkürlich vernichten kann ... Ich bin unter Druck gesetzt und bedroht worden, aber irgendwie stoppen die Pillen das Verlangen zu kämpfen oder mildern es ab. Ich weiß, dass ich, wenn ich kämpfe, außer Kontrolle gerate – dann werde ich wieder zum Raubtier.

Die meisten Leute sagen, dass ich im Gefängnis sterben werde! (Na und.) Hat man denn eine Wahl, wann und wo man sterben wird? ... Viele

Leute glauben, dass sie in den Himmel kommen, wenn sie gestorben sind. Das stimmt nicht! Ihre Seele wartet darauf, gerufen zu werden: Lesen Sie in der Bibel, wenn Sie an das glauben, was darin steht. Was mich betrifft, ich werde noch einmal leben und zur nächsten Stufe übergehen. Ich bin ein Spiritualist ... Der Tod ist nur eine Übergangsphase im Leben. Die Menschen, die ich getötet habe, sind auf ihrer nächsten Stufe. Sie werden wieder leben, aber auf eine viel bessere Weise als in dem Leben, das sie hinter sich gelassen haben! ... Ich habe in vielen Gegenden der Welt gelebt, sogar in England, in Kent, um genau zu sein. Die Moor- und Marschlandschaften waren vor 700 Jahren mein Zuhause.

Das, was sich in dem Zuhause abgespielt hat, in dem ich aufwuchs, sollte besser nicht aufgedeckt werden, doch das kann ich nicht! Als Kind hatte ich keine Kontrolle darüber, wer mein Sexpartner war! Ich kann nicht behaupten, dass es mir kein Vergnügen bereitet hat, egal ob mit einem Cousin, mit der Schwester oder dem alten Mädchen selbst.

Jeder Mann, jede Frau oder jedes Kind ab zehn oder älter ist imstande, vorsätzlich zu töten.

Wie konnte ich ohne Drogen oder einen Kampf töten? Lassen Sie mich dies näher erläutern. Der Körper hat viele Druckpunkte: manche, um sich zu entspannen, manche, um sich zu erregen, und manche, um Schmerz zu bereiten oder ihn zu beseitigen. Ein paar davon, um zu betäuben und zu töten! Viele von euch Menschen stellen mich als verrückten Irren dar. Das könnt ihr gern. Aber was ihr denkt, stimmt vielleicht nicht.

Schaut zum Himmel, da komme ich her! Ihr auch, aber ihr werdet es nicht zugeben!

Meine Zeit in dieser Übergangsphase ist gekommen. Demnächst werde ich weiterziehen, ich empfinde, was ich empfinde. Wenn jeder Mann, jede Frau und jedes Kind wie jeder andere wäre, gäbe es kein Verbrechen und keinen Krieg.

Denkt daran: Schaut zum Himmel, wir kommen, um euch vor euch zu retten.

Ich bin oder bin ich?«

UNTERZEICHNET VON ARTHUR SHAWCROSS, 19. SEPTEMBER 1994

Dieses Kapitel basiert auf exklusiven Bild- und Tonaufnahmen der Gespräche zwischen Christopher Berry-Dee und Arthur John Shawcross in der Sullivan-Vollzugsanstalt, Fallsburg, im Bundesstaat New York, die am Montag, dem 19., und am Freitag, dem 30. September 1994, geführt wurden, und auf einer drei Jahre währenden Korrespondenz. Shawcross erlag 2008 einem Herzstillstand (Anm. d. Redaktion).

JOHN MARTIN SCRIPPS
VEREINIGTES KÖNIGREICH

»Sie werden mich nicht hängen.
Ich bin Brite.«

JOHN SCRIPPS, VIER TAGE BEVOR ER AM
19. APRIL 1996 IM CHANGI-GEFÄNGNIS,
SINGAPUR, HINGERICHTET WURDE

John Martin Scripps, von den Medien als »Der Tourist aus der Hölle« bezeichnet, war der erste Abendländer, der in Singapur wegen Mordes gehängt wurde, und erst der zweite, der allgemein für ein Verbrechen hingerichtet wurde. 1994 war der niederländische Staatsbürger Johannes van Damme von den Behörden in Singapur wegen Drogenhandels exekutiert worden. Er wurde am 27. September 1989 verhaftet, nachdem man vier Kilogramm Heroin bei ihm entdeckt hatte. Am 26. April 1993 wurde er zum Tod verurteilt.

Scripps ist der letzte britische Mörder, der seit der Abschaffung der Todesstrafe 1964 gehängt wurde. Die letzten Hinrichtungen in Großbritannien fanden am 13. August jenes Jahres statt. Peter Anthony Allen, 21 Jahre alt, wurde im Walton-Gefängnis, Liverpool, gehängt, und John Robson Walby, alias Gwynne Owen Evans, 24 Jahre alt, wurde im Strangeways-Gefängnis, Manchester, exekutiert. Die beiden waren gemeinsam wegen Mordes an John West, einem Lieferwagenfahrer aus Workington, Cumberland, den sie bei einem Raubüberfall getötet hatten, verurteilt worden.

John Martin Scripps wurde am 9. Dezember 1959 in Hertford geboren. Die Familie zog nach London, als er noch ein kleiner Junge war, und Scripps verlebte eine glückliche Kindheit, in der er seiner Schwester Janet eng verbunden war. Als er neun Jahre alt war, nahm sich sein Vater, nachdem er erfahren hatte, dass seine Frau ihn wegen eines anderen Mannes verlassen wollte, das Leben. John fand seinen Vater zu Hause mit dem Kopf im Gasofen. Ungefähr zur gleichen Zeit wurde bei seiner Mutter Kehlkopfkrebs diagnostiziert, und obwohl sie sich davon erholte, brach Johns Welt zusammen.

Laut FBI haben 70 Prozent der Mehrfachmörder zu irgendeinem Zeitpunkt ihrer Kindheit ein Trauma durchlebt.

»Das Trauma schwelt vor sich hin und wird zu einer Rachefantasie«, sagte Ian Stephen, ein forensischer Psychologe, der in Strathclyde für Polizei und Strafvollzugsbehörden arbeitete. »In Scripps Fall mag sein Zorn gegen die Tatsache gerichtet gewesen sein, dass er eines Vaters beraubt wurde, der ihn im Stich gelassen hat.«

John wurde immer introvertierter. Er zog sich von seinen Freunden zurück und es war ihm unmöglich, sich auf das Erlernen von Lesen und Schreiben zu konzentrieren. Diese Kenntnisse erwarb er erst später, im Gefängnis, doch blieb seine Handschrift stets sehr kindlich.

Mit 14 Jahren verschwand er aus einem Ausbildungslager in Frankreich, das die Finchley-Einheit der Jugendorganisation Army Cadet Force organisiert hatte. Ein Jahr später stand er wegen Einbruchs und Diebstahls vor einem Jugendgericht.

Als Erwachsener wurde er erstmals 1978 wegen eines Sittlichkeitsvergehens verurteilt und erhielt vom Amtsgericht Hendon eine Strafe in Höhe von 40 Pfund. Dem schloss sich eine betrübliche Liste von Straftaten an, darunter Einbrüche in London, denen ein Gefängnisaufenthalt in Israel folgte, weil er in einem Kibbuz einen Kollegen bestohlen hatte. 1982 wurde er wegen eines Einbruchs und Überfalls in Surrey erneut inhaftiert.

Es gelang ihm, sich der Verhaftung zu entziehen und auf eine kriminelle Reise durch Südostasien und Amerika zu verschwinden. In Mexiko lernte er die 16-jährige Maria Arellanos kennen und heiratete sie, doch 1985 war er wieder in Großbritannien und musste eine Gefängnisstrafe wegen Einbruchs absitzen. Doch selbst das Gefängnis konnte ihn nicht aufhalten, denn wieder einmal gelang ihm die Flucht und er kehrte zu seinen Aktivitäten als Drogenschmuggler in Südostasien und Amerika zurück.

1987 erfolgte erneut eine Verhaftung und er wurde in London wegen Heroin-Delikten zu sieben Jahren Gefängnis verurteilt. Im Jahr darauf ließ sich seine junge mexikanische Frau von ihm scheiden. Während eines Hafturlaubs im Juni 1990 verschwand er zum dritten Mal und floh nach Bangkok.

Als er später von Zoll- und Steuerbeamten befragt wurde, sagte Scripps, er sei nach Bangkok geflogen, um dort ein Mädchen zu treffen, mit dem er sich Briefe geschrieben habe. Nach seiner Ankunft in der thailändischen Hauptstadt buchte er für drei Tage ein preiswertes Zimmer für 10 Pfund pro Nacht im »Liberty Hotel«. Begleitet von seiner Freundin besuchte er einige Bars und schaute sich die örtlichen Touristenattraktionen an. Offenbar bahnte sich eine Liebesaffäre an und so machten die beiden einen Ausflug nach Ayutthaya, der historischen früheren Hauptstadt, wo sie zwei Tage blieben. Dann fuhr das Pärchen weiter nach Pattaya, bekannt als »Stadt der Sünde«, und von dort aus nach Phuket, wo sie im »Nilly's Marina Inn« am Patong Beach unterkamen. Scripps verbrachte zehn Tage in Thailand, bevor er beschloss, wieder nach London zu fliegen. Während seines Aufenthalts dort hatte er 1000 Pfund ausgegeben, davon 270 Pfund für Kleidung und etwas mehr als 100 Pfund für den Ankauf von 48 gefälschten Uhren. Außerdem kaufte er Heroin.

* * *

Um 1.20 Uhr Ortszeit ging Scripps an Bord des Gulf-Air-Fluges GF 153, Zielort Maskat im Sultanat von Oman. Nach der Ankunft begab er sich in die Transitzone des Seeb International Airport, um auf seinen Anschlussflug nach Heathrow in London zu warten. Er reiste mit einem britischen Reisepass, der auf den Namen Jesse Robert Bolah ausgestellt war. Dieses Reisedokument mit der Nummer 348572V war gestohlen.

Während er an einer Bar des Flughafens auf seinen Flug wartete, lernte er Christopher Davis kennen und die beiden unterhielten sich. Als Scripps den Flug GF 011 nach London antreten wollte, wurde er zu einem Routine-Sicherheitscheck ausgewählt, zu dem auch eine Leibesvisitation gehörte. In seinen Taschen fand der Polizeibeamte Saeed Mubarak der Royal Oman Police zwei Päckchen, die mit rotem Klebeband umwickelt waren. Da er dachte, dass die Päckchen möglicherweise Sprengstoffe enthalten könnten, bat er Inspektor Saeed Sobait um Hilfe. Die beiden Polizeibeamten durchsuchten Scripps Handgepäck, in dem sie ein größeres Paket entdeckten, das ein weißes Pulver enthielt. Das Dilemma der Beamten war nun, dass das weiße Pulver nicht untersucht werden konnte, ohne den Passagier festzusetzen. Deshalb entschieden sie, eines der Päckchen, das, wie sich später herausstellte, 50 Gramm Diamorphin enthielt, und den Reisepass dem Flugkapitän zu übergeben. Dann erlaubten sie Scripps, nach London weiterzufliegen, allerdings im Gewahrsam und unter Verantwortung des Gulf-Air-Bordpersonals.

Nervös stieg Scripps in die Maschine und ließ sich auf Platz 39H nieder. Während des Fluges, etwa auf halber Strecke, bemerkte der Schullehrer Gareth Russell, der auf Platz 39K saß, dass sein Mitreisender etwas auf den Boden fallen ließ und mit dem Fuß unter den Sitz schob.

Sobald die Maschine den britischen Luftraum erreicht hatte, kontaktierte der Pilot die Zoll- und Steuerbehörde, und kaum war das Flugzeug an seinem Haltepunkt angekommen, kam ein Team unter der Leitung von David Clark an Bord. Das Päckchen, das Scripps unter den Sitz geschoben hatte, wurde gefunden. Nachdem sich ein Test auf Opiate als positiv erwiesen hat, wurde er, statt wegen einer Zuwiderhandlung gegen das Zoll- und Abgabengesetz, wegen Verstoßes gegen das Betäubungsmittelgesetz angeklagt.

John Scripps blieb an jenem Abend in Gewahrsam, damit die Zoll- und Polizeibehörden sein Zimmer in der Gordon Road, Hausnummer 6, in Farnborough durchsuchen konnte, wo er bei seinem Onkel Ronald White wohnte. Man fand einen Ordner mit Dokumenten, der auch einen westdeutschen Reisepass, ausgestellt auf den Namen Robert Alfred Wagner, enthielt und einen belgischen Personalausweis mit Scripps Foto auf den Namen Benjamin George Edmond Stanislas Balthier. Die in diesen Dokumenten genannten Männer waren viele Jahre zuvor als vermisst gemeldet worden, und seither gab es keine Spur mehr von ihnen.

Später an jenem Tag wurde Scripps erneut befragt, und man wollte wissen, womit er sein Geld verdiente, wie er sich die Reisen rund um die Welt und auch seinen sehr teuren Samsonite-Koffer leisten konnte. Arrogant entgegnete er: »Der mag für Sie sehr teuer sein, für mich aber nicht. Wenn Sie sich einen Koffer wie diesen nicht leisten können, dann deshalb, weil sie als untergeordnete Diener des Staates für einen Tariflohn arbeiten und nicht bereit sind, loszulegen und ständig zu schuften.«

Am 31. August wurde John Martin Scripps um 10.00 Uhr gegen Zahlung einer Kaution bis (zur Verhandlung am) 29. Oktober 1990 auf freien Fuß gesetzt. Er versäumte es, sich bei den Behörden zu melden, und wurde am 28. November vom Kriminalbeamten Malone im Hause seiner Mutter in der Grove Road in Sandown auf der Isle of Wight festgenommen. Die Polizei fand noch mehr Drogen, sodass er wegen Besitzes von 50 Gramm Diamorphin von achtzigprozentiger Reinheit angeklagt wurde. Der Straßenverkaufswert dieser Menge wurde auf etwa 9473 Pfund geschätzt, während die 191,50 Gramm Heroin, die er am Flughafen zu schmuggeln versucht hatte, mit 38 551 Pfund bewertet wurden. In Anbetracht der Tatsache, dass Scripps Drogen im Wert von mehr als 48 000 Pfund besaß, war der Polizei nun klar, wie er sich seinen Lebensstil leisten konnte.

Weil Scripps zuvor vor einer Gefängnisstrafe von sieben Jahren wegen Drogenvergehen geflohen war, musste er nun bis zu seinem Prozess im Winchester-Gefängnis in Untersuchungshaft bleiben. Er teilte seinen Anwälten mit, dass er auf »nicht schuldig« plädieren werde. Seine Verteidigungsstrategie war ganz einfach. Mit seiner Behauptung, er habe das Päckchen mit den roten Klebestreifen, das Heroin enthielt, im Flughafen von Maskat auf dem Fußboden gefunden und der Polizei ausgehändigt, stand oder fiel die Anklage. Er bestritt kategorisch, dass in Maskat irgendwelche Drogen bei ihm entdeckt worden waren. Zudem argumentierte er, dass die Spuren von Heroin in den Taschen seiner Jeans, die er damals angehabt hatte, daher rührten, dass er gebeten worden war, das Päckchen, das er gefunden hatte und das Drogen enthielt, zu öffnen. Er bestritt zudem, zu wissen, woher die Spuren in der Tasche eines Hemdes stammten. Hätte er es geschafft, sich aus dieser Anklage herauszuwinden, wäre er allerdings immer noch nicht aus dem Schneider gewesen, denn die Polizei hatte bei seiner Festnahme in Sandown Heroin bei ihm gefunden und seine Brieftasche war mit 2000 Pfund Bargeld gut gefüllt. Es lag also nahe, dass er die Absicht gehabt hatte, auf der Isle of Wight Drogen zu verkaufen, eine weitere Anschuldigung, die Scripps von sich wies.

Der Gefangene mit der Kennnumer V48468 erhielt Rechtsbeistand und der Fall #T910602 wurde am 6. Januar 1991 vor dem Staatsgericht Winchester verhandelt. Vertreten von Anwalt Bruce Maddick änderte Scripps im Bemühen um ein mildes Urteil mit einem Mal seine Strategie und plädierte auf »schuldig«. Trotz dieses Manövers wurde er zu 13 Jahren Gefängnis verurteilt. Erstaunlicherweise verbrachte er nur drei Jahre und zehn Monate in Haft, bevor ihm erneut die Flucht gelang.

Seine Haft trat Scripps im Albany-Gefängnis auf der Isle of Wight an und während eines Zeitraums von sechs Wochen zwischen März und April lehrte ihn der Gefängnisbeamte James Quigley das Metzgerhandwerk.

»Ihm wurde gezeigt, wie Vorder- und Hinterviertel vom Rind entbeint werden, Speckseiten herausgeschnitten und wie Schweine und Hühner zerteilt werden«, sagte James Quigley und fügte hinzu: »Er lernte schnell und begriff rasch, wie Tiere richtig geschlachtet, zerlegt und entbeint werden.«

Woran die Behörden nicht dachten, war der Umstand, dass sie, indem sie einem Gefängnisinsassen das Schlachterhandwerk beibrachten, ihn auch dazu befähigten, Menschen zu töten und zu zerlegen – der grausame Beruf, dem er in der Folge nachging.

Scripps letzte Odyssee begann am 28. Oktober 1994, als er nach einem Hafturlaub von vier Tagen mal wieder nicht in das Mount-Gefängnis in Bovington, Hertfordshire, zurückkehrte. In der Woche, bevor er aus dem offenen Gefängnistor herausspaziert war, hatte er ungehindert seine Besitztümer verkauft, um seine Flucht zu finanzieren. Mitinsassen gegenüber hatte er sogar geprahlt, dass er sich aus dem Staub machen würde. Das Gefängnispersonal hatte das mitbekommen, es jedoch versäumt, darauf zu reagieren.

Nachdem er nicht zurückgekehrt war, sagte die Gefängnisdirektorin Margaret Donnelly: »Er wurde nicht mehr als Risiko eingeschätzt. Gewalt war nie Teil seiner Geschichte. Er war ruhig und zurückhaltend.«

Was die Direktorin offenbar nicht wusste, war, dass Scripps bei jedem Hafturlaub, der ihm bislang zugestanden worden war, abgehauen war. Und weit davon entfernt, ruhig, zurückhaltend und kein Risiko mehr zu sein, war der lässig plaudernde Drogenhändler nun auf dem Weg, ein bösartiger Serienmörder zu werden.

Nachdem er geflohen war, machte Scripps sich zu einer Mordtour durch drei Länder auf. Seine erste Anlaufstation, bevor das Morden begann, waren die Niederlande, wo er einen früheren Drogenhändler traf, den er während seiner Untersuchungshaft im Winchester-Gefängnis kennengelernt hatte. Anschließend reiste er nach Belgien und Spanien und traf gegen Ende November in Mexiko ein, wo er versuchte, sich mit Maria Arellanos zu versöhnen. Er erzählte ihr, er sei aufgrund eines Verfahrensfehlers aus dem Gefängnis entlassen worden und wolle wieder nach Thailand reisen, um Seidenkleidung zu kaufen und dann mit ihr zusammen eine Boutique in Cancun zu eröffnen. Er erklärte ihr, er sei mittlerweile ein tief religiöser Mann, und gab sich, um sie zu überzeugen, als Verehrer der Jungfrau von Guadalupe, der Schutzheiligen von Mexiko, aus.

Um sein Projekt zu finanzieren, freundete Scripps sich mit Timothy McDowell an, einem britischen Rucksacktouristen, der 1994 in Belize Urlaub gemacht hatte und nach Mexiko gereist war. Wahrscheinlich hat Scripps den 28 Jahre alten Cambridge-Absolventen und Management Consultant totgeschlagen, seinen Körper zerlegt und die Teile in einen Fluss mit Alligatoren geworfen. Kurz nach dem Mord wurde das Konto des Opfers um einen Betrag von etwa 21 000 Pfund erleichtert. Das Geld wurde zunächst auf Scripps Konto in London überwiesen. Später wurde der Betrag auf ein anderes Konto in den Vereinigten Staaten transferiert, das auf den Namen Simon Davis lief, einen von Scripps zahlreichen Decknamen.

* * *

Der 33 Jahre alte Gerard George Lowe kam am Morgen des 8. März 1995 am Flughafen Changi in Singapur an. In seiner Freizeitkleidung – khakifarbene Bermudashorts und ein orangenes T-Shirt – unterschied er sich nicht weiter von all den anderen internationalen Reisenden, die müde aus dem Flugzeug und weiter auf das Laufband schwankten. Er war einfach ein normaler Tourist, und das war das Entscheidende. Als Alleinreisender in einem fremden Land schaute sich Lowe nach einem freundlichen Gesicht um. Und wie es Menschen an Flughäfen gerne tun, wenn sie versuchen, sich zu orientieren, sprach er plötzlich einen völlig Fremden an. Der große, leise sprechende Engländer in seinen Dreißigern stellte sich höflich als Simon Davis vor. Während sie miteinander plauderten, erklärte Lowe, er sei ein südafrikanischer Brauerei-Konstrukteur und wegen der günstigen Preise für Videorekorder und Kameras in Singapur auf Einkaufstour. Als Scripps Lowes goldene Kreditkarte erspähte, wusste er, dass er wieder ein Opfer gefunden hatte.

Für Scripps war schnell klar, dass seine neue Bekanntschaft ein eher sparsamer Typ war, und so schlug er ihm vor, sich ein Hotelzimmer zu teilen. Scripps empfahl das »River View Hotel«, eine Mittelklasse-Unterkunft für Geschäftsleute mit einer Rezeption aus grau meliertem Marmor und einer geschmacklosen Boutique, in der Plastikorchideen und billiges Parfum verkauft wurden. Da das Hotel voll war, mussten die beiden Männer einige Stunden warten, bis ihnen ein Zimmer zugewiesen wurde. »Sie machten einen ganz normalen Eindruck«, sagte Roberto Pregarz, der Manager des Hotels, später bei Scripps Prozess aus. »Sie lächelten und hatten ihren Spaß. Da war nichts Eigenartiges zu erkennen.«

Wenige Minuten nach dem Einchecken bezogen die Männer ihr Zimmer mit der Nummer 1511. Nachdem sie ihre Koffer ausgepackt hatten, machte Lowe es sich an einem kleinen, runden Tisch bequem, von dem aus er den herrlichen Ausblick auf Singapur bewundern konnte. Dann schnappte er sich einen Stift und fing an, seine Einkaufsliste zu erstellen.

Scripps nutzte diesen Moment, um sich von hinten an Lowe anzuschleichen und dessen Kopf mit einem etwa 1,5 Kilogramm schweren Campinghammer einen heftigen Schlag zu versetzen. Nach seiner Festnahme und der anschließenden Inhaftierung im Changi-Gefängnis sagte Scripps zu dem Mord: »Ich glaube, er [Lowe] war ein wenig überrascht, als ich ihm den Hieb verpasste. Zuerst dachte er wohl, dass ich Quatsch machen würde. Das hat mich wütend gemacht, denn ich glaubte, dass er ein Homosexueller war. Ich schleuderte ihn gegen die Wand und er sackte in sich zusammen. Er zitterte und pinkelte sich ein. Ich habe ihn dann noch ein wenig geschlagen und dazu gebracht, mir die PIN seiner Bankkarte zu sagen. Als er dann im Badezimmer war, war er noch bei Bewusstsein. Aus seinem Mund tröpfelte Wasser. Er hat gegurgelt oder so.«

Ohne eine Spur von Mitgefühl fuhr Scripps fort: »Na ja, dann habe ich ihm die Kehle durchgeschnitten und ließ ihn verbluten wie ein Schwein.«

Das folgende Gespräch zwischen John Scripps und mir fand statt, als er zum Tode verurteilt im Gefängnis saß:

CBD: »Dann lassen Sie uns das noch mal festhalten, John. Sie haben diesen unschuldigen Mann gegen die Zimmerwand geschmettert und dann halb besinnungslos geprügelt. Anschließend haben Sie ihn ins Bad gezogen, in die Badewanne gehievt und ihm den Kopf auf die Knie gedrückt. Sie haben die Wasserhähne aufgedreht und ihm in den Nacken geschnitten, um ihn zu lähmen. Dann haben Sie ihn in den Nacken oder sonst wohin geschnitten und ihn verbluten lassen. Hat er mitbekommen, was da passiert ist, John?«

JS: »Wollen Sie die verdammte Wahrheit wissen?«

CBD: »Ja.«

JS: »Ja.«

CBD: »Was ja?«

JS: »Wollen Sie es unbedingt genau wissen?«

CBD: »Hat Mr. Lowe mitbekommen, was da geschah?«

JS: »Ja! Er hat gepisst und sich selbst vollgeschissen. Das stank vielleicht. Er hat sich selbst vollgeschissen. Ja. Genau. Oh, verdammt. Ja. Echt, dazu kann ich nicht mehr sagen. Das war nicht gut und ich musste kotzen. Er hat sich tatsächlich zugeschissen, doch das konnte er wohl kaum noch kontrollieren, oder?«

CBD: »Wahrscheinlich nicht, John. Was taten Sie, nachdem Sie ihn getötet hatten?«

JS: »Ich zerlegte ihn in Einzelteile, damit ich den Körper entsorgen konnte.«

CBD: »Stimmt es, dass Sie dazu die kleine Säge benutzt haben, die Teil Ihres Schweizer Messers ist?«

JS: »Das ist Blödsinn. So ein Messer habe ich beim Campen dabei. Aber jeder wird Ihnen bestätigen, dass man mit einer so kleinen Säge keine Leichen zerteilen kann.«

CBD: »Okay. Was haben Sie also dazu benutzt?«

JS: »Ein ungefähr 15 Zentimeter langes Ausbeinmesser. Ich habe ja gelernt, wie man mit Messern umgeht.«

CBD: »Jetzt weiß ich, dass Sie die Wahrheit sagen. Fahren Sie fort.«

JS: »Also, nachdem ich das Blut weggespült hatte, habe ich ihn geköpft. Genau wie ein Schwein. Es ist fast dasselbe. Man schneidet die Kehle durch und zieht das Messer durch den Nacken. Da gibt's auch keine große Sauerei, wenn man es ordentlich macht ... An den Ellbogen schnitt ich ihm die Unterarme ab. Dann die Oberarme an den Schultern. Man schneidet einfach durch die Kugel- und Pfannengelenke. Sägen muss man da nichts.«

CBD: »Und?«

JS: »Na ja, die Beine. Bei den Beinen an einem Schwein muss man eine Säge benutzen, um ... einen ›rechtwinkligen Schnitt‹ zu bekommen, so heißt das, glaube ich. Aber, ehrlich ... Ich hab einfach das Messer reingesteckt und es gedreht und gewendet und herumgeschnitten, bis sich die Beine irgendwie am Hüftgelenk gelöst haben. An den Knien habe ich einfach durchgeschnitten, sodass die Beine nachgaben und ich sie zusammenklappen konnte. Ziemlich heftige Angelegenheit, oder?«

Nachdem er die Körperteile in den schwarzen Müllsäcken verstaut hatte, die Gerard Lowe mitgebracht hatte, um seine zollfreien Einkäufe darin einzuwickeln, deponierte Scripps die Bündel im einzigen Kleiderschrank des

Zimmers. Um den Gestank seiner eigenen Kotze zu überdecken, versprühte er großzügig im ganzen Raum ein Deodorant. Das erwies sich jedoch als unzureichend, denn ein Ehepaar, das in den folgenden Tagen Zimmer 1511 bezog, klagte über einen seltsam fischigen Geruch im ganzen Zimmer. Schließlich wusch sich Scripps die Hände und putzte das Badezimmer. Dabei ging er nicht sehr gründlich vor und übersah ein paar winzige Blutflecken am Duschvorhang, an der Tür und an der Kloschüssel. Diese Spuren sollten entscheidende Beweise liefern, als er schließlich vor Gericht gestellt wurde und auf die Anklage wegen Mordes reagieren musste.

Ein so sorgfältig durchgeführter Mord kann kaum als Verbrechen aus Leidenschaft gewertet werden. Er ist vielmehr eine extrem zielgerichtet ausgeführte Angelegenheit, die mit der wohlüberlegten Sachlichkeit eines Profis ausgeführt wird. Und die verlangt Vorbereitung, Planung und die Fähigkeit, sich mit kaltblütiger Effizienz um jedes Detail zu kümmern. Scripps mag im Badezimmer Spuren seines Gemetzels hinterlassen haben, doch nach dem Ereignis ging er eiskalt und planvoll vor. Zunächst übte er auf Pauspapier die Unterschrift seines Opfers.

Sein nächster Schritt war der Besuch in einem Computerladen, in dem er sich gegenüber dem Verkäufer als Gerard Lowe ausgab und erklärte, er wolle ein paar Lap-Tops kaufen. Gegen 21 Uhr saß er im »River Garden Restaurant« des Hotels und machte es sich mit einem Filetsteak und einer Flasche Weißwein gemütlich. Es war ein lauer Abend. Die Lampions, die an einer Kette hingen und die Terrasse umgaben, spiegelten sich im Wasser des nahen Flusses. John Scripps war mit der Welt im Reinen.

Am nächsten Morgen informierte Scripps den Rezeptionisten des Hotels, dass sein Begleiter bereits abgereist sei und er bei Abreise die Rechnung übernehmen werde. Dann machte er sich auf zu einem Großeinkauf in Singapurs glitzernde Shoppingpassagen. Er bahnte sich seinen Weg von einem klimatisierten Laden zum nächsten und benutzte dabei immer wieder Lowes goldene Kreditkarte. Zunächst kaufte er ein Paar Aiwa-Lautsprecher, dann Nike-Schuhe und Socken sowie einen Videorekorder, den er an seine Schwester in England schicken ließ.

Am Morgen des 9. März verwendete Scripps die Kreditkarte für eine weitere Einkaufstour. Auch ließ er sich bei einer örtlichen Bank 8400 Singapur-Dollar in bar auszahlen und überwies telegrafisch 11 000 US-Dollar auf eines seiner Konten in San Francisco, das auf den Namen John Martin lief. Dann nutzte er die Karte, um sich für 30 Singapur-Dollar eine Eintrittskarte für ein Konzert des Symphonieorchesters von Singapur zu kaufen, bei dem er einem Programm mit Musik von Brahms und Tschaikowsky lauschte. Schließlich erstand er in einem skurrilen, aber kaltschnäuzigen Versuch, seine Gewinne zu maximieren, fünf Lose der Big-Sweep-Lotterie.

Später an jenem Abend packte er die abgetrennten Körperteile in einen Koffer und nahm ein Taxi zum Hafen von Singapur. Hier entsorgte er im Schutze der Dunkelheit den grauenhaften Kofferinhalt in das den Clifford Pier umspielende Wasser. Am nächsten Tag flog er, gut versorgt mit Bargeld, nach Bangkok.

* * *

Sheila Damude, eine 49 Jahre alte Schulleiterin aus Victoria, British Columbia, war nach Bangkok geflogen, um zwei Wochen mit ihrem Sohn zu verbringen, der während eines Brückenjahrs auf Weltreise war. Der 22 Jahre alte Darin hatte sich auf der Reise mit Freunden ein Bein gebrochen, und sie wollte ihm ein wenig mütterliche Zuwendung widmen. Sie hatten beschlossen, einen touristischen Ausflug auf die thailändische »Paradiesinsel« Phuket zu machen.

Als Mutter und Sohn am 15. März auf dem Flughafen Phuket ankamen und im üblichen Getümmel versuchten, einen klaren Gedanken zu fassen, machte sich Scripps an sie heran.

»Ich war im gleichen Flieger wie Sie. Haben Sie ein Problem?«, erkundigte er sich.

Innerhalb von wenigen Minuten bekam Scripps heraus, dass Sheila und ihr Sohn zum Patong Beach fahren wollten, aber nicht sicher waren, wie viel das Taxi kosten durfte.

Scripps, ein erfahrener Reisender, dessen räuberischer Instinkt nun geweckt war, erzählte ihnen von »Nilly's Marina Inn«, in dem ein Zimmer pro Nacht 18 US-Dollar kostete. Das kleine Luxushotel lag am ruhigen südlichen Ende des Patong Beach, einem der beliebtesten Strände der Insel. Er schlug vor, sich mit ihnen ein Taxi zu teilen, damit die Fahrt für alle preiswerter wäre. Mutter und Sohn tauschten kurz Blicke aus, dann nickten sie zustimmend. Dieser hilfsbereite junge Mann beeindruckte sie wirklich sehr und kurz darauf waren sie auf dem Weg über die staubigen Straßen nach Patong Beach.

Scripps schrieb sich im »Nilly's Marina Inn« als Ladenbesitzer aus London namens Simon Davis ein. Niemand bemerkte, dass er – ein aufschlussreicher Ausrutscher – seine Anmeldung versehentlich mit » J. Davis« unterschrieb. Dieser angenehme Reisende war schon früher einmal hier gewesen und zog die bewundernden Blicke des hübschen weiblichen Personals auf sich, das ihn »Mr. John« nannten.

Die Damudes nahmen den Aufzug in den zweiten Stock und freuten sich über eine großzügige Suite mit Aussicht auf die Bucht. Es war ein beeindruckender Ausblick auf Jet-Skis und Schnellboote, die hüpfend auf einen weißen Sandstrand zupreschten. Scripps nahm sich gleich gegenüber auf der anderen Seite des Flurs ein Zimmer, von dem aus er das Buschland hinter dem Hotel überblicken konnte.

Die Damudes hatten zwei King-Size-Betten, eine gut bestückte Minibar, Telefon, Farbfernseher, Klimaanlage und eine Kochnische. Es gab ein separates Badezimmer und eine Dusche und sogar einen Safe, in dem sie ihre Wertsachen unterbringen konnten.

Das Zimmer war trotz des günstigen Preises recht luxuriös und der Blick aus dem Fenster traumhaft. Gleich hinter einer schmalen Straße und einem langen Sandstrand leuchtete das kristallklare Wasser der Andamanensee. Schaute man von ihrem Balkon hinab, sah man zwei aus dem sandigen Boden wachsende Palmen, an denen zwei Mädchen aus dem Ort Kokosnüsse knackten. Die Mädchen blickten nach oben, und als sie den gut aussehenden jungen Darin erspähten, fingen sie an zu kichern. Zu diesem Zeitpunkt dachten die Damudes, sie hätten den Himmel gefunden, doch der nächste Tag rückte näher, und dann sollten sie in der Hölle landen.

Die Damudes verbrachten nach einem kurzen Spaziergang, auf dem sie das spannende Nachtleben in Patong begutachtet hatten, den Abend damit, in den Läden nach Kleidung aus Seide Ausschau zu halten. Scripps lieh sich ein leistungsstarkes Motorrad aus und landete schließlich in der direkt am Meeresufer gelegenen »Banana Bar«.Das Lokal, in dem laute Musik dröhnte, war voll mit Partymädchen, die ihre jungen Körper für weniger als den Preis einer Mahlzeit verkauften. Die frühen Abendstunden vertrieb er sich mit Tanz, dann hatte er mit einer jungen Frau Sex am Strand und zog sich schließlich zur Nachtruhe zurück. Die Polizei bewunderte sein gelb-grünes Motorrad, das im Parkverbot vor dem Hotel stand, und befand, es sei wohl nicht so klug, einem Urlauber ein Knöllchen auszustellen.

Am nächsten Morgen nahmen Sheila und Darin ihr Frühstück in der Sonne auf der Terrasse ein. Nach der Mahlzeit suchten sie in einem ziemlich düsteren Aquarium nach Lebenszeichen und Sheila durchforstete den Postkartenständer nach etwas Passendem, das sie ihrem Mann nach Hause schicken konnte. Das war die letzte Gelegenheit, bei der sie lebend gesehen wurden. Man nimmt an, dass sie anschließend auf ihr Zimmer zurückkehrten, um Pläne für den vor ihnen liegenden Tag zu schmieden.

Gegen 11 Uhr bemerkten Leute, die aus dem kleinen Hotel nebenan kamen, einen kräftigen Schwall rot gefärbten Wassers, der aus einem offenen Abfluss des »Nilly's Marina Inn« in die Kanalisation unter der Straße strömte.

Da John Scripps die Morde an Sheila und Darin Damude nie nachgewiesen werden konnten, lehnte er es ab, diesen Fall mit mir zu besprechen. Gleichwohl ist es aufgrund vorliegender Beweise doch möglich, zu rekonstruieren, was passierte, als die Damudes in ihr Zimmer zurückkehrten.

Scripps klopfte an ihrer Tür, betrat ihr Zimmer unter irgendeinem Vorwand und betäubte sie innerhalb von Sekunden mit einem Elektroschocker. Eine solche Waffe war bei seiner Verhaftung in seinem Besitz. Nun, da seine Opfer bewegungslos waren, nahm er seinen Hammer und schlug sie tot – sein Hammer hinterließ Blutflecken auf dem Teppich des Zimmers, das die Damudes bewohnten. Danach zerlegte er ihre Leichen – wobei ihm wieder die Metzger-Kenntnisse, die er im Albany-Gefängnis erworben hatte, nützlich waren.

Nachdem er die Reisedokumente, Pässe und Kreditkarten seiner Opfer an sich genommen hatte, machte er sich zu einer Einkaufstour auf. Schädel, Torsi und Gliedmaßen, die zu den Damudes gehörten, wurden zwischen dem 19. und dem 27. März in verschiedenen ländlichen Bereichen der Gegend gefunden. Ebenfalls in diesem Zeitraum entdeckte eine Thailänderin, die ihren Hund in der Umgebung spazieren führte, weitere grausige Überreste, die zum Teil im

Schacht einer stillgelegten Zinnmine abgelegt worden waren. Die Identität der Opfer wurde später anhand von zahnärztlichen Unterlagen bestätigt.

Die westliche Welt war gegenüber solchen kaltblütigen Mehrfachmorden mittlerweile abgehärtet. Die schaurigen Einzelheiten der Morde, die zum Beispiel von Kenneth McDuff, Harvey Carignan oder Peter Sutcliffe begangen worden waren, waren inzwischen nur allzu verbreitet. Tauchte wieder ein aufsehenerregender Mordfall in den Schlagzeilen auf, kam das Gefühl auf, das alles schon mal gelesen zu haben. Zerstückelte Leichen, anonyme Opfer, scheinbar ohne Motiv begangene Verbrechen und absonderliche Gewalttaten waren inzwischen allgemein bekannt.

In Singapur jedoch, wo Gewaltverbrechen und Morde eher selten waren, war das nicht der Fall. In diesem streng regierten Stadtstaat, wo selbst die Bürgersteige sauber sein mussten und die Scheiben der Wolkenkratzer fleckenlos in der Sonne glitzerten, zeigte sich die Kriminalität in einer saubereren Form.

Diejenigen, die es wagten, Abfall auf den Boden zu werfen oder ihre Kaugummis sorglos auszuspucken, erwarteten harte Strafen. Taxis waren mit einer Alarmklingel ausgestattet, die automatisch losging, wenn der Fahrer die Höchstgeschwindigkeit von 80 Kilometern pro Stunde überschritt. Natürlich kannten auch die Einwohner von Singapur Verbrechen. Selbst bei ihnen gab es häusliche Gewalt und Morde, allerdings bei einer Bevölkerung von zweieinhalb Millionen Menschen und durchschnittlich weniger als 50 Tötungsdelikten pro Jahr in eher geringem Ausmaß. Im Affekt begangene Morde schienen außerdem nachvollziehbarer zu sein.

Mit der Leitung der Ermittlungen zu den von John Scripps begangenen Verbrechen wurde der spätere Polizeipräsident Gerald Lim beauftragt. Zum Zeitpunkt des Mordes an Lowe war er leitender Ermittlungsbeamter bei der Abteilung für Spezialermittlungen der Kriminalpolizei, und seine Arbeit begann am 13. März 1995 im Hafen von Singapur, als dort Füße entdeckt wurden, die aus einem schwarzen Müllbeutel herausragten und mit einer großen blauen Unterhose zusammengebunden waren.

Ein Schiffer machte die nächste Entdeckung, denn etwas entfernt vom Clifford Pier dümpelten zwischen den Ausflugsbooten zwei Oberschenkel – weiß, haarig und zusammengebunden mit Streifen aus orangefarbenem Stoff.

Am 16. März schließlich wurde noch ein fülliger männlicher Torso aus dem Wasser gezogen. Diese grauenhaften Überreste gehörten alle zum Körper des gleichen männlichen Weißen, dessen Kopf und Arme jedoch nie gefunden wurden.

Lim hatte bereits mit tödlichen Auseinandersetzungen zwischen eingewanderten Bauarbeitern oder auch mit häuslichen Morden zu tun gehabt, aber dies war etwas völlig und erschreckend anderes. Er untersuchte die halb verwesten Leichenteile und fragte sich, was für ein Mensch das sein musste, der für eine derart kaltblütige und grausame Zerteilung eines anderen Menschen verantwortlich war. Und diese Leiche hatte noch keinen Kopf und keine Arme und somit auch keinen Namen.

Da die meisten Singapur-Besucher, sofern sie in Hotels unterkamen, registriert wurden, überprüfte der Kriminalbeamte zuerst den Zentralcomputer für Hotelanmeldungen. Innerhalb weniger Stunden hatte jedes Hotel in Singapur ein Fax mit der Frage erhalten, ob irgendein Gast vermisst wurde oder ob jemand das Hotel verlassen habe, ohne die Rechnung zu bezahlen. Das »River View Hotel« antwortete sofort. Zwei Gäste – Gerard Lowe und Simon Davis – hatten ohne zu bezahlen aus Zimmer Nr. 1511 ausgecheckt. Doch da gab es noch etwas, sagte der Manager. Sein diensthabendes Empfangspersonal erinnerte sich daran, dass der Engländer am Abend, bevor er und sein Begleiter verschwunden waren, gesehen worden war, wie er einen schweren Koffer durch das Foyer schleppte. Zudem war aufgefallen, dass er einige Stunden später mit leeren Händen zum Hotel zurückkehrte.

Am 14. März wurde bei der Polizei in Johannesburg, Südafrika, von einer verzweifelten Mrs. Vanessa Lowe Anzeige erstattet, weil ihr Ehemann vermisst wurde. Er hatte sie nicht aus Singapur angerufen, um ihr zu sagen, dass alles in Ordnung sei, was überhaupt nicht seiner Art entsprach. Als Gerald Lim davon erfuhr, lud er sie ein, nach Singapur zu fliegen und sich die Leichenteile und ein paar Kleidungsreste anzuschauen.

Bevor Vanessa Lowe eintraf, hatte Lim ermittelt, dass Simon Davis die goldene Kreditkarte seines Opfers benutzt hatte. Davis war nun der Hauptverdächtige und ein Haftbefehl war auf ihn ausgestellt worden. Die Polizei glaubte, dass er Lowe wegen seines Geldes ermordet hatte.

Als die aufgelöste Frau ankam, holte Polizeipräsident Lim sie am Flughafen ab und bat sie so taktvoll wie möglich, die Leiche zu identifizieren. Tapfer wies sie auf unterschiedliche Merkmale am Körper ihres verstorbenen Mannes hin. Sie erkannte die Blinddarmnarbe am Unterleib, die Sommersprossen auf dem Rücken und die knöcherne Ausbuchtung direkt unterhalb des rechten Knies. Sie identifizierte auch die Unterhose, die Scripps benutzt hatte, um die Schenkel seines Opfers zusammenzubinden, und die orangefarbenen Stoffstreifen stammten vom T-Shirt ihres Mannes.

Aus irgendeinem unerfindlichen Grund kehrte Scripps am 19. März nach Singapur zurück und wurde nach einer kurzen Auseinandersetzung bei der Einreisekontrolle festgenommen und in Gewahrsam gebracht. Als die Polizisten den bei der Festnahme beschlagnahmten Rucksack des Mannes öffneten, der sich Simon Davis nannte, waren sie verblüfft, was sie da alles fanden. Abgesehen von einem Badetuch mit der Aufschrift »Enjoy Coca-Cola«, einer Pink-Floyd-Kassette, einer Flasche Shampoo und einigen originellen Kondomen entdeckten sie etwas, das sie als eine »Mordausrüstung« beschrieben.

Scripps hatte einen Elektroschocker bei sich, einen 1,5 Kilogramm schweren Hammer, eine Dose Pfefferspray, zwei Paar Handschellen, einige Daumenschellen, zwei Sägemesser und zwei Schweizer Messer. Und das war noch nicht alles. In einer anderen seiner Taschen war Kleidung, die offenbar zu einer Frau mittleren Alters passte – Röcke, Kleider und sogar Perlenohrringe. Dazwischen versteckt lagen Pässe, die auf die Namen von zwei kanadischen Bürgern, Sheila und Darin Damude, ausgestellt waren und in beide waren schlampig Fotos von Scripps eingeklebt. Zudem führte er mehr als 40 000 US-Dollar in bar und in Reiseschecks mit sich, dazu Pässe, Kreditkarten und andere Dinge, die Lowe und den Damudes gehört hatten.

* * *

Für die den Vorschriften in Singapur entsprechende gerichtliche Voruntersuchung ergaben die Voranfragen für die Staatsanwaltschaft schriftliche Stellungnahmen von nicht weniger als 77 Zeugen, die die Mordanklage stützten, dazu kamen elf weitere Anklagen wegen Urkundenfälschung, mutwilliger Beschädigung und Betrug bis hin zu denen wegen Waffenbesitz und kleineren Mengen an verbotenen Drogen. Douglas Herda von der Royal Canadian Mounted Police wollte Scripps wegen der Morde an Sheila und Darin Damude in Phuket ebenfalls verhören, doch die Behörden von Singapur lehnten seine Anfrage ab.

Der Prozess gegen John Scripps begann am 2. Oktober 1995 im hochtechnisierten Gericht von Singapur. Die Sicherheitsmaßnahmen waren während der gesamten Verhandlung streng: Scripps saß zwischen zwei bewaffneten uniformierten Beamten in einem Kasten aus Glas und Metall. Seine Beine waren an eine Metallstange gefesselt. Er hatte keinen Einspruch erhoben, aber einen »Prozess beantragt«, was nach den Gesetzen von Singapur bedeutete, dass er die Anklage anfechten wollte. Wie in Singapur üblich gab es keine Geschworenenjury, lediglich ein Richter befand über die Beweislage.

Der erste Zeuge war James Quigley, der bezeugte, dass er Scripps im Albany-Gefängnis das Schlachterhandwerk beigebracht hatte. Chao Tzee Cheng, ein regierungsamtlicher Pathologe, sagte, dass Lowes Körper auf eine Art und Weise zerteilt worden war, wie es nur ein Arzt, Veterinär oder Metzger durchführen könne. »Ich erklärte der Polizei: ›Sehen Sie, Sie haben es hier mit einem Serienmörder zu tun‹«, gab er bei seiner Zeugenaussage an.

Die Staatsanwaltschaft brachte vor, dass Scripps sich unter falschem Namen im gleichen Hotelzimmer wie Lowe eingemietet und ihn getötet hatte.

In einer Aussage, die einem Geständnis gleichkam, erzählte Scripps dem Gericht, er habe Lowe am 8. März auf dem Changi-Flughafen kennengelernt und sie seien übereingekommen, sich ein Hotelzimmer zu teilen. Er gab zu, ihn in diesem Zimmer getötet zu haben, nachdem ihn ein halbnackter Lowe mit einem Lächeln geweckt und seinen Hintern angefasst habe.

»Ich bin kein Homosexueller«, betonte Scripps, »und in diesem Moment hatte ich den Eindruck, dass Mr. Lowe homosexuell war. Ich bin ausgerastet, schoss hoch und begann zu fluchen. Mit solchen Sachen habe ich schon in der Vergangenheit Erfahrungen gemacht und ich war ziemlich erschrocken.«

Scripps sagte, dass er den Hammer benutzt habe, »um Lowe ein paar Mal auf den Kopf zu schlagen, bis er auf dem mit Teppich belegten Boden zusammenbrach. Meine rechte Hand war voller Blut. All das geschah so schnell.«

Nachdem er festgestellt hatte, dass Lowe tot war, so Scripps weiter, habe er einen britischen Freund, dessen Namen zu nennen er sich weigerte, um Hilfe gebeten. Der Freund habe die Leiche aus der Welt geschafft, ohne ihm zu verraten wie. Er bestritt, dass er die Leiche selbst zerstückelt habe.

Die von Joseph Theseira geführte Verteidigung versuchte zu belegen, dass Scripps nicht die Absicht gehabt hatte, Lowe zu töten, und der Mord ein Totschlag gewesen war, für den es als Höchststrafe lebenslänglich gab.

Die Staatsanwaltschaft dagegen führte an, Scripps habe einen vorsätzlichen Mord begangen mit der Absicht, den toten Mann zu berauben.

Am vierten Tag des Prozesses gab die Staatsanwältin Jennifer Marie an, Scripps habe geübt, Lowes Unterschrift zu fälschen, was ein Hinweis dafür sei, dass der Mord vorsätzlich begangen worden sei. Sie legte dem Gericht Gegenstände vor, die mit seinem Gepäck beschlagnahmt worden waren, darunter ein Notizbuch und Pauspapier mit Probe-Unterschriften von Lowes Namen.

In einem cleveren Manöver befragte die Verteidigung zwei Polizeibeamte und versuchte, zu zeigen, wie unzureichend diese neben dem Bett im Hotelzimmer, in dem Lowe nach Scripps' Angaben zusammengebrochen und verblutet war, nach Blutspuren gesucht hätten. Beide Beamte sagten aus, dass auf dem Teppich keine Blutspuren gewesen seien, sondern nur im kleinen Badezimmer. Für die Staatsanwaltschaft stützte dies ihre Behauptung, dass die Tötung vorsätzlich geschehen sei. Der Verteidiger Edmond Pereira, eindeutig auf verlorenem Posten, unterstellte, dass die Polizei, wenn sie keine Blutspuren auf dem Teppich gefunden habe, wohl nicht gründlich genug danach gesucht habe, zudem nicht an der Stelle, an der Lowe niedergeschlagen worden sei.

Am 24. Oktober sagte Scripps im Prozess aus, er habe, als er nach seiner Verhaftung in Polizeigewahrsam gekommen sei, versucht, Selbstmord zu begehen und sich mit einer kleinen, scharfen Glasscherbe das Handgelenk aufgeschnitten, um einem Tod durch Erhängen zu entgehen.

»Ich war überzeugt, dass man mich hängen wird«, erklärte der 35-jährige Mann am fünften Tag im Zeugenstand. »Ich musste immer wieder an Lowe und an die philippinische Frau denken, die gehängt wurde.« Dabei bezog er sich auf das philippinische Dienstmädchen Flor Contemplacion, das am

17. März 1995 gehängt worden war, nachdem sie zwei Morde gestanden hatte.

Scripps, der nun sein eigenes Grab schaufelte, bestätigte die Angabe des Richters T. S. Sinnathuray, dass ein geübter Schlachter ungefähr fünf Minuten benötige, um ein Tier zu zerlegen. An dieser Stelle schaltete sich die Staatsanwältin ein.

»Könnten Ihre Kenntnisse dazu dienen, einen Menschen zu zerlegen?«

»Die Knochen sind ähnlich«, entgegnete Scripps.

Um es auf den Punkt zu bringen, hakte Jennifer Marie nach: »Haben Sie Mr. Lowe zerlegt?«

Scripps blickte auf seine gefesselten Beine und antwortete wenig überzeugend: »Nein, all diese Fähigkeiten, die Sie erwähnt haben, besitze ich nicht.«

Am sechsten Tag im Zeugenstand wurde Scripps von der Staatsanwältin gefragt, warum er die Polizei nicht darüber informiert habe, dass er Lowe getötet habe.

»Weil dieser Mann durch meine Hände gestorben ist«, erwiderte er, »und nach den Gesetzen in Singapur führt das automatisch zu einer Todesstrafe. Das jedenfalls habe ich damals gedacht.«

»Wer ist dann aber der geheimnisvolle Mann, der Mr. Lowe zerlegt hat?«, wollte die Staatsanwältin wissen.

»Er ist ein britischer Freund, der in einem Hotel auf Sentosa wohnt. Während er das getan hat, bin ich geflohen.«

Scripps erklärte, er kenne diesen »Freund« seit acht bis zehn Jahren und ihm sei eingefallen, dass dieser mal in einem Schlachthof gearbeitet habe. »Er ist ein sehr gefährlicher Mann«, meinte er kleinlaut, »und ich habe Angst um meine Familie.«

Daraufhin belehrte der Richter ihn, dass seine Weigerung, Informationen über diesen Freund bekanntzugeben, seiner Verteidigung schaden könne.

»Sie sind hier des Mordes angeklagt«, erinnerte ihn der Richter, »und Mord wird in diesem Land mit dem Tod bestraft. Und letztlich muss ich nun die Frage beantworten, ob sich der Angeklagte John Scripps tatsächlich zu einem Hotel auf Sentosa aufgemacht hat.«

Der Richter lehnte sich in seinem Stuhl zurück und seufzte, als Scripps es noch immer ablehnte, das Hotel auch nur zu beschreiben, eine Ablehnung, die die Staatsanwältin veranlasste, den Angeklagten der Lüge zu bezichtigen und die angeblichen Aktivitäten seines Freundes allesamt als »reine Erfindung« abzutun. Zudem konzentrierte sie sich auf Unstimmigkeiten zwischen Scripps früheren Aussagen gegenüber der Polizei am 29. April und denen, die er im Zeugenstand gemacht hatte.

»Sie haben bisher mit keinem Wort homosexuelle Übergriffe erwähnt, weder als sie 1978 im Gefängnis waren noch den angeblichen Übergriff von Mr. Lowe 1994, oder? Ich vermute daher mal, dass sich dieser Vorfall von 1994 nie zugetragen hat«, sagte Marie. »Das ist bloß eine weitere Ihrer Erfindungen.«

Die Staatsanwältin, die Scripps jetzt fest an der Angel hatte, begann nun, ihre Beute einzuholen. Als er unter Druck gesetzt wurde, auszusagen, was er in der Zeit zwischen dem 8. und dem 11. März getan habe, meinte Scripps, er könne sich nicht erinnern.

»Haben Sie ein gutes Gedächtnis?«, wurde er gefragt.

»Nein, habe ich nicht«, antwortete er nervös. »Ich bin Dyslektiker. Ich bringe Dinge schnell durcheinander.«

Am 6. November erklärte Jennifer Marie in ihrem Schlussplädoyer gegenüber dem Gericht: »Das Verhalten des Angeklagten nach dem Mord lässt darauf schließen, dass er ein kaltblütiger, gefühlloser und berechnender Täter ist, weit von dem Bild entfernt, das er selbst von sich zeichnet und das einen verwirrten, verstörten, vergesslichen Mann zeigen soll, der sich in einer Art Traumwelt bewegt. Dieser Mann kann seine Fähigkeiten sehr bewusst einsetzen. Er hat sich mit Lowes Kreditkarte auf Einkaufstour begeben, sich ein Paar schicke Laufschuhe gekauft, einen Video-Rekorder und eine Karte für das Konzert des symphonischen Orchesters erworben und damit offenbart, dass er ein Mann ist, der keinerlei Skrupel hat, immer wieder und selbst im Zeugenstand zu lügen.« Mit einem seltenen Anflug von Bissigkeit fügte sie hinzu: »Die Ausrede dieses Mannes, er habe Mr. Lowe wegen einer homosexuellen Annäherung getötet, ist nur eine von zahlreichen Lügen, die einen von einem habgierigen, Touristen ausraubenden Serienmörder begangenen vorsätzlichen Mord kaschieren soll. Und Mrs. Lowe, eine ehrbare, liebende Ehefrau ist hierhergekommen und hat unter Eid ausgesagt, dass ihr Mann zu einem Einkaufsurlaub nach Singapur gekommen ist. Und dass er ganz gewiss kein Homosexueller war. Der Angeklagte hat ihren Ehemann nicht nur ermordet und zerstückelt, jetzt beschädigt er auch noch dessen guten Ruf.«

In seinem Schlussplädoyer für die Verteidigung sagte Edmond Pereira: »Wir bitten das Gericht dringend, festzustellen, dass der Angeklagte nicht eines Mordes, sondern einer fahrlässigen Tötung schuldig ist. Die Tötung geschah in einem plötzlichen Kampf, in der Hitze des Gefechts als Folge eines unvorhersehbaren Streits«, und er fügte hinzu: »Er ist kein Mann, der zu Gewalt neigt.«

Pereira forderte Richter Sinnathuray zudem auf, die Informationen aus Thailand zu ignorieren. »Es gibt keine Beweise dafür, dass der Angeklagte für den Tod der beiden Kanadier verantwortlich ist«, betonte er und bezeichnete die Informationen aus Thailand als »unwesentlich und schädlich«.

Am 7. November 1995 soll Scripps, in khakifarbener Gefängniskleidung und mit dem für Gefängnisinsassen typischen Bürstenhaarschnitt im Glaskasten des Gerichts vor dem Urteil noch mit seinen Wachen gelacht und gescherzt haben.

»Karma ist Karma. Jetzt liegt es in Gottes Hand«, doch seine Haltung veränderte sich innerhalb von Minuten.

Der Richter erklärte im voll besetzten Gerichtssaal: »Ich bin ohne jeden Zweifel davon überzeugt, dass Scripps Lowe mit Absicht getötet hat. Danach hat er Lowes Körper in Einzelteile zerlegt, und er war es auch, der die Körperteile anschließend entsorgt hat, indem er sie in den Fluss hinter dem Hotel geworfen hat.« Nachdem er den Schuldspruch verkündet hatte, verurteilte Richter T. S. Sinnathuray Scripps zum Tod durch Erhängen. Als der verurteilte Mann zu dem Ort, an dem die Strafe rechtmäßig ausgeführt werden würde, abgeführt wurde, war er nicht mehr so zum Scherzen aufgelegt.

Nach dem Urteil erklärte der Verteidiger Edmond Pereira gegenüber Journalisten: »Scripps hat das Recht, innerhalb einer Frist von 14 Tagen in Berufung zu gehen, und auf dieses Recht wird er hingewiesen.«

In einem privaten Gespräch im Rahmen der Recherchen zu diesem Buch sagte der Richter, er sei davon überzeugt gewesen, dass Scripps auch die Damudes getötet habe, doch er habe über Scripps Schuld unabhängig von den Beweisen aus Thailand entschieden.

»Was die Beweislage betraf, so war ich sicher, dass es Scripps gewesen war, der Sheila und Darin getötet und auch die an verschiedenen Stellen auf

Phuket gefundenen Körperteile entsorgt hatte. Die Zerlegung der Körperteile von Lowe, Sheila und Darin erfolgte auf sehr ähnliche und typische Weise, sodass alle Anzeichen dafür sprechen, dass sie von ein und derselben Person vorgenommen worden ist. Die thailändischen Beweise waren von erheblicher Aussagekraft, denn sie entkräfteten Scripps Verteidigung, er habe Lowe während einer plötzlichen Auseinandersetzung ohne Absicht getötet.«

Als seine Mutter, die 58-jährige Jean Scripps, in ihrem Zuhause in Sandown auf der Isle of Wight die Neuigkeiten erfuhr, sagte sie: »Ich habe John auf diese Welt gebracht. Und ich bin der einzige Mensch, der das Recht hat, ihn von ihr zu entfernen. Ich kann nicht glauben, dass sich mein Junge von einem freundlichen Menschen in das Monster verwandelt haben soll, als das er vor Gericht beschrieben worden ist.«

Am 4. Januar 1996 unterzeichnete John Martin Scripps gewissermaßen sein Todesurteil, als er der Gefängnisbehörde mitteilte, er wolle nicht in Berufung gehen, obwohl die Berufungsverhandlung bereits auf den 8. Januar angesetzt worden war. Er bestätigte allerdings, ein Gnadengesuch einreichen zu wollen. Das war der einzige ihm verbliebene Weg und er hatte noch sechs bis acht Wochen, um das entsprechende Schriftstück aufzusetzen.

* * *

Die Todesstrafe war in Singapur während der Kolonialzeit üblich und wurde beibehalten, als der Stadtstaat im August 1965 eine unabhängige Republik wurde. Zum Zeitpunkt von Scripps' Verurteilung konnte die Todesstrafe dem Strafgesetzbuch entsprechend für verschiedene Vergehen ausgesprochen werden – nach dem Gesetz für Innere Sicherheit von 1960, dem Gesetz gegen Drogenmissbrauch von 1973, novelliert 1975, und nach dem Gesetz gegen Waffenmissbrauch. Zu den Kapitalverbrechen zählten Mord, Hochverrat, eine Verletzung oder Gefangennahme des Präsidenten, Delikte in Zusammenhang mit dem unerlaubten Besitz von Schusswaffen und Sprengstoffen und Meineid, der zur Hinrichtung einer Person führte, die wegen eines Kapitalverbrechens angeklagt wurde. Mit der 1975 vorgenommenen Abänderung des Gesetzes gegen Drogenmissbrauch wurde die Todesstrafe für den Besitz von 15 Gramm Heroin oder festgesetzter Mengen anderer Drogen obligatorisch.

Kapitalverbrechen wurden vor dem Obersten Gerichtshof verhandelt. Der Angeklagte hatte das Recht, gegen eine Verurteilung beim Berufungsgericht für Strafsachen Berufung einzulegen, und Rechtsbeistand war dabei gesetzlich garantiert. Im Falle der Zurückweisung einer Berufung konnten Gefangene um die Genehmigung bitten, beim Rechtsausschuss des Kronrates in England, der als letzte Berufungsinstanz für Singapur diente, Beschwerde einzulegen. Sollte der Kronrat ein Urteil stützen, konnten Gefangene ein Gnadengesuch an den Präsidenten von Singapur richten.

Am 14. Februar 1996 besuchte eine Sprecherin des Britischen Hochkommissariats in Singapur Scripps im Gefängnis. Danach erklärte sie gegenüber Reportern: »Er wird keine Berufung einlegen. Er will es unbedingt hinter sich bringen. Er wartet nur noch auf den Tag«, sagte sie.

Diese Bemerkung überraschte Edmond Pereira und veranlasste ihn dazu zu sagen: »Scripps hat mir klare Anweisungen gegeben, doch dazu darf ich zum gegenwärtigen Zeitpunkt noch keinen Kommentar abgeben, weil die Angelegenheit noch nicht abgeschlossen ist.« Und er fügte hinzu: »Aber selbst wenn es ein Gefangener ablehnt, ein Gnadengesuch einzureichen, muss die Sache noch immer dem Präsidenten vorgelegt werden. Wie auch immer – wenn wir kein Gnadengesuch einreichen, werden sie auch keine Gnade walten lassen.«

Während seiner Einzelhaft im Changi-Gefängnis verbrachte Scripps die meiste Zeit mit Fernsehen und Lesen. Ein Priester besuchte ihn wöchentlich und alle 14 Tage schaute ein Vertreter des Konsulats vorbei, um sich nach seinem Befinden zu erkundigen und ihm Nachrichten seiner Familie zu überbringen.

Die Singapurer Zeitung *Sunday Times* berichtete am 10. März, Scripps habe es abgelehnt, Präsident Ong Teng Cheong um Gnade zu ersuchen. »Es war sein Wunsch, der Justiz freien Lauf zu lassen«, so der letzte Satz des Berichts.

* * *

John Scripps sollte am Freitag, dem 19. April, in der Morgendämmerung sterben. Ein Ersuchen von Kriminalbeamten von Scotland Yard, die ihn zum Mord an dem britischen Rucksacktouristen Timothy McDowell in Mexiko

1994 befragen wollten, hatte er abgelehnt. Seine letzten beiden Tage verbrachte er damit, seiner früheren mexikanischen und als einzige wahre Liebe seines Lebens bezeichneten Ehefrau Maria aus seiner Zelle wirre Liebesbriefe zu schreiben. Die Zelle, in der er unter ständiger Kameraüberwachung saß, maß ungefähr 2,50 x 1,80 Meter, war fensterlos und 24 Stunden am Tag beleuchtet. Als Toilette diente ein Erdloch und schlafen konnte er auf einer Strohmatte.

Zwölf Stunden vor seiner Hinrichtung verabschiedeten sich in seiner Zelle seine Schwester Janet und seine Mutter von ihm. Ein Angebot, seiner Hinrichtung beizuwohnen, hatten sie abgelehnt. In einem Gespräch mit dem Autor sagte Janet: »Wie soll man unter solchen Umständen Abschied von seinem eigenen Bruder nehmen? Wir nahmen das Wort nicht einmal in den Mund. Ich konnte es einfach nicht.«

In einem fehlerhaften Gekritzel auf einem Fetzen Papier schrieb Scripps, er habe sich Gott überlassen, der ihn betrogen habe. »Was auch immer mein Leben wert ist, du magst es mir nehmen, aber schenke denen, die ich liebe, Frieden und Glück.«

Als Henkersmahlzeit wünschte er sich eine Pizza und eine Tasse heiße Schokolade. Dann bat er noch um einen weiteren Zettel und hinterließ eine letzte weitschweifige Notiz mit zahlreichen Schreibfehlern:

>*An einem Tag arm. Am anderen reich. Geld kann die Qual des Hungers beenden, doch was ist mit der Leere im Innern? Ich weiß, dass die Liebe hinter mir liegt. So überlasse ich mich Gott. Dem Gott, der mich betrogen hat. Was auch immer mein Leben wert ist, du [Gott] magst es mir nehmen, aber schenke denen, die ich liebe, Frieden und Glück. Kann ich wieder Mensch sein. Nur die Zeit wird es mir zeigen. Was mich wirklich empört hat, war, jeden Tag gesagt zu bekommen, dass man kein Mitglied der menschlichen Gemeinschaft mehr ist.*«

Hinrichtungen wurden im Changi-Gefängnis entsprechend den Bestimmungen einzeln oder an großen Galgen, die bis zu sieben Gefangene gleichzeitig aufnehmen konnten, ausgeführt. Dabei wurde der Kopf der Gefangenen mit einer schwarzen Kapuze bedeckt und der Tod durch Fall an einem langen Seil durch die sich öffnende Bodenklappe herbeigeführt.

Der Fall musste so ausgelegt sein, dass ein Gewicht von etwa 570 Kilogramm auf den Nacken und die obere Wirbelsäulenregion des Verurteilten einwirkte, wenn er durch die Klappe stürzte. Diese Zahl, geteilt durch das Gewicht des Gefangenen, ergab die entsprechend benötigte Fallhöhe. Deshalb war es entscheidend, diese Berechnungen korrekt auszuführen, damit der Tod auch sofort eintrat.

In Singapur war es auch üblich, mehrere Gefangene gleichzeitig zu hängen. Allerdings wurden den Medien dazu keine besonderen Einzelheiten mitgeteilt. Die »offizielle« Version, die den Vorschriften gemäß nach jeder Hinrichtung bekanntgegeben wurde, lautete:

»John Scripps wurde von den Wachen gegen 3.30 Uhr geweckt und in einen Warteraum geführt, wo er, zusammen mit zwei anderen Gefangenen, Drogenhändlern aus Singapur, auf die Hinrichtung vorbereitet wurde. Bevor seine Zeit gekommen war und er tapfer in den Tod ging, sprach er noch mit einem Priester und einem Gefängniskaplan.«

Die Verwandten von Scripps' Kollegen am Galgen erhielten identische Briefe, nur die Namen wurden abgeändert.

Die Geschichte vom angeblich reibungslosen Ablauf wurde später, als der Priester, der der Hinrichtung beigewohnt hatte, unerwartet von seinem Amt zurücktrat, über den Haufen geworfen. Während der vorangegangenen zehn Jahre war er, in Erfüllung eines Teils seiner geistlichen Verpflichtungen, Zeuge der meisten Exekutionen in Changi gewesen, doch der Tod von John Scripps entsetzte ihn so sehr, dass er sein Amt sofort danach aufgab. Scripps hatte sich nämlich, weit davon entfernt, tapfer dem Tod entgegenzugehen, bis zum bitteren Ende gewehrt.

Es stimmt, dass die Wächter John Scripps gegen 3.30 Uhr abholten. Um zu vermeiden, dass sie mit Urin und Exkrementen verschmutzt wurden, wurde er angewiesen, seine Gefängnisshorts auszuziehen und stattdessen seine Zivilkleidung anzuziehen. John lehnte das ab, deshalb wurde ihm die Gefängniskleidung vom Leib gerissen.

Eigentlich hätte er zuvor gewogen werden müssen, um die Fallhöhe zu berechnen. Doch er hatte mir erzählt, er wolle seinen Gefängniswärtern eine

Hinrichtung bieten, die sie nie vergessen würden, denn er hasste seine Wärter, die ihn täglich daran erinnerten, dass er kein »Mensch« war. Das Problem war, dass er es, mit allen Konsequenzen, die das für die Effizienz und den menschenwürdigen Verlauf seiner Hinrichtung haben musste, ablehnte, zur Ermittlung der Fallhöhe gewogen zu werden.

War die Fallhöhe zu hoch, konnte ihm der Kopf abgerissen werden; war sie zu niedrig, würde er am Ende des Strickes baumeln, bis er erstickt war. In seinem Fall brauchten zwölf Wächter 20 Minuten, um ihn in die Wartezelle in der Nähe der Galgen zu schleifen. Während dieser Auseinandersetzung zog er sich eine gebrochene Nase, gebrochene Wangenknochen und Kinn, zwei blaue Augen und diverse Prellungen zu.

Als der vorgesehene Zeitpunkt näher rückte, hörte man John schluchzen. Während er vorbereitet wurde, standen die beiden anderen Todeskandidaten bereits gefesselt und mit übergezogenen Kapuzen auf der Bodenklappe. Bevor er mit Lederriemen gefesselt werden konnte, schlug er erneut um sich. Als er schließlich »bezwungen« war, nackt und straff gefesselt dastand, verlor er die Kontrolle über seine Körperfunktionen. Eiligst klemmte man ihm einen Gummipfropfen zwischen die Zähne. Dann zog man ihm die Kapuze über, legte ihm den Strick um den Hals und zog ihn unterhalb seines linken Ohrs fest. Ein Zug an einem Hebel, und John Scripps stürzte in die Ewigkeit.

Eine halbe Stunde lang baumelte sein Leib still am Galgen, bevor er abgenommen wurde. Die Konsequenz aus der Tatsache, dass eine angemessene Fallhöhe nicht hatte ermittelt werden können, war deutlich erkennbar, denn sein Kopf war fast von seinem Körper abgetrennt worden.

Um 10.30 Uhr verließ Scripps das Gefängnis zum letzten Mal. Eingewickelt in ein weißes Laken und in einem Pappsarg wurde seine Leiche, zunächst zusammen mit den beiden anderen, in einem alten grünen, mit einer Plane abgedeckten Lkw in ein Beerdigungsinstitut am Sin Ming Drive gebracht. Die beiden Männer aus Singapur wurden zur Einäscherung unterwegs abgeladen. Als Jean Scripps mit ihrer Tochter die Leiche sah, fiel sie fast in Ohnmacht. Während eine Meute von Journalisten an die Tür des Beerdigungsinstituts klopfte, schafften sie es gerade noch, die Flucht zu ergreifen. Am Nachmittag des gleichen Tages wurde John auf Kosten der Republik eingeäschert.

Eine letzte ironische Wendung der Geschichte – John verbrachte die Nacht im »River View Hotel«. Die Urne mit seiner Asche war in der Obhut eines Mitglieds der Familie Scripps, man hatte per Los entschieden, wer diese Verantwortung übernehmen sollte. Nach der Ankunft in England und einem privaten Gottesdienst, zu dem nur Verwandte und enge Freunde geladen waren, wurde Johns Asche an einem geheimen Ort verstreut.

* * *

John Martin Scripps war den Touristenpfaden nach Thailand und Phang-Nga gefolgt, in jene Bucht, in der auch das als »James-Bond-Insel« bekannte Eiland liegt, das einer der Drehorte für *Der Mann mit dem goldenen Colt* war. Vor Ort hatte er ein Foto von sich machen und auf einen Souvenir-Teller drucken lassen.

»Ich kann nicht glauben, dass er sie getötet hat«, sagte Nipa Eamsom-Ang, die Empfangsdame in Nilly's Marina Inn. »Er war kein Verrückter. Ich mochte ihn sehr«, fügte sie hinzu. »Er hat immer gelächelt, gelächelt und gelächelt.«

Locals erzählten, dass sie, seit Scripps verurteilt worden war, wegen der Geister unruhig gewesen sei, allerdings schien sie verblüfft, als ich wissen wollte, ob das Hotel im Nachgang zu den Morden geschäftliche Einbußen zu verzeichnen gehabt hatte.

Jeder, der Scripps kannte, bestätigt, dass er »ein wirklich netter Kerl« war. Während seines Prozesses wirkte er vernünftig, ja sogar anständig und plauderte höflich mit seinen Wachen über das Wetter. Einmal, als der Richter niesen musste, drehte er sich sogar um und sagte leise: »Gesundheit!«

Der katholische Priester, den John »Pater Frank« nannte, meinte: »Ich versuche immer, mir vorzustellen, wie sein Gesichtsausdruck wohl war, als er die Leichen zerstückelte.« Schließlich fügte er hinzu: »Es ist unmöglich. Ich sehe ihn immer vor mir, wie ich ihn kennengelernt habe – jung, gut aussehend, ein Mann der leisen Töne und höflich.«

Dies ist eine weitverbreitete Wahrnehmung. Leute, die einen Serienmörder kennenlernen, meinen oft, einen scheuen, ruhigen, freundlichen Menschen vor sich zu haben, den nichts so leicht aus der Ruhe bringt. In Wirklichkeit entspricht das einer überkontrollierten Persönlichkeit, die in entsprechenden Situationen sehr wohl zu Wutausbrüchen neigen kann.

Was aber war Scripps' Motiv? War es die Verlockung des Geldes, die ihn zum Morden anstachelte? Erstaunlicherweise haben viele Beobachter im Hinblick auf sein Vorgehen angegeben, dass dies eher unwahrscheinlich ist. Er beraubte seine Opfer zwar, doch, wie Brian Williams, Verbindungsoffizier der Royal Canadian Mounted Police in Bangkok, feststellte, das war noch nicht alles. »Man kann rauben, ohne zu töten, und man kann töten, ohne die Leichen in Einzelteile zu zerschneiden. Dieser Mann ging dabei so weit und ich kann mir nur vorstellen, dass er das, was er tat, genoss.«

Brian Williams mag mit seiner vernünftigen Einschätzung zwar richtig liegen, letztlich läuft es jedoch, wie ich meine, auf ein ganz gewöhnliches Motiv hinaus, auf finanzielle Bereicherung.

Scripps war ein kalter, berechnender Mörder, der seine Vorgehensweise fast bis zur Perfektion geplant hat. Seine Kenntnisse des Schlachterhandwerks kamen der klinisch effizienten Art und Weise, in der er die Leichen beseitigte, nur zugute. Ob er die Zerstückelung »genoss«, ist unklar.

John Scripps war im medizinischen wie im juristischen Sinne weder geistesgestört noch verrückt. Als er Gerard Lowe in ihrem Hotelzimmer in Singapur tötete, gaukelte er sich selbst vor, die Justiz der Insel-Republik werde einen Engländer nicht zum Tode verurteilen. Als ein Südostasien-erfahrener Reisender muss er aber gewusst haben, dass manche Länder dieser Region in Bezug auf Mord und Drogenschmuggel die klare Haltung vertraten, dass diese Verbrechen zwangsläufig die Todesstrafe zur Folge hatten.

Die Behörden von Singapur waren gegenüber Kriminellen sehr streng. Der stellvertretende Polizeipräsident Chin Fook Leon äußerte sich mir gegenüber in einem Gespräch dazu: »Die Höchststrafe einer Verurteilung zum Tode sprechen wir ohne Rücksicht auf Abstammung, Hautfarbe oder Glauben aus. Wer in Singapur die Gesetze bricht, hat die Konsequenzen zu tragen.«

Die Warnung vor einer möglichen Todesstrafe sollte eigentlich alle, die Verbrechen begehen wollten, abschrecken. Sie wurde sogar auf rot-weiße Hinweistafeln gedruckt und überall in der Stadt gut sichtbar angebracht. Die Singapurer argumentierten in diesem Zusammenhang, dass im Grunde jeder die Wahl habe. Wer gegen das Gesetz des Landes verstoße, müsse die Konsequenzen tragen, und diese kompromisslose Haltung wurde stets durchgezogen.

Fünf Thailänder, die als Hilfsarbeiter illegal nach Singapur eingereist waren und für »Gäste« des Landes gehalten wurden, entschlossen sich dazu, ihre Gastgeber zu schädigen, indem sie zwischen November 1991 und Januar 1993 Baustellen bestahlen. Dabei ermordeten sie einen Bürger aus Myanmar und zwei indische Staatsbürger.

Panya Marmontree (22), Prawit Yaoabutr (22), Manit Wangjaisuk (31), Panya Amphawa (29) und Prasong Bunsom (32) wurden am 16. Januar 1995 zum Tod verurteilt. Ihre Berufungen gegen die Hinrichtung wurden am 10. Juli abgewiesen, und so wurden sie dem Urteil folgend am Samstag, dem 16. März 1996, im Changi-Gefängnis gehängt.

Der Botschafter von Thailand, Seine Exzellenz Adisak Panupong, meinte zu mir: »Meine Landsleute waren sich der Gesetze und der möglichen Strafen in Singapur bewusst, und da sie die Gesetze gebrochen haben, wussten sie auch, welche Konsequenzen das haben könnte. Es war ihre eigene Entscheidung.«

John Scripps hatte den Fernen Osten bereist, bevor er Gerard Lowe getötet hatte, und kannte und begriff das Gesetz daher sehr gut. Er war sich der Risiken bewusst, in Singapur wie auch in Thailand schwere Verbrechen zu begehen, auch der Konsequenzen, verhaftet und wegen Drogenschmuggels und Mordes schuldig gesprochen zu werden. Er tötete Gerard Lowe, um finanziell zu profitieren, und die Singapurer Behörden waren der Ansicht, dass er dadurch, dass er diesen Mord auf ihrem Hoheitsgebiet verübt hatte, seine eigene Hinrichtung praktisch gebilligt hatte. Sein rechtswidriges Verhalten konnte so interpretiert werden, dass er Mord als etwas Zulässiges ansah. Und soweit es die Behörden von Singapur betraf, wurde er in der Folge gemäß *seinen* Maßstäben behandelt.

Die Abwägung, ob seine Strafe lebenslängliches Gefängnis oder der Tod sein solle, wurde durch Johns Taten entschieden. Es waren nicht sein Opfer, die Polizei, die Justizbehörden von Singapur, die Gefängnisverwaltung oder der Henker, die die Folge von Ereignissen auslösten, die im Verlaufe des Gerichtsprozesses zu seinem Tod führten. Es lag allein an John Scripps. Und wäre er dem Strick in Singapur entkommen, was wäre sein Schicksal in Thailand gewesen? Eine Hinrichtung mit dem Maschinengewehr.

Die Gesetzgebung in Thailand wurde ausgeweitet und so wurde die Todesstrafe damals nicht nur für Mord, sondern auch für andere Vergehen verhängt. Die Königliche Verordnung zu Sucht auslösenden Drogen (1979) führte für den Besitz von mehr als 100 Gramm Heroin die Möglichkeit der Todesstrafe ein, während diese für die Produktion, den Import oder Export dieser Drogen weiterhin zwingend war. Obgleich Thailand die Todesstrafe für verurteilte Europäer, die in der Regel in den Genuss einer Umwandlung der Strafe durch königlichen Gnadenerlass kamen, eher zögerlich verhängte, war die Zahl der zum Tode verurteilten und exekutierten Europäer kontinuierlich gestiegen.

John spielte also ein tödliches Spiel auch um sein eigenes Leben. Nicht nur, dass er die Todesstrafe für internationalen Drogenhandel riskierte, er hatte auch in zwei Fällen vorsätzlichen Mord begangen, für den die Todesstrafe in Thailand obligatorisch war.

Einen letzten Beleg für seine Skrupellosigkeit lieferten die Beamten des Drogendezernats von Singapur, die in einem Schließfach, das er in der Stadt gemietet hatte, eine erhebliche Menge an Heroin entdeckten. Dieser versteckte Vorrat allein hätte schon genügt, ihn für den Rest seines Lebens hinter Gitter zu bringen. Offenbar war er also in jedem Fall dem Untergang geweiht.

Dieses Kapitel basiert auf einem exklusiven Gespräch zwischen Christopher Berry-Dee und John Martin Scripps, das in der Woche vor dessen Hinrichtung am 19. April 1996 im Changi-Gefängnis geführt wurde.

MICHAEL BRUCE ROSS

USA

»Da gab es nichts, was sie hätten sagen oder tun können. Sie waren praktisch tot, als ich sie gesehen habe. Ich habe sie benutzt. Ich habe sie missbraucht, dann habe ich sie getötet. Ich behandelte sie wie einen Haufen Müll. Was soll ich Ihnen, verdammt noch mal, noch dazu sagen?«

MICHAEL ROSS IN EINEM GESPRÄCH
MIT DEM AUTOR

Plötzlich war er da, der einzige überführte Serienmörder aus Connecticut, und schlurfte vor sich hin. Er wurde von drei tadellos gekleideten Gefängnisbeamten begleitet, die gestärkte Hemden, Hosen mit messerscharfen Falten und blitzblanke Stiefel trugen. Er war mit Handschellen und Fußketten gefesselt, seine locker sitzende Gefängniskleidung bedeckte eine rundliche Figur. Michael Ross war etwa 1,78 Meter groß und wog ungefähr 64 Kilogramm. Mit seiner hoch auf dem Nasenrücken sitzenden Brille wirkte er wie ein Bücherwurm, und höflich war er auch.

Michael war klug. Er verfügte über eine wache Intelligenz, und mit einem IQ von 150 war er Student an der Cornell-Eliteuniversität gewesen. Mit seinem pausbäckigen, gesund aussehenden Gesicht, seinem frechen Lächeln und den schelmischen Augen wirkte er wie ein durchschnittlicher, normaler junger Amerikaner. Auf den ersten Blick entsprach Michael ganz dem Bild des netten Nachbarsjungen, eines jungen Mannes, gegen den ein Vater nichts einzuwenden hätte, würde sich seine Tochter mit ihm einlassen. Doch wie alle Väter wissen, der äußere Schein kann trügen. In Wahrheit war er ein sexueller Sadist und Serienmörder, der sechs Frauen vergewaltigt und getötet hatte.

Im Verlaufe mehrerer Gespräche für dieses Buch fügte er seiner belegten mörderischen Geschichte noch weitere Details hinzu: Zum ersten Mal gestand er ein, zwei weitere Mädchen vergewaltigt und getötet zu haben und mit dem toten Körper eines anderen Mädchens Analverkehr gehabt zu haben.

* * *

Michael Ross wurde unter dem Sternzeichen Löwe am 26. Juli 1959 in Putnam, Connecticut, geboren. Er war das erste von vier Kindern von Daniel und Patricia Ross, seine Geschwister waren Donna, Kenneth und Tina. Die Ehe war von Höhen und Tiefen geprägt, und Patricia, die an Borderline-Schizophrenie litt und später zweimal ihrem Mann davonlief, verbarg nie die Tatsache, dass sie gezwungen war zu heiraten, weil sie mit Michael schwanger war. Von Beginn an war ihr Baby also ein ungewolltes Kind.

Familie und Freunde haben Patricia als eine Frau beschrieben, die charmant und von einer Minute auf die nächste kalt und berechnend sein konnte.

Sie war eine Zeit lang sogar in der staatlichen psychiatrischen Klinik in Norwich untergebracht. Eine Reihe von Leuten, die sie persönlich kannten, beschrieben sie als eine wankelmütige, manipulative Frau, die ihren Ärger an ihrer Familie ausließ, vor allem an Michael, dem sie vorwarf, ihr Leben ruiniert zu haben.

Michael erinnerte sich gut an die Stimmungsschwankungen seiner Mutter, vor der sich alle ihre Kinder fürchteten. Sie konnten nicht verstehen, wie sie darüber lachen konnte, dass ihnen allen übel war, nachdem sie ihnen verdorbenes Fleisch zu essen gegeben hatte. Oder warum sie die Kleidung ihrer beiden Töchter mit Färbemittel ruinierte. Boshaft, gemein und sadistisch versuchte Patricia, den kleinen Michael dazu zu bringen, seinen Hund zu erschießen, nachdem sie ihn davon überzeugt hatte, dieser würde – nach einer kurzen Krankheit – nurmehr leiden. Sie setzte sogar seine Matratze auf dem Rasen im Vorgarten in Brand, nachdem sie ihn beim Masturbieren erwischt hatte. Patricia war also allen Aussagen nach eine grauenhafte Mutter.

Dennoch liebten die vier Kinder ihre Mutter, schlicht und ergreifend, weil sie ihre Mutter war. Sie gewöhnten sich an ihre Stimmungsschwankungen und versuchten, ihr aus dem Weg zu gehen, wenn sie verärgert war. Wie ungeliebte Haustiere, die selbst auf die dürftigsten Anzeichen von Zuwendung mit Ergebenheit und Loyalität reagieren, mussten die Kinder, einfach um zu überleben, ihre Mutter lieben.

Michael Ross erklärte dies in einem auf Tonband aufgenommenen Gespräch, und die Authentizität seines Berichts wurde von einer seiner Schwestern bestätigt:

>»Bei uns gab es etwas, das wir ›Mama-Check‹ nannten. Der Erste von uns, der am Morgen aufstand, ging die Treppe runter, während die anderen warteten, ganz ruhig blieben und lauschten, wie unsere Mutter ihn empfangen würde. Und je nachdem, wie sie es tat, wussten wir, wie wir uns zu verhalten hatten. Ich gebe Ihnen ein Beispiel. Eines Tages deckte meine Schwester Tina den Tisch, wir waren in der Familie ja zu sechst. Sie öffnete also den Geschirrspüler, um sechs Gläser rauszuholen, und nahm drei in jede Hand. Sie wissen, wie das ist. Die Gläser schlagen dann leicht gegeneinander. Meine Mutter brauste sofort auf. Sie kreischte und brüllte, da wussten*

wir, dass kein guter Tag vor uns lag. Wir kannten sie ja ganz genau, doch
wir liebten sie trotzdem.«

Für Vergnügen und Spiele hatten die Ross-Kinder wenig Zeit, und sie wagten es nicht, Freundschaften einzugehen oder bei außerschulischen Aktivitäten mitzumachen. Aufgrund dieser Beschränkungen, als Selbstschutz und zur gegenseitigen Unterstützung bildeten sie eine verschworene Gemeinschaft. Michael allerdings stand immer etwas im Abseits, denn sein Bruder und seine Schwester glaubten fälschlicherweise, er werde als »Mamas Liebling« bevorzugt.

Der junge Michael war auf seinen Vater und die Eierfabrik der Familie in Brooklyn, Connecticut, sehr stolz. Eggs Incorporated sollte zum wichtigsten Faktor in Michaels Jugendzeit werden. Mit zehn Jahren hatte er bereits seinen eigenen Aufgabenbereich, zu dem es gehörte, kranken und missgestalteten Küken den Hals umzudrehen. Michael war ein fleißiger Arbeiter, ein verwirrtes Kind, das verzweifelt versuchte, den hohen Erwartungen seines Vaters gerecht zu werden, und gleichzeitig sehr um die Anerkennung seiner schizoiden Mutter bemüht war und ständig um ihre seltene Zuwendung kämpfte. Auf die Frage, ob er als Kind körperlich missbraucht worden war, antwortete er:

»*Es fällt mir schwer, Ihnen zu sagen, was an meiner Familie falsch war,*
denn ich kenne ja nichts anderes. So bin ich aufgewachsen. Manchmal
wurde ich geschlagen, aber ich denke nicht, dass dies das Entscheidende
war. Es war eher ein emotionaler Missbrauch. Wenn mein Vater uns schlug,
dann mussten wir erst raus in die Garage, wo wir einen Holzstapel hatten,
und einen Stock holen. Und wenn wir einen Stock holten, dann war es bes-
ser, keinen mitzubringen, der schnell zerbrach, denn sonst flippte mein Vater
ziemlich aus. Eine massive Keule suchte man sich natürlich auch nicht gleich
aus. Denn man wollte ja auch nicht halb totgeprügelt werden. So hatte ich
mir einen eigenen Stock ausgesucht und ganz weit hinten versteckt, damit
ihn niemand beim Feuerholzholen versehentlich mitnahm.

Aber ich meine, da ist doch etwas falsch daran, wenn ein Kind ins Holz-
lager gehen und sich seinen Stock heraussuchen muss; seinen eigenen Stock,

mit dem es dann verprügelt wird. Und dann versteckt es ihn auch noch, damit ihn niemand zufällig mitnimmt.

Wenn wir dann verprügelt wurden, war es besser, nicht zu schreien, denn das machte meinen Vater nur noch wütender.«

Trotz der körperlichen und seelischen Misshandlungen, die er erleiden musste, liebte Michael seine Eltern. Doch die Auswirkungen einer solchen Behandlung auf eine sich entwickelnde Psyche sind oft irreparabel, es sei denn, es werden drastische Gegenmaßnahmen ergriffen, um die Probleme in den Griff zu bekommen.

Viele Psychiater und Psychologen sind sich einig, dass die Fähigkeit, in einer späteren Lebensphase erfolgreich mit anderen zu interagieren, mangelhaft ausgebildet ist, wenn in den frühen Jahren kindlicher Entwicklung Kontakte und Interaktion mit anderen in einer Gruppe eingeschränkt werden. Das heißt, Kleinkind und Kind müssen Liebe erfahren und sich wertgeschätzt fühlen, sonst entwickelt sich das limbische System im Gehirn nicht normal und schwerwiegende psychische Anomalien können die Folge sein. Kinder verlieren dann die Fähigkeit, emotionale Bindungen zu anderen einzugehen, oder jede Bindung, die entsteht, bleibt oberflächlich, und diese Anomalie kann für den Rest des Lebens bestehen bleiben.

Michael Ross hatte dieses Problem ganz sicher, und es ist nicht überraschend, dass eine FBI-Studie zu Serien-Sexualmördern ergab, dass es in 53 Prozent der Familien der Betroffenen eine Vorgeschichte mit psychischen Problemen gab, 42 Prozent der Betroffenen körperliche Misshandlungen erleiden mussten und 74 Prozent von seelischen Grausamkeiten berichteten.

* * *

Nach seiner Schulzeit, die er auf der Killingly-Highschool verbracht hatte, sah Michaels Zukunft, als er im September 1977 mit seinem Wagen auf den Campus der Cornell-Eliteuniversität in Ithaka, New York, fuhr, ausgesprochen rosig aus. Er hatte trotz einiger Schwierigkeiten seine Chancen genutzt und war zu Recht stolz auf sich, denn nur 10 Prozent der Schüler der Killingly-Highschool besuchten anschließend das College. Noch weniger schafften es an eine Elite-Uni.

An der Cornell-Universität schrieb sich Ross mit dem Hauptfach Tier-
wissenschaften ein und begann damit einen Studiengang, der gut zu seinem
Ziel passte, das Unternehmen der Familie in dritter Generation zu übernehmen. Davon war Michael ganz besessen und eine Zeit lang nannten ihn seine
Kollegen aus der Studentenverbindung sogar den »Eierkönig«.

Michael schloss sich dem Agricultural Student Union Council an und besuchte Veranstaltungen der Future Farmers of America. Zu dieser Zeit war er
eine studentische Lehrkraft, Berater, wissenschaftlicher Assistent und Leiter
einer Studiengruppe. Alpha Zeta, eine der beiden Studentenverbindungen
des Campus, die sich landwirtschaftlichen Aktivitäten widmete, warb Ross
als Mitglied an und er trat 1977 bei. Während seiner ersten Studienjahre
lebte er mit anderen Studenten, meist jungen Männern aus einem kleinstäd-
tischen landwirtschaftlichen Milieu, im Wohnheim der Verbindung.

Nach seiner Inhaftierung wegen mehrfacher Morde erzählten einige von
Michaels alten Freunden von der Cornell-Universität, dass ihm das Wohnheim der Studentenverbindung, das gesellschaftliche Leben dort und die
Möglichkeit, gemeinsame Interessen zu verfolgen, gefallen hätten. Seine Stu-
dienkollegen erinnerten sich allerdings auch, dass Michael eher ein Einzelgänger, distanziert und manchmal auf eigenartige Art arrogant gewesen sei.

Die Studentenschaft der Cornell-Universität war dreimal größer als die
Gesamtbevölkerung seines Heimatorts Brooklyn, und für Michael war der
Campus so etwas wie ein überdimensionaler Abenteuerspielplatz. Da er nun
vom wechselhaften Verhalten seiner Mutter befreit war, konnte er tun, was er
wollte, ohne Repressalien fürchten zu müssen. All die Vergnügungen, die sich
ihm boten, führten dazu, dass er beinahe durchdrehte und sich so eifrig in
das Partyleben stürzte, dass er dreimal täglich Ritalin einnehmen musste, um
seine Hyperaktivität unter Kontrolle zu halten. Dieses Medikament nahm
er auch während der folgenden sechs Jahre ein. Er trank ziemlich viel und
machte jede Menge sexuelle Erfahrungen. Häufig schlief er viermal pro Woche mit verschiedenen Mädchen.

Während seines dritten Jahres an der Cornell-Universität lernte Michael
auch seine erste wahre Liebe kennen, ein hübsches Mädchen namens Connie
Young. Sie begegneten sich zum ersten Mal bei einer Party, und er brachte
sie im Mondschein nach Hause. Während sie einem Team von Tauchern

zuschauten, die im silbrig schimmernden Wasser des Beebe-Sees schwammen, küssten sie sich. Sie spazierten zu den Statuen der Gründungsväter der Lehranstalt und er erzählte ihr, dass die Statuen angeblich zusammenrücken und einander die Hände schütteln würden, wenn eine Jungfrau zwischen ihnen hindurchgehen würde. Bei dieser Gelegenheit bewegten sich die Statuen offenbar nicht, denn »Connie war heißer als ein Küchenherd«, wie Michael später befand.

Connie erinnerte sich an Michael als »Draufgänger«, als Kerl, der es mochte, »im Mittelpunkt der Aufmerksamkeit« zu stehen. Zuerst gefiel ihr dieses Verhalten, und er schien eine gute Partie zu sein. Seine Arroganz und die ständige Angeberei mit der Eierfarm seines Vaters störten sie offenbar nicht. In Connies Augen war er attraktiv, wenn auch ein bisschen streberhaft. Er war wortgewandt, nahm sie zum Tanzen mit und führte sie zum Essen aus. Er hatte immer Geld, wenn er welches brauchte, und offenbar mochte er es, sie überallhin mitzunehmen, um sie vorzuzeigen. Jedem, der die beiden kannte, erschienen sie als perfektes Paar, und so waren die meisten auch begeistert, als sie sich verlobten und heiraten wollten.

Connie teilte eine kurze Zeit sein Zimmer mit ihm, was aber bald zu Auseinandersetzungen führte. Michaels Kollegen in der Verbindung warfen ihn aus dem Wohnheim, weil er, da er eine Frau in seinem Zimmer aufgenommen hatte, die Regeln gebrochen hatte. Daraufhin mietete sich das Paar eine kleine Wohnung, und Michael zog sich immer mehr in sich selbst zurück. Der Lerndruck und die Anforderungen, die sich aus dem engen Zusammenleben mit Connie ergaben, begannen ihre Wirkung zu entfalten. Hinzu kamen eskalierende Eheprobleme seiner Eltern, und da ihn die familiären Angelegenheiten stark belasteten, sah er auch seine Zukunft weniger positiv.

Connies Kummer über die Verhaltensänderung ihres Geliebten verstärkte sich, als er anfing, Vorlesungen zu versäumen. Sie war eine engagierte Studentin, die versuchte, das Pensum von vier Studienjahren in drei Jahren zu schaffen, aber Michael Ross schien das Interesse verloren zu haben. Er hing den ganzen Tag in ihrer Wohnung herum, schaute fern und las Pornozeitschriften. Dann wechselte er im Hauptfach zu Agrarökonomie und seine Noten wurden immer schlechter. Er zeigte sich allgemein als stinkfaul, erwartete, dass Connie die ganze Hausarbeit erledigte, kochte, und obwohl sie vom Lernen erschöpft war, verlangte er von ihr mindestens viermal täglich Sex.

Anfangs fügte sich Connie all dem und traute sich nicht, Michaels Forderungen zurückzuweisen. Sie liebte ihn sehr und erlaubte ihm sogar, harten Sex mit ihr zu treiben, obwohl ihr das ziemlich wehtat. Als dann aber der Alltag immer unangenehmer wurde, kamen ihr Zweifel, ob sie ihn wirklich heiraten sollte. Sie war mittlerweile zu der Überzeugung gekommen, dass er sexbesessen war, und das wurde immer schlimmer. Sein Studienabschluss im Frühjahr 1981 rückte immer näher, aber da er sich nicht vorstellen konnte, Connie an der Cornell-Universität allein zurückzulassen, wurde Michael immer ruheloser, nervöser und zog sich für längere Zeiträume in eine eigene Traumwelt zurück.

Schon im Kindesalter hatte er Fantasien entwickelt, in denen er Frauen an einen, wie er es nannte, »speziellen Ort unter der Erde« brachte, sie dort versteckte und gefangen hielt, damit sie sich in ihn verlieben konnten. Aus Jugendstrafregistern ist bekannt, dass er im Alter von 15 Jahren mehrere Mädchen aus der Nachbarschaft sexuell belästigt hat. Jetzt als Erwachsener gestalteten sich Michaels Fantasien sexuell immer extremer und zunehmend gewalttätiger. Seiner Aussage nach war er in diesen Fantasien immer der Angreifer. In der Zeit vor seinem Studienabschluss kam schließlich Connie auch zu seinen gesichtslosen Traumopfern dazu. Er terrorisierte die Mädchen in seinen Träumen und erniedrigte sie, indem er sie zwang, sich auszuziehen und sich vor ihm hinzuknien. Seine Opfer in der Fantasie zu vergewaltigen verschaffte Michael enorme sexuelle Lust und Erleichterung. Er genoss das Gefühl der Dominanz, das mit ihrer Furcht einherging, und er wollte auch im wirklichen Leben Kontrolle über Frauen ausüben, doch diese bizarren Gedanken waren da noch in seinem Kopf verschlossen.

Welche entsetzlichen Gedankenspiele auch immer während dieser Zeit in Michaels Kopf abliefen, es gab offenbar schon Auswirkungen seines verdrehten, verborgenen Denkens auf die Realität des Alltagslebens. Beide Welten trafen zunehmend aufeinander, denn Ross verlieh nicht nur den Opfern seiner Fantasien das hübsche Gesicht von Connie, seine Forderungen nach immer perverserem Sex gerieten auch immer mehr außer Kontrolle. Hinzu kam, dass er zügellos masturbierte. Ohne sich dessen bewusst zu sein, litt er an Satyriasis, einem abnorm gesteigerten Geschlechtstrieb des Mannes. Bei Frauen wird dieser Drang Nymphomanie genannt.

Immer häufiger wanderte Michael ziellos auf dem Campus umher. Es reizte ihn, Studentinnen zu verfolgen und gerade so weit hinter ihnen zu bleiben, dass er unbemerkt blieb. Er erklärte: »Das hat mich so angeturnt, dass ich dauernd einen Ständer hatte.« Um diesen fast unkontrollierbaren Drang in den Griff zu bekommen, musste er noch häufiger masturbieren oder aber seine Bedenken fallen lassen und seine Fantasien in der Wirklichkeit ausleben.

Diese Schwelle überschritt Michael Ross im April 1981, als er einer Studentin folgte, sie packte und in ein Gebüsch zerrte, wo er sie zwang, sich wie in seinen Fantasien nackt auszuziehen und ihn mit Oralsex zu befriedigen. Nachdem er ejakuliert hatte, lief er im Dunkeln davon und schwor sich, so etwas Fürchterliches nie wieder zu tun.

Nur drei Abende später suchten ihn dieselben unkontrollierbaren Dämonen erneut heim, und von einem sexuellen Drang überwältigt packte er ein zweites Mädchen. Bei diesem Angriff schlang er einen Strick um den Hals der Studentin und genoss dabei das befriedigende Machtgefühl, das ihm diese Form der Kontrolle verschaffte. Die verängstigte Studentin verhielt sich wie ein Tier, das er mit einem kurzen Ruck seiner Hand steuern konnte. Glücklicherweise näherte sich jemand dem Schauplatz, bevor er sie vergewaltigen konnte. Er floh ins Halbdunkel, wobei seine sexuelle Frustration sich in ihm ausbreitete.

Michael glaubte nach eigener Aussage fest daran, dass er mit diesen ungeheuerlichen Taten aufhören könne, wenn er Connie verlassen würde. Er betete also darum, den letzten Monat noch zu überstehen, ohne irgendjemanden anzugreifen. Gleichzeitig fühlte er sich aber auch um seine sexuelle Befriedigung betrogen, die ihm bei den letzten Angriffen versagt geblieben war. Beim Abwägen der Vor- und Nachteile im Hinblick auf seine mentale Ausgeglichenheit fühlte er sich, wie er sagte, gezwungen, sich wenigstens noch einmal vor seinem Studienabschluss voll und ganz zu befriedigen. Aber er versprach sich selbst, dass dies der letzte Angriff sein würde und er danach nie wieder einer Frau wehtun würde.

* * *

Am Dienstag, dem 12. Mai 1981, stellte Ross einer hübschen Studentin namens Dzung Ngoc Tu nach. Er folgte der zierlichen jungen Frau nach Ende ihrer Vorlesung und vergewaltigte sie in einem abgeschiedenen Bereich des Campus. Während des Überfalls erkannte sie ihren Angreifer, und als sie ihm das sagte, hatte sie ihr Todesurteil unterschrieben. Um eine Verhaftung zu vermeiden, blieb Michael nun keine andere Wahl mehr, als sie zu töten. Also erwürgte er sie und warf ihren Körper anschließend über eine Brücke in den Beebe-See.

Ein grauenhafter Aspekt dieses Mordes ist die Tatsache, dass die Todesursache, die der Gerichtsmediziner bei der Autopsie feststellte, Ertrinken war, was bedeutete, dass Dzung noch gelebt hatte, als sie in das eiskalte Wasser gestoßen worden war. Obwohl Ross stets im Verdacht stand, diesen Mord begangen zu haben, hat er sich in Befragungen der Polizei nie dazu geäußert. Nachdem er den Mord während einer der Gespräche, die die Grundlage dieses Kapitels bilden, gestanden hatte, war der Fall endlich aufgeklärt.

* * *

Da Michael überzeugt war, dass seine Eltern an der Abschlusszeremonie nur teilnahmen, um den Schein zu wahren, beschloss er, nicht mehr zu seiner Familie zurückzukehren. Durch eine glückliche Fügung schaffte er es, trotz seiner schlechten Noten im Juni 1981 einen begehrten Job beim landwirtschaftlichen Unternehmen Cargill Inc. zu ergattern, das seinen Sitz in Minnetonka, in den Außenbezirken von Minneapolis hatte.

Cargill war ein international agierendes Unternehmen, dessen Hauptaugenmerk auf dem Getreidehandel lag. Ross wurde in einem der kleineren Betriebe des Unternehmens eingestellt, in Louisburg, einem ländlichen Städtchen rund 50 Kilometer nordöstlich von Raleigh, North Carolina. Als Neuling in der Produktionsleitung der Abteilung für Geflügelprodukte lernte Michael, wie die Versorgung und die Steuerung einer Viertelmillion Legehennen überwacht werden musste. Es war ein Job, der gut zu ihm passte, und seine Karriereaussichten waren bei Cargill ausgezeichnet.

Während der Übergangszeit zwischen seinem Studienabschluss und dem Beginn seiner Vollzeitbeschäftigung versuchte Michael Connie davon zu überzeugen, an die Universität von North Carolina zu wechseln und dort ihr Studium abzuschließen. Im Laufe der vorangegangenen Monate hatte sich allerdings ihre Beziehung so sehr verschlechtert, dass ihn die Angst vor einer Trennung wahnsinnig machte. Er befürchtete, dass sie bald für immer aus seinem Leben verschwinden würde. Trotzdem hoffte er insgeheim noch immer, dass sie eines Tages heiraten würden. Connie hatte allerdings ihre eigenen Vorstellungen, und eine Hochzeit gehörte nun nicht mehr dazu. Außerdem hatte sie mittlerweile einen anderen Mann kennengelernt.

Dann platzte eine Bombe in Michaels Welt: Per Telefon erfuhr er, dass sich seine Mutter und sein Vater zum dritten Mal getrennt hatten und Mr. Ross sich nicht mehr um das Haus der Familie und den Betrieb kümmern wollte. Patricia floh daraufhin nach Louisburg. Michael freute sich und war sogar überrascht, dass seine Mutter ihn so schnell nach Erhalt der schlechten Nachricht besuchte. Fälschlicherweise glaubte er, dieser Besuch sei ein Zeichen dafür, dass sich sein Verhältnis zu seinen Eltern verbessern könnte. Zumindest nahm er an, dass seine Mutter die Eierfarm am Laufen halten wollte, bis er nach Hause zurückkehren würde, um sich, schon allein um seines Vaters willen, darum zu kümmern. Doch kein Gedanke lag den hinterhältigen Absichten von Mrs. Ross ferner, denn tatsächlich besuchte sie ihren Sohn nur aus einem einzigen Grunde. Sie brauchte Michael, damit er ihr seine Anteile am Familienunternehmen überschrieb. Nur so konnte sie über die Firma verfügen und daraus finanziellen Profit ziehen.

Nachdem sie ihn unter Vorspiegelung falscher Tatsachen überredet hatte, seine Anteile zu überschreiben und er den wahren Grund des spontanen Besuchs seiner Mutter herausgefunden hatte, wuchs in Michael das Gefühl, nicht nur seinen Vater, sondern auch sich selbst betrogen zu haben.

Als Connie dann mit weiteren schlechten Nachrichten nach North Carolina kam, nahm sein Leben eine noch unheilvollere Wendung. Für sie war es nur ein kurzer Besuch. Sie erklärte, dass sie Michaels Eltern nicht mochte und dass auch die Vorstellung, dass er eines Tages das Eiergeschäft übernehmen werde, nicht unbedingt ihren Erwartungen für die Zukunft entspräche. Das endgültige Aus ihrer Beziehung war am Dienstag, dem 25. August 1981, besiegelt, als sich das Paar am Flughafen Raleigh Durham in die Arme fiel und schluchzend voneinander verabschiedete. Michael konnte es einfach nicht fassen, dass seine Beziehung zu Connie beendet war, und fuhr entsprechend aufgebracht über den Highway 401 zurück nach Louisburg.

Gegen 18.30 Uhr entdeckte er bei der Fahrt durch den kleinen Ort Rolesville eine junge Frau, die ihr sieben Monate altes Kind in einem Buggy an der Hauptstraße entlangschob. Innerhalb von Sekundenbruchteilen flackerte sein unkontrollierbarer sexueller Drang auf. Nachdem er sein Auto abgestellt hatte, lief Ross zu der Frau und bot ihr an, ihre Einkäufe zu tragen.

Rolesville war ein freundlicher Ort mit nur 353 Einwohnern, und Gewaltverbrechen waren hier bis zu diesem Zeitpunkt praktisch unbekannt. Daher zögerte die an ein so sicheres Umfeld gewöhnte junge Mutter nicht lange, als sie dieser hilfsbereite und ordentliche junge Mann ansprach. Sie dankte Ross für sein Angebot und drückte ihm die schweren Taschen in die Hand. Sie gingen zu ihrem Haus in der Nähe, und als sie im Garten hinter dem Haus angekommen waren, ließ Ross die Taschen plötzlich fallen, riss sich seinen Ledergürtel vom Leib und schlang ihn der Frau um den Hals. Er zog sie in ein nahe gelegenes Feld und drohte, den Kopf des Babys an einem Baum zu zerschmettern, wenn es nicht aufhören sollte zu weinen.

Nun reagierte Ross seinen monatelang aufgestauten Ärger und seine sexuelle Frustration an dieser unschuldigen Frau ab. Er schlug ihr mit den Fäusten ins Gesicht, würgte sie mit dem Gürtel und zwang sie, sich niederzuknien und um Gnade zu betteln. Dann ejakulierte er mit seinen Händen um ihren Hals.

Nachdem er wieder zu Atem gekommen war, ließ Ross sich auf den Boden fallen, während sich sein Opfer vor ihm wand. Irgendwie fühlte er sich betrogen, denn er hatte vorgehabt, seine perversen Gelüste mit einer Ejakulation zu befriedigen, während sie starb, und nicht vorher. Wutentbrannt riss er der Frau die Kleidung vom Leib, schlug wieder und wieder auf sie ein und würgte sie mit bloßen Händen, während ganz in der Nähe das Baby schrie. So schnell, wie er erschienen war, verschwand Michael Ross dann auch wieder. Es dauerte mehr als eine Stunde, bis die Frau wieder bei Bewusstsein war. Unter Schmerzen kroch sie über die Straße zu einem Nachbarn, der den örtlichen Polizeichef Nelson S. Ross herbeirief. Die Polizeibeamten trafen fast unmittelbar darauf ein und an den Bezirksgrenzen wurden Straßensperren errichtet. Doch Michael war längst über alle Berge. Für dieses Verbrechen wurde er erst angeklagt, als er drei Jahre später in Connecticut verhaftet wurde.

Befragt, ob er sich an den Angriff in Rolesville erinnere, sagte Michael: »Ich erinnere mich weder an sie noch an irgendein anderes meiner Opfer. Das ist wie bei einem alten Schwarz-Weiß-Film, eine Collage fremder Gesichter, sonst nichts. Ne, ich hätte mich an diese Frau nicht mal erinnert, wenn man mir am nächsten Tag ein Foto von ihr gezeigt hätte. Da gab es nichts, was sie oder irgendeine der anderen hätte tun können, nachdem ich sie ausgesucht hatte. Da waren sie einfach dem Tod geweiht. Dass diese eine überlebt hat, hat nichts mit mir zu tun. Dass sie lebt – nun, das hat sie allein Gott zu verdanken.«

Als ich ihn fragte, ob sich das Rolesville-Opfer gewehrt habe und versucht hatte, zu fliehen, meinte Ross: »Nichts dergleichen. Sie hätte abhauen können oder so, aber das tat sie nicht. Ich kann mich nicht erinnern. Ich kann mich weder an einen Kampf mit ihr noch an eine ähnliche Auseinandersetzung erinnern. Ich kann mich wirklich an keine Art von Kampf erinnern. Bei dem Rolesville-Opfer weiß ich noch, dass ich sagte, ich würde den Kopf des Babys gegen einen Baum oder eine Wand knallen. Ich könnte mir also vorstellen, dass ich zu den anderen ebenso schreckliche Dinge gesagt habe, Sachen, die sie dazu bringen sollten, stillzuhalten und besser nichts anderes zu versuchen.«

Ross ging danach einfach seinen Alltagsgeschäften nach, als sei in Rolesville nichts Ungewöhnliches geschehen. Am 17. September 1981 reichten seine Eltern am Kammergericht von Windham County die Scheidung ein. Eine Woche später schickte Michaels Arbeitgeber Cargill seinen Angestellten auf Dienstreise nach Illinois, um die Chicagoer Rohstoffbörse zu besuchen. Noch vor Ende der Reise sollte Ross das erste Mal verhaftet werden.

Am Montag, dem 28. September, beschloss er, die Cargill-Zweigstelle in La Salle, etwa 17 Kilometer südwestlich von Chicago, zu besuchen. Am Chicagoer Flughafen O'Hare International mietete er sich einen Wagen und fuhr in Richtung Westen über flaches Farmland. Kurz vor 23 Uhr lief ein attraktives 16-jähriges Mädchen aus La Salle eine Straße entlang, die sich an mehreren Häusern vorbeischlängelte. Dabei merkte sie, dass ein Auto ihr langsam folgte. Sie hatte den Wagen zuvor schon ein paar Mal gesehen, doch jetzt hatte sie Angst um ihr Leben.

Ohne Vorwarnung wurde der Teenager plötzlich von hinten gepackt und jemand stopfte ihr ein Taschentuch in den Mund. Sie wurde in einen nahe gelegenen Wald geschleppt, wo ihr der Angreifer einen Gürtel um den Hals schlang und Geld von ihr verlangte. Sie gab ihm die 22 Cent, die sie in der Tasche hatte, und als er den Gürtel etwas lockerte, schrie sie. In wenigen Augenblicken wäre das Mädchen Opfer einer fürchterlichen Vergewaltigung geworden, doch da nahte plötzlich die Rettung. Eine Frau, die in der Nähe wohnte, hatte gerade ihren Fernseher ausgeschaltet, weil sie schlafen gehen wollte. Auf einmal hörte sie eigenartige Geräusche. Als sie ihr Küchenfenster öffnete, vernahm sie aus dem nahen Gebüsch gurgelnde Laute und ein Geraschel, was sie veranlasste, die Polizei zu rufen. Das Glück war auf der Seite des Mädchens, denn ein Streifenwagen war zufällig keine 100 Meter vom Tatort entfernt und traf kurz nach dem Anruf dort ein. Als Ross den Schein der Taschenlampen sah, eilte er zurück zu seinem Wagen, doch dieses Mal verließ ihn das Glück.

Sergeant Lewis von der Polizei in La Salle erzählte, dass Ross selbst für seine schnelle Verhaftung gesorgt habe. »Es war so: Wir begleiteten das Mädchen nach Hause, und Ross hatte seinen Wagen in derselben Straße geparkt, in der es wohnte. Als sie den Wagen erblickte, rief sie: ›Das ist das Auto, das ist das Auto.‹ Wir haben uns den Wagen sofort genauer angeschaut, da ist er näher gekommen und hat gefragt: ›Gibt's ein Problem?‹«

Sergeant Lewis erklärte, dass ihn nach Michaels Festnahme wegen Nötigung der Widerspruch zwischen dessen Benehmen und seiner Tat erstaunt habe.

»Er verhielt sich wirklich demütig«, erinnerte sich Lewis. »Er schaute einem nicht in die Augen, wenn man mit ihm sprach. Er wirkte gebildet und intelligent, nicht wie jemand, der in andere Orte fährt und solche Dinge tut. Er schwieg die meiste Zeit, und als wir ihn festnahmen, war er ganz kleinlaut und verzagt.«

Die negative Folge des Überfalls in La Salle für Ross war, dass er nach einem Schuldeingeständnis zu einer Strafe von 500 Dollar verurteilt wurde und am Donnerstag, dem 8. Oktober, seinen Job verlor. Die positive Folge war, dass er – eine Alternative hatte er ohnehin nicht – nach Brooklyn zurückkehrte, wo er einen Versöhnungsversuch mit Connie unternahm. Er war wirklich sehr erfreut, als sie ihn einlud, Weihnachten mit ihr im Hause ihrer Eltern in Vermont zu verbringen. Noch mehr freute es ihn, dass seine Mutter die beiden einlud, das Neujahrsfest mit ihr in Brooklyn zu feiern.

Unglücklicherweise war der Besuch bei Mrs. Ross eine absolute Katastrophe. Seine Mutter konnte den Anblick eines so hübschen Mädchens in ihrem Hause nicht ertragen, und Michael war entsetzt, dass sein Vater nun in einem heruntergekommenen Schuppen in der Nähe hausen musste. Auch die erhoffte Wiederbelebung seiner Beziehung mit Connie schlug fehl, woraufhin sie nach Ithaca, New York, fuhr, um einen »Freund« zu besuchen. Das war der Auslöser, der dazu führte, dass Ross wieder vergewaltigte und mordete.

* * *

Die 17 Jahre alte Tammy Lee Williams lebte mit ihrer Familie in der Prince Hill Road in Brooklyn, nur etwa 1,5 Kilometer von der Eierfarm der Familie Ross entfernt. Zu den Geschenken, die sie gerade zu Weihnachten von ihren Eltern bekommen hatte, gehörte eine Handtasche. Die muntere junge Frau, die die Highschool nicht beendet hatte, kam und ging, wie es ihr gefiel, und für sie war es nicht ungewöhnlich, die Route 6 entlangzulaufen, um ihren Freund zu besuchen, der ungefähr 5 Kilometer entfernt in Danielson lebte.

Am Montag, dem 4. Januar 1982, verließ Tammy um 10.15 Uhr die Wohnung ihres Freundes und machte sich, nachdem sie ihm versprochen hatte, ihn anzurufen, wenn sie gut zu Hause angekommen war, auf den Heimweg. Dieses Versprechen konnte sie dann nicht halten, denn auf ihrem Weg begegnete sie Michael Ross. Er war überrascht, die junge Frau an einem so kalten Tag an einer viel befahrenen Straße entlanglaufen zu sehen. Einen Gelegenheitsmörder zeichnet aus, dass er den Moment nutzt, wenn er sich bietet, und so parkte er seinen Wagen, lief auf Tammy zu und bot ihr an, sie mitzunehmen. Als sie ablehnte, zerrte er das schreiende und sich wehrende Mädchen in den nahe gelegenen Wald. Er zwang sie, sich auszuziehen und sich hinzuknien. Dann vergewaltigte und erwürgte er sie und versteckte die Leiche an einer sumpfigen Stelle unter einem Haufen Gestein und Gestrüpp. Seiner Aussage nach brauchte er ganze acht Minuten, um sie zu erdrosseln, weil er immer wieder Krämpfe in seinen Händen bekam. Jedes Mal musste er dann seinen Griff lockern und seine Finger schütteln, bis er es schließlich geschafft hatte, sie zu erwürgen.

Am nächsten Tag meldete Tammys Vater seine Tochter als vermisst, und am 6. Januar fand ein Kraftfahrer Tammys Handtasche, die an der Route 6, an der Abzweigung zur Brickyard Road lag. Michael Ross erklärte, dass er die Tasche kurz nach dem Mord und nur wenige Augenblicke, bevor er beim Haus seiner Mutter ankam, auf die Straße geworfen habe.

Am Samstag, dem 30. Juni 1984, führte Ross Polizeibeamte zu der verwesten Leiche von Tammy Williams und sagte später, sie hätte ihn erkannt und vorgegeben, die brutale Vergewaltigung zu genießen, um zu verhindern, umgebracht zu werden. Er gab auch an, in den Wochen nach dem Mord mehrere Male zu der Leiche zurückgekehrt zu sein, um über ihr zu masturbieren.

Den ganzen Januar und Februar 1982 über musste Ross immer wieder an Connie denken. Einem Impuls folgend beschloss er, nach Ithaca zu fahren, um sie zu besuchen – allerdings ohne sie vorzuwarnen. Als er bei ihr eintraf, lag Connie mit einem anderen Mann im Bett. Wutentbrannt stürmte er davon und fuhr, auf der Suche nach einem Opfer, das er töten konnte, in Richtung Süden.

* * *

Der 1. März fiel 1982 auf einen Montag, und Paula Perrera verließ die Valley Central High School früh, weil sie sich nicht gut fühlte. Da sie kein Geld für einen Busfahrschein hatte, wollte sie trampen. Am frühen Nachmittag wurde sie in der Nähe eines Autohauses an der Route 211 das letzte Mal lebend gesehen. Etwas später am gleichen Tag meldete Paulas Mutter, Christine Canavan, ihre sechzehnjährige Tochter bei der Polizei von Crystal Run als vermisst.

Obwohl Ross für den Mord an Paula Perrera schon immer der Hauptverdächtige gewesen war, lagen nie genügend Beweise vor, um ihn dafür anzuklagen. Außerdem verweigerte er eine Befragung durch die Ermittler der Polizei. Dies änderte sich, als Ross später, in Zusammenhang mit den Recherchen für dieses Buch, im Gefängnis mit mir sprach. Als er von mir mit polizeilichen Dokumenten und einem Zeitungsartikel konfrontiert wurde, legte er ein auf Video aufgenommenes vollständiges Geständnis ab und teilte dabei Einzelheiten zu diesem Mord mit, die nur Paulas Mörder kennen konnte. Der Fall war damit gelöst.

Er sagte, er habe gesehen, wie sie die Route 211 entlanggegangen sei, und habe ihr angeboten, sie nach Hause zu fahren. An einer Stelle in der Nähe eines sumpfigen, bewaldeten Gebiets und eines Rastplatzes sei er an den Straßenrand gefahren und habe sein Opfer vergewaltigt, bevor er es erwürgt habe. Dann habe er die Leiche bei einer niedrigen Steinmauer versteckt und sei nach Hause gefahren. Mit seinem Geständnis konnte die Akte zu dieser Mordermittlung geschlossen werden. Als ich bei dem Gespräch wissen wollte, was Paula angehabt hatte, behauptete er, sich an diese Einzelheiten nicht erinnern zu können, schmiss die Dokumente auf den Boden und meinte: »Ist doch nur ein weiterer Mord, oder?«

* * *

Am Freitag, dem 5. März 1982, trat Ross einen Job in einer Geflügelfarm in Croton, einer kleinen Stadt nordöstlich von Columbus, Ohio, an. Der große Geflügelbetrieb stellte ihn als einen Aufseher für 30 Angestellte ein. Außerdem war er für 14 Hühnerställe und mehr als eine Million Vögel verantwortlich.

Ein Kollege, Donald Harvey, erinnerte sich an Ross und sagte: »Er war eine Katastrophe in diesem Job, und wir wollten den Kerl möglichst bald wieder feuern. Er war sehr herrisch. Und gab er eine Anweisung, dann schaffte er es nicht, zu seinem Gegenüber irgendeine Art von Beziehung herzustellen. Er wusste einfach nicht, wie er das anstellen sollte. Ihm war wichtig, dass alle wussten, dass er eine bessere Ausbildung hatte als sie und sie nur Hilfsarbeiter und Highschool-Abbrecher waren.«

Am Sonntag, dem 25. April 1982, erblickte Ross in einem Waschsalon in Johnstown, einem Ort in der Nähe von Croton, Susan Aldrich und folgte ihr nach Hause. Sie ahnte nicht, dass ihr jemand hinterherfuhr, und er ahnte nicht, dass sie eine Polizeibeamtin war, die gerade dienstfrei hatte. Er klopfte an ihre Tür, erzählte ihr, sein Auto hätte eine Panne, und bat sie, ihr Telefon benutzen zu dürfen. Kaum hatte Susan ihm den Rücken zugekehrt, griff er über ihre Schulter, legte ihr seine Hand auf den Mund, um zu verhindern, dass sie schrie, und zwang sie zu Boden. Sie wehrte sich und schaffte es zu brüllen, ihr Mann sei Polizist und käme jeden Moment zur Tür herein. Nachdem er ihr einen heftigen Schlag versetzt hatte, rannte Ross zu seinem Auto, riss einen Strafzettel von der Windschutzscheibe und fuhr davon.

Ross hatte sein Auto in der Nähe des Waschsalons geparkt und dort hatte er auch den Strafzettel bekommen. Die Polizei fand zudem einen Zeugen, der gesehen hatte, wie er aus der Richtung von Susan Aldrichs Zuhause zu seinem Fahrzeug gerannt war. Die Beamten ermittelten dann den Eigentümer des Fahrzeugs über die Zulassungsstelle. In einem Akt ausgleichender Gerechtigkeit war ausgerechnet Susans Ehemann derjenige, der ihren Angreifer verhaftete.

Am 3. Mai wurde Ross von seinem Arbeitgeber in Croton gefeuert. Da er vor der Verhandlung gegen Kaution freigelassen worden war, nistete er sich im Haus seiner Mutter ein. Während er sich dort aufhielt, besuchte er einen Psychiater in Brooklyn und versuchte, sich bei diesem Arzt, der auf das Gericht in Ohio Einfluss haben konnte, ein wenig einzuschmeicheln.

Der folgende Monat verlief für Michael Ross wieder einmal katastrophal, denn obwohl er Connie etliche Fotos zurückgeschickt hatte, hatte sie noch immer seinen Verlobungsring und den wollte er zurück. Doch am Tag, bevor er bei ihr aufkreuzte, um ihn abzuholen, machte sie sich auf die Reise quer durchs Land, um ihren neuen Freund zu heiraten. Als Ross das erfuhr, flippte er vor Wut aus. Doch auch wenn dieser Schlag mitten ins Gesicht schon schwer zu verwinden war, so erzürnte ihn ein Ereignis in seiner Familie noch weit mehr.

Finanziell hatte sich die Scheidung für seine Mutter bezahlt gemacht. Dass ihm aber Patricia, bevor sie in ihrem protzigen neuen Cadillac davonfuhr, auch noch stolz ihren neuen Liebhaber präsentierte, war zu viel für Michael. Diese so dicht aufeinanderfolgenden emotionalen Erlebnisse genügten, um ihn wieder morden zu lassen.

* * *

Das letzte Mal, dass die 23-jährige Debra Smith Taylor lebend gesehen wurde, war am Dienstag, dem 15. Juni 1982, gegen Mitternacht. Gemeinsam mit ihrem Mann fuhr sie nach Hause, als ihnen auf dem Highway 6, in der Nähe von Hampton, nur 12 Kilometer östlich vom Haus der Familie Ross, das Benzin ausging. Ein Bundespolizist bemerkte den abgestellten Wagen und fuhr das Paar zu einer Tankstelle in Danielson, jenem Ort, in dem der Freund von Tammy Williams, einem der früheren Opfer von Ross, gelebt hatte. Der Bundespolizist erinnerte sich später, dass die Taylors gestritten hatten und Debra so wütend gewesen war, dass sie sich allein auf den Weg nach Hause machen wollte. Nachdem sie ihren Mann sich selbst überlassen hatte, lief sie durch den Stadtpark von Danielson bis zu einem Musikpavillon, wo ein junger Mann mit Brille auf sie zukam, sie ansprach und ihr anbot, sie nach Hause zu fahren. Das Angebot nahm sie dankbar an.

In einem der bewaldeten Gebiete östlich der Route 169 in Canterbury entdeckten zwei Jäger am Samstag, dem 30. Oktober, die Leiche von Debra Taylor. Die Stelle war keine 16 Kilometer von der Farm der Familie Ross entfernt. Der Körper war bereits so zerfallen, dass die Identifikation nur durch zahnärztliche Unterlagen und ein paar Schmuckstücke möglich war.

* * *

Während der ersten August-Woche 1982 kehrte Ross für den Prozess wegen des Überfalls, den er vier Monate zuvor begangen hatte, nach Ohio zurück. Der Psychiater, der ihn zuvor untersucht hatte, sagte, Michael sei ein »Streber« und hätte »zu viel Freizeit zur Verfügung«. In seinem Bericht regte der Psychiater an, dass Michael sich ein Hobby suchen solle und zum Beispiel lernen könne, ein Flugzeug zu fliegen. Trotzdem schickte der Richter Michael in das Gefängnis von Licking County, wo er für den Angriff auf Susan Aldrich eine Haftstrafe von sechs Monaten absitzen musste. Zudem wurde er zu einer Geldstrafe von 1000 Dollar verurteilt. Am Mittwoch, dem 22. Dezember, holte Michaels Vater Daniel seinen Sohn am Gefängnis ab, fuhr mit ihm zurück nach Connecticut und bot ihm eine Bleibe an.

Als Michael Ross sich um den Job in Croton beworben hatte, hatte er fälschlicherweise behauptet, noch nie Ärger mit der Polizei gehabt zu haben. Genau das Gleiche machte er im Mai 1983 wieder, als er sich um einen Job im Versicherungsunternehmen Prudential Insurance Company of America bewarb. Er sollte einer der 40 Agenten werden, die vom Büro des Unternehmens in Norwich, Connecticut, aus Wertpapiere und Versicherungen für Gesundheit, Leben, Fahrzeuge, Eigentum und Unfälle verkauften. Mit einem regelmäßigen Einkommen in der Tasche mietete sich Ross eine Wohnung in der 58 North Main Street in Jewett City. Bei seinem Einzug empfand ihn seine Vermieterin als einen ordentlichen, klugen und ausgesprochen höflichen jungen Mann, den sie in ihrem großen Haus im viktorianischen Stil gerne um sich hatte.

Auch Ross' weibliche Arbeitskollegen waren sofort angetan von ihm, er gefiel ihnen und sie hielten ihn in Liebesdingen für eher unerfahren. Er verabredete sich mit verschiedenen Frauen, wenn sich die Gelegenheit ergab, und als er bei einer seiner Akquisitionstouren die frisch geschiedene Debbie Wallace kennenlernte, war er sicher, dass seine früheren Probleme weit hinter ihm lagen.

Nach eigenen Angaben verbrachte Ross während dieser Beziehung viel Zeit mit Masturbieren, dem Ausmalen von Fantasie und der Verfolgung von Frauen. Manchen sei er eher zufällig gefolgt. Bei anderen habe er sich vorgenommen, ihre Tagesabläufe genau zu erkunden. Er drang in Wohnungen ein, nur um Frauen dabei zu beobachten, wie sie sich auszogen und ins Bett gingen. Während dieser Zeit beging er auch eine Vergewaltigung, wobei er sein Opfer allerdings davonkommen ließ.

Obwohl er oft bis in die frühen Morgenstunden unterwegs war, hatte Debbie keine Ahnung von Michaels perversem Treiben. Sie glaubte, er könne für ihre drei Kinder ein guter Vater sein. Debbie war, wie Connie, eigensinnig, unabhängig und willensstark. Sie war ein Hitzkopf, voller Energie, und der Sex mit Michael gefiel ihr. Ihre Beziehung war äußerst wechselhaft, und ihre häufigen Streitereien endeten oft mit körperlicher Gewalt. An Thanksgiving 1983 hatte das Paar eine heftige Auseinandersetzung wegen des Feiertagsessens.

Patricia Ross hatte Connie von Anfang an nicht ausstehen können, und Debbie passte ihr ebenso wenig. So lud sie ihren Sohn zum Feiertagsessen ein, lehnte es aber ab, dass Debbie mitkam. Ross wusste nicht, was er tun sollte. Er fühlte sich zwischen den beiden Frauen hin- und hergerissen und so kam es zum Streit zwischen ihm und Debbie. Das Ergebnis war, dass er den Feiertag allein verbrachte.

Etwa zur gleichen Zeit, als Ross sich in das Versicherungsgeschäft einarbeitete, zog die 19 Jahre alte Robin Dawn Stavinsky von Columbia nach

Norwich. Sie hoffte, dort einen Job zu finden, der so gut bezahlt war, dass sie sich davon das College leisten konnte.

Im August 1983 nahm sie einen Job als Telefonistin an. Am Mittwoch, dem 16. November 1983, verschwand sie um 21.30 Uhr, nachdem sie sich mit ihrem Chef gestritten hatte. Obwohl es kühl und dunkel war, lehnte Robin das Angebot einer Kollegin ab, sie mitzunehmen, und beschloss, sich zu Fuß auf den Weg zum Haus ihres Freundes zu machen. Das sollte sich als schicksalhafte Fehlentscheidung erweisen.

An jenem Abend fuhr Ross auf der Route 52 von New London nach Norwich. Er entdeckte Robin am Straßenrand, hielt an, stieg aus seinem Wagen, ging auf sie zu und bot ihr eine Mitfahrgelegenheit an. Als sie ablehnte, wurde er wütend und zerrte die Widerstrebende in ein dichtes Waldgebiet nur ein paar Hundert Meter vom Büro der Abteilung für Schwerverbrechen der Staatspolizei von Connecticut entfernt. Kaum dass er sie gepackt hatte, begann Ross Robin zu würgen, sodass sie fast nicht mehr bei Bewusstsein war, als er bereit war, sie zu vergewaltigen. Ross erinnerte sich später daran, dass ihn von diesem Punkt an nicht mehr der Gedanke an Sex erregt habe und nur noch der Akt der Tötung ihm Befriedigung verschafft habe, ein Gefühl, das er wiederaufleben ließ, indem er gelegentlich zum Schauplatz des Mordes fuhr und dort masturbierte – bis die Leiche acht Tage später entdeckt wurde.

Ein Jogger, der über das Gelände des Uncas-on-Thames-Hospitals in Norwich lief, fand den nur teilweise bekleideten Leichnam von Robin Stavinsky unter einem Haufen von Blättern. Die restlichen Kleidungsstücke der toten Frau barg die Polizei nach der Verhaftung von Ross aus einem Fluss.

Der brutale Mord an Robin Stavinsky sollte sich als ein furchtbarer Wendepunkt in der mörderischen Karriere von Ross erweisen. Zuvor hatte er aus Furcht gemordet, seine Opfer könnten ihn identifizieren, wenn sie überlebten. Allerdings hatte er auch immer gehofft, eines Tages seinen ultimativen sexuellen Kick zu erleben – im gleichen Moment zu ejakulieren, in dem sein Opfer starb. Die Morde hatten ihm insofern nur eine teilweise Erfüllung seiner Gelüste verschafft. Auch diesmal hatte er überwältigende Emotionen erlebt, die Gefühle von Macht und Dominanz, und er hatte getötet, doch Robin Stavinsky hatte ihm nicht das geboten, was er erhofft hatte. Denn sie war bereits willenlos und hilflos zusammengebrochen, als er sie ins Unterholz geschleppt hatte. Trotzdem erwürgte er sie und vergewaltigte sie danach. Später sagte er: »Wissen Sie, ich war überrascht. Es gab mir einen ziemlich guten Kick, aber nicht den besten.«

* * *

Zwei weitere junge Mädchen, beide 14 Jahre alt, verschwanden im östlichen Connecticut am Ostersonntag 1984. Leslie Shelley und April Brunais, unzertrennliche Freundinnen und Nachbarinnen in Griswold, hatten beschlossen, nach Jewett City zu fahren. Da sie wussten, dass ihre Eltern ihnen nicht erlauben würden, im Dunkeln wieder zurückzulaufen, erzählten beide, die Eltern der jeweils anderen hätten zugesagt, sie nach Hause zu fahren. Dieser kindische Schwindel sollte sie ihr Leben kosten.

Als die Dunkelheit einbrach, riefen die Mädchen zu Hause an. Die Eltern weigerten sich, sie abzuholen, zur Strafe sollten die Mädchen nach Hause laufen. Als um 22.30 Uhr noch keines der Mädchen zurückgekehrt war, riefen die beunruhigten Eltern bei der Polizei an, die einen ersten Fehler beging und die Jugendlichen als »Ausreißer« registrierte.

Die genaue Zeit, zu der Ross anhielt und den Mädchen eine Mitfahrgelegenheit bot, ist nicht bekannt. Bekannt aber ist, dass April, die die Selbstbewusstere der beiden war, sich auf dem Beifahrersitz niederließ, während die zierliche und zerbrechlich wirkende Leslie hinten saß. Beide waren verständlicherweise erschrocken, als Ross an ihrer Straße einfach vorbeifuhr und trotz ihrer Feststellung, dass er den Abzweig verpasst habe, nicht anhalten wollte. Daraufhin zog April ein kleines Taschenmesser hervor, mit dem sie ihrem Entführer drohen wollte, doch Ross entwaffnete sie im Handumdrehen. Nun fuhr er ostwärts auf den Highway 138 in Richtung Voluntown und zum nahe gelegenen Beach Pond, einem großen See mit einem Damm, der den Pachaus-Fluss, der die Grenze zwischen den Bundesstaaten Rhode Island und Connecticut bildete, aufstaute.

Nachdem Ross an einer nicht identifizierten Stelle parkte, zog er April die Jeans aus und schnitt sie in Streifen, um Hände und Füße seines Opfers zu fesseln. Er schloss Leslie in den Kofferraum seines Wagens ein, dann zerrte er April ein paar Hundert Meter weiter und zwang sie, sich niederzuknien. Es besteht kein Zweifel, dass die entsetzte Leslie mitanhören musste, wie ihre Freundin sich gegen Ross wehrte. April kämpfte mutig um ihr Leben, bis er sie vergewaltigte und schließlich erwürgte.

Nun wandte Ross seine Aufmerksamkeit Leslie zu. Später sagte er, das Mädchen habe großen Eindruck auf ihn gemacht.

»Sie [*Leslie Shelley*] war grazil mit feinem blonden Haar«, meinte er. »Als ich mit ihr im Auto redete, verhielt sie sich ruhig. Ich erklärte ihr, dass ich sie nicht töten wolle, und als sie herausfand, dass ihre Freundin bereits tot war, weinte sie. Wahrscheinlich fing sie an zu zittern, sie schien sich resigniert in ihr Schicksal zu ergeben, als ich sie umdrehte. Dieser Mord ärgert mich. Ich kann mich nicht mehr daran erinnern, wie ich sie erwürgt habe, doch ihr Tod war der realistischste, der am schwersten zu leugnende. Bei den anderen Morden war es, als hätte jemand anders sie begangen und ich hätte aus der Ferne durch einen unwirklichen Nebel dabei zugesehen. Das war real und irgendwie auch nicht. Es war Fantasie, doch nicht wirklich Fantasie. Ihr Tod? Leslie? Das war nicht irgendjemand anderes, zum ersten Mal sah ich, dass ich das bin. Ich schaute mir selbst dabei zu, wie ich diese Dinge tat, und konnte nicht damit aufhören. Es war, als wäre da eine unsichtbare Schranke zwischen uns. Ich wollte sie nicht töten.«

An diesem Punkt unseres Gesprächs zeigte Ross erste Anzeichen von Stress und Reue. Er hörte auf zu sprechen, senkte den Kopf und saugte einmal tief die abgestandene Gefängnisluft ein. Als er seine ekelerregende Beschreibung des Mordes an Leslie Shelley wieder aufnahm, hatte er Tränen in den Augen.

»Ich konnte nicht anders, ich musste dabei zuschauen, wie ich sie ermordete. Und soll ich Ihnen etwas Unglaubliches erzählen? Danach habe ich geheult. Und wissen Sie noch was? Na ja, also ich weiß nicht … aber davon weiß niemand etwas. Ich wollte, gleich nachdem ich April vergewaltigt und getötet hatte, Sex mit ihr haben, aber ich bekam keinen hoch. Also musste ich mich mit Leslie erst einmal eine Stunde lang hinsetzen und über alles Mögliche reden. Als sie dann anfing zu weinen und sagte, sie bekäme Ärger, weil sie zu spät nach Hause komme, musste ich sie töten. Doch nach ihrem Tod habe ich sie, um meine Anspannung abzubauen, anal vergewaltigt. Das hab ich bisher noch niemandem erzählt.«

Dann lächelte er verlegen und fügte schließlich hinzu: »Wissen Sie, man nennt mich einen Serienmörder, oder? Dabei habe ich nur acht Frauen getötet. Ist auch schon was! Aber da gibt es eine ganze Menge Typen, die rumlaufen und die haben Dutzende mehr getötet als ich. So gesehen bin ich ein netter Kerl. Ich bin echt ein netter Kerl, wirklich.«

Nachdem er das gesagt hatte, bekam er einen unkontrollierbaren Lachkrampf. Danach erklärte er, dass er die Leichen von April und Leslie an einer anderen Stelle in der Nähe des Beach Pond abgelegt habe und gelegentlich dort wieder hingefahren sei, um über ihren Überresten zu masturbieren.

»Dann saß ich da, einfach nur, um mir ihre sich zersetzenden Körper anzuschauen. Wie in meinen Kindheitsfantasien waren sie nur für mich da und verschafften mir Vergnügen, wenn ich es brauchte.«

Ross führte die Polizei kurz nach seiner Verhaftung am Donnerstag, dem 28. Juni 1984, zu den Leichen von April Brunais und Leslie Shelley. Der genaue Ort, an dem er sie umgebracht hatte, wurde jedoch nie festgestellt. Dies wurde von der Staatspolizei von Connecticut als »Versehen« angeführt und erwies sich später, vor Gericht, als bewusster Versuch, eine Auseinandersetzung mit den Strafverfolgungsbehörden von Rhode Island, die die Kosten für diese Mordermittlung zu tragen hatten, wegen der Grenzlage zu vermeiden.

* * *

Ross näherte sich nun dem Ende seines Weges, geistig war er außer Kontrolle geraten und darunter litt auch seine Arbeit bei der Prudential Insurance Company. Mit der Aussicht auf seine Entlassung konfrontiert, weil er es nicht schaffte, neue Kunden zu gewinnen, musste Michael zudem noch mit seiner turbulenten Beziehung zu Debbie Wallace zurechtkommen, die sich immer heftiger entwickelte. Während sie und Michael im Urlaub waren, war Debbies Vater gestorben, und auf dem Nachhauseweg nach der Beerdigung hatten sie sich gestritten. Dem folgte ein größeres Zerwürfnis, und wieder einmal fühlte er sich alleingelassen und zurückgewiesen.

* * *

Für die 17 Jahre alte Wendy Baribeault war Freitag, der 15. Juni 1984, der letzte Prüfungstag an der Norwich Free Academy, die sie besuchte. Nach dem Unterricht legte sie einen Zwischenstopp bei ihrer Mutter ein und nahm dann einen Bus nach Jewett City, um einkaufen zu gehen. Da das Wetter an diesem Nachmittag schön war, beschloss sie, nach Hause zu laufen. Gegen 16.30 Uhr wurde sie von einem vorbeifahrenden Autofahrer an der ziemlich verkehrsreichen Route 12 gesehen. Doch sie war nicht allein, denn andere Zeugen meldeten sich später und sagten aus, ihr sei ein Mann schnellen Schrittes gefolgt. Er sei etwa 1,80 Meter groß gewesen, von weißer Hautfarbe, glatt rasiert, mit einer mittleren Statur und dunklem Haar. Andere Zeugen gaben an, dass dieser Mann aus einem blauen Kleinwagen mit Heckscheibenwischer ausgestiegen sei und eilig auf eine junge Frau zugelaufen sei, deren Beschreibung auf Wendy zutraf.

Als Wendy nicht nach Hause kam, meldete ihre Mutter sie am nächsten Tag als vermisst. Hunderte von Polizisten und Anwohnern starteten eine Suchaktion in der unmittelbaren Umgebung und zwei Tage später fand ein Feuerwehrmann ihre Leiche. Sie lag nur 400 Meter von ihrem Zuhause entfernt in einem dicht bewaldeten Gebiet zwischen alten Steinmauern versteckt. Sie war vergewaltigt und erwürgt worden.

Ross erklärte später, dass er an jenem Tag eigentlich zur Arbeit gehen wollte, sich jedoch beim Rasieren geschnitten hatte, sodass Blut auf den Kragen seines einzigen sauberen Hemds getropft war. Nachdem er sich telefonisch krank gemeldet hatte, zog er sich Freizeitkleidung an, hing in seiner Wohnung herum, blätterte in Pornos und masturbierte. Gegen 14 Uhr fuhr er spazieren und entdeckte später Wendy auf ihrem Heimweg.

Nachdem er sein Auto gewendet und am Beginn einer Schotterpiste geparkt hatte, lief er über die Straße und fragte Wendy, ob sie Lust hätte, am Abend zu einem Grillfest mitzukommen.

Als sie ihm eine Abfuhr erteilte, zerrte er sie auf eine Lichtung in einem nahen Wald. Dort drehte er sie auf ihren Bauch und begann, sie zu würgen. Er ejakulierte fast unmittelbar darauf und fuhr dann fort, sie zu würgen. Sie wehrte sich, trat um sich und ihr Körper zuckte. Während er versuchte, sein Opfer mit aller Kraft zu erwürgen, bekam Michael wieder Krämpfe in den Händen. Als er den Griff etwas lockerte, um seine Finger auszuschütteln, stemmte sie sich unter ihm auf und wand sich hin und her, bis er erneut zupackte. Schließlich verriet ihm ein letztes Zucken ihrer Beine, dass sie nun tot war.

* * *

Der Kriminalbeamte Mike Malchik, bekannt dafür, Verdächtige mit seinem jungenhaften Lächeln und seiner entgegenkommenden Art einzuwickeln, hat seine Fähigkeiten als Ermittler immer wieder dafür eingesetzt, schwierige Mordfälle zu lösen, darunter über 40, die seine Kollegen für »unlösbar« hielten. In Connecticut legendär, arbeitete der engagierte Polizist mit den blauen Augen oft allein und außerhalb seines Dienstes an seinen Aufgaben. Der Fall Wendy Baribeault war da keine Ausnahme.

Mike hatte bereits einige offensichtliche Verbindungen zwischen den Morden an Debra Taylor und Tammy Williams gefunden, und wenn er dann noch Robin Stavinsky und Wendy Baribeault zum Vergleich heranzog, war ihm klar, dass er einen sexuellen Psychopathen und Serienmörder suchte, der das Morden erst einstellen würde, wenn er verhaftet und seiner gerechten Strafe zugeführt worden war.

Mike Malchiks Erfahrung in Mordfällen war so groß, dass er das FBI nicht um Rat bitten musste, doch um seine Vermutungen bestätigt zu bekommen, sprach er mit einem Kollegen vom Nationalen Zentrum zur Analyse von Gewaltverbrechen in Quantico, Virginia. Malchik hatte bereits ein Täterprofil erarbeitet. Er suchte nach einem jungen dunkelhaarigen Weißen, etwa Ende 20 oder Anfang 30, vermutlich ein Büroangestellter, der in Norwich arbeitete, doch weiter südlich wohnte, und dieser Mann benutzte für die Fahrt von seinem Arbeitsplatz nach Hause häufig die Route 12. Griswold stand als möglicher Wohnort des Verdächtigen ganz oben auf der Liste, und nun gab es noch die zusätzliche Erkenntnis, dass der Mann einen blauen Wagen einer ausländischen Marke fuhr.

Mit seinem, wie er es nannte, »normalen, gesunden Menschenverstand« kam er zu dem Schluss, dass derjenige, der Wendy Baribeault ermordet hatte, den Ort des Verbrechens sicher so schnell wie möglich hatte hinter sich lassen und nach Hause kommen wollen. Also musste seine Zielperson ein Bewohner der Region sein. Er rief daher die Zulassungsstelle an und bat, ihm eine Liste aller Autos und ihrer Besitzer zu schicken, die in der näheren Umgebung lebten. Für diese Dienstleistung berechnete die Zulassungsstelle der Polizeibehörde 12 Dollar, eine, wie sich herausstellen sollte, preiswerte und erfolgreiche Investition. Als sein Faxgerät die Liste ausdruckte, forschte

Malchik sofort nach einem blauen Auto ausländischer Produktion. An 27. Stelle der Liste war der Wagen eines gewissen Michael Bruce Ross aufgeführt, der in Jewett City, einem Stadtteil von Griswold, lebte.

Ross wirkte freundlich-interessiert, als Malchik am Donnerstag, dem 28. Juni, vor seiner Tür stand, um ihn zu befragen. Er lud den Kriminalbeamten auf eine Tasse Kaffee ein und genoss die Aufmerksamkeit des Polizisten. Mike hatte zunächst das Gefühl, dass der sympathische junge Ross kein Serienmörder sein könne. Als er gerade gehen wollte, um zu seinem draußen wartenden Kollegen, dem Kripobeamten Frank Griffen, ins Auto zusteigen, stellte Ross Malchik eine Frage. Er wollte wissen, ob ein solcher Mörder für unzurechnungsfähig erklärt würde und ihm dadurch nach der Verurteilung der elektrische Stuhl erspart bliebe. Das war eine so spezielle Frage, dass Malchik augenblicklich kehrtmachte und sich wieder in das Wohnzimmer begab.

Der Ermittler wusste, dass die Beschreibung des blauen Wagens nicht genau auf Ross' Auto passte, das draußen stand. Er suchte nach einem Kombi mit einem Heckscheibenwischer, und Ross hatte zwar tatsächlich einen blauen Toyota, aber das war eine Limousine ohne Heckscheibenwischer. Nachdem sie ein paar Minuten mit allgemeinem Geplauder verbracht hatten, stand Malchik ein zweites Mal auf, um zu gehen. Nach ein paar Metern veranlasste ihn sein Bauchgefühl dazu, sich noch einmal umzudrehen und nun seinerseits Ross eine Frage zu stellen.

Wie der Fernsehschauspieler Peter Falk in seiner Rolle als Columbo fragte Mike ganz beiläufig: »Wo waren Sie eigentlich am Freitag, dem 15. Juni, dem Tag, an dem Miss Baribeault verschwand?«

Erstaunlicherweise konnte Ross all seine Aufenthaltsorte an jenem Tag sofort fast bis auf die Minute genau herunterspulen, mit Ausnahme der Zeit gegen 16.30 Uhr. Das war die Zeit, als Zeugen gesehen hatten, dass Wendy die Straße entlanglief und Ross ihr folgte. Malchik fand es bemerkenswert, dass sich jemand nach zwei Wochen noch so genau an sämtliche Aufenthaltsorte erinnerte und dazu exakte Zeitangaben machen konnte. Daher vermutete er, dass jener 15. Juni für Ross ein besonderer Tag gewesen sein musste. Dann fragte er ihn, was er an den zwei Tagen getan hatte, die vor beziehungsweise nach diesem entscheidenden Datum lagen. Zu seiner großen Verblüffung konnte Ross sich in dem Fall an überhaupt nichts erinnern. Die

Schlussfolgerung lag nun auf der Hand. Ross hatte sich offenbar für den Tag des Mordes ein präzises Alibi überlegt und hatte sich durch dieses vermeintlich clevere Vorgehen quasi selbst entlarvt.

Malchik bat nun seinen Verdächtigen, ihn zur nahe gelegenen Einsatzzentrale zu begleiten, die im Rathaus von Lisbon eingerichtet worden war. Ross fand die Aussicht auf eine Fahrt in einem Zivilfahrzeug der Polizei »unterhaltsam« und zog sich für die zehnminütige Fahrt extra um. Er wählte ein weißes, kurzärmeliges Hemd und eine dunkle, leichte, lange Hose, genau die Sachen, die er angehabt hatte, als er Wendy Baribeault getötet hatte.

Kaum saß er im Verhörraum der Polizei, fing Ross an, dem freundlichen Kriminalbeamten alle möglichen Geschichten aus seinem Leben zu erzählen. Nun war Malchik sicher, dass er einen Serienmörder vor sich hatte. Doch in der Enge und Betriebsamkeit der Einsatzzentrale ein vollständiges Geständnis zu erlangen war nicht so einfach. Als Ross kurz davor war, wichtige belastende Details zu offenbaren, platzte auf einmal eine Reinigungskraft in den Raum und fing an, den Boden zu wischen. Diese unerwartete Unterbrechung brach den Zauber, sodass Malchik seinen Verdächtigen erst wieder dazu bringen musste weiterzureden.

Plötzlich fragte Ross: »Mike, glauben Sie, dass ich Wendy getötet habe?«

Malchik antwortete, dass er davon überzeugt sei, woraufhin Ross elf sexuelle Nötigungen und sechs Morde gestand.

Als Ross sich während eines späteren Gesprächs im Gefängnis an die erste Begegnung erinnerte, sagte er: »Ich weiß noch, wie der Kripobeamte an meine Tür kam. Er suchte einen blauen Kombi mit Heckscheibenwischer, und ich hatte keinen blauen Kombi. Ich hatte eine blaue Limousine ohne Wischer. Und als er gerade gehen wollte, habe ich etwas zu ihm gesagt. Ich weiß nicht mehr genau, was es war, aber es hat ihn irritiert. Er wollte mir dann doch noch ein paar Fragen stellen. Danach wollte er wieder gehen, und ich habe noch irgendwas gesagt, also nehme ich an, dass ich nicht unbedingt wollte, dass er geht.«

Bezüglich des Gesprächs mit Mike Malchik erklärte Ross: »Wissen Sie, das ist nicht gerade die einfachste Sache der Welt zu sagen: ›Hallo, Herr Polizeibeamter, ich hab eine Menge Leute umgebracht.‹ Das war schwer für mich. Wenn Sie die Geständnisse auf Tonband tatsächlich angehört haben, dann wissen Sie, dass es sehr schwer für mich war zuzugeben, dass ich es getan habe. Und dann hatte ich eine Tat gestanden. Danach musste er mir das nächste Geständnis entlocken. Schließlich konnte ich über die nächste Tat sprechen. Ja, es war zuerst schwer, zuzugeben, ich hab die getötet, oder jene. Ich hab ihm sogar von zweien erzählt, von denen sie gar nichts wussten. Nach denen haben sie mich nicht einmal gefragt, weil sie dachten, das wären Ausreißerinnen.«

Als ich nachhakte, warum er die Morde an April Brunais und Leslie Shelley gestanden hatte, obwohl er nicht einmal dazu befragt worden war, meinte der Mörder: »Na ja, die Polizei meinte, mit mir sei etwas nicht in Ordnung und es gebe da für unzurechnungsfähige Kriminelle einen Ort namens Whiting. Das hat mir gefallen, ich dachte, dass ich dort die Hilfe bekomme, die ich brauche. Genau das wollte ich hören. ›Sie haben ein Problem und wir werden uns darum kümmern, weil die Morde dann aufhören.‹ Ja, Malchik hat genau das Richtige gesagt, also dachte ich, was soll's, und habe alles gestanden.«

Aus Fairness gegenüber Mike Malchik muss gesagt werden, dass er sein Versprechen gegenüber Ross eingelöst hat, denn die Morde hörten auf und die Justiz hat sich mit Ross' Problem befasst.

* * *

Harry Gaucher, der Staatsanwalt von Wyndham County, klagte Ross nur wegen der Morde an Tammy Williams und Debra Smith von 1982 an. Ob dies am Mangel von Beweisen bezüglich der Vergewaltigung für eine verschärfte Anklage wegen eines Kapitalverbrechens lag, die eine Todesstrafe zur Folge gehabt hätte, oder an Gauchers Sorge, er könne diesen Fall vor Gericht verlieren, ist unklar, auf jeden Fall ermöglichte dies Ross, sich nur wegen Mordes schuldig zu bekennen.

Als das Gericht am 13. Dezember 1986 tagte, verurteilte der Richter Ross zu zwei aufeinanderfolgenden Lebenslänglich-Strafen. Das bedeutete, dass er theoretisch mindestens 120 Jahre hinter Gittern verbringen musste. Die Morde an Wendy Baribeault, Robin Stavinsky, April Brunais und Leslie Shelley fielen allerdings in den Zuständigkeitsbereich eines viel strengeren Staatsanwalts. Der Staatsanwalt von New London County, C. Robert

Satti, genannt »die Bulldogge«, war ein Anhänger der »Auspeitschen und Hängen«-Fraktion und wollte der seit Jahrzehnten erste Staatsanwalt sein, der einen Mörder in Connecticut auf den elektrischen Stuhl schickte.

Satti war klar, dass er es mit einer gesetzlichen Regelung zu tun hatte, die es möglich machte, eine Todesstrafe in eine lebenslängliche Freiheitsstrafe umzuwandeln. Doch der Anwalt blieb bei seiner harten Haltung, denn er war fest davon überzeugt, dass Michael Bruce Ross auf jeden Fall den elektrischen Stuhl verdient hatte. Abgesehen von der moralischen Frage, ob im liberalen Connecticut grundsätzlich ein Mensch hingerichtet werden sollte, gab es da noch einen weiteren Punkt, der bedacht werden musste. »Old Sparky«, so der Spitzname des elektrischen Stuhls, war seit der Hinrichtung von Joseph »Mad Dog« Taborsky am Dienstag, dem 17. Mai 1960, nicht mehr zum Einsatz gekommen und seitdem etwas verwahrlost. Wenn Michael Ross hingerichtet werden sollte, musste der Bundesstaat mindestens 30 000 Dollar aufwenden, um den elektrischen Stuhl wieder einsatzbereit zu machen und das Hinrichtungsgebäude und den Bereich für die Zeugen zu renovieren.

Die Anwälte der Verteidigung ihrerseits mussten die Geschworenenjury davon überzeugen, dass Ross für die Verbrechen, die er gestanden hatte, nicht zur Verantwortung gezogen werden konnte. Ihre Aufgabe wurde allerdings dadurch erschwert, dass Ross sich nicht für eine Verteidigung wegen Unzurechnungsfähigkeit qualifiziert hatte. Zudem hatte der Fall schon vor dem Prozess für so viel öffentlichen Wirbel gesorgt, dass der Gerichtsstand im Sommer 1987 nach Bridgeport verlegt wurde. Die Anklage argumentierte dort, Ross sei ein Vergewaltiger, ein kaltblütiges, berechnendes Monster, das seine Überfälle geplant und seine Opfer nur ermordet habe, um nicht im Gefängnis zu landen.

Im Juni 1987, nach vier Wochen mit diversen Zeugenaussagen, brauchten die acht Männer und vier Frauen der Geschworenenjury nur 87 Minuten, um Ross wegen schweren Mordes zu verurteilen. Als es drei Wochen später um das Strafmaß ging, benötigten sie weniger als vier Stunden, um zu bestimmen, dass die in Connecticut mögliche Todesstrafe ausgesprochen werden könne. Am Montag, dem 6. Juli, 20 Tage vor seinem 28. Geburtstag, wurde Ross schließlich zum Tod verurteilt. Nach den in Connecticut geltenden Gesetzen hätte er dieses Urteil vermeiden können, wenn das Gericht auch nur einen einzigen mildernden Faktor oder ein Eingeständnis gesehen hätte, aufgrund dessen die Geschworenen an Reue glauben und auf mildernde Umstände hätten verweisen können. Das konnten sie jedoch nicht, denn Ross hatte offenbar kein Gewissen und es war ihm wohl auch egal.

* * *

Ross erklärte mir, dass er sich nicht davor fürchte, auf dem elektrischen Stuhl zu sterben. Er sagte, zu leben sei zu gut für ihn, doch es bereitete ihm Sorge, dass er, wenn der schicksalhafte Tag endlich da wäre, etwas Falsches sagen würde oder im Angesicht des Todes Schwäche zeigen könnte. Er hatte auch Angst vor etwas, das für ihn schlimmer war als der Tod.

»Ich hatte immer das Gefühl, mich selbst kontrollieren zu müssen, und bis heute habe ich das Bedürfnis, die Kontrolle zu behalten. Deshalb habe ich weniger Angst vor einem Leben im Gefängnis oder der Todesstrafe, sondern davor, verrückt zu werden. Ich fürchte, die Verbindung zur Realität zu verlieren. Manchmal habe ich das Gefühl, dass ich irgendwie weggleite und die Kontrolle verliere. Wenn man sich unter Kontrolle hat, kann man mit allem zurechtkommen, verliert man sie aber, ist man ein Nichts.«

Befragt, ob er wegen seiner Verbrechen irgendwelche Gefühle der Reue oder Gewissensbisse hätte, entgegnete er ganz klar: »Nein! Deswegen empfinde ich gar nichts. Ich wünschte wirklich, ich würde das. Ich fühle gar nichts. Für die Familien tut es mir echt leid. Ich meine, das empfinde ich häufig. Zum Beispiel sehe ich vor mir immer noch Mrs. Shelley, die Mutter eines dieser Mädchen, die ich getötet habe, wie sie im Zeugenstand geweint hat. Und dann ist da noch Mrs., äh, an ihren Namen kann ich mich nicht mehr erinnern, aber ich kann mich an eine andere erinnern, die im Zeugenstand ihre Tochter beschrieben hat. Sie war im Leichenschauhaus und hat sie dort gesehen. Aber für die Mädchen selbst empfinde ich nichts und habe ich auch nie etwas empfunden.«

Dann erklärte Ross, warum er, als er an der Cornell-Universität seine ersten Straftaten begangen habe und obwohl er gewusst habe, dass er Hilfe brauchte, sich nicht selbst an die Polizei gewandt habe.

»Ich habe mir eingeredet, dass so etwas nie wieder passieren würde. Und, ich weiß, das klingt komisch, aber in der Rückschau kann ich nicht verstehen, dass ich so etwas getan habe. Es war ein Zufall, denn solche Sachen habe ich eigentlich nicht gemacht. Sogar heute noch, da ich hier sitze, weiß ich, dass ich wieder töten würde, wenn man mich freiließe. Es gibt keinen Grund, etwas anderes anzunehmen. Doch ich kann mir so, wie ich jetzt hier sitze, nicht vorstellen, das zu wollen. Ich kann nicht glauben, dass ich so etwas tue. Ich meine, es ist, als befände man sich auf verschiedenen Ebenen.«

Als ich ihn fragte, ob er irgendwelche genaueren Erinnerungen an die Morde habe, kicherte Ross und sagte dann: »Ja und nein. In der Regel dachte ich jeden Tag und jede Nacht an die Verbrechen. Ich masturbierte dann so lange, bis ich ganz wund war. Ich habe geblutet. Es ist ganz seltsam. Das bereitet mir viel Vergnügen. Es ist echt ein angenehmes Erlebnis. Aber wenn dann alles vorbei ist, dann war das Ganze nur ein sehr kurzer Genuss. Ich denke, das ist, wie wenn man high ist. Drogen hab ich nie genommen, aber davon wird man high, dann kommt man wieder runter und stürzt ab. So ungefähr ist es. Es ist nicht gerade einfach, damit zu leben.«

Eine unvermeidliche Frage, die ich ihm einfach stellen musste, war, was ihm durch den Kopf gegangen war, als er seine Opfer vergewaltigt und getötet hatte. Seine Antwort lautete: »Nichts.« Doch als er noch einmal kurz nachgedacht hatte, fügte er hinzu: »Das ist das Seltsame an der Sache. Jeder scheint zu denken … Sie wissen schon, die offizielle Theorie, dass ich ein Vergewaltiger bin und sie nur getötet habe, damit sie mich nicht identifizieren können. Aber schauen Sie, meist geschah es bei hellem Tageslicht. Ich meine, ich bin doch kein Idiot. Wenn ich so etwas wollen würde, dann täte ich das ganz sicher nicht auf diese Weise. Da ging mir nichts durch den Kopf, bis sie tot waren.

Und dann war es, als ginge man durch eine Tür. Und, uh, ich weiß noch, das Erste, was ich spürte, war, wie mein Herz klopfte. Es pochte richtig heftig. Das zweite Gefühl, das ich hatte, war, dass mir meine Hände wehtaten, denn ich habe sie ja immer mit meinen Händen erwürgt. Und das dritte Gefühl war dann wahrscheinlich Furcht und die Rückkehr in die Wirklichkeit, in der da dieser tote Körper vor mir lag.

Noch einmal, ich will Sie nicht täuschen, ich wusste, was geschah, aber es war, als würde sich das alles auf einer anderen Ebene abspielen. Ich meine, es war, als würde ich es beobachten. Und wenn dann alles vorbei war, dann fing es irgendwie an, dass ich erschrak und so weiter. Dann versteckte ich die Leichen und deckte sie mit etwas ab.«

Ross lebte zu der Zeit in einer Zelle im Todestrakt, einem wirklich alten, in schlammbrauner Farbe gestrichenen Kerker. Das mit einer Schablone aufgemalte Wort »Todestrakt« stand in weißer Farbe auf der Stahltür, hinter der der Bereich lag, in dem sieben verurteilte Männer untergebracht waren. Bei meinem letzten Besuch im Gefängnis waren nur Ross und Robert Breton in ihren Zellen. Sedrick Cobb, Ivo Colon, Richard Reynolds, Todd Rizzo und Daniel Webb genossen bei einem Hofgang frische Luft und ein wenig Sonne.

Ross war stolz auf seine Zelle. Sie war vollgepackt mit Büchern und Schreibmaterialien. Er gab sogar damit an, dass ihm erlaubt worden war, in einer zweiten Zelle weitere Bücher zu lagern. Ebenso prahlte er mit den Dutzenden junger Frauen, die um seine Aufmerksamkeit buhlen. Eine von ihnen war hübsch wie ein Model und hatte ihr Foto sogar mit »In Liebe« signiert. Laut ihren Briefen hätte sie ihn ohne Weiteres geheiratet, doch er hätte sie wahrscheinlich umgehend getötet.

Michael Ross ist verglichen mit anderen Serienmördern nichts Besonderes, doch es zeichnet ihn aus, dass er sich bemüht hat, zu verstehen, was ihn dazu getrieben hat, so furchtbare Verbrechen an jungen Frauen zu begehen. Er wollte die Kräfte begreifen, die ihn zu einem derart schwerwiegenden antisozialen Verhalten trieben. Zu diesem Zweck unterzog er sich freiwillig einer Reihe von Behandlungen, zu der auch eine chemische und eine operative Kastration gehörten, wobei die Durchführung der letztgenannten vom Bundesstaat abgelehnt wurde.

Viele anerkannte Experten schienen zu glauben, dass solche Behandlungen das Monster vom anständigen Menschen Michael Ross trennen könnten, und für einen längeren Zeitraum wurde ihm daher Depo-Provera verschrieben, um seinen enormen Sexualtrieb zu reduzieren. Zur gleichen Zeit, in der er dieses Medikament einnahm, verabreichte man ihm auch Prozac, ein starkes Antidepressivum. Dieser Cocktail hat seine gesteigerten sexuellen Gelüste gewiss abgebaut. Unglücklicherweise führte die übermäßige Einnahme von Depo-Provera dazu, dass er enorm zunahm, und das wiederum hatte krankhafte Veränderungen seiner Leberfunktionen und seines

Hormonspiegels zur Folge und seine Depressionen machten sich wieder bemerkbar.

Ross behauptete, dass er, bevor ihm diese Medikamente verschrieben worden waren, ständig masturbiert hatte. Wenn ihn mal eine Justizbeamtin begleitet hatte, hatte er manchmal ein überwältigendes Bedürfnis empfunden, sie umzubringen. Das Depo-Provera verminderte seinen Sexualtrieb, und Michael sagte: »Wissen Sie, im Kopf eines jeden spielt immer wieder eine Melodie. Und wenn diese Melodie den ganzen Tag in deinem Kopf dudelt, dann kann das einen verrückt machen. Und nun stellen Sie sich einfach mal vor, ihnen gehen ständig Gedanken an Vergewaltigung und Mord durch den Kopf und Sie werden sie nicht los. Das ist dann wie mit dieser Melodie, man wird davon wahnsinnig. Egal, was du unternimmst, um diese Melodie loszuwerden, sie bleibt in deinem Kopf. So ist das bei mir. Ich will diese Gedanken nicht haben.«

Auf die Frage, ob er meine, dass diese Melodie in Wirklichkeit das Monster sei, entgegnete er. »Nein, ich denke, das ist eigenständig. Eine Weile lang geht es schlafen und, tja, man weiß nie, wo es hin ist, das trifft es genau. Ich meine, manchmal ist es da, und vor allem mit Depo-Provera kann ich es hier hinten fühlen [Ross berührte seinen Hinterkopf]. Ich weiß nicht, ob das irgendjemand verstehen kann, aber es war normalerweise immer vor meinem geistigen Auge und drängte sich wie ein unangenehmer Mitbewohner, der sich andauernd in deine Angelegenheiten einmischt und den du nicht loswerden kannst, ständig auf.«

In einem Brief beschrieb Ross, wie es ihm ging, als er sich an die Medikamente gewöhnt hatte:

»Ich würde alles tun, um meinen Kopf freizukriegen. Die Medikamente haben mir etwas Linderung verschafft, doch mein Körper hat sich inzwischen an sie gewöhnt und die Gedanken und Triebe sind zurückgekehrt. Mein unangenehmer Mitbewohner ist wieder da und es ist schlimmer, denn jetzt habe ich erlebt, wie es ohne ihn sein kann. Heute fühle ich mich wie ein von Geburt an Blinder, dem das Augenlicht geschenkt, aber nach einem Monat wieder weggenommen wurde. Es ist wirklich schwer zu verstehen, was für alle anderen normal ist, wenn man es selbst nie war.«

Es ist selten, dass sich die psychiatrischen Experten der Verteidigung und der Staatsanwaltschaft sowohl über eine Diagnose als auch über deren Auswirkungen einig sind, aber der Fall Ross war ungewöhnlich und in diesem Fall gab es einen Konsens, dass er an sexuellem Sadismus litt, einer psychischen Krankheit, die Ross dazu trieb, »wiederholt gewalttätige sexuelle Aktivitäten auszuüben«. Ohne dass die Geschworenen in seinem Prozess davon wussten, waren sich die forensischen Psychiater beider Seiten auch darin einig, dass die von Ross begangenen Verbrechen eine direkte Folge des unkontrollierbaren sexuell aggressiven Impulses waren, unter dem er litt. Doch die Staatsanwaltschaft war sich der Folgen bewusst, die die Übereinstimmung ihrer eigenen Psychiater mit denen der Verteidigung haben konnte, deshalb legte sie überhaupt kein psychiatrisches Gutachten vor. Die Geschworenenjury wurde also über einen vermutlich mildernden Umstand im Ungewissen gelassen, der Michael Ross die Todesstrafe eventuell erspart hätte.

Ganz im Gegensatz zu dieser Argumentationslinie brachte die Staatsanwaltschaft erfolgreich vor, dass Ross gesund und deshalb für seine Verbrechen voll verantwortlich sei. Gegenüber der Jury gab sie an, Ross sei von einem Psychiater untersucht worden, der festgestellt habe, dass er an keiner strafmildernden Psychopathologie leide, was schlicht nicht der Wahrheit entsprach. Erstaunlicherweise versäumte es die Verteidigung nachzufragen, warum der Experte der Staatsanwaltschaft für eine Zeugenaussage nicht zur Verfügung stand. Hätte sie das getan, wäre dabei herausgekommen, dass er von diesem Fall zurückgetreten war, ein für die Staatsanwaltschaft peinliches Eingeständnis. Dies kam einer bewussten Täuschung gleich, da die Jury zu der Annahme veranlasst wurde, es gäbe eine Meinungsverschiedenheit zwischen den Psychiatern der Staatsanwaltschaft und denen der Verteidigung. Das jedoch war nicht der Fall. Dies führte zu Urteilen, die Beweise unzulässigerweise nicht berücksichtigten, zu unredlichen Plädoyers und zu Angaben, die die Jury Schlussfolgerungen ziehen ließen, die nicht zu rechtfertigen waren.

Doch was war mit dem Psychiater der Staatsanwaltschaft geschehen? Dr. Robert B. Miller hatte, und auch davon war die Jury nicht in Kenntnis gesetzt worden, dem Gutachten des Experten der Verteidigung beigepflichtet und in seinem Bericht an den Staatsanwalt ein Jahr vor Beginn des Prozesses geschlussfolgert: »Wäre eine spezifische Diagnose zu Mr. Ross' Krankheit zum

Zeitpunkt seiner Straftaten zu stellen, wäre es – nach DSM-111.302.84[*] – sexueller Sadismus.« Er fügte hinzu, dass er, ungeachtet dieser Diagnose, glaube, dass Ross in der Lage sei, sein Verhalten den Anforderungen des Gesetzes anzupassen.

Einige Zeit später erklärte Dr. Miller, dass er schlaflose Nächte verbracht habe, weil er von den Medienberichten zu diesem Fall und der Grausamkeit der Verbrechen beeinflusst worden sei. Dies, so machte er geltend, habe sich auf seine fachliche Beurteilung ausgewirkt und sie beeinträchtigt. Sein Gewissen belaste ihn nun schwer, denn seine Diagnose könne einen Mann auf den elektrischen Stuhl bringen. Damit, so der Arzt, könne er nicht leben, und im Grunde könne der Staat, wenn es so weitergehe, ihn genauso gut dazu benutzen, den Schalter zu betätigen.

Um den Irrtum seiner Beurteilung zu korrigieren und um sein Gewissen zu beruhigen, schrieb Dr. Miller dem Richter nur wenige Tage vor dem Prozess einen Brief, indem er den Grund erklärte, warum er sich aus diesem Verfahren zurückgezogen habe. Diese unangenehme Angelegenheit wurde dem Obersten Gericht des Bundesstaates Connecticut noch rechtzeitig zur Entscheidung vorgelegt, und die Staatsanwaltschaft erhielt eine Rüge. In ihrem Plädoyer entschieden die Richter zu Ross' Gunsten in dem Sinne, dass seine Krankheit – sexueller Sadismus – letztendlich ein strafmildernder Faktor sei. »Die Staatsanwaltschaft«, sagten sie, »hat es geschafft, die mit der Diagnose sexueller Sadismus verbundenen schockierenden Vorstellungen zu nutzen, um einen rechtlich strafmildernden Umstand in einen strafverschärfenden zu verwandeln … das Urteil des Gerichts wird daher aufgehoben.«

Damit hatte Ross einen Sieg davongetragen, und da keine Experten der Verteidigung widersprachen, galten für Ross' Verbrechen laut Gesetz nun strafmildernde Aspekte. Es wurde anerkannt, dass er unter einem überwältigenden, unkontrollierbaren sexuellen Drang litt und dass seine Vergewaltigungen und Morde damit zusammenhingen.

Natürlich machte Ross auch erfolgreich geltend, dass er nicht nur nicht in der Lage sei, seine sexuellen Bedürfnisse zu kontrollieren, sondern auch den

---

[*] DSM, Diagnostic and Statistical Manual of Mental Disorders, also diagnostischer und statistischer Leitfaden für psychische Störungen

Drang, Leid zufügen zu müssen, nicht im Griff habe. Mit anderen Worten, er war eine wandelnde Zeitbombe – die meiste Zeit zu 99 Prozent labil, und es genügte der geringste Anlass, damit er wieder loslegte. Aber stimmen seine Behauptungen, das Problem sei wie ein aufdringlicher Mitbewohner, der in seinem Kopf lebt, überhaupt? Es erscheint durchaus plausibel, anzunehmen, dass Leute wie Michael Ross schlicht »falsch verkabelt« sind.

Der hypothalamische Bereich des limbischen Systems ist der primitivste und wichtigste Teil des Gehirns. Der Hypothalamus hilft dem Körpergewebe, das metabolische Gleichgewicht aufrechtzuerhalten und einen Mechanismus für den sofortigen Abbau von Spannungen bereitzustellen. Er scheint eher wie ein Ein/Aus-Sensor zu wirken, der einerseits die Erfahrung von Freude und Genuss sucht oder aufrechterhalten möchte und andererseits unangenehme, schädliche Umstände vermeiden oder ihnen entkommen will. Daher sind Gefühle, die von diesem Teil des Gehirns hervorgerufen werden, sehr kurzlebig, die erzeugten Gefühle können schon nach wenigen Sekunden vollständig verschwinden, aber auch länger andauern. So ähnlich hat Ross seine Gedanken beschrieben.

Das limbische System vermittelt also ein breites Spektrum einfacher Emotionen. Da es die Fähigkeit, Freude und Missfallen zu empfinden, kontrolliert, ist es in der Lage, diese Emotionen zu erzeugen und zu nutzen, um eine Vielzahl seiner Bedürfnisse zu befriedigen, seien sie sexueller, ernährungsbedingter oder emotionaler Natur. Das heißt, es kann das gesamte Gehirn, also das Individuum, belohnen oder bestrafen. Wenn der Hypothalamus zum Beispiel ein Wohlgefühl empfindet, weil etwa die Lust nach Schokolade, Drogen oder Sex – selbst der Drang nach sadistischem Sex und Mord – befriedigt wird, schaltet er auf »Belohnungsgefühle«, sodass die Person weiterhin wie gewünscht agiert. Beginnt er, Missvergnügen zu empfinden, stellt er den Belohnungsschalter aus. Aber wenn der Schalter sozusagen auf halber Strecke stehen bleibt, sind die limbischen Bedürfnisse unerfüllt, und das Individuum empfindet Depressionen, Zorn oder sogar eine mörderische Wut.

Eine Person, die sexuelles Begehren empfindet und Enthaltsamkeit übt, kann eine Anspannung spüren. Der einzige Weg, diese Anspannung zu reduzieren, führt paradoxerweise über eine Steigerung bis zum Orgasmus, so wird ein Spannungsabbau erreicht. Unter normalen Umständen wäre dies durchaus akzeptabel; wenn sich jedoch Satyriasis mit sexuellem Sadismus verbindet, ergibt sich daraus ein völlig anderes Problem. Kommt zu diesem Pakct auch noch eine antisoziale Persönlichkeitsstörung, entsteht eine instabile Situation, die sich jederzeit und ohne ersichtlichen Grund entladen kann.

Selbst bei ganz normalen Menschen werden Emotionen, die der Hypothalamus steuert, oft reflexartig und ohne Sorge um oder Verständnis für die Folgen ausgelöst. Der Hypothalamus sucht Genuss und Befriedigung, egal ob der Anreiz Durst oder Hunger nach Sex ist, die elementare Botschaft des Hypothalamus lautet: »ICH WILL ES, JETZT!« Da gibt es keine Berücksichtigung der langfristigen Folgen von Handlungen, weil der Hypothalamus keinen Sinn für Moral, Gefahr, Werte, Logik oder Recht und Unrecht hat.

Wenn das limbische System körperlich geschädigt ist, können Gefühle wie Liebe, Hass, Zuneigung und sogar die sexuelle Reaktionsfähigkeit und das Begehren fortfallen oder gravierend verstärkt werden. Es ist aber gar nicht nötig, unter einer körperlichen Schädigung dieses Bereichs zu leiden, um diese Art von veränderten Reaktionen zu erleben, denn auch eine elektrische Reizung des limbischen Zentrums kann Gefühle von Gewalt hervorrufen, die zu Mord führen können.

Wenn bestimmte Bereiche des limbischen Systems (wie die Amygdala) geschädigt sind, kann das obendrein zu einer erhöhten und unterschiedslosen sexuellen Aktivität führen, auch zu einem exzessiven und fast dauernden Bedürfnis nach Masturbation. Ein Verlangen, das Ross eindeutig aufwies.

Interessanterweise hat das FBI bei 81 Prozent der befragten Serienmörder festgestellt, dass sie zwanghaft masturbierten.

Wie der Hypothalamus ist das Lustprinzip oder der Drang, Bedürfnisse zu erfüllen oder genussvolle Befriedigung zu erlangen, ab Geburt vorhanden. In der Tat ist das Streben des Kindes nach Vergnügen für einige Zeit nach der Geburt uneingeschränkt und intensiv vorhanden, da es außer Mutter und Vater keine anderen Kräfte gibt, die ihm entgegenwirken oder ihm helfen, seine Bestrebungen zu erreichen. Ist die Verbindung des Kindes mit seiner Mutter befriedigend, und wird es in einem gesunden Umfeld aufgezogen, dann durchläuft das Kind einen gesunden Entwicklungsprozess. Ist das Gegenteil der Fall, kann das Kind psychisch irreparabel geschädigt werden.

Anders ausgedrückt: Man stelle sich vor, ein totaler Amateur baut ohne jegliche Vorkenntnis und mit wenig Verständnis für den komplizierten Aufbau einen komplexen Computer. In einem solchen Fall bleibt unweigerlich ein Haufen von Chips, Muttern, Schrauben und Kabeln übrig, und wenn der Computer eingeschaltet wird, wird er zwangsläufig fehlerhaft funktionieren und falsche Ergebnisse erzielen, egal welche Eingaben über die Tastatur gemacht werden. Während das Gerät von außen ganz normal erscheinen mag, sind die elektromechanischen Schaltsysteme im Inneren von Grund auf fehlerhaft. Selbst wenn es für einfache Funktionen einige Zeit gut funktionieren würde, würde es bei komplizierteren Berechnungen unweigerlich zusammenbrechen. Dies kann veranschaulichen, was mit Michael Ross geschehen ist.

* * *

Michael Ross lebte lange Zeit in einem Schwebezustand, denn das Oberste Gericht von Connecticut hatte, nachdem es für das antisoziale Verhalten dieses Killers einen mildernden Umstand ausgemacht hatte, das Todesurteil aufgehoben. Doch aufgrund der Beweise, die Ross während der Gespräche für dieses Buch im Hinblick auf die anale Vergewaltigung nach der Ermordung von Leslie Shelley lieferte, forderte die Staatsanwaltschaft einen neuen Prozess.

Was ihn betraf, so hatte er sich mit einer Hinrichtung einverstanden erklärt, da er, wie er sagte, den Familien seiner Opfer nicht noch einen weiteren Prozess zumuten wollte. In diesem Zusammenhang stellt sich allerdings die Frage, warum er es seinen Anwälten dann überhaupt erlaubt hat, die mildernden Umstände anzuführen.

Lange Zeit war unklar, ob Connecticut den einzigen verurteilten Serienmörder des Bundesstaates tatsächlich hinrichten würde. Viele gingen nicht davon aus, denn auch wenn die Todesstrafe als Höchststrafe im Gesetz verankert ist, sie tatsächlich anzuwenden ist doch eine ganz andere Sache. Ein Richter im Ruhestand erklärte sogar: »Ross wird wahrscheinlich jeden überleben, der mit diesem Fall befasst ist. Wenn er wirklich unbedingt hingerichtet werden will, sollte er sich selbst töten.«

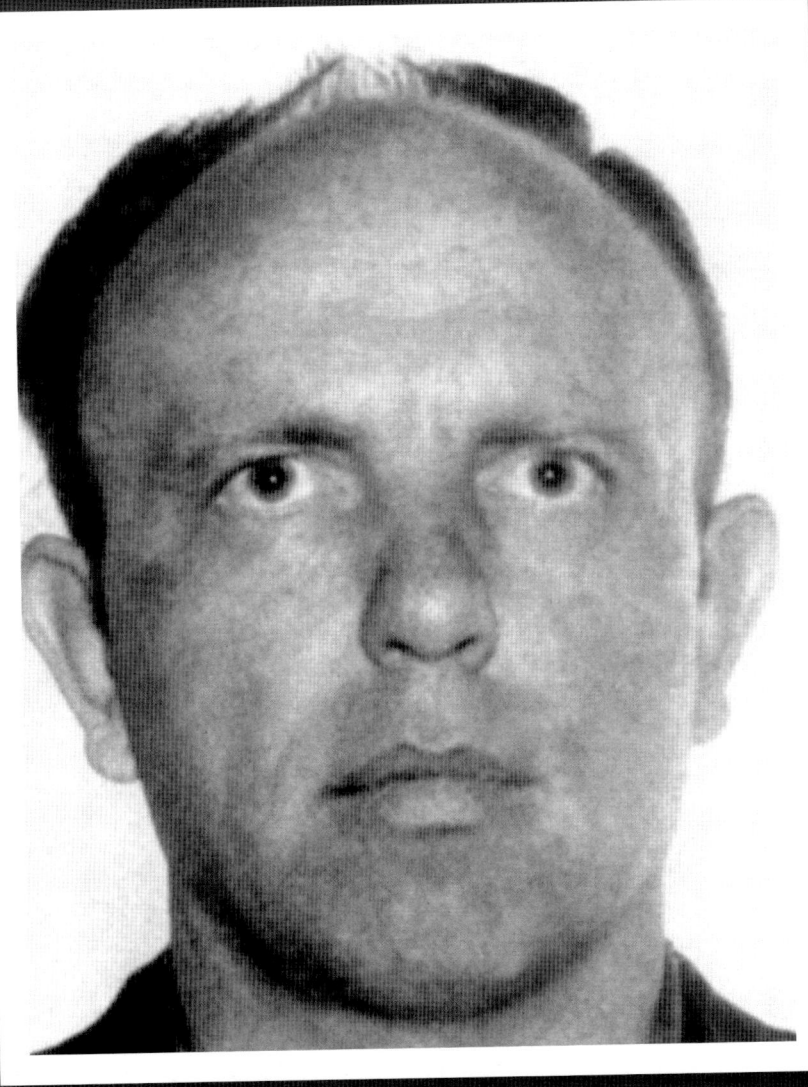

»Ich hasse Frauen aus ganzem Herzen ... Sie haben mit
meinem Kopf immer psychologische Spielchen getrieben.«
Harvey Louis Carignan

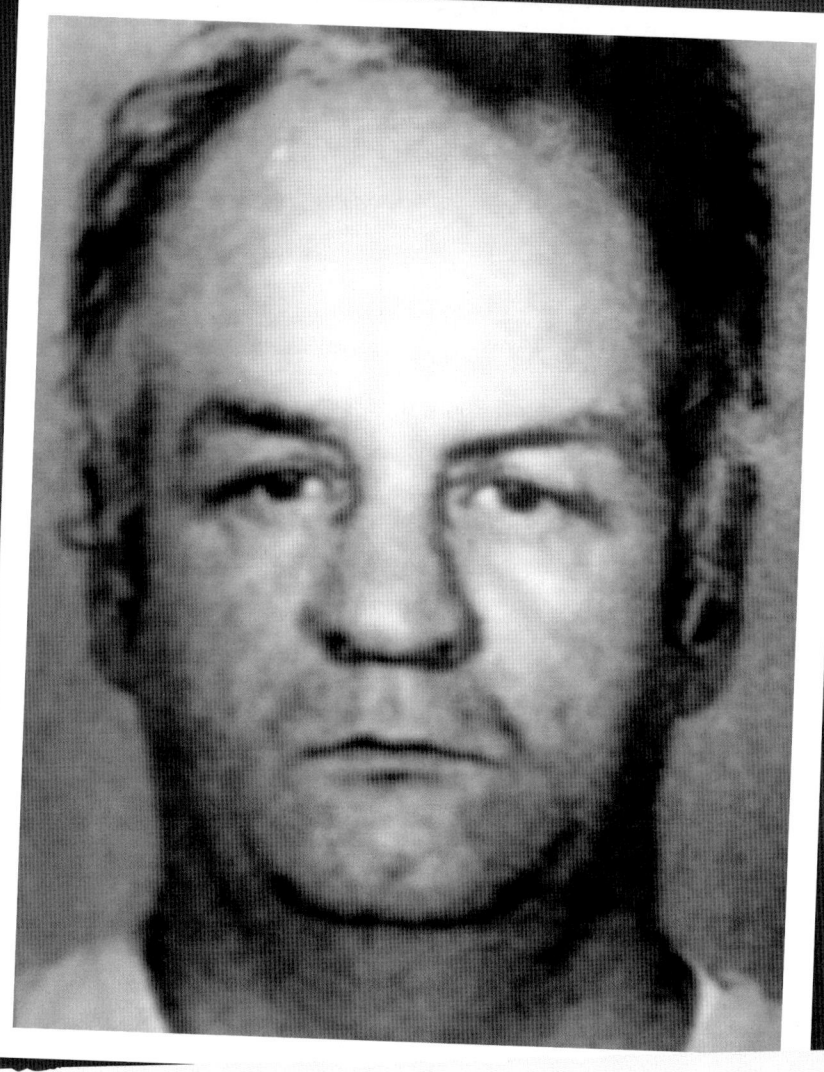

»Menschenfleisch, das schmeckt wie Schwein ... Ich weiß nicht, warum ich Teile von Menschen gegessen habe, aber ich hab's einfach getan. Punkt.« *Arthur John Shawcross*

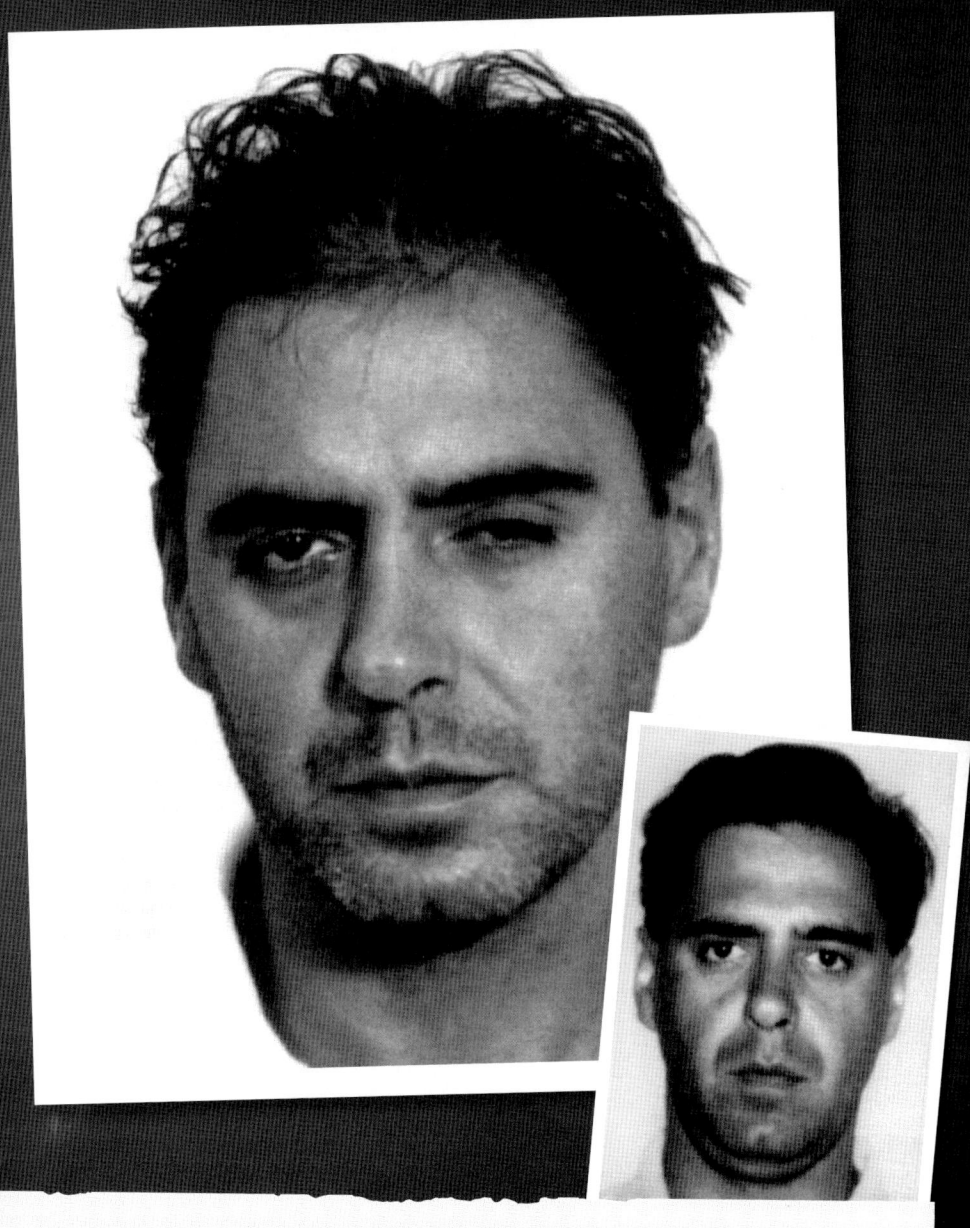

»Also, nachdem ich das Blut weggespült hatte, habe ich ihn geköpft. Genau wie ein Schwein. Es ist fast dasselbe.«
John Martin Scripps

»Da gab es nichts, was sie hätten sagen oder tun
können. Sie waren praktisch tot, als ich sie gesehen
habe. Ich habe sie benutzt. Ich habe sie missbraucht,
dann habe ich sie getötet. Ich behandelte sie wie
einen Haufen Müll. Was soll ich Ihnen, verdammt
noch mal, noch dazu sagen?«
Der Autor mit Michael Bruce Ross im Todestrakt

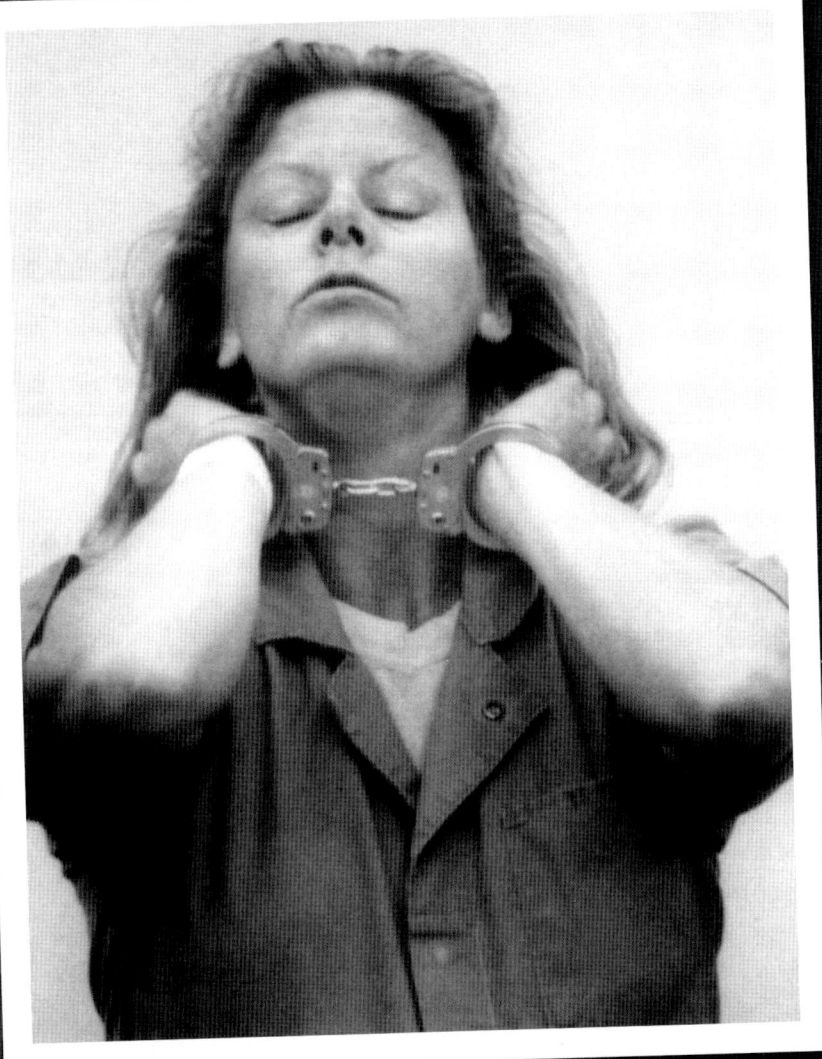

»Schauen Sie, ich kann mich weder an ihre Gesichter noch an ihre Namen erinnern ... Aber eins ist sicher, der muss jetzt echt tot sein.« *Aileen Carol Wuornos*

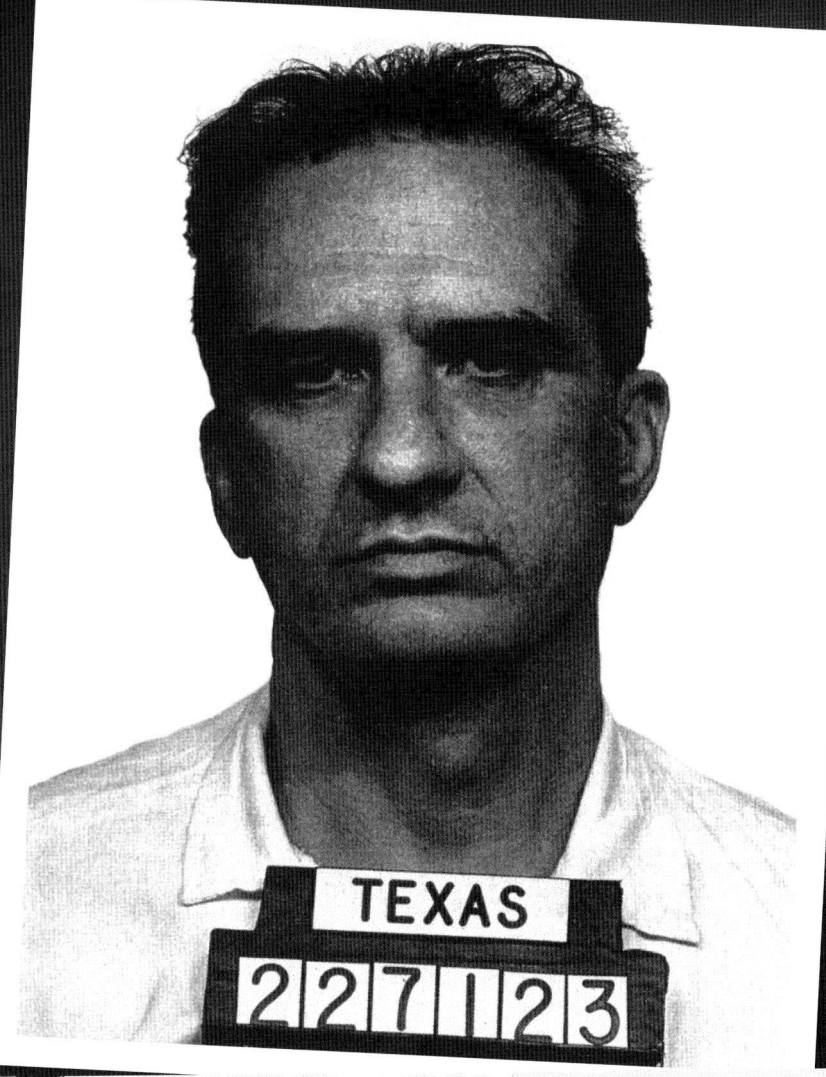

»Eine Frau zu töten ist so ähnlich wie das Töten eines Huhns. Beide kreischen.« *Kenneth Allen McDuff*

»Um ganz offen zu sein, es macht Spaß, Leute umzubringen, und wenn ich weiter frei herumlaufen dürfte, würde ich es vermutlich wieder tun.« *Carol Mary Bundy*

»Ich habe ja mal echt gut ausgesehen. Aber schauen Sie
doch, was die hier drinnen aus mir gemacht haben.
Meine Haare fallen aus, meine Zähne sind verfault,
und trotzdem wollen die mich immer noch töten.«
Douglas Daniel Clark

Nach weiteren Auseinandersetzungen vor Gericht um seine Hinrichtung zwischen Staatsanwaltschaft und Menschenrechtsgruppen wurde letztlich das Todesurteil bestätigt und Michael Bruce Ross am 13. Mai 2005 im Gefängnis von Somers mit der Giftspritze hingerichtet.

Michael Ross war der nette Junge von nebenan, der sich in ein Monster verwandelt hat. Seine eigenen Worte zeigen deutlich, wie gefühllos er war: »Wissen Sie, die [Gerichtsmediziner] fanden Würgemale rund um den Hals von Wendy Baribeault. Das bezeichneten sie als Zeichen mehrfacher Würgeversuche, weil sie um den ganzen Hals herum verteilt waren. Das hat sie verwirrt. Ich aber weiß, dass Wendy sich einfach gewehrt hat und meine Hände immer wieder zudrückte. Da musste ich über die Gerichtsmediziner schmunzeln, ich fand das lustig.«

Seine Grausamkeit wurde immer wieder durch den Eindruck überdeckt, den er bei Außenstehenden erweckte. Karen B. Clarke, eine erfahrene New Yorker Journalistin, die Michael im Gefängnis von Somers besuchte, sagte: »Michael sieht so normal aus, dass er der nette Kerl von nebenan sein könnte. Ginge ich des Nachts einen dunklen Weg entlang, hörte Schritte hinter mir und drehte mich um, wäre ich wohl erleichtert, so jemanden wie Michael Ross zu sehen. Einen so normalen Eindruck macht dieser Typ.«

Dieses Kapitel basiert auf Gesprächen zwischen Christopher Berry-Dee und Michael Bruce Ross, die ab Montag, dem 26. September 1994, 10.15 Uhr, im Todestrakt des Osbourne Correctional Institute in Somers, Connecticut, auf Video- und Tonbänder aufgenommen wurden, und auf einer mehrjährigen Korrespondenz.

RONALD JOSEPH »BUTCH« DEFEO JR.

USA

»Verdammt noch mal, ich habe zwei
Stunden auf Sie gewartet. Für wen
halten Sie mich eigentlich? Ich habe
wirklich Besseres zu tun.«

RONALD DeFEOS NICHT GERADE
FREUNDLICHE BEGRÜSSUNG AM FREI-
TAG, DEM 23. SEPTEMBER 1994, VOR
SEINEM GESPRÄCH MIT CHRISTO-
PHER BERRY-DEE IN DER GREEN-
HAVEN-JUSTIZVOLLZUGSANSTALT,
STORMVILLE, NEW YORK

Gäbe es nicht einen Bestseller, den darauf basierenden Kinofilm *Amityville Horror*, einige Fortsetzungen und eine Neuverfilmung, hätten das Örtchen Amityville in Long Island und das Drama, das sich im Hause der Familie DeFeo abspielte, wohl kaum so viel Aufmerksamkeit erhalten. Amityville wurde als Schauplatz einer außergewöhnlichen, wahren Horrorgeschichte vermarktet, letztendlich kam dabei aber nur eine gut promotete Geisterhausgeschichte heraus, die mit einem Mehrfachmord garniert wurde. Spukte in diesem Haus wirklich der teuflische Geist eines toten Indianerhäuptlings? Ist das Anwesen auf einem alten Indianerfriedhof errichtet worden? Ist aus den Wänden grüner Schleim gequollen und Blut aus Wasserhähnen geflossen? Ist Ronald DeFeo Satans Sohn?

Wegen der entsetzlichen Ereignisse, die sich in der Nacht des 13. November 1974 in Amityville abspielten, ist eines allerdings sicher – der Ort wird nie wieder so sein wie zuvor. Deshalb begab ich mich auf eine Reise, um herauszufinden, was genau passiert war.

Als ich in dem verschlafenen Nest Amityville auf Long Island ankam, kontaktierte ich zunächst einige der drogensüchtigen Freunde von Ronnie DeFeo. Ich traf mich mit einem Haufen korrupter und brutaler Polizisten, einem voreingenommenen Richter der alten Schule, und ich überprüfte wichtige Beweise, die die Polizei »verloren«, dann aber auf mysteriöse Weise wiedergefunden hatte. Schließlich besuchte ich das Monster, den »Schrecken von Amityville«, hinter den düsteren Mauern seines Gefängnisses in Upstate New York. Das Folgende ist die wahre Geschichte hinter *Amityville Horror* und Sie können jedes Wort davon glauben.

* * *

Ronald Joseph DeFeo junior wurde am 26. September 1951 im Adelphi-Hospital in Brooklyn, New York, geboren. Er war das erste von fünf Kindern. Sein Vater, Ronald senior, war ein 20 Jahre alter Textilarbeiter, seine Mutter Louise noch ein Teenager.

Da Ronald jr. ein kleines und ziemlich dickes Kind war, nannten ihn seine Klassenkameraden »Butch« – »Dickerchen« –, ein Spitzname, der ihm geblieben ist. Er war ein mürrischer, schwieriger und fauler Schüler, der ständig mit Lehrern und anderen Schülern, mit denen er sich häufig prügelte, Ärger hatte. Immer wieder kam er grün und blau geschlagen nach Hause, einmal sogar mit einer leichten Stichwunde im Rücken, die ihm ein anderer Bursche, der ihn mit einem Messer angegriffen hatte, zugefügt hatte.

In den frühen 1970er-Jahren begann Ronald senior für seinen Schwiegervater zu arbeiten und wurde für seine Mühen anscheinend gut bezahlt. Da die Wohnung in Brooklyn mittlerweile zu klein war und Louise ihr fünftes Kind erwartete, beschloss die Familie, in die wohlhabendere Gegend von Long Island zu ziehen. Nach kurzer Suche nach einem geeigneten Haus entschied man sich für das schläfrige Küstenörtchen Amityville.

Der Name »Amityville« suggeriert Frieden, Wohlbefinden, zumindest Freundschaft. In der Ortschaft leben rund 11 000 Bewohner, von denen viele täglich in das etwa 55 Kilometer westlich gelegene New York pendeln. Amityville erstreckt sich entlang der Great South Bay auf Long Island und wird gern von Wassersportlern frequentiert, denn seine Nähe zu den Ozeanstränden zieht im Sommer eine Menge Leute an.

Die Geschichte des Ortes begann in den 1650er-Jahren, als sich Siedler aus Connecticut und dem Osten von Long Island zuerst im heutigen Huntington niederließen. Davor forderten König Heinrich VII. von England und seine Nachfolger von diesem Gebiet aufgrund der Entdeckung durch John Cabots im Jahr 1496 Abgaben. »Bis zum DeFeo-Massaker«, sagte ein Bewohner, »bestanden die einzigen Verbrechen darin, dass Vandalen kleine Boote aus ihren Liegeplätzen in der nahe gelegenen Bucht rissen.«

Am 28. Juli 1965 erfüllte sich Ronald DeFeo senior seinen »amerikanischen Traum«, als er von Joseph und Mary Riley ein Haus im holländischen Kolonialstil mit zweieinhalb Stockwerken erwarb. Für einen unbekannten Betrag kaufte er das Schindelgebäude an der 112 Ocean Avenue mit einem Swimmingpool und einem privaten Steg, der in einen geschützten Kanal ragte. Anfänglich war die Familie von diesem Haus und seinen Annehmlichkeiten schier überwältigt. Doch bald schon fanden sie sich in ihrer neuen Umgebung zurecht und gewöhnten sich an ein vorstädtisches Leben. Aber nicht jeder in Amityville war glücklich darüber, dass die lauten und auffälligen DeFeos ihre ruhige Gemeinde als Wohnort gewählt hatten, und es gab jede Menge Gerüchte, auch dass die Familie Verbindungen zum organisierten Verbrechen habe.

Um dem neuen Lebensabschnitt seiner Familie symbolisch Ausdruck zu verleihen, stellte Mr. DeFeo ein Schild in den Vorgarten, auf dem »High Hopes« (große Hoffnungen) zu lesen stand. Um ihre Stellung noch mehr zu betonen, beauftragte er einen Künstler damit, lebensgroße Porträts der Familienmitglieder anzufertigen, die schließlich an den Wänden des Treppenhauses hingen. Auf einem der Bilder saßen Vater und Sohn, Ronald senior und Butch, nebeneinander und lächelten den Künstler an, während der Vater seinem Sohn ein Glas Wein einschenkte. Auf einem anderen posierten die beiden Töchter sanft lächelnd auf einem Zweisitzer. Auf einem dritten Gemälde waren die beiden jüngeren Brüder dargestellt, wobei Mark seinen Arm auf Johns Schulter legte. Vielleicht passend zu einer so patriarchalisch geprägten Familie gab es kein Porträt der Mutter Louise.

Das Innere des Hauses wurde mit teuren Möbeln, einem Kristalllüster und einem Alabasterkamin protzig ausgestattet. All dies bildete die Basis für den Mittelklasse-Lebensstil der Familie DeFeo. Doch auch wenn die Fassade, die die Familie der Außenwelt präsentierte, die Mittelklasse-Werte geschmackvoll zum Ausdruck brachte, waren die Beziehungen innerhalb der Familie das genaue Gegenteil.

Ronald DeFeo senior war der Sohn von Rocco und Antoinette DeFeo. Ronald war ein körperlich beeindruckender Mann, der seine Familie mit eiserner Faust regierte und Respekt verlangte. Beim geringsten Fehlverhalten konnte er sich von einem zivilisierten Menschen in ein wildes Tier verwandeln, und jeder in der Familie wusste, dass nichts diesen Mann aufhalten konnte, hatte er erst einmal die Beherrschung verloren.

Louise DeFeo war die jüngste Tochter von Michael und Angela Brigante. Sie war eine freundliche Person und verhielt sich immer loyal zu ihrem Mann. Der jedoch teilte diese warmherzigen Gefühle nicht und unterstellte seiner Frau eine Reihe von Affären, darunter auch eine mit dem Maler, der die Porträts der Familie angefertigt hatte. Obwohl es keine Beweise für einen Ehebruch gab, schien der bloße Verdacht für Schläge zu genügen, und die musste sie regelmäßig einstecken.

Hinter der Fassade von Erfolg und Glück war Ronald DeFeo senior also ein jähzorniger Mann, der zu Wutausbrüchen und Gewalt neigte. Zwischen ihm und Louise gab es heftige Auseinandersetzungen, und für seine Kinder war er eine fordernde Autoritätsperson. Als ältestes Kind trug der junge Ronald die Hauptlast der Launen seines Vaters und seiner Versuche, Disziplin zu erzwingen. Da er in der Schule gemobbt wurde, ermutigte ihn sein Vater, sich zu wehren. Dieser Rat galt zwar im Hinblick auf die Probleme in der Schule, allerdings nicht für das Verhalten zu Hause. DeFeo duldete keinerlei Widerrede oder Ungehorsam, hielt seinen ältesten Sohn an einer kurzen Leine und lehnte es ab, dass dieser sich zu Hause, wie er es in der Schule tun sollte, wehrte.

Die erste Schule, die Ronald nach dem Umzug nach Long Island besuchte, war die Junior High in Riverhead. Mit seinem Heranwachsen in der Pubertät war er für die Übergriffe seines Vaters keine leichte Beute mehr. Zwischen den beiden gab es häufig laute Auseinandersetzungen, die in Boxkämpfe ausarteten, da es keiner großen Provokation bedurfte, damit Vater und Sohn zuschlugen. In der Ausgestaltung zwischenmenschlicher Beziehungen war DeFeo senior zwar nicht besonders begabt, aber er war klug genug, um zu erkennen, dass die Wut- und Gewaltausbrüche seines Sohnes sehr auffällig und von anderem Kaliber waren als die seinen. Nachdem Butch seine Schwester Dawn einmal schlimm verprügelt hatte, vereinbarten er und seine Frau einen Termin bei einem Psychiater. Das war allerdings vergebens, denn Butch verhielt sich gegenüber seinem Therapeuten passiv-aggressiv und wies jeden Gedanken daran, dass er Hilfe brauchte, zurück.

Da sie keine andere Lösung sahen, wandten seine Eltern eine häufig genutzte Strategie zur Beschwichtigung widerspenstiger Kinder an und kauften Butch alles, was er wollte, und gaben ihm Geld. Sein Vater schenkte seinem 14-jährigen Sohn ein 14 000 Dollar teures Rennboot, mit dem er auf dem Fluss herumfahren konnte. Wann immer Butch Geld brauchte, musste er nur fragen, und wenn er das nicht wollte, dann nahm er sich einfach das, was herumlag.

Als diese Strategie fehlschlug, schickte man Butch auf die St. Francis Preparatory School in Brooklyn, von der er am Ende des neunten Schuljahres flog. Schließlich besuchte er die Amityville High School und brach mit 17 Jahren die Schule endgültig ab. Am gleichen Tag kaufte ihm sein Vater ein Auto.

Um diese Zeit herum begann er auch Drogen wie Heroin und LSD zu nehmen und übte sich in kleinen Diebstählen. Darüber hinaus wurde sein

Verhalten immer auffälliger, und seine Ausraster beschränkten sich nicht mehr nur auf sein Zuhause.

Eines Nachmittags, als er mit ein paar Freunden auf einem Jagdausflug unterwegs war, zielte er mit einem geladenen Gewehr auf ein Mitglied der Gruppe, einen Jungen, den er seit Jahren kannte. Mit versteinerter Miene schaute er zu, wie der erbleichte und schließlich aus Angst die Flucht ergriff. Dann senkte Butch in aller Seelenruhe das Gewehr, und als am späten Nachmittag alle wieder zusammentrafen, fragte er spöttisch, warum sein Freund schon so früh gegangen sei.

Mit 18 Jahren bekam Butch einen Job im Autogeschäft seines Vaters, einer Generalvertretung für Buick. Nach seiner eigenen Darstellung war es ein leichter Job, in dem man von ihm auch nicht viel erwartete. Unabhängig davon, ob er zur Arbeit erschien oder nicht, erhielt er am Ende jeder Woche von seinem Vater Geld, einen Betrag von manchmal bis zu 500 Dollar. Dieses Geld benutzte er, um seinen Wagen instandzuhalten und Alkohol oder Drogen zu kaufen.

Im Januar 1971 lernte Butch DeFeo in der »Ninth Bar« in New York City eine junge Frau namens Geraldine kennen. Nachdem sie einige Zeit zusammen waren, stellte Geraldine im Dezember 1973 fest, dass sie schwanger war. Sein Vater drängte das Paar, zu heiraten, und nachdem ihre Tochter Stephanie geboren war, heirateten sie am 17. Oktober 1974 im »Garfield Grant Hotel« in Long Branch, New Jersey.

Immer häufiger gab es Auseinandersetzungen mit seinem Vater, die zunehmend gewalttätiger wurden. Eines Abends stritten sich Butchs Vater und seine Mutter heftig. Um die Angelegenheit zu regeln, holte Butch eine 12-Kaliber-Schrotflinte aus seinem Zimmer, lud eine Patrone in die Patronenkammer und stürmte die Treppen hinunter zum Schauplatz des Geschehens. Ohne zu zögern und ohne die beiden Beteiligten aufzufordern, den Streit zu beenden, hielt Butch seinem Vater den Lauf des Gewehrs direkt vors Gesicht und schrie: »Lass diese Frau in Ruhe. Ich werde dich töten, du fetter Wichser! Jetzt.«

Dann drückte er ab, doch seltsamerweise erfolgte kein Schuss. Ronald senior erstarrte und sah wütend und erstaunt zugleich, wie sein Sohn die Waffe senkte und vollkommen unberührt von der Tatsache, dass er gerade fast seinen eigenen Vater getötet hatte, einfach aus dem Zimmer ging. Damit war zwar diese Auseinandersetzung beendet, doch Butchs Handeln deutete schon die Gewalt an, die er bald nicht nur gegen seinen Vater, sondern auch gegen die restliche Familie richten würde.

Dieser Zwischenfall mit der Schrotflinte scheint bei Ronald senior so etwas wie eine religiöse Wandlung ausgelöst zu haben. Er wurde zu einem frommen Katholiken und stellte auf seinem gepflegten Anwesen mehrere religiöse Schreine auf. Nachbarn beobachteten des Öfteren, dass er vor dem Schrein des heiligen Josef und des Christkindes, den er auf die Wiese seines Vorgartens gestellt hatte, seinen Rosenkranz betete.

* * *

In den Wochen vor den Morden von Amityville erreichten die Konflikte zwischen Butch DeFeo und seinem Vater den Höhepunkt. Offenbar unzufrieden mit dem Geld, das er mit der »Arbeit« bei seinem Vater verdiente, schmiedete er einen Plan, um seine Familie zu betrügen. Zwei Wochen vor dem Massaker wurde er von einem der Mitarbeiter des Autohauses beauftragt, 1800 Dollar in bar und 20 000 Dollar in Schecks bei der Bank einzureichen. Zusammen mit einem Arbeitskollegen aus dem Verkauf machte er sich um 12.30 Uhr auf zur Bank. Zwei Stunden lang waren die beiden weg. Als sie endlich zurückkehrten, berichteten sie, sie seien an einer roten Ampel mit vorgehaltener Waffe bedroht und ausgeraubt worden. Ronald senior explodierte vor Wut und beschimpfte den Mitarbeiter, der seinen Sohn losgeschickt hatte.

Nachdem die Polizei gerufen worden war, wollte die sich natürlich auch mit Butch unterhalten. In Wahrheit hatten er und sein Komplize das Geld einfach behalten und unter sich aufgeteilt. Anstatt zumindest den Anschein einer kooperativen Mitarbeit zu erwecken, erfand er die Beschreibung eines fiktiven Räubers und verhielt sich den Polizeibeamten gegenüber angespannt und gereizt. Als die Beamten langsam der Verdacht beschlich, dass er log, und sie sich mit ihren Fragen auf die zwei Stunden konzentrierten, die er weg gewesen war, wurde sein Verhalten aggressiv.

»Wäre es nicht normal, dass man, wenn einem so viel Geld gestohlen wurde, sofort zum Geschäft zurückfährt«, fragte die Polizei. »Wo waren Sie die ganze Zeit?«

Als Antwort auf ihre Fragen fing Butch an, die Polizisten zu verfluchen, und schlug, um seiner Wut Ausdruck zu verleihen, auf die Motorhaube eines Autos ein. Die Polizisten zogen sich einen Moment lang zurück, doch sein Vater war bereits überzeugt, dass sein Sohn log und das Geld selbst gestohlen hatte.

Am Freitag vor den Morden in »High Hopes« war Butch von der Polizei gebeten worden, sich einige Fahndungsfotos anzuschauen, um möglicherweise den Räuber zu erkennen. Zunächst stimmte er dem zu, machte dann aber im letzten Moment einen Rückzieher. Als Ronald DeFeo senior davon erfuhr, stellte er seinen Sohn bei der Arbeit zur Rede und wollte wissen, warum er nicht mit der Polizei zusammenarbeiten wolle.

»Dich reitet wirklich der Teufel«, schrie ihn sein Vater an.

Und Butch brüllte zurück: »Du fetter Scheißkerl, ich bring dich um.«

Dann rannte er zu seinem Auto und düste davon. Bei diesem Zwischenfall kam es zwar zu keiner körperlichen Auseinandersetzung, doch eine endgültige Konfrontation stand unmittelbar bevor.

* * *

Das Örtchen Amityville lag in den ersten Stunden des 14. November 1974 friedlich da. Während Familien und Nachbarn schlummerten, waren streunende Haustiere und gelegentlich ein vorbeifahrendes Auto die einzigen Anzeichen von Leben. Doch in der scheinbaren Ruhe von »High Hopes« an der Ocean Avenue brauten sich Hass und Brutalität zusammen. Die ganze Familie DeFeo, mit Ausnahme von Butch, hatte sich ins Bett zurückgezogen. Er hockte in der Stille seines Zimmers und dachte über das nach, was er tun wollte, und das sicherstellen sollte, dass sein Vater und seine Familie ihn nie wieder belästigen würden.

Butch war das einzige Familienmitglied, das ein Zimmer für sich allein hatte. Sein Hang zu Gewalt und der Umstand, dass er der Älteste war, hatten ihm diesen kleinen Luxus gewährt. Damit hatte er die Möglichkeit, dort unbemerkt eine Reihe von Waffen aufzubewahren, die er sammelte und manchmal verkaufte. In dieser besonderen Nacht holte er aus seinem Schrank ein Repetiergewehr Kaliber 32 hervor. Leise, aber entschlossen machte er sich auf den Weg zur Tür des elterlichen Schlafzimmers. Vorsichtig drückte er die

Tür auf, blieb einen Moment stehen und beobachtete seine Eltern, die schliefen und nichts von dem ahnten, was gleich über sie hereinbrechen sollte. Butch hob das Gewehr, ohne zu zögern, in Schulterhöhe und drückte ab. Der erste von acht tödlichen Schüssen, die in jener Nacht abgefeuert wurden, traf den Rücken seines Vaters.

Kurz nach 3.00 Uhr hatte Butch DeFeo seine ganze Familie ermordet. Jedes der wehrlosen Familienmitglieder hatte er kaltblütig und brutal umgebracht. Shaggy, der draußen am Bootshaus angeleinte Hund der Familie, reagierte auf den sporadisch vom Hause her zu hörenden Lärm mit wildem Bellen. Doch auch das Bellen des Tieres lenkte Butch nicht im Geringsten ab. Im Bewusstsein, die Aufgabe, die er sich gestellt hatte, erfüllt zu haben, konzentrierte er sich danach darauf, sich zu säubern und sich ein Alibi auszudenken, um die unvermeidlichen polizeilichen Ermittlungen, die nun folgen würden, von ihm abzuleiten.

Zuerst duschte er und trimmte sich den Bart. Dann zog er sich Jeans und lederne Arbeitsschuhe an, sammelte seine blutbespritzte Kleidung auf, das Gewehr und die dazugehörige Tasche und hob eine der Patronenhülsen vom Boden auf. Anschließend stopfte er alles in einen Kissenbezug und fuhr im ersten Licht der Dämmerung los. Einen ersten Halt machte er am Ende der Ocean Avenue, dort warf er das Gewehr ins Hafenbecken. Von dort aus fuhr er nach Brooklyn und entsorgte den Kissenbezug samt Inhalt in einem Abwasserkanal. Dann meldete er sich, als wäre nichts geschehen, im Autohaus seines verstorbenen Vaters zur Arbeit. Es war jetzt 6.00 Uhr morgens und er ging zur normalen Tagesordnung über.

Lange blieb Butch allerdings nicht bei der Arbeit. Er rief mehrmals zu Hause an, und als sein Vater nicht erschien, tat er so, als sei ihm langweilig, weil er nichts zu tun hatte, und verließ das Autohaus gegen Mittag. Er rief seine Freundin Mindy Weiss an, um sie zu informieren, dass er fertig sei mit der Arbeit und bei ihr vorbeischauen und sie sehen wolle. Auf seinem Weg dorthin begegnete ihm ein Freund, Robert Kelske. In unserem Gespräch im Gefängnis erinnerte er sich später an die Begegnung:

»In meinem zugedröhnten Zustand fuhr ich die Straße in Amityville entlang, als Robert Kelske, ein heroinabhängiger Junkie, neben meinem Auto hielt und anfing, komische Fragen zu stellen. Das habe ich damals nicht ernst genommen, weil Kelske ein Junkie und ein Dieb war, der zuvor in die Häuser meiner beiden Nachbarn eingebrochen war, entsprechend hab ich seine Fragen nicht beachtet.«

DeFeo kam gegen 13.30 Uhr am Haus seiner Freundin an. Mindy war 19 Jahre alt und eine attraktive und beliebte Kellnerin in der »Longfellow's Bar«. Nach seiner Ankunft erwähnte er beiläufig, dass er mehrmals versucht habe, zu Hause anzurufen, und obwohl Autos in der Einfahrt standen, habe niemand abgenommen. Um das zu verdeutlichen, rief er von Mindys Wohnung noch einmal zu Hause an – mit dem gleichen vorhersehbaren Ergebnis.

Butch gab sich erstaunt, aber unbesorgt und nahm Mindy am Nachmittag zu einem Einkaufsbummel mit. Vom Einkaufszentrum in Massapequa aus fuhren sie bei Patricia und Robert Geiger vorbei, wo DeFeo fünf 10-Dollar-Tüten Heroin kaufte und sich damit einen Schuss setzte. Er sagte: »Ich war total weggetreten und vergaß sogar, was bei mir zu Hause geschehen war … Ich hatte eine Art Blackout.«

Kurz nach 18.00 Uhr ging Butch in »Henry's Bar« in Amityville, wo er erneut Robert Kelske begegnete. Diesmal täuschte er vor, besorgt zu sein, weil er zu Hause niemanden erreichen konnte.

»Ich muss nach Hause und ein Fenster einschlagen, um reinzukommen, weil ich keinen Schlüssel dabeihabe«, sagte er.

»Na dann tu, was du tun musst«, entgegnete sein Freund unbekümmert.

Ronald verließ die Bar und begab sich auf seine vermeintliche Erkundung, kam jedoch nach wenigen Minuten ganz aufgeregt und bestürzt wieder zurück.

»Bob, du musst mir helfen«, flehte er. »Jemand hat meine Mutter und meinen Vater erschossen!«

Eine kleine Gruppe von Stammgästen schloss sich den beiden Freunden an. Alle drängten sich in Butchs Auto und fuhren mit Kelske am Steuer los. Seit den Morden waren fast 15 Stunden verstrichen. Kaum angekommen, lief Kelske durch die Eingangstür ins Haus und rannte die Treppen hoch in das Schlafzimmer der Eltern. Dann kam er wieder zu Butch, der vor Trauer und Bestürzung ganz verzweifelt wirkte. Joe Yeswit fand in der Küche ein Telefon und rief die Polizei.

Am 13. November 1974 um genau 18.40 Uhr erhielt der Streifenpolizist Kenneth J. Greguski von der örtlichen Polizeiwache an der Green Lane in Amityville einen Anruf aus seiner Leitstelle, er solle sich zur 112 Ocean Avenue begeben, da es die Meldung gegeben habe, dass jemand dort erschossen worden sei. Als er vor dem Haus ankam, sah er eine Gruppe junger Männer in der Einfahrt stehen und einer von ihnen stellte sich unter Tränen als Ronald DeFeo vor. Er sagte: »Meine Mutter und mein Vater sind tot.«

»Ich ging ins Haus und die Treppen hoch«, erzählte der Beamte. »Im elterlichen Schlafzimmer fand ich einen weißen Mann, der erschossen auf seinem Bauch lag. Direkt neben ihm lag eine weiße Frau in der gleichen Position, auch sie war erschossen worden. Ich ging weiter, zu einem zweiten Schlafzimmer, in dem ich zwei Jungs in getrennten Betten entdeckte. Sie lagen ebenfalls erschossen auf ihren Bäuchen. Ich ging die Treppe hinunter und benutzte das Telefon im Esszimmer, um in meinem Hauptquartier anzurufen und Bescheid zu geben, dass in diesem Haus vier Leichen lagen und die Mordkommission benachrichtigt werden solle.«

Als der Polizist seinen Bericht fortsetzte, fügte er hinzu: »Gleich danach erzählte mir Ronald DeFeo, dass er noch zwei Schwestern habe. Offensichtlich hatte er gehört, was ich am Telefon gesagt hatte. Daraufhin rannte ich erneut die Treppen hinauf und schaute in ein Zimmer, dessen Tür geschlossen gewesen war. Dort fand ich die Leiche eines Mädchens. Auch sie lag, wie die anderen, mit ausgestreckten Armen und Beinen auf ihrem Bauch. Sie war ebenfalls erschossen worden. Dann sah ich einen Aufgang, von dem ich dachte, dass er möglicherweise zu einem Dachgeschoss führte. Tatsächlich gelangte ich so zu einem weiteren Schlafzimmer, oben, im dritten Stock, und dort fand ich eine weitere weibliche Leiche. Sofort lief ich die Treppen wieder hinunter, rief mein Hauptquartier noch einmal an und verständigte die Beamten, dass ich zwei weitere Leichen gefunden hatte. Nach diesem Anruf ging ich in die Küche, gesellte mich zu Ronald DeFeo und seinem Freund Robert Kelske, legte meine Hand auf seine Schulter und sagte ihm, er solle sich beruhigen. Ich blieb dort stehen und wartete, bis Kriminalhauptmeister Cammaroto und Leutnant Edward Lowe eintrafen. Sie überprüften den Tatort und kamen dann wieder die Treppe herunter. Kurz danach trafen die Beamten der Mordkommission ein. Es war eine

Szenerie, die ich nie vergessen werde und die mich bis zum heutigen Tag verfolgt.«

Bei der Autopsie stellte der Gerichtsmediziner Dr. Howard Aldeman fest, dass der 43 Jahre alte Ronald DeFeo senior zwei Schüsse in den unteren Bereich seines Rückens abbekommen hatte. Die Kugeln hatten die Niere und die Wirbelsäule durchschlagen. Eine der Kugeln blieb im Nacken stecken, die andere drang durch den Körper in die Matratze ein. Der Mann sei, da er auf der Matratze liegen geblieben und nicht aus dem Bett gekrochen war, höchstwahrscheinlich sofort tot gewesen.

Auf Louise DeFeo, 42 Jahre alt, war auch zweimal geschossen worden. Die Schüsse, die ihren Mann getötet hatten, hatten offenbar Butchs Mutter geweckt, sodass sie sich in ihrem Bett in Richtung der Tür gedreht hatte. Die erste Kugel traf sie in den Rücken, drang durch eine Brust, dann durch die linke Brust, durch das Handgelenk und blieb dann in der Matratze stecken. Die zweite Kugel zerfetzte ihren rechten Lungenflügel, ihr Zwerchfell und die Leber. Höchstwahrscheinlich war sie, da sie sich auch nicht gewehrt hatte, ebenfalls innerhalb von Sekunden tot.

Auf Mark DeFeo, zwölf Jahre alt, und John DeFeo, sieben Jahre alt, war jeweils nur einmal geschossen worden. Der Beweislage entsprechend stellte der Gerichtsmediziner fest, dass ihr Mörder keine 60 Zentimeter von ihnen entfernt gestanden hatte, als er die Schüsse abgefeuert hatte. Die Kugeln durchschlugen das Herz, die Lunge, das Zwerchfell und die Leber jedes der Opfer. Bei John war zudem das Rückenmark durchtrennt, was unwillkürliche Bewegungen seines Unterleibs verursacht hatte.

Auf Allison DeFeo, 13 Jahre alt, wurde ebenfalls einmal geschossen. Wie ihre Mutter war sie wach geworden und hatte ihren Kopf in Richtung der Zimmertür gedreht. Die Kugel war bei ihrer linken Wange ein- und am rechten Ohr ausgetreten und hatte dabei das Gehirn und den Schädel verletzt. Dann war sie gegen die Wand geprallt und auf dem Boden liegen geblieben. Das Mädchen war sofort tot gewesen, Schmauchspuren auf ihren Augen wiesen darauf hin, dass sie zum Zeitpunkt ihrer Ermordung wach gewesen war und auf den Lauf eines Gewehres gestarrt hatte.

Auch auf Dawn DeFeo, 18 Jahre alt, war ein Schuss abgefeuert worden. Ihr Mörder hatte weniger als 1 Meter hinter ihr gestanden und auf ihren

Nacken gezielt. Das Geschoss war in das linke Ohr eingedrungen und hatte die linke Seite ihres Gesichts zerfetzt. Teile ihres Gehirns hatten das Kissen durchnässt und das Laken war mit Menstruationsblut befleckt.

Nach Dr. Aldemans Meinung ließ die Beweislage den eindeutigen Rückschluss zu, dass man es hier mit einer typischen Unterwelt-Tat zu tun hatte und dass mindestens drei oder vier Leute an der Überwachung der Opfer und ihrer Hinrichtung beteiligt gewesen sein mussten.

* * *

Es war von Anfang an bekannt, dass Ronald DeFeo vorbestraft war. Er war Drogenkonsument und unterlag aktuell Bewährungsauflagen, weil er einen Außenbordmotor gestohlen hatte. Zum ersten Mal wurde er um 18.55 Uhr am Schauplatz der Morde vom Kriminalbeamten Gaspar Randazzo befragt, der seit acht Jahren bei der Kriminalpolizei arbeitete. Randazzo wollte vom einzigen Überlebenden wissen, wo er sich an jenem Tag aufgehalten hatte. DeFeo antwortete: »Ich ging zur Arbeit, und als ich zu Hause ankam, war die Tür verschlossen. Ich fand es komisch, dass die Tür abgeschlossen war, aber die Autos meiner Eltern draußen standen. Also ging ich in die Bar und sprach mit Robert Kelske. Dann bin ich wieder zum Haus, brach ein Fenster auf und fand die Leichen meiner Familie. Weil ich Angst bekam, rannte ich raus und fuhr zur Bar zurück, um Hilfe zu holen. Dann fuhren wir alle zusammen her, und Joe rief die Polizei.«

Kurz nachdem die Befragung begonnen hatte, kam Pastor McNamara, um den Opfern die Letzte Ölung zu geben.

Um 19.15 Uhr trafen die Kriminalbeamten Gozaloff, Napolitano, Shirvell, Grieco, Harrison, Reichert und Kriminalmeister Barylski am Schauplatz des Geschehens ein, die allesamt zur Mordkommission gehörten. Sie erhielten die Erlaubnis, das Nachbarhaus, in dem die Familie Ireland wohnte, als Kommandoposten zu nutzen. DeFeo wurde gebeten, den Tatort zu verlassen, und nach nebenan begleitet, wo der Kripobeamte Gozaloff mit ihm sprach.

Auf die Frage, wer seine Familie erschossen haben könnte, erzählte Butch, dass ein Mann namens Louis Falini etwas gegen seine Leute gehabt habe. Er sei ein Auftragskiller der Mafia und könnte der Mörder sein.

»Ich hatte einen Streit mit Falini«, fuhr er fort. »Ich habe ihn einen Schwanzlutscher genannt, und es gab Probleme zwischen ihm und meinem Vater.«

DeFeo sicherte seine volle Kooperation zu und war einverstanden damit, zum Polizeirevier mitzukommen, rief zuvor jedoch bei der Polizeistation von Amityville an, um Unterlagen vorzubereiten, die die Polizei von Amityville von der Zuständigkeit für die Morde befreiten.

Nach der Ankunft auf dem Revier befragte der Kripobeamte Gozaloff DeFeo noch einmal gründlicher. Butch erklärte, dass er für seinen Vater arbeite, der Serviceleiter des Autohauses in Brooklyn sei, und dass sein Großvater, Mike Brigante, Eigentümer der Firma war.

Er beschrieb detailliert die räumliche Aufteilung seines Zuhauses. In jener Nacht, sagte er, sei er noch spät wach gewesen und habe sich einen Film mit dem Titel *Castle Keep* angeschaut. Gegen 2.00 Uhr sei er vor dem Fernseher eingeschlafen und dann um 4.00 Uhr mit Magenschmerzen aufgewacht. Er erinnerte sich daran, dass er am Badezimmer im oberen Stockwerk vorbeigegangen sei und der Rollstuhl seines Bruders Mark davorgestanden sei. Aufgrund einer Verletzung beim Football-Spielen konnte Mark nur noch an Krücken gehen, erklärte Butch. Er gab auch an, die Toilettenspülung gehört zu haben. Da er nicht mehr habe schlafen können, habe er beschlossen, früh zur Arbeit zu gehen. Anschließend beschrieb er, was er bis zu dem Zeitpunkt, an dem er die Leichen entdeckte, alles getan hatte.

Nachdem Butch seine Zeugenaussage unterzeichnet hatte, befragten ihn die Kripobeamten weiter zu seiner Familie und zu dem Hinweis, Falini könnte der Mörder sein. Butch entgegnete, dass Falini eine Weile bei ihnen gewohnt und in dieser Zeit ihm und seinem Vater geholfen habe, im Keller ein Versteck auszuheben, in dem Ronald senior Juwelen und Bargeld versteckt habe. Er selbst sei mit Falini in Streit geraten, weil dieser Arbeiten kritisiert habe, die Butch im Autohandel erledigt hatte. Butch gab darüber hinaus freiwillig zu, gelegentlich Heroin zu konsumieren, und gestand ein, dass er eines der Boote seines Vaters angezündet hatte, damit ein Versicherungsanspruch geltend gemacht werden konnte, statt für den Motor zu bezahlen, den er, Butch, zur Explosion gebracht hatte. Die Kriminalbeamten beendeten ihre Befragung gegen 3.00 Uhr, und Butch legte sich zum Schlafen auf eine

Liege in den hinteren Räumen der Polizeistation. DeFeo hatte alles getan, um den Eindruck eines gut kooperierenden Zeugen zu hinterlassen, insofern hatten die Beamten keinen Grund, ihn unter Mordverdacht festzuhalten.

Das änderte sich allerdings, als die Ermittler die Beweise am Ort des Verbrechens und im Labor genauer untersuchten. Eine entscheidende Entdeckung wurde am 15. November gegen 2.30 Uhr gemacht, als der Beamte John Shirvell sich noch einmal die Schlafzimmer der DeFeos vornahm. Die Räume, in denen die Morde stattgefunden hatten, waren gründlich durchsucht worden, doch Ronalds Zimmer war bis zu diesem Zeitpunkt nur oberflächlich untersucht worden. Doch bei einer genaueren Überprüfung entdeckte Shirvell zwei leere rechteckige Kartons, die laut ihrer Etiketten zu einem Marlin-Gewehr Kaliber 22 und einem Kaliber 35 gehörten. Shirvell wusste noch nicht, dass eine Waffe Kaliber 35 die Mordwaffe war, doch er nahm die Kartons für den Fall mit, dass sie vielleicht wichtige Beweismittel sein konnten. Und das waren sie tatsächlich!

Kurz nachdem er – mit den Kartons – im Hauptquartier der Polizei eingetroffen war, erfuhr er genau, welche Waffe bei der Schießerei benutzt worden war, denn ein Experte für Schusswaffen hatte das Kaliber der Mordwaffe identifiziert. Kriminalmeister Della Penna hatte sofort damit begonnen, die Patronenhülsen und die Kugeln zu analysieren, die bei der Tötung der Familie DeFeo benutzt worden waren. Er hatte festgestellt, dass am Tatort gefundene Schießpulverreste zum Teil aus verbranntem Nitrocellulosepulver bestanden. Die Kugeln vom Kaliber 35 stammten aus der Remington Waffenmanufaktur und waren ursprünglich Bestandteile von Patronenkästen der Western Co.

Die Beamten, die die Mordermittlungen leiteten, zogen nun doch die Möglichkeit in Betracht, dass Butch sie belogen hatte und vielleicht ihr Hauptverdächtiger war. Womöglich wusste er sehr viel mehr über die Morde, als er ihnen bislang erzählt hatte. Um 8.45 Uhr rüttelten die Kripobeamten George Harrison und Napolitano DeFeo wach.

»Haben Sie Falini gefunden?«, war seine erste Frage. Schnell musste er aber erkennen, dass die Beamten nicht da waren, um Butchs Fragen zu beantworten, sondern um ihm seine Rechte vorzulesen. Butch protestierte, dass er doch die ganze Zeit kooperiert habe und es nicht nötig sei, ihm seine

Rechte vorzulesen. Er ging sogar so weit, auf sein Recht auf einen Rechtsbeistand zu verzichten, nur um zu beweisen, dass er unschuldig sei und nichts zu verbergen habe.

Zu diesem Zeitpunkt beendeten Gozaloff und Napolitano ihren Dienst und zwei andere Beamte, Leutnant Robert Dunn und der Kripobeamte Dennis Rafferty, übernahmen. Sie waren nicht zimperlich und in den Jahren nach den Morden von Amityville wurden beide von einer New Yorker Untersuchungskommission schwer beschuldigt, illegale Praktiken angewandt zu haben, um vom Verdächtigen mündliche Geständnisse zu erlangen. Rafferty las DeFeo seine Rechte vor und ging dann dazu über, ihn zu seinen Aktivitäten und Aufenthaltsorten während der beiden vorhergehenden Tage zu befragen. Dann konzentrierte er sich auf die Zeit der Morde. Butch hatte ausgesagt, dass er bereits um 4.00 Uhr wach gewesen sei und um diese Zeit seinen Bruder im Badezimmer gehört habe.

»Butch, die ganze Familie wurde tot in ihrem Bett gefunden«, sagte Rafferty. »Es kann nicht sein, dass das irgendwann tagsüber passiert ist, nachdem Sie zur Arbeit gegangen waren.«

Rafferty erhöhte den Druck, bis er Butch von seiner früheren Aussage über den Zeitpunkt des Verbrechens abgebracht hatte, und wies nach, dass die Morde tatsächlich zwischen 2.00 und 4.00 Uhr stattgefunden haben mussten.

Mit dieser leichten Differenz begann DeFeos konstruierte Geschichte zu zerbröckeln. Dunn und Rafferty hackten auf den Unstimmigkeiten zwischen Butchs vorgegebener Version der Ereignisse und dem, was wohl tatsächlich geschehen war und was die Beweise vom Tatort andeuteten, herum.

Nachdem der Zeitpunkt der Morde erst einmal festgestellt war, war Butch nun Opfer seiner eigenen Aussage, dass er zum entscheidenden Zeitpunkt im Haus gewesen war. Seine Reaktion auf diese missliche Lage war ein verzweifelter Versuch, die Kriminalbeamten auf eine falsche Fährte zu führen. Doch die fielen darauf nicht herein.

»Butch, das ist unwahrscheinlich«, sagte Rafferty. »Es ist unglaubwürdig. Sie wissen, dass wir in Ihrem Zimmer einen Karton für ein 35-Kaliber-Gewehr gefunden haben. Jedes der Opfer ist mit einer Waffe Kaliber 35 erschossen worden. Und Sie haben die ganze Sache gesehen. Oder da war noch mehr. Es ist Ihr Gewehr, das benutzt wurde, wo also ist das verdammte Gewehr?«, schrie er ihn, nur wenige Zentimeter von Butchs Gesicht entfernt, an.

Obwohl seine Verzweiflung von Minute zu Minute wuchs und ihn seine Angaben immer weiter mit den Morden in Verbindung brachten, log DeFeo weiter. Er erzählte den Vernehmungsbeamten, dass Louis Falini ihn um 3.30 Uhr geweckt und ihm einen Revolver an den Kopf gehalten habe. Da sei auch noch ein anderer Mann im Zimmer gewesen, behauptete er, doch auf Nachfragen konnte er nicht die geringste Beschreibung des Mannes liefern, die der Polizei hätte helfen können. Nach seiner neuen Version der Geschichte hatten Falini und sein Kumpane Butch von Zimmer zu Zimmer geführt und jedes Mitglied seiner Familie ermordet.

Die Polizei ließ ihm Zeit zu erzählen, und während er weiterredete, belastete er sich schließlich selbst mit seinem Eingeständnis, dass er Beweise am Tatort aufgesammelt und entfernt hatte.

»Moment mal«, hakte Rafferty nach, »warum haben Sie die Patrone aufgehoben, wenn sie damit nichts zu tun hatten? Sie wussten doch nicht, dass da Ihr Gewehr benutzt worden war.«

Wahrscheinlich spürte Butch, dass sich seine Lage rapide verschlechterte, auf jeden Fall antwortete er nicht sofort auf diese Frage. Die Kriminalbeamten ließen sich Zeit und erlaubten ihm, weiterzureden.

Sie hatten bereits eine Menge Hinweise erhalten, die DeFeo belasteten, absurd war auch die Behauptung, Falini und sein Komplize hätten ihn auf ihre Mordtour mitgenommen und dann als Einzigen am Leben gelassen. Nachdem sie eine ausführliche Beschreibung erhalten hatten, wie sich die Morde laut Butch abgespielt hatten, holte Dunn zum entscheidenden Schlag aus.

»Die müssen Sie irgendwie beteiligt haben«, sagte er. »Die haben Sie sicher gezwungen, wenigstens eines der Opfer – oder auch mehrere – zu erschießen, oder.« Butch stolperte in die Schlinge und die Falle schnappte zu.

»So hat sich das nicht abgespielt, oder?«, fragte Rafferty.

»Warten Sie eine Minute«, entgegnete DeFeo und stützte seinen Kopf in seine Hände.

»Butch, die waren nie da, stimmt's? Falini und der andere Kerl waren nie da.«

Endlich kam das Geständnis. »Nein«, entgegnete Butch, »das ging alles so schnell. Als ich losgelegt hatte, konnte ich einfach nicht mehr aufhören. Es ging zu schnell.«

Am Mittwoch, dem 19. November 1975, ein Jahr und fünf Tage nach den Morden, wies der vorsitzende Richter die Geschworenen im Beratungsraum an, ihr Urteil zu fällen. Am Freitag, dem 21. November 1975, wurde Ronald DeFeo junior wegen sechsfachen Mordes mit bedingtem Vorsatz schuldig gesprochen. Zwei Wochen später wurde er für jeden Mord zu je 25 Jahren Gefängnis verurteilt. Gesuche auf Bewährung wurden später abgelehnt, aber DeFeo behauptete immer wieder, unschuldig zu sein.

* * *

Zur Zeit der Morde von Amityville hatte Suffolk County, das sich über den östlichen Teil von Long Island erstreckt, ungefähr 70 Kilometer östlich von Manhattan liegt und an Nassau County grenzt, eine Bevölkerung von gut 666 500 Einwohnern. Es verfügte nach der Polizeibehörde von New York City, der Staatspolizei des Bundesstaates New York und der Polizei von Nassau County über eines der größten Polizeikommissariate des Bundesstaates New York. Zudem zählte die Polizei von Suffolk zu den am besten bezahlten Polizeibehörden des Landes. Diese Polizeitruppe hatte darüber hinaus etwas aufzuweisen, worauf sie stolz sein konnte, nämlich die wahrscheinlich höchste, durch Geständnisse untermauerte Aufklärungsrate weltweit.

Im April 1989 veröffentlichte eine Untersuchungskommission des Bundesstaates New York ihren Bericht *Ermittlungen im Büro des Bezirksstaatsanwalts und dem Polizeikommissariat von Suffolk County*. Die Kommission förderte darin eine Reihe ernsthafter Probleme zutage. Dazu gehörten Fehlverhalten bei Morduntersuchungen und der dazugehörigen Strafverfolgung, illegale Abhöraktionen, Versäumnisse der Bezirksstaatsanwaltschaft bei der Untersuchung und Bestrafung von Fehlverhalten von Mitarbeitern in Behörden und Strafverfolgungsbehörden, Defizite bei der Beaufsichtigung von Polizeipersonal und eine ganze Reihe anderer Probleme, einschließlich Korruption, unrechtmäßiger Erlangung von Geständnissen durch übereifrige Polizeibeamte, Polizeibrutalität und der illegalen Blockade von Rechtsanwälten, die versuchen, Zugang zu ihren Klienten zu erhalten. In der Folge dieser vernichtenden Feststellungen der Kommission beging ein leitender Polizeibeamter Selbstmord und Dutzende andere verschiedener Dienstgrade zogen sich in den Ruhestand zurück.

Vom 7. bis zum 11. Dezember 1986 veröffentlichte *Newsday* einen fünfteiligen Bericht über Mängel und Fehlverhalten bei Mordanklagen im Suffolk County, die bis in die frühen 1970er-Jahre zurückreichten. Darin wurde auch die Behauptung zitiert, dass 94 Prozent der Mordanklagen in Suffolk auf Geständnissen oder mündlichen Schuldbekenntnissen beruhten. Gegenüber der Untersuchungskommission wurde diese Zahl vom früheren Leiter der Mordkommission von Suffolk County bestätigt, und das war niemand anderes als der Kriminalpolizist Robert Dunn, einer der beiden Beamten, die ein Geständnis von Ronald DeFeo erlangt hatten.

Das war eine, verglichen mit anderen Zuständigkeitsbereichen, erstaunlich hohe Zahl; sie war sogar so hoch, dass sie in Bezug auf die Glaubwürdigkeit der von den Polizeibehörden erzielten Geständnisse Skepsis hervorrief. Im Bericht von *Newsday* wurden zum Beispiel 361 zwischen 1975 und 1985 in Suffolk erhobene Mordanklagen mit 700 Fällen in sechs anderen großen vorstädtischen Landkreisen verglichen, und die mit 94 Prozent hohe Anzahl von Geständnissen übertraf bei Weitem die 55 bis 73 Prozent der sechs anderen Bereiche. Der nationale Durchschnitt lag sogar nur bei 48 Prozent.

Zweifellos wurde DeFeo ungesetzlich anwaltlicher Beistand verwehrt, denn zwei Anwälte, Richard Wyslling und Richard Hartman, die versucht hatten, mit ihm zu sprechen, waren von der Polizei im Suffolk daran gehindert worden. Ronald DeFeo sagte, dass sein Geständnis von Robert Dunn und Dennis Rafferty, der ihn mit einem Telefonbuch geschlagen habe, »aus ihm herausgeprügelt« worden sei. Um diese Behauptung zu überprüfen, muss man nur zu dem Tag zurückgehen, an dem DeFeo vor dem Bezirksrichter Signorelli erschien. Der Richter war vom Aussehen des Angeklagten so schockiert, dass er eine medizinische Untersuchung anordnete. Am nächsten Tag berichtete ein Arzt, er habe an verschiedenen Bereichen des Körpers und der Beine des Angeklagten blaue Flecken gefunden, einen Riss in der Lippe und eine starke Schwellung in seinem Gesicht festgestellt. Diese Verletzungen gab es noch nicht, als DeFeo in polizeilichen Gewahrsam genommen worden war. Während einer Befragung für dieses Buch, die am 27. September 1994 im Polizei-Hauptquartier von Yaphank stattfand, sagte ein lächelnder Dennis Rafferty: »Aber klar doch, natürlich haben wir bei ihm gute Arbeit geleistet … was haben Sie denn erwartet?«

Ronald DeFeo war nicht der Einzige, der von der Polizei ordentlich verprügelt wurde. Robert Kelske, Chuck Tweskbury und Barry Springer gaben an, dass sie vehement angegriffen und angewiesen worden waren, Mordgeständnisse zu unterschreiben. Patricia und Robert Geiger wurden sogar des Mordes angeklagt.

Am 16. November 1974 erhielt DeFeo Besuch von Pastor McNamara, demselben Priester, der seiner toten Familie den letzten Segen erteilt hatte. Aufzeichnungen des Gefängnisses belegen, dass Butchs Onkel, Vincent Procita, Butch nur wenige Stunden nach McNamaras Aufbruch ebenfalls einen Besuch abstattete. Rocco DeFeo, Butchs Großvater, und sein Bruder Peter, die beide mit dem organisierten Verbrechen in Verbindung standen, hatten Procita gebeten, Ronald zu einer Unterschrift unter ein Dokument zu überreden, mit dem Rocco zum Verwalter des Erbes seines verstorbenen Vaters ernannt wurde. Butch wurde gedroht, im Gefängnis umgebracht zu werden, wenn er ablehnte. Er fügte sich seinen Verwandten und unterschrieb.

Am nächsten Tag bekam DeFeo Besuch vom FBI und wurde zwei Stunden lang zu den Verbindungen der Familien DeFeo und Brigante zur Mafia befragt. Der Ermittler Robert Sweeney erklärte, dass seine Tochter Dawn DeFeo gekannt habe. Darüber hinaus sagte er, dass das FBI offiziell Michael Brigantes Telefon mit einer Abhöreinrichtung versehen habe. Eines der Gespräche, das sie aufgezeichnet hätten, wurde zwischen Brigante und Peter DeFeo geführt, der sagte, Butch wisse zu viel und dass sie ihn töten lassen wollten. Sweeney bot Butch das Zeugenschutzprogramm an, wenn er ihnen alles erzähle, was er wisse; dieser lehnte aber ab.

Aufzeichnungen des Gefängnisses belegen, dass DeFeo am 19. November Besuch von zwei weiteren Anwälten erhielt. Alexander Hesterberg und Jacob Sigfried teilten ihm im Auftrag von Michael Brigante mit, dass er noch ein Dokument unterzeichnen solle, diesmal eines, das diesen zum Verwalter des Nachlasses der verstorbenen Frau DeFeo erklärte. Butch erzählte ihnen vom Besuch des FBI, und Jacob Sigfried meinte: »Das ist ein Grund mehr, das hier jetzt zu unterschreiben.« Zudem wurde ihm gesagt, dass seine Tante,

Phyllis Procida, für das Büro des Bezirksstaatsanwalts arbeite, was stimmte, und dass er nicht mehr lebend aus dem Gefängnis herauskäme, wenn er Sigfried nicht erlauben würde, auf Schuldunfähigkeit zu plädieren. DeFeo begriff, dass sein Leben in großer Gefahr war, und stimmte beiden Vorschlägen zu.

Beim zweiten Gerichtstermin tauchte Sigfried nicht auf. Als der Richter DeFeo fragte, wo denn sein Anwalt sei, erzählte er ihm von den Besuchen im Gefängnis, und der Richter bemerkte: »Selbst Stevie Wonder könnte das durchschauen.« Ein paar Wochen später nahmen die Ereignisse eine noch unheilvollere Wendung, als der Richter William E. Weber zum Anwalt DeFeos ernannte. Weber, der zuvor noch nie jemanden in einem Mordfall verteidigt hatte, war auch als Wahlkampfmanager des Richters im Vorfeld der bevorstehenden Wahlen für das Nachlassgericht tätig.

Weber kassierte von den Familien DeFeo und Brigante einen großzügigen Vorschuss und machte sich mit besten Absichten daran, eine Verteidigung wegen Schuldunfähigkeit vorzubereiten. Dazu nahm er die Dienste von Herman Race in Anspruch, der auf Long Island als besonders erfahrener Ermittler bekannt war. 20 Jahre war er schon Mordermittler, und das Erste, was er tat, war, für seinen Mandanten die Beweislage bezüglich Waffe und Ballistik zu überprüfen. Er entdeckte Spuren von »Fehlzündungen« auf Dawn DeFeos Nachthemd, die von unverbranntem Schießpulver herrührten, das auf ihre Kleidung geraten war. Der einzige Schluss, der daraus gezogen werden konnte, war, dass Dawn in jener schicksalhaften Nacht das Gewehr zumindest einmal abgefeuert hatte. Nachdem er diese Information erhalten hatte, beeilte sich ein aufgeregter William Weber, die Verwandten von DeFeo darüber in Kenntnis zu setzen, doch die waren nicht besonders begeistert.

Als der Anwalt am nächsten Nachmittag vor seinem Haus vorfuhr, hielten ihn zwei Polizisten an und stellten ihm Fragen wegen unbezahlter Strafzettel. Sie durchsuchten seinen Wagen, fanden im Handschuhfach eine nicht angemeldete Pistole und nahmen ihn fest. Auf Drängen der Familie Brigante beschloss die Polizei später, eine Anklage fallenzulassen. Weber wurde aber sehr deutlich gemacht, dass die Sache mit dem Nachthemd nicht mehr angesprochen werden sollte.

Trotz des Protestes von Butch, er sei nicht geistesgestört, führte William Weber die Anweisungen der Familie seines Mandanten aus, die, wie DeFeo meinte, »das Sagen hatte«. Der Anwalt beauftragte den Psychiater Dr. Daniel Swartz, der für ein Honorar von 8000 Dollar ein professionelles Gutachten dafür lieferte, dass Ronald DeFeo junior psychisch krank sei.

Kurz bevor der Prozess begann, forderte der Ankläger, der stellvertretende Bezirksstaatsanwalt Gerald Sullivan, Richter Signorelli auf, sich von diesem Fall zurückzuziehen, was dieser auch tat. In der Folge wählte Sullivan in ziemlich illegaler Vorgehensweise Richter Thomas M. Stark aus, einen strengen, nüchternen Mann, auf den sich die Staatsanwaltschaft verlassen konnte. Richter Stark tat das später mit einer wegwerfenden Handbewegung ab.

»Im Nachhinein«, sagte er, »war das ganz falsch, aber damals war alles anders.«

Mit dem psychiatrischen Gutachten in der Tasche begann das Team der Verteidigung nun damit, Leute ausfindig zu machen, die DeFeo kannten, und versuchte, sie dazu zu bringen, zu bezeugen, dass Butch ihrer Ansicht nach psychisch krank war. William Davidge wurde angesprochen, und in einer auf den 6. Oktober 1988 datierten eidesstattlichen Erklärung vor der Notarin des Bundesstaates Florida, Esther B. Hopkins, gab er Folgendes an: »Auf Anfrage des Anwalts William Weber, Anwalt der Verteidigung von DeFeo im Suffolk County, Bundesstaat New York, war ich ein Zeuge der Verteidigung. Weber erklärte mir bei Beratungen, DeFeo sei schuldig, er wolle ihn aber als unzurechnungsfähig erklären lassen, um eine Verteidigung auf Unzurechnungsfähigkeit aufzubauen. Ich sollte ihm Fakten nennen, die seine Verteidigung untermauern konnten. Bezüglich einiger Tatsachen, die meine Freundschaft mit DeFeo und seine Familie betrafen und unwahr waren, verhielt ich mich Weber gegenüber unkooperativ.

Weber schüchterte mich ein, weil er ein Beauftragter des Gerichts war und DeFeo vertrat. Ich wollte DeFeo helfen, indem ich die Wahrheit sagte. Weber wies mich an, Ronald DeFeo als psychisch gestört zu beschreiben, indem ich zu bestimmten Handlungen aussagte, die die Strategie der Verteidigung, auf Unzurechnungsfähigkeit zu plädieren, unterstützten. Die Schilderungen der Handlungen wurden, als ich bei der Verhandlung in Webers Kreuzverhör aussagte, gezielt an mich gerichtet, um auf diese Weise zu versuchen, DeFeo in einer psychiatrischen Klinik unterzubringen und ihn von allen in der Anklageschrift und im Verfahren vorgebrachten Straftaten zu entlasten. Weber riet und befahl mir, nach seinem Willen auszusagen, um seine Verteidigung auf Unzurechnungsfähigkeit zu stärken, und er erlaubte mir nicht, auf andere Weise als nach seinen Anweisungen auszusagen. Zum Zeitpunkt meiner Zeugenaussage wusste ich nicht, dass ich damit Gesetze verletzte; ich konnte den Verstoß der Gesetze auch nicht gutheißen, weil ich mir dessen überhaupt nicht bewusst war. Ich kann noch sagen, dass mich mein Bruder Frank Davidge darüber informierte, dass er und William Weber 1975 in einem ›Hinterzimmer-Gespräch‹ einen Deal abschlossen.«

Während William Weber widerstrebend einige geltende Regeln brach, hatte der Bezirksstaatsanwalt keinerlei Gewissensbisse, sie alle zu brechen. Nachdem er planvoll einen Richter abgesetzt und illegal die Ernennung eines anderen, »geeigneteren« Richters für die Verhandlung des Falls in die Wege geleitet hatte, musste Gerald Sullivan jetzt noch ein Motiv für die Verbrechen des Angeklagten finden. Er meinte, auf einer Erfolg versprechenden Fährte zu sein, als er erfuhr, dass die DeFeos in ihrem Haus eine beträchtliche Menge an Schmuck aufbewahrt hatten, der sich nicht mehr in dem geheimen Versteck im Keller befand. Für ihn war klar, dass der Angeklagte den Schmuck gestohlen hatte und, als sein Vater den Diebstahl entdeckt hatte, diesen und den Rest der Familie getötet hatte. Dummerweise – aus Sullivans Sicht der Dinge – war der Schmuck erst vor Kurzem in einem Schließfach in der European Savings Bank in Amityville untergebracht worden.

Mit einem verzweifelten und ziemlich illegalen Schritt versuchte er, die Situation zu retten, und nahm ausgerechnet die Dienste des Kriminalbeamten Rafferty in Anspruch. Er beauftragte ihn, eine Reihe von Freunden DeFeos aufzusuchen, darunter Lin und Roger Nonnewitz. Nachdem er mit ihnen über allerlei unbedeutende Dinge gesprochen hatte, bat der Kripobeamte sie, zu bezeugen, dass die DeFeos noch anderen Schmuck besessen hatten und Butch diesen gestohlen habe. Lin und Roger Nonnewitz enthüllten dies nicht nur vor Gericht, sie unterzeichneten auch eidesstattliche Erklärungen, dass die Staatsanwaltschaft sie aufgefordert habe, Meineide zu schwören. Richter Stark behandelte diese ernste Angelegenheit mit seiner gewohnt lässigen Gleichgültigkeit, und damit war die Sache erledigt.

Es besteht kein Zweifel, dass die Polizei aus Suffolk County ein Geständnis aus DeFeo herausgeprügelt hat. Es hat ihm auch nichts genützt, den mutmaßlichen Auftragskiller Louis Falini zu beschuldigen, denn der hatte für die Zeit der Morde ein solides Alibi vorzuweisen. Es gibt auch keinen Zweifel daran, dass sich Ronald DeFeo im Haus aufhielt, als die Morde begangen wurden. Doch wieso sollte er ohne wirkliches Motiv seine Familie ermorden? Tatsache ist, dass er kein Motiv hatte, wohingegen seine Schwester Dawn durchaus ein sehr starkes Motiv hatte. Nach einigen Nachforschungen war es möglich, das Netz von Lügen zu entwirren, das DeFeo um die Morde gesponnen hatte, und der Wahrheit etwas näherzukommen.

Während des Abends vor den Morden hatte DeFeo seine Noch-Ehefrau Geraldine besucht. Gegen 20 Uhr erhielt sie einen Anruf von Mrs. DeFeo, die verzweifelt war und weinte. Sie bat, ihren Sohn sprechen zu können, der dann auch ans Telefon kam und danach alle Anwesenden informierte, dass es Ärger zwischen Dawn und ihrem Vater gab. »Die verdammte Schlampe«, sagte er, »sie hat schon wieder angefangen.«

Dawn war nicht gerade die ordentlichste Person und hatte schon oft Essen in ihrem Zimmer herumstehen lassen, das vergammelte und in der Folge eine Menge Fliegen anzog, die sich im ganzen Haus verbreiteten. Mit ihren 18 Jahren besuchte sie auf Wunsch ihrer Eltern die Katherine-Gibbs-Sekretärinnenschule. Sie war in ihren Freund, William Davidge, verliebt, und als der nach Florida zog, wollte sie mit ihm gehen. Ihre Eltern waren strikt gegen dieses Vorhaben. Freunde und Verwandte berichteten, dass sie als eine Art Flucht angesichts der häuslichen Situation begann, mit Drogen zu experimentieren. Bekannt war auch, dass sie, wenn sie sich aufregte, wie ihr Vater und ihr ältester Bruder ein erschreckendes, schwer zu bezähmendes Temperament aufwies.

In seiner eidesstattlichen Erklärung, die William Davidge am 27. Juli 1990 vor Theodore Yurak, einem Notar im Bundesstaat New York, abgab, versicherte er, dass er wusste, dass Dawn ihm nach Florida folgen wollte, dass sie Drogen wie LSD und Meskalin nahm und dass sie »jähzornig war und dieser Zustand gelegentlich außer Kontrolle geriet«. Davidge erklärte zudem, dass Dawn einen tiefen Hass auf ihre Eltern und ihren ältesten Bruder empfunden habe, den sie ausnutzte, um an Bargeld zu kommen.

Sofort nach dem Anruf seiner Mutter machten sich DeFeo und Geraldines Bruder, Richard Romondoe, auf nach »High Hopes«. Als sie angekommen waren, drückte Butch Dawn die Schlüssel zu seinem Wagen in die Hand und sagte ihr, sie solle eine Weile in der Gegend herumfahren, bis sie sich abgeregt habe. Offenbar folgte sie seinem Rat. Unter dem Einfluss von Alkohol und Drogen gingen Butch und Richard hinunter ins Untergeschoss, ließen die Tür aber offen, damit sie hören konnten, was sich oben abspielte. Sie drehten den Fernseher leise und fingen an, Poolbillard zu spielen. Für die beiden Männer verging die Zeit wie im Flug. Plötzlich hörten sie zu ihrem Entsetzen ein »lautes Knallen«.

Als sie die Treppen nach oben gerannt waren, fanden sie die Leichen der DeFoes. Dawn, die nicht darunter war, entdeckten sie in ihrem Zimmer im dritten Stock. Sie hatte ein Nachthemd an und drückte das Marlin-Gewehr Kaliber 35 an ihren Körper. Butch griff nach der Waffe, und bei dem Kampf, der sich daraus ergab, wurde seine Schwester von einem Schuss im Kopf getroffen. Butch und Richard entsorgten die Waffe und die anderen belastenden Beweise so, wie das später der Polizei erklärt wurde.

Geraldine DeFeo erinnerte sich, dass Butch sie am frühen Morgen nach den Morden geweckt und ihr erzählt habe, was geschehen sei. Dann habe er das Haus verlassen, und das sei bis zum Prozess das letzte Mal gewesen, dass sie ihn gesehen habe. Sie erinnerte sich auch daran, dass ihr Bruder die Geschichte bestätigt und gesagt habe: »Ich muss verschwinden, sonst wird mir etwas angehängt, was ich nicht getan habe.«

Richard, der zur Zeit der Recherchen für dieses Buch mit Ehefrau und Sohn unter einem Decknamen in Florida lebte, berichtete dem Autor: »Ich weiß, was ich gesehen habe, und was Ronnie sagt, ist die Wahrheit. Das Problem ist, dass meine Frau nichts von dieser Sache weiß, und der Polizei vertraue ich nicht.«

Geraldine DeFeo wurde in der Folge von der Polizei wegen Verschwörung in Zusammenhang mit den Morden von Amityville bedroht, zu Boden geworfen, verhaftet und wieder freigelassen. Der daran beteiligte Polizist war der Kripobeamte Dennis Rafferty.

Um DeFeos Unschuldsbeteuerungen zu überprüfen, hätten zunächst zwei forensische Fragen geklärt werden müssen. In erster Linie ging es um DeFeos

Kleidung, die mit kleinen Blutspuren befleckt war. Der Kripobeamte Rafferty hatte behauptet, dies sei Dawns Blut. Seine Aussage stützte sich lediglich darauf, dass der Verdächtige erklärt hatte, eine blutverschmierte Patronenhülse aufgehoben und sie an seinem Hemd und seinen Jeans abgewischt zu haben. DeFeo seinerseits gab an: »Das war eine glatte Lüge von Rafferty. Das Blut an meiner Kleidung war meines und stammte von Verletzungen aufgrund von Schlägen, die mir die Polizei von Suffolk Country verpasst hat. Ein DNA-Test kann das ganz einfach beweisen, denn die Kleidungsstücke haben sie ja noch.«

Viele Jahre lang hat DeFeo behauptet, dass seine Schwester die Familie getötet hat und dass er Dawn bei dem Versuch, ihr die Waffe zu entreißen, erschossen hat. Der zweite zu klärende Punkt betrifft Dawns Nachthemd und die Spuren von unverbranntem Schießpulver, die auf ihm gefunden wurden und darauf hinwiesen, dass sie das Marlin-Gewehr Kaliber 35 in jener schicksalhaften Nacht mindestens einmal abgefeuert hatte.

Bei der Autopsie wurde nachgewiesen, dass die Kugel, die sie getötet hatte, aus einer Entfernung von ungefähr 90 Zentimetern abgefeuert worden war. Das schließt die Möglichkeit aus, dass Dawn sich selbst erschossen hat, und so bleibt nur eine ungeklärte Frage: Welches Familienmitglied – oder welche Familienmitglieder – hat sie erschossen?

Im Juni 1992 wurde DeFeos Anfrage bezüglich einer Herausgabe und erneuten Überprüfung des Nachthemds Richter Stark vorgetragen. Dieser teilte mit, dass er eine weitere forensische Untersuchung anordnen würde, wenn DeFeo die Kosten übernehmen würde und das Kleidungsstück noch existiere.

Gerald L. Lotto, der sich um DeFeos Belange kümmerte, hatte von der Großmutter seines Mandanten, Angela Brigante, 10 000 Dollar für DNA- und Schießpulver-Analysen erhalten. Das Geld stand auf einem Treuhandkonto zur Verfügung, somit war der erste Teil der richterlichen Anordnung erfüllt. Lottos Aufgabe war nun, den Verbleib von Dawns Nachthemd zu klären. Auf Nachfrage erklärte die stellvertretende Bezirksstaatsanwältin Karen Petterson dem Gericht unter Androhung einer Strafe wegen Meineids zwei Mal, alle Kleidungsstücke seien vernichtet worden. Möglicherweise lastete ihre Lüge schwer auf ihr, denn einige Tage später schrieb ihre Kollegin

Barbara Rose dem Richter einen Brief, der Pettersons Behauptung erheblich abschwächte. Ebenfalls unter Androhung einer Strafe wegen Meineids sagte die stellvertretende Staatsanwältin Rose aus: »Die Kleidung ist nicht mehr im Besitz des Büros der Bezirksstaatsanwaltschaft von Suffolk County, auch nicht in Gewahrsam des Polizeikommissariats von Suffolk County.«

Am 21. August 1991 suchte ein Ermittler, der an einem anderen Fall arbeitete, die Asservatenkammer der Polizei von Suffolk County in Yaphank auf. Während er dort herumstöberte, entdeckte Dennis O'Doherty zufällig zwei Schachteln, auf denen »DeFeo« stand. Sie enthielten Dawns Nachthemd, eine Tüte mit Kugeln, DeFeos Kleidung, zu der ein Paar schwarzblaue Socken, Bauarbeiterstiefel, eine braune Arbeitsuniform, Jeans und ein kariertes Hemd gehörten, außerdem drei bedruckte Kissenbezüge und ein blutverschmierter Kissenbezug.

Einige Tage nach dieser Entdeckung schrieb Karen Petterson dem Richter, entschuldigte sich und behauptete, » die Kleidung wurde durch die fortlaufenden Bemühungen des Büros der Bezirksstaatsanwaltschaft und des Polizeikommissariats aufgefunden«, was eine erneute Verzerrung der Wahrheit war. Nun, da die finanziellen Mittel für die Untersuchung vorhanden und die Kleidungsstücke wieder aufgetaucht waren, wäre Richter Stark eigentlich gesetzlich verpflichtet gewesen, seine Anordnung durchzusetzen. Allerdings entschied er sich, dies nicht zu tun.

Als Dennis Rafferty bei den Recherchen für dieses Buch nach den fraglichen Beweisen befragt wurde, sagte er: »Nicht der Hauch einer Chance. Dieses Zeug [die Kleidungsstücke] wird nie wieder untersucht werden. Dafür werden wir sorgen.«

* * *

Ronald DeFeo junior, ein klein gewachsener, kräftiger, unscheinbarer Mann mit einem Frettchen-Gesicht und einem blutigen Ruf, klagte während des Gesprächs im Rahmen der Recherchen für dieses Buch zwei Stunden lang, dass er unschuldig sei, bezweifelte aber gleichzeitig, jemals aus dem Gefängnis entlassen zu werden. Was wissen wir also über Ronald DeFeo?

Wir wissen, dass er zum Zeitpunkt der Tat ein ungebildeter, aufbrausender Rowdy war. Eigenschaften, die er mit vielen Individuen teilt, die keine

Kriminellen sind. Wir wissen, dass er heroinabhängig war, auch dies ist in der heutigen Gesellschaft nichts Ungewöhnliches. Wir wissen zudem, dass er gerne und oft log. Er erzählte unterschiedliche Versionen der Verbrechen, und das auf eine Weise, die für Serienmörder und Massenmörder typisch ist. Gleichwohl macht keine dieser Eigenschaften ihn zwingend zu einem mehrfachen Mörder. Das Hauptproblem ist, dass DeFeo zu oft gelogen hat – wer konnte ihm daher auch nur ein Wort von dem glauben, was er sagte? Er war ein Lügner durch und durch.

In einem Brief behauptete Butch, er habe das Gewehr nicht ins Hafenbecken geworfen. »Ich habe das 35-Kaliber Marlin-Gewehr nicht ins Wasser geworfen und ich habe auch nicht mitbekommen, dass er [Richard] es dort hineingeworfen hat.« Da ich die Karte des Hafenbeckens und die von ihm abgezeichneten und von der Polizei angefertigten Zeichnungen kannte, fragte ich Butch, wie der Polizeitaucher so schnell die genaue Stelle gefunden haben konnte, an der das Gewehr lag, wenn niemand der Polizei den Ort verraten hatte? Er widersprach sich selbst und meinte: »Ich sagte ihnen, es sei hinter meinem Haus, weil ich nicht weiter verprügelt werden wollte.«

Als er mit den Zeichnungen konfrontiert wurde, änderte er seine Geschichte erneut: »Das Marlin-Gewehr wurde gefunden, nachdem ich schon im Gefängnis von Suffolk County war, es kann also gar nicht sein, dass ich der Polizei etwas dazu gesagt habe. Ich wusste zu keinem Zeitpunkt, wohin das Gewehr geworfen wurde, und das ist die Wahrheit. Und ich habe nie irgendwelche Zeichnungen unterschrieben. Ich habe nur leere Seiten gelbes Papier abgezeichnet. «

Was ist bekannt über den Prozess und das ganze Drumherum? Wenn auch vieles unklar ist, so ist doch offensichtlich, dass viele, möglicherweise sehr bedeutende Fragen weder gestellt noch beantwortet wurden. Die Fragen, die die blutbefleckte Kleidung und das auf Dawns Nachthemd entdeckte, nicht verbrannte Schießpulver aufwarfen und die so einfach hätten geklärt werden können, blieben unbeantwortet.

Wir wissen von dem seltsamen Gespräch zwischen Butchs Großvater und einem anderen Gangster. Das war von der Polizei auf Tonband aufgenommen worden und enthielt, neben anderen unappetitlichen Themen, auch Hinweise auf eine Ermordung von Butch im Gefängnis. Bekannt ist auch, dass die polizeilichen Ermittlungen und die daraus resultierende Verurteilung auf sehr nachlässige Weise durchgeführt wurden, offenbar nur, um den Fall schnell abzuhaken. Dies bedeutet allerdings nicht zwangsläufig, dass die Verurteilung falsch war.

Wenn keine überraschenden neue Beweise auftauchen, die die Besorgnis der Öffentlichkeit über das Verhalten der Behörden zerstreuen könnten, ist klar, dass zumindest einige Polizisten, Anwälte und ein Richter, die mit dem Fall befasst waren, skrupellos, wenn nicht sogar ungesetzlich gehandelt haben. Käme man zu anderen Schlüssen, würde man sich den Grundsätzen des amerikanischen Justizsystems verschließen. So beunruhigend dies auch sein mag, auch dies heißt nicht unbedingt, dass die Verurteilung falsch war. William E. Weber allerdings hat den Fall DeFeo für sich offenbar bestens zu nutzen gewusst.

Am Abend des 4. Dezember 1974, dem Tag, an dem Butch verurteilt worden war, dachten sich Weber und die neuen Besitzer von »High Hopes«, George und Kathleen Lutz, bei ein paar Flaschen Wein eine Geschichte aus, die die Welt schockierte. In dem Haus spuke es, sagten sie, es werde vom bösen Geist eines vor langer Zeit gestorbenen Häuptlings der Shinnecock-Indianer beherrscht und sei auf einem einstigen Indianerfriedhof erbaut worden. Auf Basis dieser Geschichte entstand später der Film *The Amityville Horror*. Als den Lutzes bewusst wurde, wie viel Geld dabei im Spiel war, beschlossen sie, Weber aus dem Geschäft zu drängen. Im Gegenzug reichte dieser eine Klage beim US-Bezirksgericht in Brooklyn ein, dessen vorsitzender Richter Jack B. Weinstein war.

In seiner Entscheidung stellte der Richter fest, »die Grundprinzipien und die Moral der Gesetzgebung verwehren es Mr. Weber, mit dem Kriminalfall von Mr. DeFeo und seinen Berufungen befasst zu sein und gleichzeitig über Filme, Bücher etc. damit Geschäfte zu machen.«

Infolge des Urteils musste sich Weber bei einer außergerichtlichen Einigung mit einem kleinen Geldbetrag begnügen, was ihn aber nicht davon abhielt, von DeFeos Verwandten 20 000 Dollar für Berufungen gegen die Verurteilung zu kassieren. Es hinderte ihn auch nicht daran, andere Wege zu finden, um von der Amityville-Tragödie zu profitieren. Er tat sich mit Professor Hans Holzer zusammen, einem Geisterjäger aus England. Gemeinsam schrieben sie ein Buch mit dem Titel *Murder in Amityville*, das in der Folge zur Vorlage für den Film *Amityville II – The Possession* wurde.

War eine von Butchs Geschichten wahr, und wenn ja, welchem Bericht können wir glauben?

Stolperte er zufällig in eine Art von Bandenhinrichtung hinein, die gerade im Gange war? Das ist insofern plausibel, als der Gerichtsmediziner davon überzeugt war, dass mindestens drei Personen daran beteiligt gewesen sein mussten, die Opfer in Schach zu halten und zu erschießen. Aber wenn dies der Fall war, wäre es dann nicht wahrscheinlich gewesen, dass auch Butch mit dem Rest seiner Familie erschossen worden wäre? Und, nebenbei bemerkt, wer wusste außer ihm von seinem 35-Kaliber-Gewehr? Gab es Verschwörer, die ein Bauernopfer wollten, jemanden, der Passivität und Abhängigkeit gewöhnt war und die Schuld für sie auf sich nehmen würde? Warum dann aber das jahrelange Schweigen von Butch und seinen Freunden nach dem Verbrechen?

Eine Antwort kann darin liegen, dass jeder Einzelne von Butchs engeren Freunden, einschließlich seiner Noch-Ehefrau, damals von der Polizei bedroht, schikaniert und sogar angegriffen wurde. Viele dieser Polizeibeamten, auch Kriminalmeister Robert Dunn und der Kripobeamte Dennis Rafferty, waren zu der Zeit, da die Recherchen für dieses Buch im Gange waren, noch immer bei der Polizei von Suffolk County beschäftigt. Vielleicht hatten diese Zeugen berechtigte Angst vor Repressalien von Gesetzeshütern, die erheblicher Kritik ausgesetzt waren, um dann Jahre später unbeschadet wieder aufzutauchen. Ein anderer Faktor ist, dass DeFeo aus einer Familie mit engen Verbindungen zum organisierten Verbrechen und zur Mafia stammte. Ist es da ein Wunder, dass Richard Romondoe zum Beispiel untertauchte und eine falsche Identität annahm?

* * *

»Am 18. Dezember zogen George und Kathy Lutz in der 112 Ocean Avenue ein. 28 Tage später flohen sie vor Angst und Schrecken.«

So beginnt das erste Kapitel von Jay Ansons Roman *The Amityville Horror*. Das Buch, als Tatsachenroman verfasst, gibt vor, von den Ereignissen jener Tage zu berichten, die den neuen Bewohnern von »High Hopes« Angst einjagten und sie aus ihrem Hause vertrieben. Das Buch wurde ein erfolgreicher Bestseller und Vorlage für einen populären Film mit Rod Steiger, Margot Kidder und James Brolin.

»Ihre fantastische Geschichte, die nie zuvor in allen Einzelheiten enthüllt wurde, ist zu einem unglaublichen Buch geworden, das all das Schockierende und die packende Spannung von *Der Exorzist*, *Das Omen* oder *Rosemaries Baby* zu bieten hat, doch mit einem entscheidenden Unterschied ... die Geschichte ist wahr ...«, so die Ankündigung auf der Rückseite des Buchs. In Wahrheit waren das gesamte Buch und die nachfolgenden Filme reine Fiktion. Nichtsdestoweniger beförderten der kurze Aufenthalt und die Behauptungen der Familie Lutz, es gäbe in »High Hopes« übernatürliche Aktivitäten, Amityville und die 112 Ocean Avenue in das Licht der Weltöffentlichkeit. Mehr als 30 Jahre lang galt das Haus als ein Symbol des Schreckens, was die glücklicheren Zeiten, die welche Familie auch immer auf diesem reizenden Anwesen im holländischen Kolonialstil verbracht hat, vergessen machten. Schließlich mussten die Lutzes die Zeche für die Berühmtheit, die sie sich aufgebürdet hatten, bezahlen. Von Schaulustigen belästigt und in ihrer eigenen Gemeinde zu Außenseitern geworden, waren sie gezwungen, auszuziehen. Am 30. August 1976 gaben sie ihr Haus der Columbia Savings and Loan zurück, statt weiter darin wohnen zu bleiben oder es auf normalem Weg an eine andere Familie zu verkaufen.

Am 18. März 1977 erwarben Jim und Barbara Cromarty das Haus für gerade mal 55 000 Dollar, allerdings ohne sich des zwielichtigen Rufs des Anwesens bewusst zu sein. Als sie von seiner jüngsten Geschichte erfuhren, sahen sie sich gezwungen, die Hausnummer in 108 zu ändern und an der Vorderseite des Gebäudes ein falsches Fenster hinzuzufügen. Die Cromartys waren zwar entschlossen, ihr Zuhause wieder in die Gemeinde zu integrieren, doch wurden sie von Horden von Touristen belagert, die Geister und Dämonen sehen wollten. Letztendlich erwiesen sich die Horrorfans als unerträglich, und so boten sie das Haus wieder auf dem Markt an und zogen aus.

Die Cromartys überließen es Frank Birch, das Haus zu pflegen und während ihrer Abwesenheit zu hüten. Weder Mr. Birch noch die Cromartys berichteten jemals von übernatürlichen Vorkommnissen im Haus. Die Familie zog schließlich wieder ein und beendete ihr Verkaufsvorhaben. Sie blieben dort bis 1987, als David Roskin, Barbaras Sohn aus erster Ehe, unerwartet starb.

Am 17. August 1987 kauften Peter und Jeanne O'Neill die 108 Ocean Avenue für einen nicht bekannten Betrag. Sie lebten dort glücklich bis 1997, als sie gezwungen waren, das Anwesen wegen der damit verbundenen hohen Steuern, die sich auf 7000 Dollar im Jahr beliefen, zu verkaufen. Wie Freunde der beiden berichten, beschlossen sie, das Geld lieber für die College-Ausbildung ihrer Kinder zu verwenden, als es dem Finanzamt zu überlassen.

Am 10. Juni 1997 erwarb Brian Wilson das Haus für 310 000 Dollar. Zur Zeit der Abfassung dieses Buchs wohnte er dort noch immer mit seiner Frau und den beiden Kindern, die das College besuchten. Mr. Wilson sagte, er sei mit dem Haus sehr glücklich und habe keinen Grund zur Klage. Er hat in das Anwesen investiert, indem er das Bootshaus restauriert und das Haus auf den neuesten Stand gebracht hat. Als ich »High Hopes« besuchte, fragte ich Brian Wilson, ob er mit dem Gedanken spiele, in Zukunft die gespenstischen Fenster im dritten Stock zu ersetzen.

Er lächelte und sagte: »Vielleicht.«

Dieses Kapitel basiert auf einem exklusiven, auf Video aufgenommenen Gespräch zwischen Christopher Berry-Dee und Ronald Joseph »Butch« DeFeo, das am Montag, dem 23. September 1974, in der Greenhaven-Justizvollzugsanstalt, Stormville, New York, geführt wurde, sowie auf einer umfangreichen Korrespondenz.

AILEEN
CAROL
WUORNOS

USA

»Ich habe Respekt vor mir. Hatte ich
schon immer. Seltsam, oder?«

AILEEN WUORNOS ZU
CHISTOPHER BERRY-DEE

Aileen (Lee) Carol Wuornos wurde am 31. Januar 1992 in die Justizvollzugsanstalt Broward, Pembroke Pines, Florida, eingeliefert. Broward, auf halbem Wege zwischen Fort Lauderdale und Miami gelegen, ist ein Gefängnis für Frauen, und der Todestrakt liegt in einem großen grauen, von tropischen Blumen umgebenen Gebäude. Hierher kam Aileen Wuornos zu fünf anderen Frauen, die in Zellen lebten, die wie Kajüten eines Unterseebootes wirkten. Außerdem gab es damals dort einen Duschraum, dann einen abgeschirmten Hof mit einem Basketballkorb für ein wenig Bewegung und weitere Einzelzellen für künftige Bewohnerinnen. In diesem Trakt gab es zudem einen Raum, der als Zelle für die »Totenwache« bezeichnet wurde und in dem die Insassinnen 24 Stunden vor ihrer Hinrichtung untergebracht wurden.

Zum Zeitpunkt der Abfassung dieses Textes waren in den Vereinigten Staaten 47 Frauen zum Tode verurteilt worden. Als Einzeltäterinnen oder zusammen mit einem Komplizen waren sie für die Ermordung ihrer Ehemänner, Kinder, Freunde oder von Fremden verurteilt worden. Ein prozentual hoher Anteil dieser Frauen hatte eine gut dokumentierte Vorgeschichte von körperlicher Gewalt oder sexuellem Missbrauch erlebt oder litt an einer Drogen- oder Alkoholabhängigkeit. Mehr als die Hälfte waren Weiße. Viele waren Mütter von Kindern im Schulalter. Wenige hatten aus finanziellen Gründen gemordet. Die meisten von ihnen lebten in speziell entworfenen Zellenblocks, getrennt von den anderen Gefängnisinsassen und hatten nur einen sehr begrenzten Bewegungsspielraum.

Verglichen mit ihren männlichen Gegenparts, von denen es weitaus mehr gab, waren Frauen landesweit nur mit einem Anteil von rund 2 Prozent an Verbrechern beteiligt, die mit dem Tod bestraft wurden. Kalifornien, Florida und Oklahoma hatten die meisten Frauen in Todestrakten. Eine Handvoll anderer Bundesstaaten wie Idaho hatten nur eine zum Tode verurteilte Frau und mussten sich mit diesem speziellen Problem herumschlagen, denn die meisten Bundesstaaten sind gesetzlich verpflichtet, Frauen von den normalen männlichen Gefängnisinsassen abzusondern.

Seit der Hinrichtung von Karla Faye Tucker am 3. Februar 1998 in Texas war in den Vereinigten Staaten zu diesem Zeitpunkt keine Frau mehr exekutiert worden. Das war übrigens das erste Mal seit dem Bürgerkrieg, dass dieser Staat eine Frau hingerichtet hatte. Tucker war wegen Mordes an dem 27 Jahre alten Jerry Lynn Dean und seiner Gefährtin, der 32 Jahre alten Deborah Thornton, in deren Wohnung am Watonga Drive im nordöstlichen Houston am 13. Juni 1983 verurteilt worden. Als Waffe hatte sie eine Spitzhacke verwendet.

***

Aileen (Lee) Carol Wuornos wurde in einem Schaltjahr am 29. Februar 1956 im Clinton Hospital, Detroit, Michigan, als Kind von Eltern geboren, die noch sehr jung waren. Ihre Mutter, Diane Wuornos, war erst 16 Jahre alt, ihr Vater, der Handwerker Leo Dale Pittman, war 19.

Die von Streitigkeiten geprägte Ehe endete bereits ein paar Monate, bevor Lee geboren wurde, und so blieb die junge Diane allein zurück und musste sich um ihr neues Baby und dessen älteren Bruder Keith kümmern. Ihren Vater, der wegen Entführung, Vergewaltigung und Kindesmissbrauch im Gefängnis gelandet war, hat Lee nie kennengelernt. Denn er hatte aus einem Bettlaken eine Schlinge gebildet und sich im Gefängnis aufgehängt. Zu jenem Zeitpunkt war Lee 15 Jahre alt.

Diane fand die Belastungen als alleinerziehende Mutter bald schon unerträglich, daher verließ sie ihr Zuhause, als Lee sechs Monate alt war, und kehrte nie wieder zurück. Immerhin rief sie noch ihre Eltern an und bat sie, die Kinder abzuholen.

Laurie Wuornos, ein Fabrikarbeiter bei Ford, und seine Frau Eileen Britta adoptierten später beide Kinder. Sie wohnten in einem unscheinbaren einstöckigen Gebäude, dessen Fassade mit Holz verkleidet und in einem schmutzigen Gelb gestrichen war. Es stand zwischen Bäumen, abseits der Straße im vorstädtischen Troy, Michigan. Das Haus wirkte unschuldig und unauffällig, war gleichwohl aber ein Ort voller Geheimnisse. Unmittelbare Nachbarn, die kein einziges Mal, und sei es auch nur aus Höflichkeit, hereingebeten worden waren, erinnerten sich, dass die Vorhänge an den kleinen Fenstern des Hauses der Wuornos immer dicht zugezogen waren. Die Außenwelt wurde auf Abstand gehalten.

Laurie und Britta zogen Lee und Keith gemeinsam mit ihren eigenen Kindern groß, verrieten jedoch nicht, dass sie eigentlich die Großeltern der beiden waren.

Hinter jenen abgeschirmten Fenstern spielten sich zwischen der jungen Lee und ihrem Adoptivvater gewaltvolle Auseinandersetzungen ab. Der

Dritte im Bunde war ein breiter brauner Ledergürtel mit Schnalle, der an einem Haken an der Innenseite der Schlafzimmertür hing. Wenn er es befahl, reinigte Aileen den Gürtel, fast wie bei einem Ritual, mit Sattelseife und Spülmittel, die in der Schublade einer Kommode bereitlagen.

Nackt musste sich das vor Angst erstarrte Mädchen über den Küchentisch beugen und wurde dann mit dem Gürtel geschlagen. Manchmal lag sie auch mit dem Gesicht nach unten und mit ausgestreckten Armen und Beinen nackt auf ihrem Bett, um die Hiebe entgegenzunehmen, während ihr Adoptivvater die ganze Zeit über brüllte, sie sei wertlos und wäre besser nicht geboren worden. »Du bist nicht einmal die Luft wert, die du einatmest«, schrie er, während der Gürtel immer und immer wieder auf sie herabsauste.

Während ihres neunten Lebensjahrs zog sich Lee bei der Explosion chemischer Stoffe, die sie und eine Freundin versehentlich ausgelöst hatten, schwere Verbrennungen im Gesicht und an den Armen zu. Mehrere Tage lag sie im Krankenhaus und musste danach noch mehrere Monate zu Hause bleiben. Die Verbrennungen verheilten langsam, doch Lee hatte Angst, für den Rest ihres Lebens entstellt und mit Narben bedeckt zu sein. Tatsächlich erzählten noch als Erwachsene schwache Narben auf ihrer Stirn und ihren Armen von diesem Unfall.

Mit etwa elf Jahren erfuhr Lee, dass ihre Eltern eigentlich ihre Großeltern waren. Zu der Zeit war sie bereits schwer zu bändigen, mit einem erschreckenden und sozial inakzeptablen Temperament. Ihre unvorhersehbaren und grundlos erscheinenden Ausbrüche vertieften die Kluft zwischen ihr und ihren »Eltern«.

Mit 14 wurde sie schwanger und war bis zur Geburt ihres Kindes in einem Heim für unverheiratete Mütter untergebracht. Das Personal empfand sie als feindselig, unkooperativ und unfähig, mit Gleichaltrigen zurechtzukommen. Sie gebar dann einen Jungen, der im Januar 1971 zur Adoption freigegeben wurde.

Im Juli des gleichen Jahres starb Britta Wuornos. Als sie die Nachricht bekam, bot Diane Wuornos Aileen und Keith an, bei ihr in Texas zu leben, doch beide lehnten ab. Dann gab Lee die Schule auf, verließ ihr Zuhause, zog herum und begann, sich zu prostituieren.

* * *

Im März 1976 heiratete die mittlerweile 20 Jahre alte Lee den Multimillionär Lewis Gratz Fell, eine in jeder Hinsicht merkwürdige Verbindung. Der grauhaarige Fell, der ein ehrbares Leben in Philadelphia führte, war 69 Jahre alt. Er hatte Lee aufgegabelt, als sie trampend unterwegs war. Sie heirateten keine zwei Monate nach dem Tod ihres Großvaters Laurie, der Selbstmord begangen hatte, in Kingsley, Georgia. Mit 65 war dieser jünger gewesen als Lees neuer Ehemann.

Die meisten, die Lee kannten, mokierten sich über die Heirat und der einzige Grund, den sie für die Eheschließung sahen, war reine Geldgier. Lewis Fell hatte keine Ahnung davon, worauf er sich eingelassen hatte, doch einige waren der Ansicht, dass es eine für beide Seiten vorteilhafte Beziehung war. Was ihn betraf, so hatte Fell nun eine hübsche junge Frau an seiner Seite und Lee genoss die Früchte, die er mit seinem Geld kaufen konnte.

In den frühen Juli-Tagen fuhren Lee und Lewis in einem brandneuen cremefarbenen Cadillac nach Michigan und checkten dort in einem Motel ein. Lee hatte ein paar Freunden Zeitungsausschnitte mit der Ankündigung ihrer Hochzeit geschickt. Der Artikel von den Gesellschaftsseiten der *Daytona Press* enthielt auch das Foto des Mannes, der alt genug war, um ihr Großvater sein zu können, und beschrieb Fell als Präsidenten eines Yachtclubs, der sein Einkommen aus Eisenbahnaktien und -anteilen bezog.

Am 13. Juli ging Lee in die Stadt und landete schließlich in »Bernie's Club« in Mancelona, wo sie sich lasziv zur Schau stellte und am Billardtisch falsch spielte. Einige Zeit nach Mitternacht beschloss der Barmann und Manager Danny Moore, dass er sich das nun lange genug angeschaut hatte. Sie war betrunken, benahm sich unmöglich, brüllte Obszönitäten, stieß gegenüber anderen Stammgästen Drohungen aus und verhielt sich insgesamt äußerst unangenehm. Moore ging ruhig zum Billardtisch und meinte, dass nun Feierabend sei. Als er die Kugeln einsammelte, hörte er, wie jemand schrie: »Kopf runter!« Gerade noch rechtzeitig drehte er sich um und sah, wie Lee mit einer Kugel auf seinen Kopf zielte. Die verfehlte ihn nur um wenige Zentimeter und war mit einer solchen Wucht geschleudert worden, dass sie in der Wand stecken blieb.

Als der stellvertretende Sheriff Jimmie Patrick von der Polizeiwache von Antrim County eintraf, wurde Lee wegen eines tätlichen Angriffs festgenommen und ins Gefängnis gebracht. Zudem lag ein Haftbefehl von der Polizei von Troy vor, der sie sich durch Flucht entzogen hatte. Ihr wurden Alkoholkonsum im Auto, ungesetzliche Verwendung eines Führerscheins und das Fehlen einer in Michigan gültigen Fahrererlaubnis zur Last gelegt. Als eine Freundin mit ihrem Portemonnaie, das 1450 Dollar enthielt, erschien, wurde sie auf Kaution freigelassen. Drei Tage später starb ihr Bruder Keith im Alter von 21 Jahren an Kehlkopfkrebs.

Wie zu erwarten, war die Ehe zwischen Lee und Fell von kurzer Dauer. Ihr Bedürfnis, sich zu betrinken und in Bars herumzuhängen, kollidierte immer mehr mit dem langweiligen Leben, das ihr älterer Ehemann auf seinem vornehmen Anwesen am Strand führen wollte. Als er es ablehnte, ihr mehr Geld zu geben, verprügelte sie ihn. Er erwirkte daraufhin eine einstweilige Verfügung und die Annullierung der Ehe. Er gab an, sie habe sein Geld verprasst und ihn mit einem Spazierstock geschlagen.

Im Scheidungsurteil hieß es: »Die Beklagte hat ein gewalttätiges und unkontrollierbares Temperament und hat gedroht, dem Antragsteller körperlichen Schaden zuzufügen, zudem werden der Antragsteller und sein Eigentum durch ihre früheren Handlungen geschädigt ... es sei denn, das Gericht verbietet und nimmt der genannten Beklagten die Möglichkeit, den Antragsteller anzugreifen ... oder auf seinen Besitz zuzugreifen.«

Mit einem vom Gerichtshof in Volusia County, Florida, verfügten Scheidungsurteil endete Lees Ehe offiziell am 19. Juli. Den teuren Verlobungsring mit Diamanten verpfändete sie. Zwei Tage später wurde Keith im gleichen Beerdigungsinstitut wie Britta und Laurie Wuornos eingeäschert. Zur Trauerfeier kam Lee zu spät.

Diane, die ihren Sohn im Leben zurückgewiesen hatte, ihm aber nun wenigstens zu seinem Tod die Ehre erweisen wollte, kam zu Keith' Beerdigung aus Texas angeflogen. Die anderen Trauergäste waren überrascht, sie zu sehen, und sie schien zu aufgeregt, um während der gesamten Trauerfeier für ihren Sohn, den sie im Stich gelassen hatte und der gerade zur Armee gegangen war, sitzen zu bleiben.

Am 4. August bekannte Aileen sich des tätlichen Angriffs schuldig und zahlte für Strafe und Kosten 105 Dollar. Dann wurde Keith' Lebensversicherung von der Armee ausgezahlt, und als nächste Angehörige erhielt sie

10 000 Dollar. Das Geld wurde sofort als Anzahlung für einen funkelnden schwarzen Pontiac verwendet (der bald schon wieder eingezogen wurde). Sie kaufte sich auch noch allerlei Antiquitäten und eine riesige Stereoanlage, obwohl sie kein Zuhause hatte, in dem sie die Dinge hätte unterbringen können. Innerhalb von drei Monaten war das Geld weg.

Wieder einmal trieb sie sich in der Welt herum, ließ sich auf eine Reihe von Beziehungen ein, die bald scheiterten, und führte als Kleinkriminelle Diebstähle und einen ziemlich dummen bewaffneten Raubüberfall aus, der sie für eine Weile ins Gefängnis brachte. Von Zeit zu Zeit ging sie anschaffen, doch selbst als Prostituierte, die sich auf dem Interstate Highway von Ausfahrt zu Ausfahrt anbot, war sie nicht gerade begehrt. Als sie in einer Schwulenbar in Daytona 1986 die 24 Jahre alte Tyria »Ty« Jolene Moore kennenlernte, war Lee einsam, wütend und bereit für etwas Neues.

* * *

Für Aileen Wuornos war es einfach, nach Daytona Beach zu kommen. Sie war von zu Hause davongelaufen, war aus ihrer Ehe geflüchtet, hatte eine Grenze nach der anderen überquert, war über die Interstate 95 nach Süden getrampt und fand dort schließlich das, was sie für das Paradies hielt. Hier schien die Sonne, es gab Jobs und das Leben war preiswert. Man durfte in Daytona sogar mit dem Auto auf den festen weißen Strand fahren. Meer, Sex, Wohlstand und Autoabgase – eine amerikanische Illusion, vorgegaukelt an einem Strand, der so begehrt war, dass er eher einem sandigen Parkplatz glich.

Eine Zeit lang war alles großartig. Ty liebte Lee und blieb in ihrer Nähe. Für eine Weile ließ sie sogar ihren Job als Zimmermädchen eines Motels sausen und erlaubte ihrer Freundin, sie mit ihren Einnahmen als Prostituierte zu ernähren. Wie wohl vorhersehbar gewesen war, kühlte ihre Leidenschaft irgendwann ab, und das Geld wurde knapp. Doch Ty blieb noch immer bei Lee und folgte ihr wie ein Hündchen von einem billigen Motel ins nächste, wobei sie gelegentlich auch in alten Scheunen übernachteten.

Lees Marktwert als Prostituierte, der ohnehin nie besonders hoch gewesen war, fiel weiter. So karg ihr Leben auch war, es wurde immer schwieriger, für das Nötige aufzukommen. Es war klar, dass sich etwas ändern musste, aber es war nicht so einfach, aus Daytona herauszukommen. Das Geld reichte nicht aus, um nach Miami zu fahren, und die beiden Frauen stellten nun fest, dass Jobs doch knapper waren, als sie zuerst gedacht hatten. Sie hatten schließlich all ihr Geld verpulvert, und ihre Träume von besseren Zeiten waren genauso schnell verflogen. Verzweiflung schlich sich ein, und die Versuchung folgte schnell. Ein beliebtes Strickmuster, das oft Verbrechen zur Folge hat, und in Lees Fall zu schweren Verbrechen führte.

In Daytona wurden Menschen wie in jeder anderen Stadt aus den üblichen Gründen umgebracht – Geld, Rache, Sex und Geschäfte –, aber die Stadt hatte eine ganz besondere Eigenheit. Schaute man sich genauer an, was die Stadt anzubieten hatte, wer kaufte und was das Hauptprodukt war, stellte man fest, dass es immer um Sex ging. Die Strandstadt liegt rund 95 Kilometer östlich von Orlando. Der ideale Ort für einen preiswerten Urlaub. Einfache Touristen aus allen Bereichen des Südostens wussten das, so auch der 51 Jahre alte Richard Mallory aus Clearwater, Florida, der am Donnerstag, dem 30. November 1989, dort verschwand.

Richard Mallory war ein zurückhaltender Mann, nicht besonders kommunikativ und ein Rätsel selbst für jene, die ihn am besten gekannt haben müssten. Er lebte allein in einem Mehrfamilienhaus namens »The Oaks«. Aufgrund seines sprunghaften Lebenswandels lernten ihn nur wenige Menschen wirklich kennen. Er arbeitete in seiner Fernseher- und Video-Reparaturwerkstatt, Mallory Electronics, im Einkaufszentrum von Palm Harbour, war dort aber häufig und ohne Erklärung nicht anzutreffen.

Er war ein gut aussehender Mann mit vollem dunklen Haar, das er von einer hohen Stirn nach hinten kämmte. Knapp 1,83 Meter groß blickte der mit einem ordentlichen Schnurrbart geschmückte Mallory aus haselnussbraunen Augen, die hinter einer Brille mit Metallgestell lagen, auf die Welt. Er war schlank, wog knapp 77 Kilogramm und fühlte sich mit seinen 51 Jahren noch jung.

Er hatte sich schon immer zum anderen Geschlecht hingezogen gefühlt, war aber seit Langem geschieden und erst kürzlich von seiner Freundin Jackie Davis getrennt. Er frönte gerne fleischlichen Gelüsten und war ein regelmäßiger Besucher jener Etablissements, die sich den körperlichen Genüssen widmeten. Ihm gefielen die Frauen dort, wie sie rochen und sich bewegten. Er mochte es, dass er sich kraftvoll, mächtig und lustvoll fühlte, wenn er mit ihnen zusammen war. In den Oben-ohne-Bars in der Gegend um Tampa und Clearwater war er so häufig zu Gast, dass ihn die meisten Stripperinnen, Go-Go-Tänzerinnen und Prostituierten wenn nicht vom Namen her, so doch zumindest vom Sehen kannten. Allerdings wusste niemand, dass er wegen sexueller Gewalt zehn Jahre im Gefängnis verbracht hatte. Doch nun sollten Richard Mallorys Tage, die er mit der Suche nach Sex verbrachte, ein abruptes Ende finden.

Mallory befand sich in einer ernsten finanziellen Notlage. Er hatte hohe Mietrückstände, außerdem stand eine Steuerprüfung in seinem Geschäft an. Ihm gehörten zwei Lieferwagen, einer weiß, der andere kastanienbraun. Doch an jenem Abend, an dem er verschwand, fuhr er mit seinem hellbeigen zweitürigen 1977er Cadillac Coupe de Ville mit brauner Innenausstattung und getönten Fenstern zu einem Wochenendtrip nach Daytona. Da er vorhatte, ordentlich zu feiern und Spaß zu haben, war das das richtige Auto. Am frühen Abend des 30. November, einem Donnerstag, schloss er seine Werkstatt, fuhr nach Hause, warf ein paar Taschen auf den Rücksitz seines Autos und fuhr nach Daytona.

Nach ein paar Mitfahrgelegenheiten Richtung Norden war Lee Wuornos außerhalb von Tampa auf dem Interstate Highway I-4 genau an der Stelle, an der dieser unter der Interstate-17 hindurchführte, abgesetzt worden. Da es heftig regnete, blieb sie unter der Brücke, um vor der Nässe geschützt zu sein, bis das Wetter wieder besser sein würde. Als Mallory sie sah, fuhr er langsamer, dann drehte er um und bot ihr eine Mitfahrgelegenheit an. Während der Fahrt plauderten sie freundlich. Unterwegs hielten sie kurz an, um etwas Bier zu kaufen. Gegen 5.00 Uhr morgens brachte Mallory das Thema Sex zur Sprache. Er fuhr von der Straße ab und in einen nahe gelegenen Wald. Lee zog sich noch vor ihm aus, dann umarmten und küssten sie sich eine Weile.

Plötzlich und offenbar ohne Grund zog sie eine Pistole Kaliber 22 hervor und schoss auf ihren Begleiter. Die erste Kugel durchschlug seinen rechten Arm und drang in seinen Körper ein. Verzweifelt versuchte er, aus dem Wagen zu klettern, da drang eine zweite Kugel in seinen Oberkörper ein, der schnell eine dritte und eine vierte folgten. Mallory war nicht sofort tot. Das kupferbeschichtete Geschoss, das in die rechte Seite seiner Brust eingedrungen war, durchbohrte seinen linken Lungenflügel und drang aus dem Organ wieder heraus, bevor es im Brustkorb stecken blieb. Die Kugel verursachte eine heftige Blutung. Noch 15 Minuten kämpfte Mallory um sein Leben, während Lee Wuornos danebenstand und zuschaute, wie er starb.

Am nächsten Tag wurde Mallorys Auto verlassen in der Nähe des John Anderson Drive in Ormond Beach gefunden. Der stellvertretende Sheriff Bonnevier war auf einer Routinerundfahrt unterwegs und hielt an, um sich den Wagen genauer anzuschauen. Er entdeckte Blutflecken auf der Rückenlehne des Vordersitzes und am Lenkrad, doch weder der Fahrer noch irgendein Mitfahrer waren zu sehen. Der Zündschlüssel des Autos steckte nicht im Schloss, aber zahlreiche Gegenstände wurden in der Nähe des Wagens gefunden. Teilweise vom sandigen Boden bedeckt lag eine blaue Brieftasche, in der sich Richard Mallorys in Florida ausgestellter Führerschein, diverse Papiere und zwei schon lange abgelaufene Kreditkarten befanden. Außerdem lagen da zwei Becher und eine halb leere Flasche Wodka, dazu ein paar andere Dinge, die darauf schließen ließen, dass Mallory nicht allein gewesen war. Der Fahrersitz war weit nach vorne in eine Position geschoben worden, die für einen Mann von Mallorys Größe extrem unbequem gewesen wäre.

Zwei junge Männer, die am Mittwoch, dem 13. Dezember, auf der Suche nach Altmetall waren, fanden Richard Mallorys Leiche an einer Stelle etwa acht Kilometer von dem Ort entfernt, an dem sein Wagen entdeckt worden war. Die Polizisten von Volusia County, die den Notruf annahmen, stießen auf eine vom Schlüsselbein bis zur Schädeldecke skelettierte Leiche. Sie war von einer Pappe abgedeckt, unter der nur die Finger herauslugten. Sie war mit Jeans und einem Pullover voll bekleidet, nur der Gürtel war etwas verrutscht. Die Taschen der Jeans waren von innen nach außen gewendet worden. Das Gebiss des Mannes lag neben der Leiche auf dem Boden.

Charles James Lau, ein Ermittler aus dem Sheriff-Büro von Volusia County, leitete eine Autopsie des unidentifizierten Leichnams ein und stellte vier Kugeln aus seinem Oberkörper sicher. Die Hände des Opfers wurden abgetrennt und ins Labor gebracht, um Fingerabdrücke zu nehmen, denn, wie Lau erklärte: »Wenn wir eine nicht identifizierte Leiche haben, kann man wegen der Verwesung keine normalen Fingerabdrücke nehmen.«

Mitte Mai 1990 war der Mord am unglückseligen Richard Mallory im Sheriff-Büro von Volusia County fast in Vergessenheit geraten. Es gab auch keinen Grund zu der Annahme, dass es sich dabei um etwas anderes als um eine Einzeltat handelte.

* * *

Was Ex-Ehemänner betrifft, so war der 47 Jahre alte David Spears ein wahr gewordener Traum. Berechenbar, anständig und fleißig, war er ein Mann, auf den die Leute zählen konnten. Er verdiente sein Geld als Bauarbeiter und lebte in Winter Garden, in der Nähe von Orlando, und fuhr jeden Tag nach Saratosa zur Arbeit bei der Baufirma Universal Concrete. Ein schüchterner, leise sprechender Riese, 1,93 Meter groß, mit Bart, ergrauenden Haaren und durch seine Arbeit im Freien wettergegerbt. Er kümmerte sich auch insofern gut um seine frühere Ehefrau Dee, als er ihr regelmäßig einen Teil seines Monatslohns abgab.

Am Freitag, dem 18. Mai 1990, kurz vor Mittag rief David Dee an und teilte ihr mit, dass er sie am nächsten Tag zwischen 14.00 und 14.30 Uhr anrufen würde. Am Samstag verließ er die Arbeit gegen 14.10 Uhr mit seinem cremefarbenen Pick-up und wurde nie wieder lebend gesehen.

Er entdeckte Lee Wuornos irgendwo in der Nähe der Stelle, an der sich die Route 27 mit der Interstate-4 kreuzt, rund 55 Kilometer von Winter Garden entfernt, und bot ihr eine Mitfahrgelegenheit an. Sie meinte, sie müsse nach Homosassa Springs. Das lag zwar nicht auf seiner Strecke, trotzdem erklärte er sich bereit, sie mitzunehmen. Schließlich fuhren sie auf der US 19, ganz in der Nähe von Homosassa Springs, von der Straße ab und so tief in den Wald hinein, dass Spears Angst hatte, sein Wagen könne stecken bleiben.

Am 20. Mai wurde David Spears Pick-up verlassen in der Nähe der County Road 318 und der Interstate-75 in Marion County gefunden. Am Lenkrad entdeckte man ein blondes Haar, und auf dem Boden des Fahrzeugs lag eine aufgerissene Kondomverpackung. Alle seine persönlichen Sachen inklusive Werkzeug, Kleidung und einer Panther-Figur aus Keramik, die er als Geschenk für Dee gekauft hatte, waren verschwunden. Für einen Mann seiner Statur war der Fahrersitz zu nahe am Lenkrad, für die Polizei ein Hinweis darauf, dass jemand anderes mit dem Wagen gefahren war, nachdem Spears umgebracht worden war.

Am 1. Juni fand ein Mann den Leichnam einer männlichen Person, der auf einer Lichtung zwischen Kiefern und kleinen Palmen lag. Mathew Cocking war gerade an einer illegalen Deponie an der Fling Lane vorbeigelaufen, einer unbefestigten Straße südlich von Chassahowitzka, die neben der US 19 verlief.

Als die Polizei eintraf, fand sie eine in Verwesung befindliche Leiche, die bis auf eine tarnfarbene Baseballmütze, die keck auf einem verwüsteten Kopf saß, nackt war. Auf dem Boden neben der Leiche lagen ein benutztes Kondom, dessen aufgerissene Verpackung und einige leere Bierdosen. Wegen des Zustands der Leiche war die Polizei zunächst nicht in der Lage, das Geschlecht, das Alter oder auch die Todesursache festzustellen. Die Leiche lag auf dem Rücken, die Beine gespreizt und die Arme mit den Handflächen nach oben ausgestreckt. Lee Wuornos hatte den Lohn ihres Opfers gestohlen, das Geld für die Studiengebühren seiner Tochter und einen Bargeldbetrag, der im Wagen für Notfälle versteckt gewesen war, insgesamt rund 600 Dollar.

Dr. Janet Pillow führte am Montag, dem 4. Juni, die Autopsie durch. Der Mann, der zu Lebzeiten 88 Kilogramm gewogen hatte, war zum Zeitpunkt, an dem seine Leiche entdeckt wurde, nur mehr 18 Kilogramm schwer. Sechs Kugeln Kaliber 22 wurden aus seinen sterblichen Überresten geborgen. Zwei Tage später wurde in Marion County eine weitere Leiche gefunden.

* * *

Der 40 Jahre alte Charles Carskaddon, gelegentlich als Straßenbauarbeiter und als Rodeo-Reiter tätig, war unterwegs vom Zuhause seiner Mutter in Prairie, Missouri, nach Tampa, um seine Verlobte Peggy abzuholen. Doch er kam nie an. Seine nackte Leiche wurde am Mittwoch, dem 6. Juni, abseits der State Route 52 und der Interstate-75 in Pascoe County gefunden. Der Leichnam war mit Gras, Laub und einer grünen Heizdecke bedeckt. Ihm war mit einer Pistole Kaliber 22 neunmal in die Brust geschossen worden.

Carskaddons brauner 1975er Cadillac, den er liebevoll restauriert hatte, wurde am Tag darauf in der Nähe der Interstate-75 und der County Road 484 in Marion County entdeckt. Das Nummernschild war zwar entfernt worden, doch die Identifikationsnummer des Wagens war noch gut erkennbar, und so konnte der Name des Eigentümers herausgefunden werden.

Carskaddons Mutter Florence erzählte der Polizei, dass ihr einziger Sohn, als er sich von ihrem Haus aus auf den Weg gemacht hatte, eine Pistole Kaliber 45 aus blauem Stahl und mit Perlmuttgriff, eine mexikanische Decke, einen Elektroschocker, ein Feuerzeug mit Klappdeckel, eine Uhr und einen hellbraunen Koffer bei sich gehabt hatte. Er hatte ein schwarzes T-Shirt und graue Cowboystiefel aus Schlangenleder getragen. »Er hatte den Schlagbolzen von der Pistole abmontiert«, sagte sie, »weil er sie nicht benutzen wollte.« Keiner dieser Gegenstände wurde in seinem Wagen gefunden.

* * *

Peter Siems war ein 65 Jahre alter Matrose der Handelsmarine im Ruhestand, der in der Nähe von Jupiter, Florida, lebte. Am frühen Morgen des 7. Juni sahen Nachbarn, wie Siems, der sich zeitweise als Missionar betätigte, Gepäck und einen Stapel Bibeln in seinen silbergrauen 1988er Pontiac Sunbird lud. Sie vermuteten richtig, dass sich der zur Glatze neigende und eine Brille tragende Mann als Mitglied der Bewegung »Christus ist die Antwort« auf den Weg zu einer weiteren Verkündigungstour machte. Bei seiner Rundreise wollte er Verwandte in Arkansas besuchen.

Am 4. Juli kam ein silbergrauer Pontiac Sunbird in der Nähe von Orange Springs, Florida, von der State Road 315 ab. Der Wagen krachte durch ein Stahltor und einen Stacheldrahtzaun, wobei die Windschutzscheibe zersprang, und kam schließlich im Unterholz zum Stehen. Ein paar Sekunden lang sah es so aus, als würde der Wagen umkippen, doch er blieb stehen und aus dem Kühler zischte Dampf.

Rhonda und Jim Bailey, die gerade auf ihrer Veranda saßen und die Sonne genossen, sahen, wie sich der spektakuläre Unfall ereignete. Sie beobachteten, wie zwei Frauen aus dem Wagen kletterten, die eine eine kleine, kräftige Blondine (Lee Wuornos) und die andere eine große Brünette (Tyria Moore). Die Blonde, die an den Armen aus den Wunden, die sie sich beim Aufprall zugezogen hatte, blutete, schleuderte Bierdosen ins Gebüsch und bedachte ihre Mitfahrerin, die sehr wenig sagte, mit Flüchen.

Die erstaunten Zeugen sahen noch, wie die Frauen einen rot-weißen Bierkühler vom Rücksitz holten und dann weiterhin streitend zur Straße taumelten. Als sich andere Autos näherten, huschten sie in den Wald und versteckten sich; sobald die Fahrzeuge verschwunden waren, tauchten sie wieder auf. Als die Luft rein war, kehrten sie zum Auto zurück.

Als Rhonda hinüberlief, um wenigstens ihre Hilfe anzubieten, flehte die Blonde sie an, nicht die Polizei zu rufen, und sagte, ihr Vater wohne nur ein Stück entfernt. Die beiden Frauen kletterten ins Auto zurück und bekamen es mit einigen Schwierigkeiten hin, es wieder auf die Straße zu manövrieren. Dann fuhren sie davon. Minuten später war einer der Vorderreifen platt, und da der Wagen nun nicht mehr fahrtauglich war, hatten Wuornos und Moore keine andere Wahl, als ihn stehen zu lassen. Sie rissen das hintere Nummernschild ab und warfen es, zusammen mit dem Autoschlüssel, in den Wald, dann gingen sie zu Fuß weiter.

Ein Autofahrer, der dachte, die Frauen könnten vielleicht Hilfe gebrauchen, hielt am Straßenrand und bot seine Unterstützung an. Er bemerkte, dass die Blonde nicht nur blutete, sondern auch ziemlich betrunken war. Als sie ihn baten, mitfahren zu dürfen, hielt er es für besser, abzulehnen, woraufhin Lee wütend und ausfällig wurde. Der Mann fuhr davon, benachrichtigte aber die Feuerwehr von Orange Springs und erzählte von der verletzten Frau.

Die Einsatzfahrzeuge wurden zum Ort des Geschehens geschickt, doch als sie eintrafen, bestritt Lee Wuornos, dass sie in einem Auto gewesen seien. »Ich weiß nichts von irgendeinem Unfall«, knurrte sie. »Die Leute sollen aufhören, Lügen zu verbreiten, und uns in Ruhe lassen.«

Um 21.44 Uhr reagierte ein Polizist auf einen Anruf und entdeckte den Wagen. (Erst fast zwei Monate später fanden die Kriminalbeamten heraus, wo der Sunbird verunglückt war, und hörten sich die Aussage von Rhonda und Jim Bailey dazu an.) Der stellvertretende Sheriff von Marion County, Lawing, wurde losgeschickt, um den zerbeulten Wagen zu untersuchen. Die Identifikationsnummer wurde überprüft und so konnte der vermisste Peter Siems als Eigentümer ermittelt werden. Im Fahrzeug fand man, etwas verborgen, Blutspuren und auf dem Stoff der Sitze und an den Türgriffen Blutflecken. Unter den Gegenständen, die die Polizei im Wagen sicherstellte, waren Bierdosen, Marlboro-Zigaretten und zwei Thermoskannen. Unter dem Beifahrersitz lag eine Flasche Glasreiniger, auf der ein Preisschild eines Drogeriemarktes klebte. Es war leicht herauszufinden, dass das Preisschild zu einem Laden in der Gordon Street in Atlanta, Georgia, gehörte.

Inzwischen hatte der Polizeizeichner anhand der Beschreibungen der Zeugen des Unfalls mit dem Sunbird Phantombilder der beiden Frauen erstellt. Mit diesen Zeichnungen und der Flasche Glasreiniger reisten die Ermittler nach Atlanta, um den Geschäftsführer des Drogeriemarkts zu befragen. Als er die Bilder sah, erinnerte er sich daran, dass die beiden Frauen an einem späten Freitagabend seinen Laden betreten hatten. »Wir sind hier in einer üblen Gegend der Stadt, in der vor allem Schwarze leben, Weiße wagen sich nach Einbruch der Dunkelheit nicht in dieses Viertel«, sagte er. Der Geschäftsführer erinnerte sich daran, dass die Frauen Kosmetika und eine schwarze Schachtel mit Kondomen gekauft hatten, dieselbe Marke, die in der Nähe von David Spears Leiche und im Kofferraum seines Wagens gefunden worden war. Es wurde auch herausgefunden, dass eine der Thermoskannen aus einem Laden in der Nähe der Zu- und Abfahrten der Interstate-75 in Wildwood stammte.

Peter Siems und seine Frau waren gläubige Missionare. Sie tranken weder Alkohol, noch rauchten sie, und Verwandte gaben an, dass das Paar noch nie nach Atlanta gefahren sei. Seit Siems als vermisst gemeldet worden war, hatte John Wisnieski von der Polizei in Jupiter an diesem Fall gearbeitet. Er schickte landesweit ein Fernschreiben mit Beschreibungen der beiden Frauen heraus, und auch dem *Florida Criminal Activity Bulletin* schickte er eine kurze Zusammenfassung des Falls, dazu Beschreibungen und Skizzen zu den beiden Frauen. Dann wartete er. Er hatte keine große Hoffnung, Siems noch lebend zu finden. Eine Leiche des Mannes war aber bisher nicht aufgetaucht, seine Kreditkarten waren nicht benutzt worden und auch von seinem Konto war kein Geld abgehoben worden.

* * *

Der stets lächelnde Eugene »Troy« Burress feierte im Januar 1990 seinen fünfzigsten Geburtstag. Da er gut reden konnte, war er bei der Gilchrist Sausage Company in Ocala, einem Ferienort im Norden Floridas, wo er auch lebte, als Teilzeit-Vertreter angestellt. Zudem betrieb er seine eigene Firma, Troy's Pools, in Boca Raton.

Am 30. Juli 1988 machte sich Burress für seinen Arbeitgeber Gilchrist auf den Weg und fuhr die Daytona-Route der Firma ab, die ihn zu verschiedenen

Kunden in Zentral-Florida bringen sollte. Sein letzter geplanter Halt war für Salt Springs in Marion County vorgesehen. Da dies Wuornos »Mordrevier« war, kam er dort nie an.

Als er sich nach Dienstschluss nicht meldete, um Bericht zu erstatten, tätigte Mrs. Jonnie Mae Thompson, die Managerin seines Arbeitgebers, einige Anrufe und stellte dabei fest, dass Burress seinen letzten Termin nicht wahrgenommen hatte. Sie versuchte daraufhin herauszufinden, wo er sich befand, und um 2.00 Uhr meldete seine Frau ihn schließlich als vermisst. Die Polizei nahm ihre Beschreibung auf: schlank, knapp 1,68 Meter groß, rund 70 Kilogramm schwer, blaue Augen und blondes Haar.

Die Suche ergab eine schnelle und leider traurige Rückmeldung. Um 4.00 Uhr fanden Polizeibeamte von Marion County den an seinem schwarzen Führerhaus, dem weißen Kühlraum und dem Logo der Firma leicht zu erkennenden Lieferwagen von Gilchrist auf dem Seitenstreifen der State Road 19, 30 Kilometer östlich von Ocala. Das Fahrzeug war abgeschlossen und die Schlüssel waren ebenso verschwunden wie Troy Burress.

Fünf Tage später entdeckte eine Familie, die sich zu einem Picknick in den Wald von Ocala aufgemacht hatte, seine Leiche. Auf einer Lichtung ganz in der Nähe des Highway 19 und ungefähr 12 Kilometer von seinem abgestellten Lieferwagen entfernt stießen sie zufällig auf seinen Leichnam. Floridas Hitze und Feuchtigkeit hatten den Zerfall beschleunigt, was eine Identifikation am Fundort unmöglich machte. Seine Frau konnte die Identität später aufgrund des Ehrings, den die Leiche trug, bestätigen. Burress war mit zwei Schüssen aus einer Pistole Kaliber 22 getötet worden, einer hatte ihn in der Brust, der andere im Rücken getroffen. Ein Klemmbrett mit Lieferangaben und Quittungen, das aus dem Lieferwagen entfernt worden war, wurde in der Nähe der Leiche gefunden, doch die Einnahmen der Firma fehlten.

* * *

Nach seinem letzten Arbeitstag im Büro der Abteilung für Gesundheits- und Rehabilitationsdienste von Florida in Sumterville kam Dick Humphreys nicht nach Hause. Dieser Beamte, der sich auf den Schutz von missbrauchten und misshandelten Kindern spezialisiert hatte, hatte geplant, in das Büro der

Abteilung in Ocala zu wechseln. Der 56-Jährige, der früher als Polizeichef in Alabama gearbeitet hatte, verfügte über einige Erfahrung.

Am 11. September 1990 verschwand er, nachdem er eine blonde Tramperin mitgenommen hatte. Am nächsten Abend wurde seine Leiche abseits der County Road 484, in der Nähe der Interstate-75, im Marion County gefunden. Sieben Mal war auf ihn geschossen worden. Sechs Kugeln Kaliber 22 wurden aus seiner Leiche geborgen, doch das siebte Geschoss war durch sein Handgelenk gedrungen und wurde nie aufgespürt. Sein Geld und seine Brieftasche fehlten.

Humphreys' Wagen, ein Firenza, wurde am 19. September rund 110 Kilometer weiter nördlich entdeckt. Er stand in einem Unterstand hinter einer verlassenen Tankstelle an der Kreuzung der Interstate-10 und der State Route 90, in der Nähe von Live Oak, Suwannee County. Das Kennzeichen, die Schlüssel und ein leuchtend gelber Aufkleber der Highway Patrol Association waren vom Wagen entfernt worden. Bei einer ersten Untersuchung des Fahrzeugs wurde festgestellt, dass alles, was darauf hinwies, dass es Dick Humphreys gehört hatte, verschwunden oder weggeworfen worden war, wie sein Leben. Zu den fehlenden Gegenständen gehörten seine Eisschaber, seine Landkarten, seine persönlichen Papiere, geschäftliche Unterlagen und Bürgschaften. Seine Lieblingspfeife aus der erst vor Kurzem geschnitzten hölzernen Ablage oben auf dem Armaturenbrett war ebenfalls verschwunden. Im Gegenzug hatte Lee Wuornos eine Dose Bier unter dem Beifahrersitz hinterlassen.

Als der Wagen bei der Polizei noch einmal gründlicher untersucht wurde, förderte man einen Kassenbon zutage, der den Kauf von Bier oder Wein im EMRO-Laden Nummer 8237, einer Fernfahrerkneipe mit Mini-Markt an der Kreuzung der State Route 44 mit der Interstate-75 in Wildwood, bestätigte. Der Bon war um 4.19 Uhr am 11. September 1990 ausgestellt worden, dem Tag, an dem Dick verschwunden war. Die Angestellte, die zum angegebenen Zeitpunkt Dienst gehabt hatte, konnte sich nicht an den Mann erinnern, erkannte jedoch anhand der Phantomzeichnungen der Polizei Wuornos und Moore. So, wie die beiden sich verhalten hatten, war die Angestellte davon ausgegangen, dass die beiden Prostituierte gewesen seien. Nachdem sie den Laden verlassen hatten, waren sie offenbar weggefahren, deshalb hatte sie nicht die Polizei gerufen. Dazu wäre sie eigentlich verpflichtet gewesen, denn Prostituierte hatten zu Fernfahrerkneipen in ganz Florida keinen Zutritt.

Die meisten persönlichen Dinge des Opfers, einschließlich der Pfeife, die seiner Frau später zurückgegeben wurde, fand man einen Monat später auf einem baumumstandenen Feld abseits der Boggy Marsh Road im südlichen Lake County, in der Nähe der US 27.

Mittlerweile begannen die Polizeibeamten, die in den verschiedenen Mordfällen ermittelten, ihre Beweismittel zusammenzutragen und abzugleichen. Kripobeamte aus Marion und aus Citrus County verglichen Ermittlungsergebnisse zu den Morden an Burress und an Spears miteinander. Dann sprachen sie mit Tom Muck in Pascoe County, nachdem sie im Bulletin des Florida Department Law Enforcement (FDLE) gelesen hatten, dass es zwischen seinem Opfer und Spears möglicherweise einen Zusammenhang gab. Damit waren es drei Leichen, was darauf hinwies, dass da ein Serienmörder unterwegs war.

Die Verbrechen wiesen eine Reihe von ähnlichen Merkmalen auf, zum Beispiel handelte es sich bei allen Opfern um ältere Männer, die ausgeraubt worden waren, wobei zweien die Taschen von innen nach außen gedreht worden waren. Alle drei Morde waren mit einer kleinkalibrigen Waffe ausgeführt worden. Die aus den Leichen geborgenen Kugeln wiesen Kaliber 22 auf, waren kupferummantelt, mit Hohlspitze und Spuren, wie sie für eine rechtsdrehende Waffe mit sechs Schuss typisch waren.

Ein weiterer Zusammenhang ergab sich, als die Polizei die Phantomzeichnungen austauschte, die aufgrund der jeweiligen Zeugenaussagen entstanden waren. Sie wiesen große Ähnlichkeiten auf, was bedeutete, dass man nach der gleichen kleinen blonden Frau suchte. Wenn sie allein mordete und nicht mit einem Mann zusammenarbeitete, so war es gut möglich, dass sie eine kleine Pistole als »Ausgleich« mit sich führte.

Captain Steve Binegar, Leiter der Abteilung für Mordermittlungen des Sheriffbüros von Marion County, wusste von den Fällen im Citrus und Pascoe County. Zum Zeitpunkt unseres Gesprächs war er im Bezirksgefängnis in Tallahassee tätig. Er erinnerte sich, dass er die Übereinstimmungen bei den Mordfällen nicht mehr hatte ignorieren können und deshalb begonnen hatte, eine Theorie dazu zu formulieren. Seine erste Aufgabe war gewesen, eine Sonderkommission mit Vertretern aller zuständigen Polizeistationen zusammenzustellen, in deren Bereich Leichen gefunden worden waren.

»Niemand hielt in dieser Zeit noch an, um Tramper mitzunehmen«, erklärte Captain Binegar. »Der oder die Täter/in im Zusammenhang mit diesen Verbrechen musste den Opfern also erst einmal ungefährlich erschienen sein. Als ich erfuhr, dass zwei Frauen von Peter Siems Auto weggegangen waren, fielen mir die Kondome wieder ein. Dann waren da die Phantomzeichnungen und die Angestellte der Fernfahrerkneipe, die ausgesagt hatte, dass die beiden Frauen wie Prostituierte ausgesehen hatten. Daraufhin sagte ich zu den Kollegen: ›Wir suchen nach einer Prostituierten, die an Fernstraßen unterwegs ist.‹«

Binegar beschloss, sich an die Presse zu wenden. Ende November brachte die Nachrichtenagentur Reuters eine Geschichte über die Morde und gab an, dass die Polizei nach zwei Frauen suche. Zeitungen in ganz Florida griffen die Meldung auf und veröffentlichten sie zusammen mit Phantomzeichnungen der beiden infrage kommenden Frauen.

* * *

Der 60 Jahre alte Walter Antonio aus Cocoa, Florida, war auf der Suche nach einem Job unterwegs nach Alabama. Er hatte sich vor Kurzem verlobt und trug einen goldenen und silbernen Diamantring, ein Geschenk seiner Verlobten. Am 18. November entdeckte ein Polizeibeamter, der auf der Jagd war, nahe der Kreuzung der US 19 und der US 27 im Dixie County die bis auf ein Paar lange Baumwollsocken nackte Leiche eines Mannes. Viermal war mit einer Pistole Kaliber 22 auf Walter Antonio geschossen worden, dreimal in den Oberkörper und einmal in den Kopf.

Sein kastanienbrauner Pontiac Grand Prix wurde am 24. November in einem bewaldeten Gebiet in der Nähe der Interstate-95 und der US 1 im nördlichen Brevard County gefunden. Das Nummernschild und die Schlüssel fehlten und, wie bei Humphreys' Wagen, war ein Autoaufkleber entfernt worden. Über die Identifikationsnummer war nachlässig ein Stück Papier geklebt worden und die Türen waren abgeschlossen. Auf dem Boden in der Nähe des Fahrzeugs wurden leere Bierdosen sichergestellt, auf denen die Fingerabdrücke abgewischt worden waren.

Die Ermittler bekamen heraus, dass Antonio akribisch jeden Benzinkauf notiert und die Tankquittungen, auf denen er seinen Kilometerstand festgehalten hatte, aufbewahrt hatte. Dank dieses akribischen Vorgehens konnten sie rückschließen, dass mit seinem Wagen seit seinem Verschwinden mehr als 1600 Kilometer zurückgelegt worden waren.

Seine Verlobte gab der Polizei eine Liste mit Dingen, die sich normalerweise in seinem Wagen befanden, darunter Handschellen, die Dienstmarke eines Sheriffs, ein Gummiknüppel, eine Taschenlampe, eine Armbanduhr, ein Koffer, ein Werkzeugkasten und eine Baseball-Mütze. All diese Dinge waren verschwunden.

Walter Antonios Personalausweis und seine Kleidung wurden in einem Waldgebiet im Taylor County entdeckt, ungefähr 60 Kilometer nördlich des Fundorts der Leiche. Der Rest wurde nie gefunden.

In etwas mehr als einem Jahr hatte Lee Wuornos abseits der Fernstraßen von Zentral-Florida eine Spur männlicher Leichen mittleren Alters hinterlassen.

* * *

In der Folge von Captain Steve Binegars über die Zeitungen verbreiteten Aufrufs mit der Bitte um Informationen gingen nach und nach Anrufe ein, sodass die Ermittler Mitte Dezember 1990 etliche brauchbare Hinweise zu den beiden verdächtigen Frauen besaßen. Ein Mann in Homosassa Springs, jenem Ort, den Wuornos gegenüber Davis Spears als Ziel angegeben hatte, gab an, dass zwei Frauen, auf die die Phantomzeichnungen passten, etwa ein Jahr zuvor ein Wohnmobil bei ihm gemietet hätten. Nachdem er seine Unterlagen durchgeschaut hatte, gab er als Namen »Tyria Moore« und »Lee« an.

Eine Zeugin in Tampa sagte aus, zwei Frauen hätten in ihrem Motel südlich von Ocala gearbeitet, was nahe der Stelle war, an der Troy Burress ermordet worden war. Ihre Namen seien Tyria Moore und Susan Blahovec gewesen, und sie hätten damit angegeben, sich in Homosassa Springs ein Wohnmobil gekauft zu haben. Die Frau gab weiter an, dass die Blonde, Blahovec, die Dominante des Duos und ihrer Meinung nach eine Fernfahrer-Prostituierte gewesen sei. Sie erzählte der Polizei auch, dass beide Lesbierinnen gewesen seien.

Die Informationen dieser beiden Anrufer ließen beim Sondereinsatzkommando sofort die Alarmglocken läuten: David Spears, Homosassa Springs, Wohnmobil, zwei Frauen … Troy Burress, Ocala, Wohnmobil, dieselben zwei Frauen. Die Nachforschungen begannen sich auszuzahlen, da sich die zuvor nur spärlichen Hinweise langsam zu einem Bild zusammenfügten.

Auch Moore stieß immer wieder auf die von den Medien veröffentlichten Phantomzeichnungen von der Blonden mit roten Lippen und strähnigem Haar sowie ihrer dunkelhaarigen Gefährtin mit dem Mondgesicht und der Baseball-Mütze. Das war der Grund für sie, aus Daytona Beach abzuhauen und zum Erntedankfest nach Hause nach Ohio zu fahren. Tyria, die in ihrem ganzen Leben noch nie jemandem etwas angetan hatte, musste über einiges ernsthaft nachdenken. Sie fühlte sich Lee emotional sehr verbunden und konnte einfach nicht glauben, dass ihre Geliebte die Serienmörderin war, nach der die Polizei in einer groß angelegten Suchaktion fahndete.

Der Durchbruch für die Ermittler kam durch Informationen aus Port Orange in der Nähe von Daytona. Die örtliche Polizei hatte die Spur der beiden Frauen aufgenommen und war nun in der Lage, eine detaillierte Zusammenfassung der Aufenthaltsorte des Paares von Ende September bis Mitte Dezember zu liefern. Zuerst hatten sie im »Fairview Motel« in Harbour Oaks gewohnt, wo Blahovec sich als Cammie Marsh Greene eingetragen hatte. Kurze Zeit hatten sie in einer kleinen Wohnung hinter einem Restaurant in der Nähe des »Fairview« gewohnt, waren später jedoch in das Motel zurückgekehrt. Dann war Wuornos – alias Blahovec, alias Greene – allein gekommen und bis zum 10. Dezember geblieben.

Eine Überprüfung im nationalen Polizei-Computer erbrachte Informationen zum Führerschein und aus dem Strafregister von Tyria Moore, Susan Blahovec und Cammie Marsh Greene. Gegen Moore, der 1983 Einbruch und Hausfriedensbruch vorgeworfen worden war, was aber wieder fallen gelassen worden war, lag nichts Erwähnenswertes vor. Blahovec war einmal wegen Hausfriedensbruchs verhaftet worden, während es zu Greene überhaupt keine Aufzeichnungen gab. Zudem war das Foto in Blahovecs Führerschein nicht mit dem von Greene identisch.

Der Greene-Ausweis lieferte letztendlich den entscheidenden Hinweis. Polizisten aus dem Volusia County überprüften die Pfandleiher der Gegend und fanden heraus, dass Cammie Marsh Greene im Leihhaus in Daytona Beach eine Minolta-Kamera und einen bei RadioShack erworbenen Radardetektor verpfändet hatte (beide Geräte hatten Richard Mallory gehört). Cammie hatte dafür 30 Dollar bekommen, sie hatte ihren Führerschein vorgelegt und auf der Empfangsquittung pflichtgemäß den obligatorischen Daumenabdruck hinterlassen. Da nur wenige Leute einen Radardetektor von RadioShack und dazu noch eine Kamera von Minolta besitzen, weckte diese Kombination das Interesse der Kriminalbeamten. In Ormond Beach hatte sie eine Werkzeug-Garnitur verpfändet, deren Beschreibung zu der aus David Spears Wagen passte. Allerdings konnte die Polizei die Garnitur nicht sicherstellen.

Der Daumenabdruck erwies sich schließlich als der Schlüssel. Jenny Ahearn, die für die Fingerabdruckidentifizierung der Strafverfolgungsbehörden von Florida zuständig war, fand zwar bei ihrer ersten Computerrecherche nichts, doch zusammen mit Kollegen machte sie sich im Volusia County daran, per Hand Fingerabdruck-Dokumente zu überprüfen. Innerhalb einer Stunde landete sie einen Volltreffer. Der Abdruck tauchte im Zusammenhang mit einer Anklage wegen illegalem Waffenbesitz und einem ausstehenden Haftbefehl gegen eine Lori K. Grody auf. Ihre Fingerabdrücke passten zu einem blutigen Handabdruck, der in Peter Siems Sunbrid gefunden worden war. All diese Informationen wurden an das Nationale Informationszentrum für Kriminalität geschickt, woraufhin Antworten aus Michigan, Colorado und Florida eintrafen, die bestätigten, dass Lori K. Grody, Susan Blahovec und Cammie Marsh Greene allesamt Decknamen einer gewissen Aileen Carol Wuornos waren.

Schließlich machten Mike Joyner und Dick Martin, zwei Polizisten, die sich im Undercover-Einsatz als Motorradfahrer in Lederkleidung tarnten, Lee Wuornos am Dienstag, dem 8. Januar 1991, um 21.19 Uhr ausfindig und beobachteten sie. Sie trank etwas im »Port Orange Pub« an der Ridgewood Avenue in Harbour Oaks, ungefähr 800 Meter nördlich ihrer Lieblingsbar »The Last Resort«, einer der vielen Biker-Bars, die sich am Highway One befanden. Zum Entsetzen der Undercover-Beamten kamen plötzlich zwei uniformierte Polizisten aus Port Orange in die Bar und nahmen Wuornos nach draußen mit. Hektisch riefen Joyner und Martin die Einsatzzentrale im »Pirate's Cove Motel« an, wo Beamte aus sechs Zuständigkeitsbereichen zusammensaßen, um die Ermittlungen voranzubringen. Sie nahmen an, dass diese Entwicklung nichts mit einer undichten Stelle zu tun hatte, sondern einfach aufmerksame Polizeibeamte ihren Job machten. Bob Kelly vom Sheriff-Büro im Volusia County rief die Polizeistation in Port Orange an und bat darum, Wuornos auf keinen Fall zu verhaften. Diese Anweisung konnte den Polizisten vor Ort gerade noch rechtzeitig übermittelt werden, sodass Lee wieder in die Bar zurückkehren durfte.

Nun traten die beiden Undercover-Polizisten in Aktion, fingen eine Unterhaltung mit Lee an und spendierten ihr ein paar Biere. Gegen 22.00 Uhr verließ sie die Bar mit einem Lederkoffer und lehnte das Angebot einer Mitfahrgelegenheit ab. Noch einmal wurde die verdeckte Ermittlung fast vermasselt, als zwei Beamte der Strafverfolgungsbehörden von Florida Lee mit ausgeschaltetem Licht folgten, während sie die Ridgewood Avenue entlangging. Die Polizei in der Einsatzzentrale wies die beiden Beamten an, sich zurückzuziehen, so konnte Lee unbehelligt »The Last Resort« erreichen.

Joyner und Martin trafen sie im »The Last Resort« wieder, tranken dort bis Mitternacht etwas und plauderten, dann verließ sie die Bar. Aber sie ging nicht weit, denn Lee Wuornos verbrachte ihre letzte Nacht in Freiheit auf einem alten gelben Autositz, der unter dem Blechdachüberstand der Bar stand.

Eigentlich war geplant gewesen, sie den ganzen nächsten Tag lang weiter zu überwachen, doch als die Polizei erfuhr, dass am nächsten Abend eine große Zahl von Bikern zu einer Party in der Bar erwartet wurde, entschied man, dass eine weitere Überwachung damit unmöglich wäre. Wenn sie sich einen Motorradhelm aufsetzen würde, konnte sie ganz einfach zwischen all den Motorradfahrern, die da herumschwirren würden, verschwinden und endgültig abtauchen. So wurde beschlossen, die Verhaftung in die Wege zu leiten. Joyner und Martin fragten sie daraufhin, ob sie ihr Motelzimmer nutzen wolle, um sich für die Party zurechtzumachen. Zuerst zögerte sie, doch dann änderte sie ihre Meinung und verließ die Bar mit den beiden.

Auf den Stufen, die zur Bar führten, kam Larry Horzepa vom Sheriff-Büro Marion County auf Lee zu und erklärte ihr, dass sie aufgrund eines Haftbefehls gegen Lori Grody festgenommen sei. Der war wegen illegalen Waffenbesitzes ausgestellt worden, die Morde wurden nicht erwähnt. Die

Verhaftung wurde geheim gehalten, und den Medien gegenüber gab es keine Information darüber, dass eine Verdächtige im Zusammenhang mit den Serienmorden festgenommen worden war. Die Zurückhaltung war begründet, denn bislang hatte die Polizei noch keine Mordwaffe gefunden und auch Tyria Moore noch nicht festgenommen.

Lees Gefährtin wurde am 10. Januar ausfindig gemacht, sie wohnte bei ihrer Schwester in Pittston, Pennsylvania. Jerry Thompson aus dem Citrus County und Bruce Munster aus dem Marion County flogen nach Scranton, um sie zu befragen. Sie wurde über ihre Rechte aufgeklärt, aber ihr wurde kein Vergehen vorgeworfen. Munster erklärte ihr, was ein Meineid bedeutete, vereidigte sie und wartete auf ihre Stellungnahme.

Tyria sagte, dass sie von den Morden gewusst habe, seit Lee mit Richard Mallorys Cadillac nach Hause gekommen war. Lee hatte offen zugegeben, dass sie an jenem Tag einen Mann getötet hatte, doch Moore habe sie gebeten, ihr nichts weiter darüber zu erzählen. »Ich sagte ihr, dass ich davon nichts hören will«, erklärte sie den Kriminalbeamten. »Und von da an sagte ich ihr jedes Mal, wenn sie nach Hause kam und bestimmte Dinge erwähnte oder mir erzählte, woher sie irgendwelche Sachen hatte, dass ich es nicht hören will.« Tyria gab zu, dass sie etwas geahnt hatte, aber so wenig wie möglich über Lees Aktivitäten hatte wissen wollen. Je mehr sie gewusst hätte, argumentierte sie, desto mehr hätte sie sich verpflichtet gefühlt, Lee den Behörden zu melden. Das wollte sie aber nicht. »Ich hatte einfach Angst«, behauptete sie. »Sie sagte zwar immer, sie würde mir nie etwas antun, aber andererseits konnte man ihr nie wirklich glauben, deshalb weiß ich nicht, was sie getan hätte.«

Am nächsten Tag begleitete Tyria Moore Munster und Thompson nach Florida, um bei den Ermittlungen zu helfen. Ein Geständnis konnte die Anklage gegen Wuornos hieb- und stichfest machen, und während des Fluges erläuterten Munster und Thompson ihr ihren Plan. Sie wollten sie in einem Motel in Daytona unterbringen und ihr Kontakt zu Lee im Gefängnis ermöglichen. Sie solle erklären, sie habe Geld von ihrer Mutter bekommen und sei zurückgekommen, um ihre restlichen Sachen abzuholen. Ihre Gespräche würden aufgezeichnet werden. Sie solle Lee erzählen, die Behörden hätten ihre Familie befragt und dass sie fürchte, dass die Morde in Florida ihr angehängt würden. Munster und Thompson hofften, dass Lee aus Loyalität zu Tyria gestehen würde.

Davon ausgehend, dass sie nur wegen des Waffenvergehens von Lori Grady im Gefängnis saß, sprach Lee am 14. Januar zum ersten Mal mit Tyria. Als diese ihren Verdacht äußerte, beruhigte Lee sie. »Ich bin nur wegen dieser Waffengeschichte von 86 und wegen einem Strafzettel hier. Ich hab die Zeitungen gelesen und ich weiß, dass ich keine dieser kleinen Verdächtigen bin.« Sie war sich natürlich darüber im Klaren, dass das Gefängnis-Telefon, das sie benutzte, überwacht wurde, und gab sich alle Mühe, nur unklar von den Verbrechen zu sprechen und Alibis zu konstruieren. »Ich denke, jemand von der Arbeit ... wo du gearbeitet hast ... meinte wohl, die sähen aus wie wir«, sagte sie. »Aber schau doch mal, das sind nicht wir. Da liegt eine Personenverwechslung vor.«

Die Telefonate gingen noch drei Tage lang weiter. Tyria Moore erklärte noch nachdrücklicher, dass die Polizei hinter ihr her sei. Lee wusste offenbar genau, was von ihr erwartet wurde. Sie äußerte sogar den Verdacht, Moore sei nicht allein und dass da jemand ihre Gespräche aufnehme. Doch je mehr Zeit verging, desto unvorsichtiger wurde sie mit dem, was sie sagte. Sie wollte Moore nicht mit sich untergehen lassen. »Mach einfach und sag Ihnen, was du wissen musst ... was sie wissen wollen oder sonst was«, meinte sie. »Ich werde das klären, denn du bist unschuldig. Ich werde nicht zulassen, dass du ins Gefängnis musst. Hör zu, wenn ich gestehen muss, werde ich das tun.« Und am Morgen des 16. Januar tat sie genau das.

Während ihres Geständnisses gegenüber Larry Horzepa und Bruce Munster sprach Lee immer wieder zwei Themen an. Zunächst wollte sie klarstellen, dass Tyria Moore in keinen der Morde verwickelt war. Zweitens beteuerte sie ständig, dass sie an nichts schuld sei, weder an den Morden noch an den Umständen, die ihr Leben als Kriminelle geprägt hatten. Sie behauptete, dass sie stets aus Notwehr getötet habe. Jedes der Opfer habe sie entweder angegriffen, bedroht oder vergewaltigt. Ihre Geschichte entwickelte sich jedes Mal, wenn sie sie erzählte, weiter und schien ein Eigenleben anzunehmen. Wenn sie meinte, etwas gesagt zu haben, das belastend sein könnte, fing sie wieder von vorne an, erzählte den entsprechenden Teil neu und überarbeitete die Einzelheiten so, dass sie zu ihren Aussagen passten.

Lee behauptete, im Laufe der Jahre mehrmals vergewaltigt worden zu sein. Sie habe dann beschlossen, dass dies nie wieder vorkommen solle. Immer wenn seitdem ein Kunde aggressiv geworden sei, habe sie aus Angst getötet. Mehrmals riet ihr Michael O'Neill, ihr Pflichtverteidiger aus Volusia County, nichts weiter zu sagen, und fragte schließlich verärgert: »Ist Ihnen eigentlich klar, dass diese Männer Polizisten sind?« Wuornos antwortete: »Ich weiß. Die wollen mich hängen. Und das ist okay, denn vielleicht hab ich das ja verdient. Ich will das einfach hinter mich bringen.«

Die Nachricht, dass die Polizei das Geständnis einer Serienmörderin erlangt hatte, sickerte bald schon an die Öffentlichkeit durch, woraufhin Kriminalbeamte, Moore und Wuornos, sowie die Verwandten der Opfer mit Angeboten für Buch- und Filmverträge bombardiert wurden. Lee glaubte offenbar, dass sie mit ihrer Geschichte Millionen Dollar verdienen könne. Offenbar war ihr nicht bekannt, dass es in Florida ein Gesetz gab, das es Kriminellen verbot, auf diese Weise von ihren Taten zu profitieren. Sie wollte für Schlagzeilen in den lokalen und nationalen Medien sorgen. Sie hatte das Gefühl, nun berühmt zu sein, und redete mit jedem, der es hören wollte – einschließlich den Angestellten des Gefängnisses von Volusia County – weiter über ihre Verbrechen. Mit jeder neuen Version ihrer Erzählung verfeinerte sie ihre Geschichte noch ein wenig und versuchte auf diese Weise, sich selbst jedes Mal in einem besseren Licht darzustellen.

Am 28. Januar 1991 wurde Lee Wuornos des Mordes an Richard Mallory angeklagt. Die Anklage lautete:

»*Am oder um den ersten Tag des Dezembers 1989 hat Aileen Carol Wuornos alias Susan Lynn Blahovec alias Lori Kristine Grody alias Cammie Marsh Greene im Volusia County unrechtmäßig und mit dem Vorsatz, den Tod von Richard Mallory zu bewirken, einen Menschen getötet und ermordet, indem sie ihn mit einer Schusswaffe, das heißt einer Handfeuerwaffe, erschossen hat, während sie einen Raubüberfall verübte oder zu verüben versuchte.*«

Die Anklagepunkte zwei und drei warfen ihr bewaffneten Raubüberfall und den Besitz einer Schusswaffe vor. Ende Februar wurde sie dann wegen des

Mordes an David Spears im Citrus County und wegen der Morde an Dick Humphreys und Troy Burress im Marion County angeklagt.

Lees Anwälte wollten einen Deal aushandeln: Sie sollte sich in sechs Anklagefällen schuldig bekennen und dafür sechsmal zu lebenslangen Haftstrafen verurteilt werden. Ein Staatsanwalt war allerdings der Meinung, dass sie die Todesstrafe verdient hatte. Am 14. Januar 1992 wurde ihr schließlich wegen des Mordes an Richard Mallory der Prozess gemacht.

Die Beweise und die Zeugenaussagen waren ziemlich belastend. Dr. Arthur Botting, der Gerichtsmediziner, der die Autopsie von Mallorys Leiche durchgeführt hatte, sagte aus, dass der Mann noch zehn bis 20 qualvolle Minuten gelebt hatte, bis er starb. Tyria Moore bezeugte, dass ihr Wuornos, als sie ihr von der Tötung Mallorys berichtet hatte, nicht besonders aufgeregt, nervös oder betrunken vorgekommen sei. Zwölf Männer wurden in den Zeugenstand gerufen, um bezüglich ihrer Begegnungen mit Lee an den Fernstraßen und Nebenstraßen Floridas auszusagen.

In Florida gilt ein als »Williams Rule« bekanntes Gesetz, das es erlaubt, Beweise, die sich auf andere Verbrechen beziehen, zuzulassen, wenn sie dazu dienen, ein Muster aufzuzeigen. Aufgrund dieses Gesetzes wurden der Geschworenenjury Informationen zu anderen Morden vorgelegt, die mutmaßlich von Wuornos begangen worden waren. Ihre Behauptung, sie habe aus Notwehr getötet, wäre sehr viel glaubwürdiger gewesen, hätte die Jury nur von Mallory gewusst. Nun aber, da die Jury über alle Morde in Kenntnis gesetzt worden war, schien Notwehr nicht besonders plausibel. Nachdem zudem Ausschnitte ihres auf Video aufgenommenen Geständnisses abgespielt worden waren, erschien die Behauptung, es sei Notwehr gewesen, einfach nur lächerlich. Wuornos erzählte in dem Video die Geschichte und war dabei kein bisschen aufgebracht. Sie plauderte ganz locker mit dem Vernehmungsbeamten und wies ihren Anwalt mehrfach an, zu schweigen. Ihr Bild auf dem Bildschirm verurteilte sie im Grunde selbst: »Ich habe ein Leben genommen ... Ich bin bereit, mein Leben zu verlieren, weil ich Menschen getötet habe ... Ich verdiene es, zu sterben«, sagte sie.

Tricia Jenkins, eine von Lees Pflichtverteidigerinnen, wollte nicht, dass ihre Mandantin aussagte, und riet ihr das auch. Doch Wuornos setzte sich über diesen Rat hinweg und bestand darauf, ihre Geschichte zu erzählen.

Ihre Darstellung des Mordes an Mallory ähnelte nunmehr kaum noch der, die sie bei ihrem Geständnis zu Protokoll gegeben hatte. Mallory habe sie vergewaltigt, anal missbraucht und gefoltert, behauptete sie.

Beim Kreuzverhör zerstörte Staatsanwalt John Tanner jeden noch so geringen Rest an Glaubwürdigkeit, der ihr möglicherweise noch geblieben war. Als er all ihre Lügen und Unstimmigkeiten aufgedeckt hatte, wurde sie wütend. Ihre Anwälte rieten ihr wiederholt, keine Fragen zu beantworten, und sie berief sich 25 Mal auf ihr gesetzliches Recht, nichts sagen zu müssen, was sie selbst belasten könnte. Sie war die einzige Zeugin der Verteidigung, und als sie den Zeugenstand verließ, gab es kaum einen Zweifel daran, wie der Prozess enden würde.

Richter Uriel »Bunky« Blount jr. beauftragte die Jury am 27. Januar mit der Entscheidung. 91 Minuten später kamen die Geschworenen mit ihrem Urteil zurück. Pamela Mills, eine Lehrerin, war als Sprecherin der Jury gewählt worden und händigte dem Gerichtsdiener das Urteil aus. Der wiederum übergab es dem Richter. Der Richter las es und reichte es an die Protokollantin weiter, die die Sätze vorlas, die Lees Schicksal besiegelten. »Wir, die Geschworenen, befinden Aileen Wuornos des Schwerverbrechens eines vorsätzlichen Mordes für schuldig«, erklärte sie vor einer gespannten Versammlung im Gerichtssaal. Als sich die Geschworenen, die ihre Pflicht getan hatten, auf den Weg nach draußen machten, explodierte Lee vor Wut und schrie. »Ich bin unschuldig! Ich bin vergewaltigt worden! Ich hoffe, ihr werdet auch vergewaltigt! Ihr amerikanischen Drecksäcke.«

Als es am nächsten Tag um das Strafmaß gehen sollte, war ihr Wutausbruch den Geschworenen noch frisch in Erinnerung. Experten, die von der Verteidigung als Zeugen geladen worden waren, sagten aus, Wuornos sei psychisch krank, sie leide an einer Borderline-Persönlichkeitsstörung, und die fatalen Umstände in ihrer Kindheit seien Ursache für eine mangelhafte Entwicklung und ihre Verdorbenheit. Jenkins bezeichnete ihre Mandantin als »ein geschädigtes, primitives Kind« und bat die Geschworenen unter Tränen, Lees Leben zu schonen. Doch die Geschworenen konnten nicht vergessen, was für eine Frau sie während des Prozesses kennengelernt hatten, und ihr auch nicht vergeben. Mit einem einstimmig gefassten Urteilsspruch empfahlen sie Richter Blount, sie zum Tode auf dem elektrischen Stuhl zu verurteilen. Nachdem er aus einem vorgedruckten Text zitiert hatte, bestätigte er das Urteil am 31. Januar.

> *»Aileen Carol Wuornos, von ihren Anwälten William Miller, Tricia Jenkins und Bill Nolas vor Gericht vertreten, wurde nach gerichtlicher Überprüfung im ersten Anklagepunkt des vorsätzlichen Mordes und eines Kapitalverbrechens an Richard Mallory für schuldig befunden; desgleichen im zweiten Anklagepunkt, eines bewaffneten Raubüberfalls mit einer Schusswaffe ... hiermit verurteilt und der genannten Straftaten für schuldig befunden ... und das Gericht hat der Angeklagten Gelegenheit geboten, gehört zu werden und Materialien für eine Strafmilderung vorzulegen ... Im Namen dieses Gerichts werden Sie, Aileen Carol Wuornos, vom Sheriff von Volusia County dem zuständigen Beamten der Gefängnisverwaltung des Staates Florida übergeben und auf der Basis eines Haftbefehls des Gouverneurs von Florida in Sicherheit verwahrt, bis Sie, Aileen Wuornos, durch Elektrizität hingerichtet werden, bis der Tod eintritt.*
>
> *Und möge Gott Ihrer Leiche gnädig sein.«*

Im Gerichtssaal war ein kollektives Raunen zu hören, was die Feierlichkeit des Moments etwas minderte. Das schockierte Gemurmel hatte weniger mit der grundsätzlichen Aussage des Richters, als mit seiner Wortwahl zu tun. Möge Gott Ihrer Leiche gnädig sein? Hatte Richter Blount das tatsächlich gesagt? *Leiche*? Medienvertreter hielten inne, die Hände verharrten mit den Stiften in der Luft. Er hatte sich geirrt. Natürlich hätte er sagen müssen: »Möge Gott Ihrer Seele gnädig sein.« Konnte man ihn so zitieren, flüsterten sie einander zu?

Aileen Wuornos bekam keinen weiteren Prozess. Am 31. März 1992 ließ sie verlauten, dass sie keinen Widerspruch gegen die Anklagen wegen Mordes an Dick Humphreys, Troy Burress und David Spears einlegen werde, und sagte, sie wolle »es mit Gott in Ordnung bringen«. In einer weitschweifigen Erklärung vor Gericht meinte sie: »Ich wollte Ihnen gestehen, dass David Mallory mich, wie ich Ihnen gesagt habe, gewaltsam missbraucht hat. Die anderen jedoch taten das nicht. [Sie] haben es nur versucht.« Sie beendete ihren Monolog damit, dass sie sich zum stellvertretenden Staatsanwalt Ric

Ridgeway umdrehte und zischte: »Ich hoffe, Ihre Frau und Ihre Kinder werden anal vergewaltigt!«

Am 15. Mai händigte ihr Richter Thomas Sawaya drei weitere Todesurteile aus. Sie machte eine obszöne Geste und murmelte: »Wichser.«

Eine Zeit lang wurde darüber spekuliert, ob Wuornos Prozess wegen dem Mord an Richard Mallory neu aufgerollt werden würde. Neu aufgetauchte Informationen belegten, dass Mallory wegen sexueller Gewalt zehn Jahre lang im Gefängnis gesessen hatte, und die Anwälte gingen davon aus, dass die Geschworenen den Fall vielleicht anders entschieden hätten, wenn sie das gewusst hätten. Letztlich gab es keinen neuen Prozess und der Oberste Gerichtshof von Florida bestätigte alle sechs Todesurteile gegen Wuornos.

Verschiedene Berufungsersuche kamen in der Folge nur langsam voran, da alle Bemühungen Floridas, Berufungsverfahren zu beschleunigen, lediglich neue Verzögerungen verursachten. Am 9. Oktober 2002 wurde Wuornos hingerichtet.

* * *

Aileen Carol Wuornos hat den Todestrakt mit einigen Gefangenen geteilt, die Leuten, die sich für Schwerverbrechen in den USA interessieren, bekannt sein dürften. Judias »Judy« Buenonano, gemeinhin bekannt als »Die Schwarze Witwe«, saß seit 1985 im Todestrakt. Sie wurde verurteilt, weil sie ihren Ehemann vergiftet, ihren gelähmten Sohn ertränkt hatte, indem sie ihn aus einem Kanu stieß, und eine Bombe im Auto ihres Freundes deponiert hatte. Sie war die erste Frau, die – am 30. März 1998 – in Florida auf dem elektrischen Stuhl starb.

Deirdre Hunt landete 1993 im Todestrakt, doch ihr Urteil wurde später in lebenslänglich umgewandelt.

Andrea Hicks Jackson war zum Tode verurteilt worden, weil sie 1983 einen Polizisten erschossen hatte. Auch ihr Urteil wurde umgewandelt. Wie Hunt war sie danach nicht mehr im »Trakt« untergebracht.

Virginia Gail Larzelere wurde zum Tod verurteilt, weil sie am 8. März 1991 in Edgewater, in der Nähe von Daytona Beach, ihren Ehemann ermordet hatte.

Ana M. Cardona, wurde wegen schweren Kindesmissbrauchs und wegen vorsätzlichen Mordes an ihrem dreijährigen Sohn am 2. November 1992 in Miami zum Tode verurteilt.

Zur Zeit der Abfassung dieses Buchs war Aileen Wuornos 46 Jahre alt, sah allerdings zehn Jahre älter aus. Die verurteilte Frau, die ein orangefarbenes T-Shirt und eine blaue Hose trug, war knapp 1,63 Meter groß und wog 60 Kilogramm. Das charakteristische rotblonde Haar, das von Zeugen immer wieder beschrieben wurde, rahmte ihr Gesicht ein, doch ihre Augen waren ständig blutunterlaufen. Sie wirkte stets erschöpft, und auch wenn sie früher einmal attraktiv gewesen war, so zeigte ihr Gesicht nun die Spuren eines Lebens, das es nicht gut mit ihr gemeint hatte. Sie hatte eine Narbe zwischen ihren Augen und Brandnarben auf ihrer Stirn. Ihr Körper war gekennzeichnet von einer langen Narbe, die sich an ihrem linken Unterarm entlangzog, und von einer wulstigen Narbe mitten auf ihrem Bauch nach einer Blinddarmoperation.

Die Zelle, in der Lee eingesperrt war, maß ungefähr 2,5 x 3 Meter. Sie war in einem schmutzigen Rosa gestrichen und die Decke war relativ hoch, über 4 Meter, was den Raum größer und luftiger erscheinen ließ, als er in Wirklichkeit war. Ein Schwarz-Weiß-Fernseher stand auf einem braun lasierten Regalbrett über der Toilette aus Edelstahl. Eine graue Metalltruhe diente als Tisch, sonst gab es keinen Tisch und nur einen einzigen Stuhl. Am Fuße des Metallbettes stand zudem ein schmutziger lindgrüner Schrank, in dem ihre Kleidung und ihre persönlichen Habseligkeiten verwahrt waren. Wenn die Betten zwischen 9.00 Uhr und 11.00 Uhr inspiziert wurden, musste alles weggeschlossen sein. Der einzige Blick, den sie auf die Außenwelt hatte, ging auf einen Parkplatz und einen hohen, mit glitzerndem Stacheldraht bewehrten Zaun. Gitterstäbe hatte ihr Zellenfenster keine, aber eine Metalltür mit einer kleinen Luke trennte sie vom Rest des Zellenblocks. Den Bundesstaat Florida kostete es pro Tag 72,39 Dollar, Lee Wuornos gefangen zu halten.

Bei der Beschreibung ihres Alltags sagte sie: »Das Essen ist nicht immer schlecht. Wir bekommen drei Mahlzeiten am Tag. Um 5.00 Uhr, zwischen 10.30 und 11.00 Uhr und zwischen 16.00 und 16.30 Uhr. Es wird hier im Haus gekocht. Wir bekommen Teller und Löffel, sonst nichts. Ich kann alle zwei Tage duschen und mindestens einmal pro Stunde werden wir durchgezählt. Wenn wir irgendwo hingehen, tragen wir Handschellen, außer in der Dusche und im Hof für den Ausgang, wo ich auch mal mit meinen Mitgefangenen reden kann. Neuerdings bin ich lieber für mich allein. Abgesehen davon bin ich stets in meiner Zelle eingesperrt. Ich kann mich noch nicht einmal mit einer anderen Gefangenen im Gemeinschaftsraum aufhalten.«

Sie verbrachte die langen, einsamen Stunden mit der Lektüre von Büchern über Spiritualität und schrieb ausführliche Briefe an ihre Mutter. Lees Leben war einfach und monoton – und hinter ihrer verschlossenen Zellentür vergingen die Tage und Jahre eintönig und immer gleich. Lee wusste, dass der Aufenthalt in einem Todestrakt im Durchschnitt 11,3 Jahre beträgt, bevor es zur Hinrichtung kommt, und ihr war auch klar, dass ihr Tod, wenn es dann so weit wäre, ein schmerzvolles Erlebnis sein würde.

Doch obwohl sie das wusste, wirkte Lee gefasst. »Der Tod macht mir keine Angst. Gott wird neben mir sein und mich mit sich nehmen, wenn ich dieses Gehäuse verlasse; da bin ich ganz sicher. Mir ist vergeben worden und in den Augen Jesu bin ich sicherlich rein.«

Auf den Straßen Floridas gibt es immer Kreuzungen, Ab- und Zufahrten, an denen sich zwei Leben begegnen können – mit fatalen Folgen. Das eine wird beendet, das andere kommt vom richtigen Weg ab. Lee Wuornos geisterte an diesen Orten umher, wie eine im Zentrum ihres Netzes hockende tödliche Spinne. Sie wirkte wie eine ungefährliche Frau, die per Anhalter unterwegs war. Wie sie meinte: »Was ich sagen will … Sie wollen die Wahrheit hören. Ich will erzählen, wie es war. Ich kann Ihnen sagen, dass ich ständig irgendwohin unterwegs war, und meist bin ich per Anhalter gefahren. Da draußen gibt es Tausende von Männern und Frauen, die mich mitgenommen haben, und wir haben uns gut verstanden. Sie haben mir keinen Ärger gemacht. Ich bin eigentlich ein guter Mensch, aber wenn ich betrunken bin, weiß ich einfach nicht, was passiert. Es ist einfach so … wenn ich betrunken bin, sollte man sich verdammt besser nicht mit mir anlegen. Das ist die Wahrheit. Dann hab ich nichts zu verlieren. Das ist die Wahrheit.«

Als ich fragte, wer auf den Fahrten das Thema Sex aufgebracht habe, behauptete Lee: »Ich war ständig knapp bei Kasse, also denke ich, dass ich das Thema Sex manchmal angesprochen habe. Mallory wollte sofort ficken. Er war ein fieser Wichser mit einem schmutzigen Mundwerk. Er betrank sich und wurde gewalttätig, also knallte ich ihn ab und sah zu, wie der Mann starb. Spears wurde als netter und anständiger Kerl hingestellt. Das ist Mist. Er wollte einen schnellen Fick. Er kaufte ein paar Bier und wollte kostenlos vögeln … und wie's bei dem Dritten [Carskaddon] war, wollen Sie sicher auch wissen. Was glauben Sie, warum er sich ausgezogen hat? Na, warum wohl. Er wollte Sex … hat sich ausgezogen. Fragen Sie sich doch mal, was das alles sollte, wenn er keinen billigen Fick wollte. Über die anderen hat die Polizei nichts gesagt … haben die Präservative nie gefunden. Ja, okay, Mann. Schauen Sie, Sie werden wohl verstehen, dass die Kerle sich nicht vor einer Tussi ausziehen, wenn sie keinen Sex wollen. Und der Letzte … An seinen Namen kann ich mich nicht mehr erinnern [Walter Antonio], der war … Jesus Christus … Der war verdammt noch mal verlobt. Er hat ein Sixpack gekauft. Der dreckige Wichser. Eines muss ich allerdings mal sagen … ihre Familien sollten – egal, wie sehr sie die Leute, die ich umgebracht habe, liebten – wissen, dass sie mies waren, weil sie mir wehtun wollten. Ich nehme an, Sie finden mich echt zum Kotzen, stimmt's?«

Die meisten Mörder können ihre Verbrechen beschreiben, und Lee Wuornos war geschickter als manch anderer, sie erzählte ihre Geschichte immer wieder und versah sie mit Details, die das unterstrichen, was sie erreichen wollte. Doch ein Aspekt ihrer Geschichte blieb konstant. Sie sagte, dass jedes ihrer Opfer Sex wollte und sie entweder gegen ihren Willen vergewaltigt oder das zumindest versucht hatte. Aus eben diesem Grunde habe sie sie erschossen, so leidenschaftslos umgebracht, wie man eine Fliege zerquetscht.

»Sie müssen das verstehen … Ich bin gar nicht so schlecht. Ich war mit Hunderten und Aberhunderten Männern zusammen. Nur hab ich die alle nicht umgebracht. Ich hab damit Geld verdient, aber die haben mich nicht missbraucht oder sonst was. Ich habe nur mein Geld damit verdient, draußen in der Provinz, hab es in mein Portemonnaie gesteckt und bin gegangen. Denen hab ich nie was getan, oder? Und dann krieg ich's mit ein paar dreckigen alten Männern zu tun, die grob zu mir waren. Sie verstehen also, was ich meine … Ich musste irgendwie tun, was ich tun musste. Was hätte ich denn machen sollen? Es war allein ihre Schuld, und das ist bei Gott die reine Wahrheit.«

Weil die Leiche von Peter Siems nie gefunden wurde, fragte ich Lee, wo sie sie abgelegt habe. »Schauen Sie, ich kann mich weder an ihre Gesichter noch an ihre Namen erinnern, also nerven Sie mich nicht. Wie zum Teufel soll ich mich daran erinnern, wo er liegt? Aber eins ist sicher, der muss jetzt echt tot sein.«

Befragt, ob ihr Großvater sie sexuell missbraucht habe, antwortete Lee: »Wissen Sie, im Laufe der Jahre hab ich zu diesem Thema Verschiedenes gesagt, aber die Wahrheit ist, ja. Hat er. Er hat Sachen mit mir angestellt und mir dann Taschengeld gegeben, damit ich den Mund halte. Er hat mich betatscht. Als ich sieben Jahre alt war, verlor ich meine Unschuld an seinen verdammten Finger. Er hat mir die Scheiße aus dem Leib geprügelt, wissen Sie. Aber zuerst hat er mich nackt ausgezogen … das ist echt mies … verstehen Sie das? Er hat mich zu dem gemacht, was ich bin. Er hat dafür gesorgt, dass ich Männer wie ihn hasse. Dreckige, billige, nichtsnutzige Wichser wie ihn. Schauen Sie mich an … Ich zittere am ganzen Leib, wenn ich nur daran denke. Verdammt noch mal, lassen wir das. Okay, Christopher? Ich flippe sonst irgendwie aus, und das brauch ich jetzt wirklich nicht.«

* * *

Wenn man die schrecklichen Verbrechen kennt, die Lee Wuornos begangen hat, neigt man schnell dazu, sie schlicht als eine weitere Täterin in einer langen Reihe von Serienmördern abzutun. Es gab zwar einige Massenmörderinnen, aber nur wenige Serienmörderinnen. Sie stach zum einen also durch ihr Geschlecht hervor und zum anderen dadurch, dass sie entgegen der mitfühlenden, Leben spendenden Eigenschaften ihres Geschlechts gehandelt hat, und zwar nicht nur als Reaktion auf einen einzigen mörderischen Impuls, sondern immer wieder mit einer Serie gewaltsamer Morde. Indem sie einen Mann leiden ließ, verwandelte sie sich selbst von einem Opfer in eine Täterin, die mit beiden Händen und dem Einsatz einer Pistole danach strebte, Macht zu erlangen. Sie machte sich auf eine furchtbare Art zu etwas Besonderem.

Lee Wuornos wies eine antisoziale Persönlichkeitsstörung auf. Obgleich einer von 20 Männern an einer solchen Störung leidet, was bedeutet, dass ihre Handlungen keine Schuldgefühle oder moralischen Grenzen kennen, so morden doch nur wenige und Frauen noch weniger. Noch seltener sind

Prostituierte, die ihren Körper verkaufen und dann wegen Geld morden. Allerdings sind Prostituierte häufig die Opfer männlicher Serienmörder. Lee Wuornos kann mit Fug und Recht als einzigartig bezeichnet werden, und daher verdient sie mehr als nur eine flüchtige Analyse. Vielleicht kann sie als Beispiel dafür dienen, warum die Gesellschaft die Todesstrafe nicht aus Rache anwenden sollte, die ohnehin meist aus politischen Beweggründen und weniger wegen der Abschreckung angeordnet wird. Selbst wenn ihr Leben keinem anderen Zweck gedient hat, so kann Lee Wuornos doch zumindest einige wertvolle Einblicke in das Wesen einer seltenen Spezies von Mördern bieten.

Ihr Leben war bestimmt von Alkohol und Einsamkeit, und sie streunte meist ohne Halt und mittellos auf den Fernstraßen Floridas umher. Sie hielt sich gern an Treffpunkten von Motorradfahrern auf, suchte Liebe bei ihrer Gefährtin Tyra Moore, hasste Männer, weil sie in ihnen die grundsätzliche Ursache für ihre Probleme sah, und lockte mindestens sechs von ihnen in den Tod. Doch es bleiben die Fragen: Was erlebte Lee, bevor sie ihre Mordserie begann? Und was war der Auslöser?

Die Antwort auf die erste Frage lautet, dass sie wirklich keine wohlbehütete Kindheit durchlaufen hat. Ihr leiblicher Vater, dem sie nie begegnet ist, war sexuell pervers und hat sich später im Gefängnis erhängt. Ihre Mutter ließ sie im Stich, als sie sechs Monate alt war, danach wurde sie von einem autoritären Großvater und der Großmutter adoptiert.

In ihrer gesamten Kindheit und Jugend wurde das Mädchen erniedrigt, sexuell missbraucht, geschlagen und zurückgewiesen, und die Welt, die sie hinter den zugezogenen Vorhängen eines geheimnisvollen Hauses erlebte, war voller Schmerz, Zorn und Alkohol.

Um zu überleben, rebellierte sie auf die einzig ihr bekannte Weise. Als sie älter und mental stärker wurde, lernte sie, Feuer mit Feuer zu bekämpfen. Nun war sie nicht mehr länger das leichte Opfer und das bequeme Ziel für die Frustrationen ihres Großvaters, die aus seinem Hass auf seine schwache Tochter resultierten, die ihre Kinder an seiner Türschwelle abgelegt hatte. Als dieses rebellische Verhalten erste Erfolge zeigte und sie ungefähr zur gleichen Zeit erfuhr, dass Lauri und Eileen nicht ihre wirklichen Eltern waren, wusste Lee, dass sie nun die Oberhand gewonnen hatte. Ganz bewusst wandte sie sich, um Rache für all das Leiden, das sie hatte ertragen müssen, zu üben, der Prostitution zu, wurde schwanger, verließ die Schule und ging ihre eigenen Wege.

Sie hatte eine traurige Lektion gelernt: Ihr Großvater und ihr leiblicher Vater hatten, wie so viele ältere Männer, ob verheiratet oder nicht, Geld, fühlten sich zu jungen Frauen hingezogen und waren gerne bereit, für unerlaubten Sex zu bezahlen, wenn sich die Gelegenheit bot. Sie wusste, dass sie machen konnte, was sie wollte. Niemand konnte Lee Wuornos zähmen. Aber sie wurde nicht als Serienmörderin geboren. Sie wuchs in einer Umgebung auf, in der ihre Unschuld fehlgeleitet und missbraucht wurde. Die Grundlagen ihres antisozialen Verhaltens wurden im familiären Umfeld gelegt, in dem sie groß wurde. In dieser Hinsicht haben ihre leiblichen Eltern und ihre Großeltern einige Schuld an ihrer Entwicklung.

Als ihre Großmutter starb, war Lee nicht traurig. Als ihr Großvater Selbstmord beging, war sie froh, und als ihr Bruder an Kehlkopfkrebs starb, war sie fassungslos, doch die 10 000 Dollar, die sie aus seiner Versicherung erhielt, kompensierten schon bald den Kummer, den ihr sein Ableben bereitet hatte.

Nachdem dieses Geld aufgebraucht war, trampte sie Richtung Süden und lernte, nach einer Reihe von One-Night-Stands, den wohlhabenden Lewis Gratz Fell kennen, einen Mann mit guten Beziehungen, der es eigentlich hätte besser wissen müssen. Doch der mit einem großen Ego ausgestattete 69-jährige Mann schämte sich nicht, die 20-Jährige als seine Verlobte zur Schau zu stellen. Er bezahlte für seinen Fehler, als die mit allen Wassern gewaschene Lee Wuornos die sexuellen Vorlieben des alten Mannes ausnutzte. »Letztendlich«, sagte Lee, »war er nur ein ordinärer, angeberischer, dreckiger alter Mann, der Geld hatte. Im Grunde hat er den Sex mit mir gekauft. Er wollte mich immer bei sich zu Hause haben. Ich bitte Sie … Was wollen Sie noch hören?«

Nach der Trennung von Fell folgte Lee wie viele Millionen Amerikaner ihrem Traum. Sie landete in Daytona, diesem Ort mit all seinen Illusionen und Versprechungen, und eben dort lernte sie in einer Homosexuellenbar eine andere einsame junge Frau kennen. Tyria Moore war die einzige echte Liebe ihres Lebens. Lee merkte, dass Tyria, im Gegensatz zu allen anderen

Menschen, denen sie bislang begegnet war, nichts von ihr erwartete. Im Gegenteil, Tyria war kein Mensch mit materiellen Interessen und zeigte Lee Liebe und Respekt, indem sie den größten Teil ihrer freien Zeit in ihrer Gesellschaft verbrachte.

In einem Interview sagte Tyria: »Damals war Lee sehr hübsch. Sie zog sich sehr aufreizend an, und ich betrachtete sie als echt gute Partie. Wir haben eine wunderbare Zeit miteinander verbracht. Sie war eine großartige Liebhaberin. Sehr einfühlsam, fürsorglich und immer darauf bedacht, meine Liebe nicht zu verlieren. Sie war meine beste Freundin. Doch am meisten bewunderte ich ihre Stärke. Sie war mir gegenüber sehr … ja überbehütend. Wenn Lee dabei war, kam mir keiner blöd. Ich habe sie wirklich geliebt, aber ich glaube nicht, dass irgendjemand das verstehen kann. Selbst wenn sie betrunken war, war sie lustig. Wir haben immer wieder viel gelacht. Die werden sie doch nicht töten, oder?«

Was aber war dann der Auslöser dafür, dass Lee in Serie zu morden begann? Einige sind der Überzeugung, dass *alle* Serienmörder es genießen, Mitmenschen zu benutzen, zu missbrauchen und Macht über sie auszuüben. Deshalb haben manche Beobachter Wuornos als einen neuen Typus Mörder bezeichnet, da sie sich als Vorkämpferin gesehen hat, als Tramperin auf der Jagd, die über die Fernstraßen pirscht und vor der kein Mann sicher ist. Im Gegensatz dazu ist die einhellige Meinung, dass Frauen selten nur aus Spaß töten.

Lee hat stets gesagt, dass sie knapp bei Kasse war. Das war ein Problem, das mit ein paar Tricks hier und da gelöst werden konnte; zudem ist da die unbestrittene Tatsache, dass sie sich von Hunderten von Männern hat mitnehmen lassen, aber nur sechs davon ermordet hat. Und sicher hatte sie Sex mit vielen von denen, die ihr Mitfahrgelegenheiten anboten und denen zum Glück nicht bewusst war, dass sie stets eine Pistole mit sich trug.

Was war also der mörderische Impuls, der sie töten ließ? Captain Steve Binegar meinte, »wenn Männer sie mitnahmen, blieben sie normalerweise am Leben, fuhren sie jedoch mit ihr in den Wald, kamen sie da nie wieder lebend heraus«. Das ist zu einfach, wie Captain Binegar später auch zugab. »Vielleicht habe ich da falsch kombiniert«, sagte er. »Kein Kerl zieht sich auf einer Fernstraße aus … riskiert, dass die Polizei ein parkendes Auto sieht …

mit beschlagenen Fenstern … das auf und ab wippt. Vielleicht habe ich mich ja geirrt. Ich bin mir auf jeden Fall sehr sicher, dass ich so nicht auf einer Fernstraße herummachen würde.«

Versucht man zu verstehen, was in Lee den Impuls ausgelöst hat zu töten, kommt man schnell zu der Annahme, dass ihre »Mordtage« – wie die von Michael Ross – durch eine persönliche Krise oder zusätzlichen Stress in ihrem Leben bestimmt waren. Wenn sich das Gefühl der Ohnmacht in ihr verstärkte, versuchte ihr Verstand dies zu kompensieren, indem er diese Gefühle in den Wunsch umwandelte, Kontrolle über einen anderen Menschen auszuüben. Viele Serienmörder, einschließlich der meisten, die in diesem Buch vorgestellt werden, geben an, dass dem jeweiligen Mord ein Streit mit einem Vertreter des anderen Geschlechts, einer engen Bezugsperson oder einem Elternteil vorausging.

Eine vom FBI durchgeführte Studie mit männlichen Betroffenen zeigte, dass 59 Prozent insbesondere einen Konflikt mit einer Frau erwähnten. Lee hatte zum Zeitpunkt der Morde an Mallory, Spears, Carskaddon, Siems, Humphreys und Antonio Probleme mit Tyria Moore, ihrer einzigen Liebe. Entweder hatte diese gedroht, sie zu verlassen, oder die Anwesenheit einer Konkurrentin, die um Tyrias Zuneigung warb, hatte Lee fürchten lassen, sie könne sie verlieren.

Nur ein paar Tage bevor Lee Richard Mallory ermordete, war eine attraktive Lesbierin namens Sandy Russell in Tyrias Leben getreten. Als eine weitere Frau, Tracey, Tyria besuchte, tötete Lee David Spears, Charles Carskaddon und Peter Siems. Als Tyria ihren Job im Restaurant »Casa del Mar« verlor, überlegte sie, Florida und damit auch Lee zu verlassen. Dies geschah in der Woche, bevor Richard Humphreys ermordet wurde. Nachdem Tyria sich anlässlich Thanksgiving und nach einem Streit über das Ende der Beziehung mit Lee nach Ohio aufgemacht hatte, wurde Walter Antonio erschossen. Es scheint hier durchaus ein Muster zu geben, und es ist sehr wahrscheinlich, dass es in ihrer Beziehung Ende Juli eine Krise gab, die dem Mord an Troy Burress vorausging.

Wenn diese Überlegung stimmt, dann passt das nicht dazu, dass Lee ihre Opfer tötete, weil sie sie an ihren Großvater erinnerten, der sie missbraucht hatte. Trotz ihres grausamen Verhaltens, war sie im Grunde nur eine einsame, verängstigte Frau, die das grundlegende menschliche Bedürfnis nach Liebe, Respekt und Aufmerksamkeit spürte. Doch von Beginn ihres Lebens an wurde ihr dieses Bedürfnis nicht erfüllt, und als sie schließlich den einen Menschen fand, den sie lieben konnte und der sie, wie sie sicher glaubte, ebenso liebte, tat sie auf ihre ganz besondere Art alles, um diese Beziehung aufrechtzuerhalten.

Wenn sie allein auf den Fernstraßen unterwegs war und ihre Beziehungsprobleme im Kopf hatte, war der Boden für ihre Morde bereitet. Dann reichte es aus, dass ältere Männer auf der Suche nach Sex, die sie vielleicht an ihren Großvater erinnerten, ihren Weg kreuzten. Auf den ersten Blick ehrbare Männer mit Geld, Ehefrauen oder Geliebten, die nur allzu gern bereit waren, sich für ein paar Dosen Bier und Schnaps schnellen Sex in der Enge eines einsam abgestellten Autos zu erkaufen.

»Mit den Kerlen hatte ich eigentlich kein Problem. Das ist wirklich wahr«, sagte Lee Wuornos während eines Gesprächs. »Ein paar Drinks, die dachten ja, ich sei eine billige Nutte ... dann fingen sie an, grobes und dreckiges Zeug zu reden, als wäre ich ein Stück Scheiße. Das habe ich mein ganzes Leben lang gehabt ... diesen Mist brauchte ich nicht ... Ich bin ein vernünftiger Mensch. Die wollten meinen Arsch ficken ... so was kriegten sie bei ihren Ehefrauen wohl nicht. Die wollten mich missbrauchen und erniedrigen. Wissen Sie, egal was Sie denken, ich habe Respekt vor mir selbst. Hatte ich schon immer. Seltsam, oder?«

Lee Wuornos im Auto mitzunehmen, ihr ein paar Drinks zu kaufen, von der Straße abzufahren und sie herablassend zu behandeln, das war dann wirklich ein mörderischer Cocktail.

Dieses Kapitel basiert auf einem Gespräch zwischen Lee Wuornos und Christopher Berry-Dee, das 1996 im Todestrakt der Justizvollzugsanstalt Pembroke Pines, Florida, geführt wurde, und auf weiteren Recherchen.

KENNETH ALLEN MCDUFF

USA

»Eine Frau zu töten ist so ähnlich
wie das Töten eines Huhns.
Beide kreischen.«

KENNETH McDUFF GEGENÜBER
SEINEM KOMPLIZEN ROY DALE GREEN

»McDuff hat unsere Kinder getötet,
als er auf Bewährung draußen war.
Wir haben erreicht, dass er in drei
Fällen zum Tode verurteilt wurde,
und jetzt ist er wieder auf Bewährung raus. Die Leute, die ihn haben
laufen lassen, die werden Blut an
ihren Händen haben.«

BILL BRAND, VATER VON ROBERT BRAND,
EINEM VON McDUFFS OPFERN 1966

Er hat seine Opfer nicht nur getötet, er ist auf unglaublich brutale Weise über sie hergefallen. Er hat sie mit einem Sadismus vergewaltigt, der selbst erfahrene Polizisten hat erschaudern lassen. Dieser Mörder hat seinen Opfern aus nächster Nähe die Gesichter weggeschossen, sie mit Messern aufgeschlitzt, sie erstochen und mit Knüppeln auf sie eingeprügelt. Das Genick eines seiner Opfer hat er mit einem Besenstiel zertrümmert.

* * *

McDuff, groß gewachsen, mürrisch und mit eisigen Augen, hat seit seiner Teenagerzeit in ganz Zentral-Texas Leichen hinterlassen – Schätzungen gehen von mehr als 15 aus. Wer aber war dieses Monster, das einen ganzen Staat terrorisiert hat?

Über die frühen Jahre des Kenneth McDuff gibt es wenige gesicherte Informationen. Was wir wissen, ist, dass er am Sonntag, dem 3. März 1946, in Paris, Texas, geboren worden ist und in 201 Linden Street in dem kleinen texanischen Ort Rosebud im Falls County aufgewachsen ist. Der Spruch »All is rosy in Rosebud« – »In Rosebud ist alles rosig« lässt auf einen gemütlichen Ort schließen, in dem es keine Gewalt gab.

Die ersten Siedler kamen 1836, in der Zeit des Unabhängigkeitskrieges, aus Mexiko nach Falls County. Das wichtigste Wirtschaftsgut war Baumwolle, Sklaven arbeiteten auf den Feldern, und zwischen 1866 und 1890 führten der Chisholm Trail, auf dem Vieh durch das Land getrieben wurde, und die Eisenbahn in der Nähe vorbei.

Zu Zeiten des Wilden Westens waren die elf Saloons von Rosebud voll mit betrunkenen Cowboys. Samstagnachts gab es regelmäßig Schießereien – das Gefängnis aus dieser Zeit kann heute noch besucht werden. Und es gilt nach wie vor, dass Kühe Vorfahrt haben.

Zu der Zeit, als Kenneth Allen McDuff in Rosebud lebte, führte am östlichen Rand die Linden Street von der Hauptstraße aus in südliche Richtung auf ein Baseball-Feld zu, das aus dem umliegenden Ackerland herausgearbeitet worden war. Kleine alte, aber gepflegte Holzhäuser standen beschattet von großen Pekannussbäumen an den Straßenrändern. Auf der östlichen Seite der Linden Street hatte sich im zweiten Gebäude hinter der Hauptstraße früher ein Waschsalon befunden. Dahinter schloss sich eine kleine Wohnung an, in der die Familie von John Allen »JA« McDuff lebte. Mindestens zwei der McDuff-Kinder, darunter zwei Jungs namens Lonzo (Lonnie) und Kenneth, wurden im weit entfernten Paris, in Texas, geboren. Es ist nicht bekannt, wieso die McDuffs nach Rosebud gezogen sind.

Kenneth war eines von vier Kindern von Addie L. McDuff und John Allen »JA« McDuff. »JA« arbeitete auf Farmen als Maurer und Bauarbeiter. Addie war eine kräftige und dominante Frau. Sie war die Herrin im Hause und im Ort als »Pistolen tragende Mama« bekannt, ein Spitzname, der auf ihr aufbrausendes Temperament und die Gewohnheit zurückging, in ihrer Handtasche stets eine Pistole mit sich zu tragen. Von dem Moment an, als er laufen konnte, steckte Ken in Schwierigkeiten.

Er wuchs zu einem unerzogenen, sadistischen Kind heran, das mit einem Gewehr Kaliber 22 in der Nachbarschaft herumstromerte und auf jedes Tier und jeden Vogel schoss, der ihm unter die Augen kam. Die Bewohner des Ortes nannten ihn »den bösen Burschen von Rosebud«. Die Leute hatten schon Angst vor ihm, als er noch ein Teenager war. Er verprügelte jeden Jugendlichen, der ihn ärgerte, egal ob er älter war oder nicht.

Mrs. Martha Royal, McDuffs Lehrerin in der fünften Klasse, erinnerte sich an ihn als einen intelligenten Jugendlichen, der allerdings eher ein Einzelgänger war. »Kenneth war der Sohn eines netten, hart arbeitenden Vaters, der am Bau tätig war, und einer nachgiebigen Mutter, die immer Entschuldigungen für seine Missetaten parat hatte. Seine Probleme begannen in der Mittelstufe und endeten nie. Mit den anderen Kindern kam er nicht gut zurecht. Er schien in seiner eigenen Welt zu leben. Bei verschiedenen Gelegenheiten versuchte ich, mit ihm unter vier Augen zu reden, ihn zu fragen, ob er zu Hause irgendwelche Probleme habe und so. Doch er reagierte mit keinem Wort. Er starrte mich nur an. Schon mit fünf Jahren lag Mordlust in seinen Augen. Das war ziemlich beunruhigend, das kann ich Ihnen sagen.«

McDuff hatte ständig Ärger. Als Teenager war er mit seinem Bruder in Raubüberfälle verwickelt und mehr als einmal, sagte Sheriff Larry Pamplin, habe er versucht, auf ihre Autoreifen zu schießen, aber jedes Mal seien sie ungeschoren davongekommen.

McDuffs belegte kriminelle Karriere begann 1964, als er mit 18 Jahren in zwölf Fällen wegen Einbruchdiebstahls und versuchten Einbruchs in Bell,

Milam und Falls County für schuldig befunden wurde. Für diese Verbrechen wurde er zu zwölf Mal vier Jahren Haft verurteilt, doch im Dezember 1965 kam er in Falls County auf Bewährung frei. Einige Monate später geriet er in eine Rauferei, sodass seine Bewährung aufgehoben wurde. 1966 wurde er freigelassen und kurze Zeit später beging er mit einem Komplizen, dem willensschwachen 18-jährigen Roy Dale Green, vorsätzlichen Mord.

Green arbeitete als Gehilfe bei einem Zimmermann. Bis seine Mutter erneut geheiratet hatte, hatte er bei ihr gewohnt, dann war er mit einem Freund namens Richard Boyd zusammengezogen. Boyd stellte Green McDuff vor. Zum Zeitpunkt des dreifachen Mordes kannten sich die beiden Männer erst einen Monat.

Die beiden schienen sich gut zu verstehen. McDuff war ein kräftig gebauter, gut aussehender 20-Jähriger, der stolz auf seine Vorstrafen war. Er war ein harter, gefühlloser Bursche, der kein Blatt vor den Mund nahm und mit sexuellen Eroberungen angab. Er behauptete sogar, er habe zwei Frauen vergewaltigt und umgebracht. Green seinerseits war ein schmächtiger Kerl mit einer Sprachstörung, der zu seinem stärkeren Gefährten aufschaute. Doch insgeheim hielt er McDuffs angebliche Morde für Quatsch.

Die beiden Männer verbrachten den Samstag, den 6. August, damit, für McDuffs Vater Beton zu gießen, und nachdem sie ihre Arbeit getan hatten, beschlossen sie, auf ein paar Drinks nach Fort Worth zu fahren. Gegen 17 Uhr stiegen sie in McDuffs brandneuen Dodge Coronet, fuhren in der Gegend herum und kauften sich in einem Laden ein paar Dosen Bier. Um 19 Uhr besuchten sie Edith Turner, eine gemeinsame Freundin, später kauften sie sich Hamburger.

An diesem Tag verbrachten drei Teenager – Robert Brand aus Alvarado, 18 Jahre alt, sein Cousin, der 16-jährige Mark Dunman aus Tarzana, Kalifornien, und Roberts Freundin, die lebhafte 16 Jahre alte Edna Louise Sullivan aus Everman – den Abend in einem Autokino. Als die Vorstellung zu Ende war, fuhren sie in die Nähe eines Baseball-Feldes in Guadalupe County und parkten ihren 1957-er Ford dort. Gegen 22 Uhr tauchten McDuff und Green dort auf, und das Teenager-Trio wurde zu ihrem Zufallsopfer.

Was sich dann ereignete, ist in der Aussage, die Green gegenüber dem Kriminalbeamten Grady Hight machte, anschaulich beschrieben. Sie ist datiert auf Montag, den 8. August, den Tag, an dem sich Green der Polizei stellte:

>*Wir fuhren in der Nähe des Baseball-Feldes herum und kamen schließlich auf eine Schotterpiste. Er [McDuff] sah dort ein geparktes Auto und wir hielten ungefähr 140 Meter vor dem Wagen an. Er griff nach seiner Pistole und sagte mir, ich solle aussteigen. Ich hielt das Ganze erst nur für einen Scherz. Ich habe einfach nicht geglaubt, dass das, was er ankündigte, auch passieren würde. Die Hälfte des Weges bis zu dem Auto lief ich mit, dann ging er allein weiter. Er sagte den jungen Leuten im Auto, sie sollten aussteigen oder er würde sie erschießen. Während ich noch ein Stück weiterging, hatte er sie schon in den Kofferraum ihres Wagens befördert. Er fuhr seinen Wagen zu ihrem und befahl mir, in seinen Wagen zu steigen und ihm zu folgen. Das tat ich. Dann fuhren wir eine Weile auf der Straße, auf der wir gekommen waren, schließlich steuerte er auf ein Feld zu. Ich fuhr hinterher, aber er meinte, das Feld sei nicht gut, also fuhren wir zurück und zu einem anderen Feld. Er stieg aus und forderte das Mädchen auf, aus dem Kofferraum zu steigen. Er wies mich an, sie in den Kofferraum seines Wagens zu packen. Ich öffnete den Kofferraum und sie stieg hinein. Dann meinte er auf einmal, dass wir keine Zeugen hinterlassen könnten, oder etwas Ähnliches. Er sagte: >Ich werde sie wohl umlegen müssen<, oder so.*

Ich hatte wirklich Angst. Ich dachte immer noch, er mache nur einen Scherz, war mir aber nicht mehr sicher. Sie lagen auf Knien und flehten ihn an, sie nicht zu erschießen. Sie sagten: >Wir werden niemandem etwas verraten.< Ich drehte mich zu ihm um und er hielt die Waffe in den Kofferraum, in dem sich die Jungs befanden, und schoss. Ich sah, wie das Feuer beim ersten Schuss aus der Waffe kam, hielt mir die Ohren zu und schaute weg. Er feuerte sechs Mal. Dem einen schoss er zwei Mal in den Kopf, dem anderen Jungen vier Mal. Eine Kugel durchdrang den Arm eines der Jungs, als der versuchte, den Kofferraum zu schließen, um sich vor den Schüssen zu schützen, aber das klappte nicht.

Dann sagte er mir, ich solle seinen Wagen zurücksetzen. An dem Punkt war ich fast tot vor Angst, deshalb tat ich das, was er mir sagte. Er stieg

*in das Auto des Jungen ein und fuhr es rückwärts in einen Zaun. Dann
stieg er aus und forderte mich auf, ihm dabei zu helfen, die Fingerabdrücke
wegzuwischen. Ich wollte nicht mit ihm streiten, weil ich Angst hatte, als
Nächster dran zu sein, also half ich ihm.«*

Nach einer Pause bei der Vernehmung, befragte der Kripobeamte Hight
Green zum Mord an Edna Sullivan, und auch das Folgende ist wörtlich aus
Greens Aussage zitiert:

*»Wir verwischten die Reifenspuren, stiegen in seinen Wagen und fuhren
etwa 1,5 Kilometer weiter, dann bogen wir auf eine andere Straße ab und
er hielt an, holte das Mädchen aus dem Kofferraum und setzte sie auf den
Rücksitz. Er sagte mir, ich solle aussteigen, und ich wartete, bis er ihr befahl,
sich auszuziehen. Auch er zog sich aus, dann fickte er sie. Er fragte mich, ob
ich auch mal wolle, und ich verneinte. Er fragte mich, warum nicht, und ich
erklärte ihm, dass ich einfach nicht wolle. Er lehnte sich nach vorn, ich sah
die Pistole nicht, dachte aber, er würde mich erschießen, wenn ich es nicht
täte, also zog ich mir Hose und Hemd aus, kroch auf den Rücksitz und fickte
das Mädchen. Sie wehrte sich nicht oder sonst was, und wenn sie überhaupt
etwas gesagt hat, dann hab ich es nicht gehört. Die ganze Zeit, während
ich auf dem Mädchen lag, hatte ich ihn im Blick. Anschließend fickte er sie
noch einmal.«*

Nachdem Edna Sullivan mehrfach vergewaltigt worden war, fuhren die
beiden Männer mit ihr ein kleines Stück weiter und hielten dann an. Mc-
Duff befahl Green, aus dem Auto auszusteigen, und fragte ihn, ob er ir-
gendetwas habe, mit dem man das Mädchen erwürgen könne. Green bot
McDuff seinen Gürtel an. Green beschrieb dann, wie sich der brutale
Mord ereignete.

*»Er befahl dem Mädchen, aus dem Wagen auszusteigen. Dann musste es
sich auf die Schotterpiste setzen und er holte einen ungefähr 90 Zentimeter
langen Besenstiel aus seinem Auto und drückte ihren Kopf damit nach hinten, bis er den Boden berührte. Er würgte sie mit dem Besenstiel. Er presste*

ihn fest nach unten, und sie fing an, mit ihren Armen zu rudern und mit den Beinen zu strampeln. Er sagte, ich solle ihre Beine festhalten, ich wollte das nicht, doch er meinte: ›Es muss sein.‹ Da packte ich ihre Beine und hielt sie eine Sekunde oder so fest, dann ließ ich wieder los. Er sagte: ›Noch einmal‹, also tat ich es, und dieses Mal hörte sie auf, sich zu wehren. Er befahl mir, ihre Hände zu packen, er selbst nahm sie an den Füßen und wir hoben sie über einen Zaun. Wir stiegen selbst über den Zaun, dann zog er sie ein kleines Stück weiter und würgte sie noch etwas. Wir legten sie schließlich unter irgendwelchen Büschen ab.«

In dieser Nacht hielten die beiden Männer an einer Tankstelle in Hillsboro, um Coca-Cola zu kaufen, dann kehrten sie zu Greens Haus zurück und schliefen dort im gleichen Bett. Am nächsten Morgen vergrub McDuff den Revolver neben der Garage seines Komplizen und sie fuhren zum Haus eines Freundes, wo Richard Boyd McDuff erlaubte, sein Auto zu waschen.

Später an jenem Tag war Green so sehr von Angst und Gewissensbissen geplagt, dass er sich Boyd anvertraute. Dessen Eltern riefen Greens Mutter an, und die überzeugte ihren Sohn, sich der Polizei zu stellen.

1968 erhielt McDuff drei Todesurteile, während Roy Dale Green für 25 Jahre ins Gefängnis geschickt wurde. 13 Jahre davon saß er ab, dann wurde er auf Bewährung freigelassen. McDuffs Todesurteile wurden später in lebenslängliche Haftstrafen umgewandelt und am 11. Oktober 1989 wurde er auf Bewährung freigelassen.

* * *

Während seiner Zeit hinter Gittern war McDuff zwei Mal auf dem Weg zum elektrischen Stuhl und jedes Mal musste die Hinrichtung in letzter Minute aufgeschoben werden. 1972 wurden Todesurteile vom Obersten Gerichtshof der Vereinigten Staaten für »verfassungswidrig« erklärt, so wurde auch das Todesurteil gegen McDuff in eine lebenslängliche Freiheitsstrafe umgewandelt. Davon saß er allerdings nur ein paar Jahre ab, dann bestach seine Mutter einen Beamten des Bewährungsausschusses, damit dieser seine Freilassung absegnete. So wurde er entlassen um wieder … und wieder … und wieder zu morden.

Der Fall McDuff offenbarte der Öffentlichkeit, was Politiker in Texas schon seit Jahren wussten, nämlich dass das staatliche Bewährungssystem von Fehlurteilen und Korruption geprägt war. Sein Fall war nur ein weiteres Beispiel für ein länger bestehendes Problem, das mindestens bis in die frühen 1920er-Jahre zurückreicht, als die berühmt-berüchtigten Gouverneure – Pa Ferguson und danach Ma Ferguson – ihre Möglichkeit zur Begnadigung dazu nutzten, Tausende von hochgefährlichen Verurteilten freizulassen, indem sie Beamte bestachen. Angeblich musste man damals, um aus dem Gefängnis freizukommen, von Pa für 200 Dollar einen Maulesel kaufen. Und wozu brauchte ein Sträfling einen Maulesel? »Um vom Gefängnis nach Hause zu reiten«, lautete Pas Erklärung.

Der McDuff-Skandal beschränkte sich nicht nur auf einen korrupten Beamten des Bewährungsausschusses. Die Saat wurde bereits 1972 gesät, als ein Bundesgericht feststellte, dass der Strafvollzug in Texas überfüllt war. Der Bundesstaat stand vor der Wahl, entweder mehr Gefängnisse zu bauen oder in den vorhandenen Gefängnissen weniger Häftlinge einzusperren.

Drei aufeinanderfolgende Gouverneure – Dolph Briscoe, Bill Clements und Mark White – wetterten zwar lautstark gegen Kriminalität, unternahmen aber nichts, um den Bau neuer Haftanstalten zu fördern, weil die Baukosten einfach zu hoch waren. Gegen Ende der zweiten Amtszeit von Clements stand das Justizsystem kurz davor zusammenzubrechen. Unter dem täglich wachsenden Druck der Öffentlichkeit war der Gouverneur schließlich gezwungen, sich des Themas anzunehmen, und so wurden Pläne für mehrere neue Gefängnisse ausgearbeitet. Um die Probleme der Überbelegung in den Griff zu bekommen, wurden zudem die Vorschriften in Bezug auf die Aussetzung von Strafen zur Bewährung gelockert. Die Anweisung lautete, pro Woche 750 der Häftlinge, die das geringste Risiko darstellten, auf Bewährung zu entlassen. Bald schon stellte man fest, dass nicht einmal 750 von insgesamt 60 000 Insassen in allen Haftanstalten die Voraussetzungen erfüllten. Zu diesem Zeitpunkt brach das Bewährungssystem unter der Belastung zusammen. Um das Soll zu erfüllen, begann der Ausschuss daraufhin, die Bewährungsanträge, sobald sie auf dem Tisch lagen, nur noch durchzuwinken. Die Anträge wurden ohne wirkliche Prüfung genehmigt, und so wurde auch McDuff, der nur eine Nummer unter

Tausenden war, als einer von 20 ehemaligen Todestrakt-Insassen und 127 Mördern freigelassen.

Dieses Durcheinander ergab sich aus den fundamentalen Problemen des Justizsystems und seiner damaligen Arbeitsweise, und Jim Parker, unter Gouverneurin Ann Richards im Bereich der Legislative tätig, brachte es später auf den Punkt: »Manche der Leute, die ins Gefängnis kamen, waren weniger gefährlich als die, die freigelassen wurden. Wir steckten Leute ins Gefängnis, die ungedeckte Schecks ausgestellt hatten oder ohne Versicherung Auto gefahren waren und ließen die Kenneth McDuffs frei. In unserem Bemühen, unsere Straßen wieder sicherer zu machen, inhaftierten wir nicht gewalttätige Straftäter; die verfügbaren Kapazitäten füllten wir mit Leuten, die eigentlich in Einrichtungen zur Suchtbekämpfung gehört hätten, oder deren Schuld gegenüber der Gesellschaft mit gemeinnütziger Arbeit hätte abgeleistet werden können.«

Da der Ausschuss nicht dazu befugt war, die Grundlagen zu bestimmen, wer für die Bewährung infrage kam, stützte man sich bei der Entscheidung, wer ohne Sicherheitsrisiko freigelassen werden konnte und wer nicht, auf einige wenige Vermutungen und wilde Spekulationen. Ein angesehener Anwalt drückte es so aus: »Das war so zufällig wie das Werfen von Pfeilen im Dunkeln.«

Zu den Vermutungen gehörte die Überzeugung, dass Mörder, da die meisten Morde aus Wut oder Leidenschaft begangen wurden, kein großes Risiko darstellten, wenn sie auf Bewährung freikamen, da es unwahrscheinlich war, dass sie ein zweites Mal töteten. Die Schwachstelle dieser Annahme war, dass dabei jene Kriminellen nicht berücksichtigt wurden, die aus reinem Vergnügen töteten. Und zu denen zählte Kenneth McDuff.

Eine weitere wenig durchdachte Theorie ging davon aus, dass ein langer Gefängnisaufenthalt einen Insassen zermürben und seine Gemeinheit »auslöschen« würde. Das war sicher eine der Überlegungen bei der Bewährungsprüfung für McDuff, bevor er nach 23 Jahren Haft entlassen wurde. Aber in der Lotterie, zu der das Bewährungssystem verkommen war, wurden McDuff und seinesgleichen mit den »harmloseren« Mördern, bei denen es unwahrscheinlich war, dass sie wieder töteten, in einen Topf geworfen. Die Konsequenz daraus war, wie Jim Parker erklärte, »dass nicht nur ein McDuff wieder frei war, sondern Hunderte McDuffs auf den Straßen herumliefen.«

* * *

Bereits einige Tage nach seiner Freilassung im Oktober 1989 ermordete McDuff die 31 Jahre alte Sarafia Parker, deren Leiche am 14. Oktober von einem Spaziergänger gefunden wurde, der über die East Avenue in Temple bummelte, einer kleinen Stadt etwa 75 Kilometer südlich von Waco. Bei dem Opfer handelte es sich um eine dunkelhäutige Frau in ihren Zwanzigern, knapp 1,68 Meter groß und etwa 68 Kilogramm schwer. Sie war keine 24 Stunden, bevor ihre Leiche gefunden wurde, geschlagen und erdrosselt worden.

Sie konnte schnell identifiziert werden, und Texas Ranger John Aycock machte später einen Zeugen ausfindig und befragte ihn. Der Zeuge meinte, Parker in einem Pick-up-Transporter gesehen zu haben, der am oder um den 12. Oktober von McDuff gefahren worden war. An jenem Tag hatte sich Kenneth McDuff bei seinem Bewährungshelfer gemeldet, der in Temple arbeitete. Zwischen dem Mord an Sarafia Parker und McDuff konnte keine weitere Verbindung hergestellt oder bewiesen werden.

McDuff wurde wegen eines Verstoßes gegen seine Bewährungsauflagen wieder ins Gefängnis gebracht, nachdem er einem dunkelhäutigen Jugendlichen in Rosebud gedroht hatte, ihn umzubringen. Doch nun trat Addie McDuff auf den Plan. Sie zahlte Bill Habern, einem Anwalt aus Huntsville, und seiner Partnerin Helen Copitka aus Austin 1500 Dollar, dazu weitere 700 Dollar für ihre »Ausgaben«, damit sie die Bewährungschancen ihres Sohnes beurteilten.

Habern sprach zunächst mit James Granberry, dem Vorsitzenden des Bewährungsausschusses, einem Mann, der dafür bekannt war, verurteilte Mörder häufig aus dem Gefängnis zu entlassen. Es war also nicht weiter überraschend, dass McDuff innerhalb eines Jahres wieder auf den Straßen unterwegs war, denn am Dienstag, dem 18. Dezember 1990, durfte er aus dem Gefängnistor herausspazieren. In der Folge trat Granberry, nachdem er durch einen Untersuchungsausschuss des Repräsentantenhauses unter Beschuss geraten war, zurück. Er besaß aber noch die Frechheit, sein eigenes

Unternehmen für Bewährungsberatung zu gründen, das er jedoch aufgrund eines öffentlichen Proteststurms wieder schließen musste.

* * *

Am Abend des 10. Oktober 1991 stieg Brenda Thompson, eine Prostituierte und Drogenabhängige, in Waco in McDuffs roten Pick-up-Transporter. Sie fuhren auf der Miller Street in südliche Richtung und gerieten auf der Faulkner Lane in eine Fahrzeugkontrolle. McDuff hielt ungefähr 15 Meter vor der Absperrung und einer der Polizeibeamten kam auf den Pick-up zu. Während er das tat, leuchtete er sich mit seiner Taschenlampe selbst an, damit der Fahrer klar erkennen konnte, dass er ein Polizeibeamter war.

Plötzlich fing Brenda an zu schreien und zu strampeln. Der Polizist hatte den Eindruck, dass ihre Arme hinter ihrem Rücken gefesselt waren und sie verzweifelt versuchte, aus dem Transporter herauszukommen. Sie lehnte sich zurück und fing an, so heftig auf die Windschutzscheibe einzutreten, dass sie auf der Beifahrerseite zerbrach. Sie machte weiter und trat mit ihren mit einer roten Hose bekleideten Beinen energisch gegen die Windschutzscheibe, die mit jedem Tritt mehr und mehr zerbrach. McDuff gab sofort Vollgas und fuhr direkt auf die Beamten zu. Wie es im Polizeibericht hieß, mussten drei Polizisten schnell zur Seite springen, damit sie nicht umgefahren wurden. Während das Fahrzeug weiterraste, stiegen die Polizisten eilig in ihre Wagen, um die Verfolgung aufzunehmen. McDuff raste über die Miller Street in südliche Richtung zum Waco Drive, schaltete seine Scheinwerfer aus und verschwand mit Brenda Thompson im Dunkel. Er schüttelte die Polizei ab, indem er über Einbahnstraßen in die falsche Richtung fuhr. Schließlich bog er über die US 84 in westliche Richtung ab, dann fuhr er über die Gholson Road ungefähr 12 Kilometer in Richtung Norden, bis er eine bewaldete Gegend erreichte. Dort brachte er, wütend über den an seinem geliebten Pick-up angerichteten Schaden, Brenda auf besonders brutale und qualvolle Weise um. Ihre Leiche wurde erst am 3. Oktober 1998 in der Nähe der Gholson Road entdeckt, einen Monat, bevor McDuff endlich hingerichtet wurde.

* * *

Am 15. Oktober 1991 war McDuff mit einer 17-jährigen Prostituierten namens Regenia DeAnne Moore zusammen. Das Paar wurde beobachtet, als es gegen 23.30 Uhr vor einem Motel in Waco miteinander stritt, und ein Zeuge sagte aus, anschließend seien sie in einem Pick-up-Transporter weggefahren. McDuff nahm Regenia in eine abgelegene Gegend mit, die am Highway 6 lag, der nördlich und östlich an Waco vorbeiführte. An einer Stelle, an der eine Brücke über den Tehuacana Creek führt, fuhr McDuff von der Straße ab und über eine sehr steile Böschung bis hinunter zum Ufer des Flusses. Er hielt unter der Brücke an. Vorbeifahrende Autofahrer konnten seinen Wagen so nicht sehen. Der rege Verkehr, der dort herrschte, erzeugte so viel Lärm, dass jeder Schrei, den Regenia möglicherweise von sich gab, übertönt wurde.

Am Mittwoch, dem 29. September 1998, barg ein forensisches Team Regenias Leiche aus einem Erdloch in der Nähe des Tehuacana Creek. Ihre Hände waren auf dem Rücken gefesselt und ihre Fußknöchel waren mit Strümpfen so zusammengebunden, dass sie sich gerade noch vorwärtsbewegen konnte. McDuff hatte sie anscheinend zu der Stelle, an der er sie getötet hatte, laufen lassen. Die Reste ihres Kleides waren um ihren Beckenbereich gewickelt. Sie wurde mit angewinkelten Beinen auf dem Rücken liegend aufgefunden. Nachdem sie sieben Jahre lang vermisst worden war, kehrte Regenia endlich zu ihrer Mutter zurück.

* * *

Am Sonntag, dem 29. Dezember 1991, fuhr die 28 Jahre alte und aus Ville Platte, Louisiana, stammende Colleen Reed im Laufe des späten Nachmittags nach Austin, in die Hauptstadt von Texas. Sie zahlte 200 Dollar an einem Geldautomaten ein, dann ging sie einkaufen. In einem Laden am North Lamar Boulevard kaufte sie Milch und Vitamine, anschließend fuhr sie zu einer Autowaschanlage an der West Fifth Street. Zeugen erinnern sich, ein neueres Modell eines hellen Ford Thunderbird gesehen zu haben, der auf die Autowaschanlage zufuhr. Sie hörten einen kurzen Aufschrei, dann schlugen die Autotüren zu und das Fahrzeug raste mit heulendem Motor über die Powell Street davon und hinterließ eine Abgaswolke.

Colleen, rund 1,60 Meter groß und 52 Kilogramm schwer, hatte dunkelbraunes Haar und braune Augen, trug eine Brille mit Goldrand, blaue Jeans, ein T-Shirt und eine schwarz-weiße Jacke von Nike. Ihre Leiche wurde am 6. Oktober 1998 gefunden, nachdem McDuff der Polizei die Stelle mitgeteilt hatte. Die Leiche lag auf einer Wiese, auf der McDuff als Jugendlicher gern geangelt und gefeiert hatte.

Mittlerweile vermutete die Polizei bereits, dass er ein Serienmörder war, allerdings war er nur extrem schwer zu fassen, und es war fast unmöglich, ihm etwas nachzuweisen. So konnten die Ermittler nur hoffen, dass er irgendwann einen Fehler machte. Das Glück wandte sich ihnen zu, als der Ermittler Tim Steglich vom Sheriffbüro in Bell County einen von McDuffs Freunden zu einer Befragung auf das Revier holte. Was folgt, ist die Aussage des 34 Jahre alten Alva Hank Worley vom April 1992, der McDuffs Komplize bei der Verschleppung, Vergewaltigung und dem Mord an Colleen Reed gewesen war.

»*McDuff holte mich an jenem Abend um 18 oder 19 Uhr ab. Wir fuhren zu Love's Truck Stop in der Nähe von Temple und er tankte. Ich weiß nicht, ob er eine Kreditkarte benutzte oder bar bezahlte. Wir fuhren los in Richtung Austin, und es war irgendwie klar, dass wir unterwegs waren, um uns ein bisschen Speed oder Koks zu besorgen – was wir halt kriegen konnten. Wir hielten an einem Fernfahrerrastplatz an der Interstate 35, an der in nördliche Richtung führenden Seite der Schnellstraße, hinter Jarrell. Ich kaufte einen Sixpack Budweiser-Bier. Davor hatten wir schon einen Sixpack oder auch mehr getrunken.*

McDuff fuhr weiter nach Austin, und ich dachte, dass wir vielleicht zum Campus der Universität von Texas wollten, um den Stoff zu bekommen. Aber Mac fuhr in die Innenstadt und dann in der Gegend herum, denn wir hatten noch Bier übrig. Er wollte nicht, dass ich nach dem zweiten Sixpack noch mehr Bier besorge. Ich weiß nicht warum. Ich erinnere mich noch, dass wir in der Gegend um die Sixth Street herumfuhren. Ich weiß auch noch, dass wir uns bei ›Dairy Queen‹ Hamburger besorgt haben, ich glaube, das war auf der Congress Avenue. Die Straßenlaternen brannten zu dieser Zeit schon. Wir fuhren herum und aßen. Mac saß am Steuer und fuhr zu einer Autowaschanlage und dort gleich in eine Haltebucht. Ich dachte, er wolle seinen Wagen waschen. Ich muss dazu erklären, dass wir in

Macs cremefarbenem Ford Thunderbird unterwegs waren. Es war unge-
fähr 20.30 Uhr oder 21 Uhr, als wir da ankamen.«

Worley erklärte weiter, dass McDuff die junge Frau gesehen, sie innerhalb
von Sekunden an der Kehle gepackt und zu seinem Wagen geschleppt habe.
»Sie schrie fürchterlich«, fügte Worley hinzu. »Sie kreischte: ›Nicht ich, nicht
ich. Bitte lass mich los.‹«

»Er brachte sie auf die Fahrerseite und schubste sie auf den Rücksitz. Ihre
Hände waren auf dem Rücken gefesselt. Ich glaube, sie sagte: ›Bitte lass mich
gehen, bitte tu mir das nicht an.‹ Ich war fassungslos. Ich wusste nicht, was
ich sagen sollte. Er setzte sich auf den Fahrersitz und fuhr schnell los.«

Während Colleen Reed um ihr Leben bettelte, musste sie eine Fahrt des
Schreckens erleiden. Die drei fuhren nordwärts über die Interstate 35 in
Richtung Round Rock, dann lenkte McDuff den Wagen an den Straßenrand
und hielt an. Er kletterte zu Colleen auf den Rücksitz und wies Worley an,
sich ans Steuer zu setzen. Dann begann die Vergewaltigung.

»Ich erinnere mich, dass er ihr sagte, sie solle sich ausziehen, weiß aber
nicht, ob er sie losgebunden hat. Er erklärte ihr: ›Du musst nur ficken.‹ Er
versuchte, sie davon zu überzeugen, dass er sie freilassen würde, wenn sie
mitmachen würde. Sie sagte, sie werde tun, was er befehle. Sie wollte Zeit
gewinnen. Das versuchte sie zumindest. Mac zog sein Hemd aus und ich
glaube, dass er auch schon die Hosen heruntergezogen hatte. Ich weiß nicht,
ob das Mädchen mit dem Gesicht nach oben oder nach unten lag, als er sie
vergewaltigte. Ich erinnere mich, dass er sich von ihr einen blasen ließ. Da-
ran erinnere ich mich, weil er sie da fast erwürgt hätte. Mac hatte ihr, gleich
als er nach hinten zu ihr gestiegen war, mehrfach auf den Kopf gehauen. Er
drückte ihren Kopf unten an seinen Körper und sie würgte.

Ich fuhr einfach weiter, und als ich an der Ausfahrt Stillhouse Hollow
angekommen war, beschloss ich, hier abzufahren, um zum Haus meiner
Schwester zu fahren. Mac saß einfach da, als wir am Stillhouse-Stausee an-
kamen. Ich hielt beim Abflusskanal an, in der Nähe der Wohnwagen. Dann
rutschte ich auf den Beifahrersitz, Mac zog die Schlüssel ab und öffnete den
Kofferraum. Er zog sie vom Rücksitz und packte sie in den Kofferraum. Zu

diesem Zeitpunkt war sie ganz ruhig, und er musste sie in den Kofferraum zwingen. Da habe ich das Mädchen zum letzten Mal gesehen oder etwas von ihr gehört. Mac fuhr dann zum Haus meiner Schwester.«

Nach weiteren Befragungen gestand Worley ein, dass McDuff ihn gebeten habe, ihm sein Taschenmesser und eine Schaufel zu leihen. Er sagte auch, dass McDuff der Frau mit einer Zigarette Verbrennungen an der Vagina zugefügt habe, behauptete aber steif und fest, nicht zu wissen, was danach mit Colleen Reed geschehen sei. Er erklärte auch, McDuff seitdem nicht mehr gesehen zu haben.

Am nächsten Tag befragte Tim Steglich Worley zum zweiten Mal. Unter dem Druck der intensiven Vernehmung gab er zu, dass sie noch zu einer einsamen Stelle gefahren waren, nur 1,5 Kilometer entfernt vom Haus von McDuffs Eltern in Temple.

»Ich habe sie vergewaltigt«, gestand Worley schließlich, »aber Mac hat ihr das Genick gebrochen, nachdem er sie mit brennenden Zigaretten noch ein bisschen gefoltert hatte. Als er ihr das Genick brach, klang es, als würde ein Ast zerbrechen, dann warf er sie wie einen Sack Kartoffeln in den Kofferraum seines Wagens.«

Frank Worley wurde wegen Vergewaltigung und Mord angeklagt und nach Festlegung einer Kaution von 350 000 Dollar im Gefängnis von Travis County untergebracht. Nach McDuff wurde gefahndet. Die Leiche von Colleen Reed wurde kurz vor McDuffs Hinrichtung gefunden.

* * *

Am Montag, dem 24. Februar 1992, erwürgte McDuff, während er das Technik-College von Texas in Waco besuchte, eine dunkelhäutige Gelegenheitsprostituierte und Studentin namens Valencia Joshua. Damals studierte er Maschinenbau und teilte sich einen Schlafraum auf dem Campus mit Studenten, die halb so alt waren wie er. Er nutzte sein Alter zu seinem Vorteil und verkaufte seinen Kommilitonen Marihuana, Methamphetamine, LSD und Crack, um zu seinem Stipendium etwas hinzuzuverdienen.

Wahrscheinlich wohnte Valencia, bevor sie getötet wurde, erst ein oder zwei Wochen in Waco. »Wenn jemand wie Valencia tot aufgefunden wird, regt das die Öffentlichkeit nicht besonders auf. Doch es bleibt ein Mord, und der ist genauso wichtig wie jeder andere«, sagte Richard Stroup, stellvertretender Sheriff von McLennan County. Die Polizei beschrieb sie als »Obdachlose, aber eine reizende Frau, die Kinder liebte«. Sie hatte keinen festen Wohnsitz, keinen Koffer und keine Habseligkeiten. Tatsächlich hatte niemand eine Ahnung, warum sie überhaupt in Waco war. »Sie hatte hier keine Verwandten«, sagte ihr Vater Tommy, der in Bryan lebte. Ihre Mutter Roma aus Fort Worth hatte sie schließlich als vermisst gemeldet.

Die 22-jährige Valencia wurde am Tag ihres Todes zum letzten Mal lebend gesehen, als sie an der Tür von McDuffs Schlafraum Nummer 118 klopfte. Die magere Frau trug einen dunklen Anorak, enge blaue Jeans und in ihrem Haar eine verzierte Spange. Als niemand auf ihr Klopfen reagierte, ging sie zum Fenster und rief: »Bist du so weit?« Lebend wurde sie seither nicht mehr gesehen.

Am Sonntag, dem 15. März 1992, fanden Spaziergänger hinter dem James-Connally-Golfplatz und ganz in der Nähe des College einen menschlichen Schädel, der wohl von Tieren ausgegraben worden war. In der weichen, feuchten Erde war eine unbekleidete Leiche begraben worden, und die Polizisten hatten zunächst nur einen Hinweis, der für die Identifizierung der Leiche hilfreich sein konnte – einen Haarschmuck aus Cloisonné, der bei der Leiche lag. Auf der Spange war ein orangefarbener Schmetterling zwischen grünen Blättern und roten Blüten abgebildet. Auf diesen Haarschmuck war Valencia besonders stolz gewesen. Aufgrund von Fingerabdrücken gelang es schließlich Gerichtsmedizinern aus Dallas, die Leiche zu identifizieren.

Als Todesursache wurde Strangulation angemerkt.

Am Sonntag, dem 1. März 1992, wurde McDuff dabei beobachtet, wie er unweit eines Quik-Pak-Lebensmittelladens in der La Salle Avenue, die südlich von Waco von der Interstate 35 abzweigt, einen Ford Thunderbird schob. Richard Bannister sagte aus, er habe dieses Vorkommnis gegen 15.45 Uhr bemerkt.

Etwas später am gleichen Nachmittag erschien die 22 Jahre alte Melissa Northrup nicht an ihrem Arbeitsplatz in diesem Quik-Pak-Laden. Melissa, die knapp 1,50 Meter groß und 50 Kilogramm schwer war, hatte schulterlanges braunes Haar und blaue Augen und war seit zweieinhalb Monaten schwanger. Sie wohnte mit ihrem Ehemann Aaron in der 3014 Pioneer Circle in Waco zusammen. Die zierliche Frau war einem Mann von McDuffs Größe und Gewicht nicht gewachsen. Er war über 1,80 Meter groß und wog 110 Kilogramm.

Gegen 4.15 Uhr sah ein Mann, der Melissa kannte, ihr Auto auf der Interstate 35 in Richtung Norden fahren. Sie saß auf dem Beifahrersitz und wirkte verängstigt.

Als sie nicht nach Hause kam, rief Aaron sie an, und als er sie nicht erreichen konnte, fuhr er zum Laden, der geschlossen war. Das Schubfach der Kasse stand offen und der Inhalt war verschwunden. »Ein Kunde war im Laden«, erzählte Aaron später der Polizei, »und als er mich sah, erschrak er und riss die Hände nach oben. Ich warf ihm die Toilettenschlüssel zu und sagte ihm, er solle bitte meine Frau suchen.« Dann wählte er die Nummer der Polizei. Die stellte fest, dass aus der Kasse 250 Dollar gestohlen worden waren. Obwohl in der Nähe des Ladens einige Leute in ihren Autos schliefen, gab es für Melissas Verschleppung keine Zeugen. Allerdings entdeckte man in der Nähe McDuffs Thunderbird.

Gegen 21 Uhr des gleichen Tages, sagte Shari Robinson, sei McDuff bei ihr zu Hause in Dallas County vorbeigekommen und habe um etwas zu essen gebeten.

Einige Stunden nach der Verschleppung von Melissa wurde ein Fahndungsplakat mit einer genauen Beschreibung von McDuff veröffentlicht, und in Zeitungen und im Fernsehen gab es Aufrufe, in denen um Informationen zu seinen Aufenthaltsorten gebeten wurde. Als die Polizei ihre Fahndung intensivierte, meldete sich Mark Davis, ein ehemaliger Studienfreund McDuffs am College, und erzählte, dass McDuff schon früher einmal versucht habe, ihn für einen Raubüberfall auf den Quik-Pak-Laden anzuwerben.

Ein anderer Student, Lewis Bray, berichtete, McDuff habe einmal damit geprahlt, der einfachste Weg, eine Leiche loszuwerden, sei, ihr den Bauch aufzuschlitzen und sie ins Wasser zu werfen. Zudem konnte ermittelt werden, dass McDuff einmal im Quik-Pak-Laden gearbeitet hatte und dafür von Melissas Ehemann Aaron angelernt worden war.

Ein Angler entdeckte am Sonntag, dem 26. April, um 18 Uhr Melissas Leiche, die in einem Baggersee im Südosten von Dallas County trieb.

Die Leiche war noch zum Teil in einen violetten Anzug und eine dunkel-
farbige Jacke gekleidet. Ein Teil ihres unteren Torsos fehlte. Ihr Wagen, ein
bräunlich-oranger 1977er Buick Regal mit einem weißen Dach und dem
Kennzeichen TX LP287 XHV wurde nur etwa 1,5 Kilometer entfernt in der
Nähe von Shari Robinsons Haus gefunden. Die Untersuchungen der Spu-
rensicherung führten zu dem Ergebnis, dass die Haare, die auf den Auto-
polstern entdeckt worden waren, mit den von McDuff genommenen Proben
übereinstimmten.

* * *

McDuff beging seine Morde in ganz Texas und sorgte dadurch für Zustän-
digkeitsprobleme, die ein Dutzend Strafverfolgungsbehörden an einen Kon-
ferenztisch brachten, damit sie ihre Recherchen koordinieren konnten. Es
wäre erforderlich gewesen, die organisatorischen Möglichkeiten des FBI, des
US Marshal's Service und der Texas Ranger zu bündeln, für Vergehen wie
Vergewaltigung und Mord waren jedoch eher die Bundesstaaten und nicht
die nationalen Behörden zuständig.

Zwei US Marshals aus Waco, Mike und Parnell McNamara, hatten eine
Idee, die einen Ausweg aus der bürokratischen Sackgasse bot. Sie hatten erfahren, dass McDuff während seiner Zeit am Technik-College LSD verkauft
und eine Waffe besessen hatte, beides Delikte, für die die nationalen Behörden zuständig waren. Daraufhin stellte der örtliche Staatsanwalt am Freitag,
dem 6. März 1992, den Haftbefehl Nr. 9280-0310-0506-Z für McDuff aus.
Zwei Monate später erlebten die Ermittler dann den Durchbruch, auf den
sie gewartet hatten.

Der 36 Jahre alte Gary Smithee arbeitete für ein Müllabfuhr-Unterneh-
men in Kansas City. Als er am Freitag, dem 1. Mai 1992, nach Hause kam,
schaltete er seinen Fernseher an, wählte als Programm die Sendung *America's
Most Wanted* (Amerikas Meistgesuchte) und nahm sie, wie er es stets tat,
auf Video auf. Smithee war fasziniert von der 5000-Dollar-Belohnung, die
für Informationen geboten wurde, die zur Festnahme von Kenneth McDuff
führten. Er fand, dass das Gesicht, das er auf dem Bildschirm erblickte,
dem eines neuen Kollegen namens Richard Fowler verblüffend ähnlich sah.
Der neue Mitarbeiter hatte mit ständigen Prahlereien über seine sexuellen

Fähigkeiten besonders im Zusammensein mit sehr jungen Frauen einen gewissen Eindruck hinterlassen.

Smithee dachte sehr sorgfältig über die Konsequenzen nach, wenn er seinen Verdacht meldete. Er wollte Fowler nicht verärgern, aber die Chance, auf die Schnelle 5000 Dollar zu verdienen, war zu verführerisch. Bevor er die Polizei von Kansas City anrief, sah er mit einem Arbeitskollegen die Aufnahme an, die er von der Fernsehsendung gemacht hatte. Sergeant JD Johnson nahm den Anruf entgegen und machte sich im Polizeicomputer auf die Suche nach dem Namen Richard Fowler. Auf dem Bildschirm erschien die Information, dass ein Mann, dessen Beschreibung sowohl auf Fowler als auch auf McDuff passte, bei einer verdeckten Operation gegen Prostitution festgenommen und wegen Aufforderung zu Unzucht angeklagt worden war. Dann verglich der Polizeibeamte die Fingerabdrücke der beiden Personen, mit dem Ergebnis, dass die Abdrücke von Fowler mit denen von McDuff identisch waren.

Am nächsten Morgen erfragte Johnson, welcher Müllwagen-Mannschaft McDuff zugeteilt war und welche Route der Lkw am Montag, dem 4. Mai, nehmen würde. Er erfuhr, dass der Müllwagen zwischen 13 und 14 Uhr zu einer Deponie südlich von Kansas City fahren sollte. Die Polizei stellte ein Team zusammen, das sich als Einsatztruppe zur Überprüfung von Nutzfahrzeugen tarnte. »Wir wollten, dass der Ort, den wir für unseren Zugriff wählten, etwas abseits lag – falls es Probleme geben sollte«, erklärte Johnson. »Angeblich war McDuff ja bewaffnet und gefährlich. An dem Ort, für den wir uns entschieden, wurden routinemäßig Fahrzeuge kontrolliert, und da hielten sich keine Unbeteiligten auf.«

Um ihrem Vorhaben noch mehr Glaubwürdigkeit zu verleihen, lieh sich die Polizei einen Wagen, den die Ingenieure aus Kansas City für ihre Routine-Inspektionen von Lkws benutzten. Als sich das Fahrzeug, in dem McDuff mitfuhr, näherte, winkte es ein einzelner Polizeibeamter zum Kontrollpunkt. Da er sofort Gefahr witterte, versuchte McDuff, auszusteigen und wegzulaufen, doch er wurde mit vorgehaltener Waffe an seiner Flucht gehindert und unternahm auch keinen weiteren Versuch, zu fliehen.

McDuff wurde am 26. Juni 1992 vor dem 54. Bezirksgericht von McLennan County, Texas, des vorsätzlichen Mordes an Melissa Northrup angeklagt, während er eine Entführung, einen Raub oder die Ermordung einer anderen

Person nach dem gleichen Plan und mit dem gleichen Verhalten begangen habe oder zu begehen versucht habe. Er wurde in allen Anklagepunkten für schuldig befunden.

Nach einer getrennten Strafanhörung am 18. Februar 1993 bejahte die Geschworenenjury die erste Sonderfrage, die gemäß Artikel 37.071 (b) (1) der texanischen Strafprozessordnung eingereicht wurde, und beantwortete die zweite Sonderfrage, die gemäß Artikel 37.071 (e) eingereicht wurde, negativ. In Übereinstimmung mit den Gesetzen des Bundesstaates verkündete das Gericht die Todesstrafe.

Gegen McDuffs Verurteilung und gegen das Urteil wurde beim texanischen Berufungsgericht automatisch Berufung eingelegt, das Berufungsgericht bestätigte jedoch die Verurteilung am 28. April 1997.

Dann reichte McDuff eine Petition für eine *certiorari* – eine Bestätigung der Appellationszulassung – beim Obersten Gerichtshof der USA ein, eine rechtliche Formalität, mit der beantragt wurde, das Verfahren an ein höheres Gericht zu verlegen. Dies wurde am 12. Januar 1998 verweigert.

Als Nächstes reichte McDuff eine Petition für eine bundesstaatliche Anweisung zu einem *Habeas Corpus* ein, einer richterlichen Haftprüfung, die am 15. April 1998 vom texanischen Berufungsgericht abgelehnt wurde.

Am 29. April 1998 legte das 54. Bezirksgericht von McLennan County, Texas, das Datum für die Hinrichtung von McDuff auf den 21. Oktober 1998 fest.

Am 30. April 1998 wurde ein Rechtsbeistand ernannt, der McDuff vor dem US Bezirksgericht für den Westlichen Bezirk von Texas, Bereich Waco, vertreten sollte.

Am 8. Juli 1998 reichte McDuff eine Petition für einen staatlichen Erlass eines *Habeas Corpus* ein. Der Staat reagierte mit einer Antwort und einem Antrag auf ein Urteil im Schnellverfahren zu McDuffs Forderungen.

Das Gericht des Westlichen Bezirks lehnte die *Habeas-Corpus*-Regelung ab, gewährte dem Staat ein Schnellverfahren und hob den Aufschub der Vollstreckung auf. Zudem verlegte das Gericht McDuffs Hinrichtung auf den 17. November 1998.

McDuff reichte am 23. Oktober Berufung ein, und drei Tage später lehnte das Gericht des Westlichen Bezirks McDuffs Ersuchen um eine

Bestätigung der Berufungsfähigkeit ab. Sein Einspruch beim Fünften US-Bundesberufungsgericht wurde abgewiesen, und der Oberste Gerichtshof lehnte am 16. November 1998 sein letztes Ersuchen um einen Aufschub der Hinrichtung ab.

* * *

Ein Mann, der mit Hinrichtungen mit der Giftspritze bestens vertraut war, war der für Hinrichtungen in Texas zuständige stellvertretende Gefängnisdirektor Neil Hodges. Über die realen Auswirkungen dieser Methode sagte er: »Viele glauben, das ginge alles ganz schmerzfrei und problemlos. Das stimmt aber nicht. Im Grunde genommen leiden sie [die Verurteilten] sehr. Sie sind zunächst wie gelähmt, aber sie können noch hören. Sie ertrinken in ihrer eigenen Körperflüssigkeit und ersticken regelrecht.

Ja, es gibt Probleme. Manchmal will der Betroffene sich nicht auf den Tisch legen. Aber wir haben hier in Texas einen sehr kräftigen Wärter. Der kriegt alle auf diesen Tisch, kein Problem. Innerhalb von Sekunden sind sie festgeschnallt. Kein Problem. Sie kommen auf diesen schäbigen, alten Tisch und kriegen den Schlaftrunk, ob sie ihn mögen oder nicht.«

Am 17. November 1998 stand eine große Gruppe von Reportern an einer für die Presse reservierten Stelle vor dem Walls-Gefängnis in Huntsville, Texas. Das Walls war das älteste Gefängnis in Texas, und in ihm befand sich auch der Todestrakt. Passend zu diesem Anlass schwebte eine einzelne, schwere, dunkle Wolke über dem Gefängnis. Ein Dschungel aus Fotografenstativen in der Nähe eines Picknicktisches aus Beton wirkte wie eine Schar Strauße. Über die gelben Absperrbänder der Polizei mit der Aufschrift »kein Durchgang« wehte mitleidig eine leichte Brise. Kein Pressevertreter hat auch nur einen einzigen Menschen gesehen, der gegen die Todesstrafe protestiert hätte.

Zu Beginn des Tages war der Insasse Nr. 999055, Kenneth McDuff, aus seiner Zelle in der Ellis-Haftanstalt geholt und 14 Kilometer nach Huntsville zur Hinrichtungsstätte gefahren worden. Selbst für einen eiskalten Mörder wie McDuff war der erste Blick auf das Hinrichtungsgebäude einschüchternd. Der Gefangenentransporter, der ihn zu seinem letzten Zielort brachte, hielt vor einer Reihe von Drahtgittern, die mit scharfem Stacheldraht bestückt waren, der im Sonnenlicht von Texas glitzerte. In Fußfesseln und Handschellen wurde er durch zwei Stahltüren geleitet. Links von ihm lag eine Reihe von Zellen; er wurde in die zweite gebracht, die nur mit einer Schlafkoje, einem kleinen Tisch und einem Stuhl ausgestattet war. Die Bettwäsche war makellos, ebenso die cremefarben gestrichenen Wände. Neben McDuffs Zelle lag eine Isolationszelle, deren Zugang durch ein schwarz gestrichenes feines Stahlnetz abgedeckt war. Sie konnte von Insassen benutzt werden, falls sie den Wunsch hatten, einem Anwalt Anweisungen zu geben.

Im Flur zu seiner Rechten stand ein weiterer Holztisch mit zwei Stühlen. Auf ihm sah McDuff eine Bibel und ein Telefon. Ein Aschenbecher war nicht vorhanden, denn Rauchen war verboten.

Die Giftspritze als Hinrichtungsmethode wurde zum ersten Mal 1977 von den Bundesstaaten Oklahoma und Texas eingeführt. Der erste Gefängnisinsasse, der auf diese Weise sterben musste, war der 43 Jahre alte Charlie Brooks, der für seine Beteiligung an der Ermordung eines Gebrauchtwagenhändlers 1971 in Fort Worth zum Tode verurteilt worden war. Brooks gab seine Berufungen gegen das Todesurteil schließlich auf und starb am 7. Dezember 1982 im Gefängnis von Huntsville.

Es ist gängige Praxis, Patienten im Krankenhaus durch Beruhigungsmittel noch vor der normalen Anästhesie ruhigzustellen, bevor sie in den Operationssaal kommen. Denn dies entspannt den Patienten und löst seine Verkrampfung. Diese Vorgehensweise war auch für diejenigen, die verantwortlich dafür waren, verurteilte Insassen dem Tod zuzuführen, vorteilhaft. Die Medikamente waren ohne Probleme verfügbar und kostengünstig. Zudem war es auch ein humaneres Vorgehen, da die Verabreichung der Giftspritze eine klinische Prozedur war, die in einer geeigneten Umgebung ausgeführt werden konnte. Vorbei war es nun mit dem gefürchteten Galgen, dem elektrischen Stuhl mit all den Kabeln, dem Lederhelm und der Todesmaske. Vorbei war es auch mit der abschreckenden Gaskammer und ihren schrecklichen grünen Wänden und all den Stangen und Rohren. Bei der Verwendung eines tödlichen Medikamentencocktails wird der verurteilte Häftling aus einer Arrestzelle zu einer Krankenhausliege geführt, auf der er angeschnallt und ihm das Gift intravenös injiziert wird.

Vorteilhaft war diese Prozedur auch für die staatlichen Behörden. Denn das Ganze wurde von den Medien sowie von der Öffentlichkeit positiv aufgenommen, da es keine schonendere Hinrichtungsmethode gab. Ein Team von Sanitätern war beim Einführen der Nadel in den rechten oder linken Arm des Opfers dabei, und ein Arzt stand – wie bei allen Hinrichtungen – bereit, um den Tod festzustellen.

Addie McDuff war zu spät angekommen, um ihren Sohn an seinem letzten Tag noch einmal zu sehen. Ihm wurden auch bis auf die freie Wahl seiner Henkersmahlzeit keine besonderen Privilegien zugestanden. Sein Essen bestand aus zwei T-Bone-Steaks, fünf Spiegeleiern, Gemüse, Pommes frites, Kokosnuss-Kuchen und einer Coca-Cola. Nachdem er sein Mahl verzehrt hatte, bereitete er sich auf sein Ende zu, von dem er meinte, dass es schmerzfrei sein würde, doch er wusste nicht, dass ihm eine Kombination von drei Medikamenten injiziert werden würde, die allesamt säurehaltig waren und einen pH-Wert hatten, der höher als 6 lag. Das würde so furchtbar brennen, als würde man ihm Feuer injizieren.

Um 17.58 Uhr erhielt der Gefängnisdirektor die Nachricht, dass der Oberste Gerichtshof McDuffs letztes Ersuchen um eine Verschiebung der Hinrichtung abgelehnt hatte. Die Zeugen traten nun langsam durch das Haupttor des Gefängnisses ein und wurden zum Hinrichtungshaus geleitet. Vielleicht hatten sie dabei die Plane bemerkt, die über die Stahltore drapiert war und den Leichenwagen, der die Leiche in Empfang nehmen würde, verbarg. Nach einer Leibesvisitation, bei der sie auf versteckte Waffen oder heimlich mitgebrachte Kameras untersucht wurden, wurden sie in den Zuschauerraum geführt, der durch ein Fenster und geschlossene Vorhänge von der Liege abgetrennt war.

Um 17.44 Uhr war dem Mörder bereits eine Vorabinjektion mit einem Beruhigungsmittel verabreicht worden. In einem angrenzenden Raum wartete in Schutzkleidung und mit Pfefferspray ein Team, das McDuff für den Fall, dass er Probleme machen sollte, aus der Zelle holen sollte. Die Fähigkeiten dieses Teams waren bei einer Hinrichtung in Texas bisher noch nie in Anspruch genommen worden.

Um 18.08 Uhr wurde McDuff aufgefordert, seine Zelle zu verlassen. Das tat er auch, kein Wächter rührte ihn an, als er die wenigen Schritte zu einer Tür ging, die sich vor ihm öffnete. Als er die Liege mit dem weißen Polster und dem Tuch sah, hielt er für einen Moment inne. Zwei Armstützen wurden herausgezogen, an denen sich zwei Lederriemen befanden, neben denen jeweils ein Justizbeamter stand.

Um 19.08 Uhr wurde McDuff festgebunden, und die Sanitäter führten ihm in beide Arme zwei Nadeln ein und legten Katheter. Von diesen liefen flexible Schläuche zum Henker, der außer Sichtweite stand. Der Arzt verband die Brust des liegenden Mannes noch mit einem Monitor zur Überwachung der Herzfunktion und legte ein Stethoskop bereit.

Die Vorhänge wurden aufgezogen und der Gefängnisdirektor Jim Willet fragte McDuff, ob er über das Mikrofon, das über seinem Kopf hing, noch letzte Worte äußern wolle. McDuff sagte: »Ich bin bereit, erlöst zu werden. Erlösen Sie mich.« Im Zuschauerraum mit den Zeugen legte Parnell McNamara behutsam seine Hand auf die Schulter des 74-jährigen Jack Brand.

»Darauf habe ich 32 Jahre gewartet«, sagte der Vater von Robert Brand, den McDuff 1966 ermordet hatte.

»Geht es Ihnen gut?«, fragte Parnell leise.

»Ich habe das Gefühl, als würde meinem Leben die Last von 32 Jahren genommen«, sagte der alte Mann.

Als ihm in den nächsten zehn Sekunden eine Injektion von Natriumthiopental verabreicht wurde, einem Narkotikum, das innerhalb von ungefähr zehn Sekunden wirkte, schaute McDuff ängstlich. Wahrscheinlich spürte er einen leichten Druck und sein Arm wird wohl geschmerzt haben. Dann muss er sich benommen gefühlt haben.

Nach einer einminütigen Pause folgten 15 Kubikzentimeter normale Kochsalzlösung, um den Durchfluss von 50 Milligramm/50 Kubikzentimeter Pancuroniumbromid zu erleichtern. Pavulon ist ein aus Curare gewonnenes Muskelrelaxans, das in etwa zehn Sekunden die Atemfunktion lähmt und zu Bewusstlosigkeit führt.

McDuff spürte Druck in seiner Brust und ein Erstickungsgefühl, das ihn einige Male nach Luft schnappen ließ. Ihm war schwindelig und er hyperventilierte. Während sein ganzes Nervensystem angegriffen wurde, schlug sein Herz schneller und schneller. Dieser Zustand wird Belastungssyndrom genannt, eine normale Phase zu Beginn des Sterbens.

Während sich das Gift in seinem Körper ausbreitete, begann für McDuff das zweite Vorstadium des Todes. Er war nicht mehr in der Lage, zu atmen oder sich zu bewegen, doch sehen und hören konnte er noch. Er war gelähmt und konnte in diesem Stadium nicht mehr schlucken: ein Zustand, der viele, die so etwas miterleben, annehmen lässt, dass der Tod bereits eingetreten ist. Doch McDuff lebte noch, aber sein zentrales Nervensystem stand kurz vor dem Zusammenbruch. Als ihm weitere 15 Kubikzentimeter Kochsalzlösung und schließlich noch eine starke Dosis (1,50–2,70 Milliäquivalente/kg) Kaliumchlorid injiziert wurden, weiteten sich seine Augen und die Haare auf seiner Haut stellten sich auf. Wird dieses Medikament in starken Dosen intravenös gespritzt, verursacht es ein Brennen und Schmerzen, weil es ein natürlich vorkommendes Salz ist und sofort das chemische Gleichgewicht des Blutes durcheinanderbringt. Es bewirkt, dass sich die Muskeln in extremer Kontraktion anspannen, und sobald es den Herzmuskel erreicht hat, hört das Herz auf zu schlagen. Da McDuff durch das Thiopental ruhiggestellt war und durch das Pavulon nicht mehr Atem holen konnte, war er nicht mehr in der Lage, vor Schmerzen aufzuschreien, als ihm das Kalium injiziert wurde und dies sein Herz in einen quälenden Krampf versetzte.

In den folgenden zwei Minuten untersuchte ihn der Arzt McDuff und erklärte ihn schließlich für tot. Mrs. Brenda Soloman, die Mutter von einem der Opfer McDuffs, sagte aufgewühlt: »Er sah aus wie der Teufel. Er geht dorthin, wo er hingehört. Ich bin glücklich … Ich fühle mich wunderbar.«

Die Kosten für die Medikamente, die McDuff verabreicht worden waren, um ihn ins Jenseits zu befördern, beliefen sich auf 86,08 Dollar.

* * *

»Das Skurrile an diesem besonderen Fall ist, dass ausgerechnet McDuffs Mutter Colleen wohl gehört hätte, wenn sie geschrien hätte. Denn sie wohnte nur ein paar Hundert Meter entfernt und war damit in Hörweite«, kommentierte der Ermittler Tim Steglich.

Meine Recherchen zum Leben und den Verbrechen von Kenneth Allen McDuff beinhalteten auch die Befragungen seiner Mutter Addie, seiner Lehrer an der Schule und verschiedener Einwohner von Rosebud, die die McDuffs gut kannten. Ich sprach mit Larry Pamplin, dem Sheriff von Falls County, mit McDuffs Komplizen Roy Dale Green, der zu dieser Zeit in einer verwahrlosten Hütte in Marlin lebte, mit den US Marshals Mike und Parnell McNamara, dem Staatsanwalt Bill Johnston und mit Tim Steglich. Zu den Hintergrund-Recherchen gehörte eine Besichtigung der einsamen Stelle, an der McDuff Colleen Reed ermordet hatte. Dabei begleitete mich Tim Steglich. »Mitten in der Nacht muss das ein schrecklicher Ort zum Sterben sein«, sagte Staatsanwalt William »Bill« Johnston mit Tränen in den Augen.

Die McDuffs waren eine schwierige Familie mit einem nicht besonders guten Ruf. Die »Pistolen tragende Mama« Addie McDuff hat nie ein Interview gegeben und es sogar abgelehnt, mit der Polizei zu sprechen, doch bei mir machte sie eine Ausnahme. Da sie dafür bekannt war, schnell zur Waffe zu greifen, bot mir die Polizei von Waco an, mich zu der abseits gelegenen Ranch in Belton Wache zu begleiten. Die Beamten warteten vor der Tür, bis ich unbeschadet wieder herauskam. Obwohl ich mit feindseliger Ablehnung gerechnet hatte, erschien an der Tür eine gebrechliche alte Dame, die mich wie in Texas üblich zurückhaltend, aber freundlich empfing.

Addie war trotz der üblen Taten ihres Sohnes eine Mutter mit Beschützerinstinkt. Bei einer Tasse Kaffee – sie entschuldigte sich dafür, dass sie keinen Tee hatte – erklärte sie mir, dass einer ihrer Söhne erschossen worden war, als er mit der Frau eines anderen Mannes geschlafen hatte, und dass eine Tochter bei einem Autounfall ums Leben gekommen sei. Ihr Mann sei schon vor langer Zeit gestorben und jetzt hätte sie außer ihrer Nichte niemanden mehr. Deshalb wollte sie in Kürze ihr Haus verkaufen und bei ihr einziehen.

Auf die Frage, wie sie zu dem Namen »Pistolen tragende Mama« gekommen sei, lächelte sie. »Früher war Rosebud ein harter Ort zum Leben«, erklärte sie mit schwacher Stimme. »Der Fahrer des Schulbusses drohte einmal damit, Ken, der sein Fahrgeld schon ausgegeben hatte, rauszuschmeißen. Es war dunkel, und keiner meiner Jungs sollte den Weg nach Hause laufen müssen. Also ging ich am nächsten Morgen zum Busbahnhof, zog meine Waffe heraus und erklärte dem Fahrer, wenn er das noch einmal täte, dann wäre es das letzte Mal.« Dann kicherte sie und sagte: »Danach hat nie wieder jemand herablassend über meine Familie geredet.«

Sie wühlte in einem Pappkarton mit Erinnerungsstücken und suchte nach Dokumenten oder irgendeinem Foto von Ken in seinen frühen Jahren, aber da war nur sehr wenig zu finden. Sie hatte vor Jahren alles vernichtet.

Die nächste Anlaufstation war Rosebud selbst. Ein staubiger Ort mit kaum mehr als 1000 Einwohnern, der sich selbst als Stadt bezeichnete. Die Hauptstraße war fast immer menschenleer, selbst an den Wochenenden. Während einer typisch texanischen Grillparty, einem im Haus stattfindenden Essen am Nachmittag, erinnerten sich der Bürgermeister, ein Reporter, mehrere Einwohner und der 70 Jahre alte Polizeichef an den jungen Ken McDuff. Offenbar waren sie damals alle von dem Jugendlichen terrorisiert worden, ein Eindruck, den der Sheriff von Falls County, Larry Pamplin, dessen Vater vor ihm Sheriff gewesen war, nur bestätigen konnte. Während er mich in seinem schäbigen, nicht gekennzeichneten, mit Schrotflinten und Pistolen bestückten Streifenwagen herumfuhr, erklärte mir Larry, dass McDuff und sein älterer Bruder John zu den rabiatesten Rowdys gehört hatten, denen er je begegnet war. Einige Zeit nach unserem Gespräch wurde er nach schwerer Körperverletzung, Amtsmissbrauch und Erpressung aus seinem Amt entlassen. Es wurde nachgewiesen, dass er Gelder für die Verpflegung seiner Gefangenen veruntreut und eine ansehnliche Summe für sich selbst zurückbehalten hatte.

Das Gespräch mit Regenia Moores Mutter in einem Motel in Waco war erschütternd. Sie war ein seelisches Wrack, das jahrelang mit einem Spaten im Gepäck die unbefestigten Straßen von Waco abgefahren war, um nach der Leiche ihrer vermissten Tochter zu suchen. »Ich wünsche McDuff nichts Böses«, schluchzte sie, »ich will sie einfach nur christlich begraben, so, wie Addie McDuff es sich sicher auch für ihren Sohn wünscht.« Ihr Wunsch ist schließlich erfüllt worden.

Dann gab es noch das lang erwartete Treffen mit Kenneth McDuff im Todestrakt der Ellis-Haftanstalt in Texas.

Als er noch lebte, war er ein groß gewachsener, gut gebauter Mann mit fettigem schwarzen Haar. Mit einem spöttischen Lächeln auf den Lippen jammerte er eine Stunde lang über die Ungerechtigkeiten der Justiz und der Gefängnisse. Er ließ sich noch über die kleinsten Details seines Falles aus und gab dabei sämtliche Verbrechen zu, die ihm zur Last gelegt wurden. Allerdings lehnte er es ab, zu verraten, wo seine Opfer begraben lagen, es sei denn, man würde ihm dafür eine stattliche Summe zahlen.

»Ich glaube nicht, dass mich der Bundesstaat Texas am Leben lassen wird, schließlich kann ich noch lange leben. Und da ich zuckerkrank bin, werde ich irgendwann große Probleme bekommen. Doch das Entscheidende ist – ich will selbst darüber bestimmen, wann ich sterbe. Und ich werde das tun, indem ich beschließe, irgendwann meine Berufungen aufzugeben. Mit Laufen hatte ich noch nie etwas am Hut, und ich will denen nicht die Befriedigung gönnen, mich den ganzen Weg bis zum Ende laufen zu lassen. Ich glaube, es ist gut möglich, dass meine beiden Verurteilungen aufgehoben werden.«

Auf die Frage, warum er sich nicht irgendwo niedergelassen und sich auf eine sinnvolle Beziehung mit einer Frau eingelassen habe, entgegnete er: »Ich fühle mich sehr alt und müde. Früher habe ich mir eine Frau und eine Familie gewünscht, so wie andere auch. Im Moment fühle ich mich wie ein Mann in der Wüste, Tausende Kilometer vom nächsten Wasserloch entfernt, wie einer, der keine Möglichkeiten hat, das Wasser zu erreichen, aber trotzdem immer weitergeht. Ich weiß nicht, warum ich weitergehe. Ist das eine Art Instinkt, immer weiterzumachen?

Lassen Sie uns jetzt mal über Geld reden. Also in dieser Hinsicht bin ich wie der Mann in der Wüste, der auf Gold gestoßen ist und nur das mitnehmen kann, was er tragen kann. Ich brauche nur ein paar Tausend Dollar, zum Beispiel für die Begräbniskosten und um mich, solange ich noch lebe, zu versorgen. Ich berechne, wem auch immer, 700 Dollar pro Leiche. Machen Sie eine internationale Postanweisung, ein Postauftrag tut's auch. Sorgen Sie dafür, dass das Geld auf meinen Namen auf mein Insassen-Treuhänderkonto überwiesen wird. Wenn der erste Betrag eingeht, gebe ich Ihnen und der Polizei eine Leiche. So kann ich nicht reingelegt werden.«

Das ist nun wirklich Ausdruck des Bösen.

Dieses Kapitel basiert auf einer exklusiven, auf Video aufgezeichneten und 1995 durchgeführten Befragung von Kenneth Allen McDuff durch Christopher Berry-Dee im Todestrakt der Ellis Haftanstalt in Huntsville, Texas, und auf einer umfangreichen Korrespondenz.

DOUGLAS DANIEL CLARK & CAROL MARY BUNDY

USA

»Ich habe ja mal echt gut ausgesehen. Aber schauen Sie doch, was die hier drinnen aus mir gemacht haben. Meine Haare fallen aus, meine Zähne sind verfault, und trotzdem wollen die mich immer noch töten. Aber wir müssen ja alle irgendwann mal sterben. Ich habe den Richter überlebt und den Staatsanwalt; es ist nur so, dass die einen Unschuldigen töten.«

DOUGLAS CLARK 1995 IM GEFÄNGNIS SAN QUENTIN ZUM AUTOR

Ein kleines Stück gelbes Metall, das 1848 in einem Bach in Nordkalifornien gefunden wurde, löste 1849 den Goldrausch aus. Damals hatte San Francisco 459 Einwohner – gegen Ende des folgenden Jahres lag die Bevölkerungszahl bei fast 25 000.

Die »Forty-Niners«, benannt nach dem Jahr 1849, in dem sie eintrafen, kamen aus aller Welt. Es waren Träumer, Menschen mit Plänen für die Zukunft, Abenteurer, Junge und Alte, doch alle hatten nur ein einziges Ziel – reich zu werden. Gold war überall, und die Straßen von Städten wie Columbia, Sierra City, Hangtown und dem Kronjuwel aller Städte, San Francisco, waren buchstäblich mit Gold gepflastert.

Das Leben war schwer und hart, so wie die Rechtsprechung. Die Goldsucher, Huren und Saloonbetreiber waren ein wilder Haufen. Es gab Auseinandersetzungen um Schürfrechte und Frauen. Diebstahl war der einfachere Weg, um an das begehrte, wertvolle Gold zu kommen, als den ganzen Tag zu schuften und in einem schlammigen Bachbett Wasser durchzusieben. Die Goldsucher tranken viel, spielten leichtsinnig und brachten sich gegenseitig um.

Zu der Zeit, als Kalifornien – 1850 – Bundesstaat wurde, brauchte man ein Staatsgefängnis, und so wurde San Quentin gebaut. Fährt man auf dem US Highway 101 in nördliche Richtung, von der Golden-Gate-Brücke zur Interstate 580, blickt man auf ein großes Gelände mit dem mächtigen weißen Betonbau von San Quentin.

Das abgelegene Gebiet, das ursprünglich Point Quentin hieß, wurde nach einem unbedeutenden Indianerhäuptling benannt, der 1824 eine Schlacht gegen mexikanische Soldaten verlor. Das Gebäude mit seinen dicken Mauern und einem roten Dach ist eine wahre Kathedrale der Justiz, die auf einem flachen Grünland im Norden der San Francisco Bay errichtet wurde.

Die kalifornische Gefängnisbehörde verfügte zu Zeiten der Niederschrift dieses Buches über einen jährlichen Etat von mehr als 3,4 Milliarden Dollar und hatte immer rund 124 000 Insassen unterzubringen. San Quentin – auch als »SQ« bekannt – war nicht nur das berüchtigtste Gefängnis in den Vereinigten Staaten, es war wohl auch das härteste des Landes. In ihm war lange auch ein Todestrakt untergebracht, in dem bis zu 500 Männer auf ihre Hinrichtung warten konnten. Im Zuge der Bestrebung, humanere Methoden einzusetzen, wurden Hinrichtungen zuletzt mit Giftspritzen ausgeführt. Einer dieser Insassen im Todestrakt war Douglas Daniel Clark. Es kostete rund 50 Dollar pro Tag, ihn bis zu seiner Hinrichtung gesund und munter zu halten.

Es waren ungefähr 500 Meter vom Haupttor von »SQ« bis zur bedrohlich wirkenden Eingangshalle. War man erst einmal innen angekommen, ging es rund 10 Meter einen Flur entlang und dann stand man schon vor einem Gesprächsraum. Auf der anderen Seite war ein gesicherter Warteraum, in dem Clark, der an einer Befestigung an der Wand festgekettet war, eine Tirade von Kraftausdrücken von sich gab. Er war zudem gefesselt: Seine Hände waren mit einem Riemen zusammengebunden, seine Füße mit einer Fußfessel.

Vergessen Sie Doktor Hannibal Lecter, denn Clark sah aus wie die Verkörperung des Teufels, und er war kein Schauspieler. Seine blauen Augen schimmerten wild und dämonisch. Sein Haar war zerzaust und vorzeitig ergraut. Aber es war vor allem der Mund, der in jeder Hinsicht widerlich war. Seine Zähne waren verfault und er stieß unablässig gehässige Abscheulichkeiten aus. Von Wachen begleitet schlurfte er vorwärts, um sich seinem Besucher zu nähern. Dabei strahlte jeder Zentimeter seines kraftvollen, knapp 1,83 Meter großen Körpers unbändigen Hass aus. Er trug einen grauen Gefängnispullover und locker sitzende Hosen, auf seinem Kopf saß schief eine Baseball-Mütze. Außerdem schwitzte er stark.

Wie abstoßend jemand auch sein mag, das Aussehen und die unflätige Sprache sind noch kein Beleg dafür, dass er ein Mörder ist. Doch Clarks Geschichte entwickelte sich nach und nach zu einem spannenden Krimi. Darüber hinaus könnte sein Leben sogar ein Beispiel sein für die vergeblichen Proteste eines unschuldigen Mannes.

Im Sommer 1980 erschütterte eine Serie von entsetzlichen Morden Hollywood. Alle Opfer waren Prostituierte, die am berühmt-berüchtigten Sunset Boulevard Sex für Dollars verkauften. Das veranlasste die Presse, den zunächst noch unbekannten Serienmörder als »Sunset-Mörder« zu bezeichnen. Die Hauptakteure bei diesem Totentanz waren Carol Mary Bundy, Douglas Daniel Clark und John »Jack« Robert Murray.

Carol Bundy (nicht verwandt mit dem Serienmörder Ted Bundy) war klein und nicht besonders attraktiv. Ihre Mutter Gladys war halb Indianerin, und ihr Vater war ein kugelrunder Franko-Kanadier. Carol bemerkte einmal: »Er war eine männliche Version von mir, mit einem Glatzkopf. Er hatte blaue Augen, war eine angenehme Erscheinung und eine kraftvolle Persönlichkeit. Er war ein guter Vater. Er betete mich an, weil ich intelligent war.«

Carol, geboren 1942, war das zweite von drei Kindern, und die Familie lebte in mehreren Städten in den USA. Sie behauptete, bis zur neunten Klasse 23 verschiedene Schulen besucht zu haben. Mit elf Jahren beging sie bereits einige Ladendiebstähle und entwendete Geld von ihren Eltern und Nachbarn.

Am Montag, dem 10. Juni 1957, starb Gladys Peters. In der Nacht darauf, erzählte Carol, lag sie bei ihrem Vater im Bett, der »mit mir Oralsex trieb und meine elfjährige Schwester sexuell missbrauchte«. Eines Abends, kurz nach ihrem 16. Geburtstag, wurde sie zu einem örtlichen Laden geschickt, um Lebensmittel zu kaufen. Als sie nach Hause zurückkam, entdeckte sie »überall Blutflecken und auf einem Stuhl ein Gewehr«. Sie erklärte, dass ihr Vater, der damals wieder geheiratet hatte, das Leben nicht mehr ertragen hatte und geplant hatte, alle umzubringen. »Deshalb hat er mich zu diesem Laden geschickt«, sagte sie. »Er wollte, während ich weg war, seine neue Frau töten, und danach mich, wenn ich wieder zu Hause war.« Offensichtlich ging der Schuss als er mit seiner Frau um das Gewehr rang, buchstäblich nach hinten los, denn er zerfetzte ihm einen Daumen.

Nach diesem Zwischenfall sorgte Carols Stiefmutter dafür, dass die Kinder in ein Pflegeheim kamen. Das war nur eine Übergangslösung, denn sie sollten nach Indiana geschickt werden, um bei einem Onkel zu leben. Zwei Jahre später erhängte sich Charles Peters mit 52 Jahren.

1960 heiratete Carol einen 33 Jahre alten Zuhälter, den sie erst zwei Wochen kannte. Die Ehe dauerte nur sechs Tage, dann verließ Carol ihren Ehemann, weil er von ihr verlangt hatte, mit seinen Freunden zu schlafen. Sie wollte sich so nicht von ihm behandeln lassen, obwohl sie später Psychiatern erzählte, dass sie bereits vor ihrer Ehe gegen Bezahlung Sex gehabt hatte, und auch behauptete, Mitte der 1960er-Jahre in Portland, Oregon, als Prostituierte gearbeitet zu haben.

Nach ihrer Scheidung von dem Zuhälter versuchte Carol nach eigenen Angaben, ihr Leben in den Griff zu bekommen, und besuchte das Santa

Monica City College, um Krankenpflegerin zu werden. Das College kann ihre Behauptung, dass sie 1968 dort ihren Abschluss gemacht hat, leider nicht bestätigen.

Im Jahr darauf heiratete sie einen Krankenpfleger namens Grant Bundy. Diese Ehe hielt elf Jahre und das Paar hatte zwei Söhne. Doch Grant prügelte seine Frau, und gerichtliche Aufzeichnungen belegen, dass Carol im Januar 1979 Zuflucht in einem Frauenhaus gesucht hatte, bevor sie ihren Mann verließ und Sozialhilfe beantragte. Zwei Mal versuchte sie, sich das Leben zu nehmen. Nachdem sie einen Job als Krankenpflegerin im Valley Medical Centre in Los Angeles angetreten hatte, zog die mittlerweile übergewichtige Carol mit ihren beiden Kindern in Valerio Gardens ein, einem Wohnblock in Van Nuys, der von Jack Murray verwaltet wurde.

John »Jack« Murray – mit vollem Namen John Robert Murray – war 41 Jahre alt, Australier und lebte mit Frau und zwei Kindern zusammen. Er war ein Frauenheld, und schon bald hatten er und Carol eine Affäre. Gerade erst von ihrem zweiten Mann geschieden, den sie eine »homosexuelle miese Schwuchtel« nannte, erhielt Bundy die Hälfte des Erlöses aus dem Verkauf ihres Hauses. Das war ein ziemlich hoher Betrag, und der lüsterne Murray, um ihm einen passenden Namen zu geben, bekam schnell Wind von Carols ansehnlichem Vermögen. Murray, der sie mit Liebe, Fürsorge und Aufmerksamkeit verwöhnte, ermutigte Carol, ihre Augen untersuchen zu lassen. Sie sah so schlecht, dass sie in der Folge für blind erklärt wurde und deshalb auch Anspruch auf einen monatlichen Behindertenzuschuss hatte. Murray war nicht gerade als Menschenfreund oder auch nur als großzügig bekannt, denn er schwatzte seinen Freunden gern Geld ab und betrog seine Frau häufig. Bei einer Gelegenheit wurde er sogar dabei erwischt, wie er Geld einer Sammlung für wohltätige Zwecke, an der er beteiligt war, einsteckte. Zweifellos fanden auch Bundys Behindertenzuschüsse ihren Weg in Murrays Taschen.

Als er schließlich erfuhr, welch eine beträchtliche Summe Carol auf ihrem Bankkonto hatte, änderte sich ihre Beziehung und wurde zu einem Verhältnis, wie es zwischen Prostituierten und Freiern üblich war, nur mit umgekehrten Rollen. Carol, die total in Murray verknallt war, bezahlte ihn nun für Sex, und gegen Ende des Jahres hatte er ihr 18 000 Dollar mit der Begründung abgenommen, dass er das Geld für die – gar nicht nötige – Krebsoperation seiner Frau brauche. In Wirklichkeit verwendete er die Hälfte davon dafür, Schulden, die er beim Kauf seines Chevrolet-Transporters gemacht hatte, zu begleichen, ein Fahrzeug, das er häufig für seine sexuellen Abenteuer nutzte. Mit dem Restbetrag motzte er das Wageninnere auf.

Um die Weihnachtszeit 1979 war Bundy so besessen von Murrays Sado-Sex-Spielchen, die er mit ihr trieb, dass sie seine nichtsahnende Frau ansprach und ihr 1500 Dollar für ihren Mann bot. Die Frau war darüber so aufgebracht, dass sie darauf bestand, Bundy müsse die Wohnanlage verlassen, und Jack stimmte dem, um des lieben Friedens willen, kleinlaut zu. Für ihn war das eine Entscheidung aus Eigennutz, denn seine Frau kochte ihm das Essen und wusch ihm seine Kleidung – Dienstleistungen, die er nicht verlieren wollte. Zudem war Carol für ihn nicht mehr als eine unterwürfige Sexpartnerin. Und da er den größten Teil ihres Geldes bereits eingesackt hatte, war sie für ihn nicht weiter wichtig. Doch immerhin kümmerte er sich noch darum, dass sie in eine Wohnung an der Lemona Avenue in Van Nuys, ungefähr 5 Kilometer von seinem Zuhause entfernt, einziehen konnte.

Als sie im Mai 1980 in die Lemona Avenue zog, fühlte sich Carol bald schon von der elfjährigen Tochter eines Nachbarn angezogen. Das Mädchen Shannon war geistig und körperlich weit entwickelt, und das ungleiche Paar baute eine Beziehung auf, indem beide sich schmutzige Witze erzählten. Mit der Zeit nahm dieses Miteinander eine sexuelle Dimension an, und Bundy ermunterte die Minderjährige, den Schritt vom behutsamen Geschmuse und Kuscheln zu einer echten lesbischen Beziehung zu wagen.

Trotz ihrer scheinbaren Trennung setzten Jack und Carol heimlich ihre Affäre fort. Nach und nach wurde ihr Sex immer abartiger, und das Paar versuchte, andere junge Mädchen dazu zu ermutigen, sich auf einen Dreier mit ihnen einzulassen. Glücklicherweise waren sie alle von Bundys unappetitlichem Äußeren abgeschreckt. Carol meldete nun, völlig entmutigt, ihre beiden Söhne von der Schule ab und schickte sie in den Mittleren Westen, um bei den Eltern ihres Vaters zu leben.

* * *

*»Carol Bundy, diese halb blinde Schlampe? Ihr waren ihre Kinder egal und
sie hat sie verkommen lassen.«*
DOUGLAS CLARK BEI SEINER BEFRAGUNG IM GEFÄNGNIS SAN
QUENTIN

Douglas Clark wurde 1948 als Daniel Clark in Pennsylvania geboren, wo sein
Vater Franklyn bei der Marine diente. Er war der dritte Sohn von fünf Kindern. In der dritten Klasse beschloss er, dass er fortan Doug statt Daniel genannt werden wollte. Die Familie zog oft um, von Pennsylvania nach Seattle,
dann nach Berkley und Japan. 1958 ließ sich Franklyn als Korvettenkapitän
der Marine in den Ruhestand versetzen. 1959 zog er mit seiner Frau Blanch
und ihren Kindern Frank jr., Carol Anne, Doug und Jon Ronlyn nach Kwajalein, einem Atoll der Marshallinseln, wo er eine zivile Stellung annahm und
die Versorgungsabteilung der Transport Company of Texas leitete. Blanch
arbeitete als Radio-Disponentin.

Sie verbrachten zwei Jahre auf Kwajalein und genossen in einem Wohn-
komplex, der speziell für die vielen amerikanischen Familien, die auf dem
Atoll lebten, errichtet worden war, ein Leben mit kolonialen Privilegien. Als
sie nach Amerika zurückkehrten, lebten sie für kurze Zeit in Berkley, bevor
sie dann nach Indien zogen. Die Clarks lebten so, wie es damals in den Vereinigten Staaten nur sehr Reichen vergönnt war, mit etlichen Dienern, die
pflichtbewusst für die Kinder wie für die Eltern bereitstanden.

Andere Amerikaner, die in der gleichen Gegend lebten, beschrieben die
Familie Clark als freundliche Leute, die gern für sich blieben. Was Doug
betraf, so konnte sich niemand an irgendwelche besorgniserregenden Verhaltensauffälligkeiten erinnern. Allerdings war es so, dass sein Vater, wenn
Doug überhaupt mal wegen irgendeines der üblichen Kinderstreiche Probleme hatte, ihn vehement verteidigte und es ablehnte, seinen Sohn für sein
Verhalten zur Verantwortung zu ziehen.

Später wurden sowohl Walter als auch Doug auf die Ecolint, die internationale Schule in Genf, geschickt, die Kinder von Diplomaten, internationalen Berühmtheiten und Sprösslinge königlicher Familien aus Europa
und dem Nahen Osten besuchten. Anders als sein Bruder Walt, der beliebt
und kontaktfreudig war, wirkte Doug missmutig und arrogant und schloss

wenige Freundschaften. Mit seinen Studien kam er nicht gut zurecht, da er keine Lust hatte, anfallende Arbeiten oder Hausaufgaben zu erledigen. Doug Clark behauptete, dass er seine Vorlieben für perversen Sex während der Zeit in Genf entwickelt habe. Aus diesem Grunde wurde er auch von der Ecolint verwiesen.

Nachdem er Genf verlassen hatte, wurde der 16-jährige Doug an die Militärakademie in Culver, Indiana, geschickt. Frank jr. und Carol Ann waren zu diesem Zeitpunkt schon von zu Hause ausgezogen und Walt kam auf ein Internat in Arizona, später wurde dort auch Jon Ronlyn untergebracht. Dougs Eltern zogen weiter in der Welt umher: zuerst nach Venezuela, dann nach Perth in West-Australien.

Obwohl Doug Clark intelligent war, erfüllte er die schulischen Anforderungen gerade so mit minimalem Aufwand. Er übte verschiedene Sportarten aus und spielte in einer Tanzband Saxofon. In den drei Jahren, die er an der Militärakademie verbrachte, hatte er keine engen Freunde. Stattdessen hing er mit einer Gruppe von Jugendlichen herum, die Dougs Ablehnung von Autorität und seine ausgeprägte »Mir ist alles egal«-Einstellung teilten. Er prahlte mit dem Reichtum seiner Familie, gab mit sexuellen Heldentaten an und merkte dabei nicht, dass er seine Freunde damit nervte und langweilte. Die Tatsache, dass die meisten Klassenkameraden keinen Umgang mit ihm pflegen wollten und den Kontakt eher mieden, schien ihn überhaupt nicht zu stören.

Dougs Verhalten und seine Einstellung führten zu vielen Sitzungen mit Colonel Gleeson, dem Schultherapeuten. Obwohl Gleeson Dougs Eltern viele Briefe schrieb, um sie über das schlechte Benehmen ihres Sohnes zu informieren, schienen sie nicht besonders besorgt zu sein. In seiner Zeit an der Akademie kam seine Mutter nur einmal zu Besuch. Sein Vater machte lediglich einen Besuch, als der Junge in den Ferien war.

Wie die meisten Jungs im Teenageralter waren Doug und seine Klassenkameraden von gleichaltrigen Mädchen und Sexfantasien ganz besessen, doch für Doug war das sehr viel mehr als nur Fantasie. Oft brachte er Mädchen mit auf sein Zimmer und nahm dann ihr Stöhnen und die Geräusche beim Sex auf. Die Aufnahmen spielte er seinen Klassenkameraden vor und genoss dann deren offensichtliche Eifersucht.

Mit 17 begegnete Doug laut eigenen Aussagen bei einer Tanzveranstaltung in Culver der Liebe seines Lebens, die er einem anderen Jungen ausspannte. Obwohl er vorgab, Bobbi zu lieben, machte er während dem Sex Fotos und zeigte sie an der Schule herum und amüsierte sich über den schlechten Ruf, den ihm das einbrachte.

1967, mit 19 Jahren, machte Clark seinen Abschluss in Culver und zog erst einmal zu seinen Eltern, die nun im Ruhestand waren und in Yosemite lebten. Als er zum Militärdienst eingezogen wurde, bewarb er sich für die Funkaufklärung der Luftwaffe, um zu gewährleisten, dass er im Vietnamkrieg nicht an der Front landen würde. Zuerst kam er nach Texas, dann nach Anchorage, Alaska, wo er russische Nachrichten entschlüsseln sollte.

Die militärische Disziplin in Anchorage erinnerte ihn an Culver und er hasste die Maßregelungen seines Vorgesetzten, doch der Großstadtrummel entschädigte ihn dafür. Die meiste Freizeit verbrachte er in den vielen Tanzbars, in denen er sein Ego pflegen konnte, da er jede Nacht eine Bar mit einer der Tänzerinnen am Arm verließ. Vor Ablauf seiner Dienstzeit wurde Douglas Clark ehrenvoll aus der Luftwaffe entlassen, erhielt dabei eine Medaille des Verteidigungsministeriums und weiter volle Bezüge. Wie es dazu kam, ist nicht bekannt, da er selbst seine Geschichte jedesmal, wenn er sie erzählt, veränderte und die Luftwaffe sich nicht dazu äußern wollte. Doug behauptete, er sei Zeuge gewesen, wie ein Weißer einen Schwarzen ermordet habe, und sei geflohen, als er zu einer Befragung vorgeladen worden sei.

Mit mehr als 5000 Dollar in der Tasche wollte Doug von Alaska bis an die mexikanische Grenze fahren, blieb jedoch in Van Nuys, einem Stadtteil von Los Angeles, hängen. Dort kam er bei seiner Schwester Carol Ann unter, die hier mit ihrem Ehemann lebte, der sie misshandelte.

Mit 24 lernte er in einer Bar in Nord-Hollywood die 27-jährige Beverley kennen und heiratete sie später. Blond und füllig, wie sie war, fand die Frau sich selbst dick und hässlich, hatte jedoch das Gefühl, dass Doug mit seinen großen Träumen und Ambitionen ihr guttun würde.

Sie kauften ein Geschäft für Autopolster, das Doug betrieb, während Beverley einen anderen Job hatte und sich an den Wochenenden um die Buchhaltung kümmerte. Er bestand darauf, dass er der Intelligentere von ihnen beiden war, und lehnte daher jeden Rat ab, den sie ihm in geschäftlichen

Belangen gab. Jedes Mal, wenn es finanziell besser lief, verpulverte Doug das Geld schnell wieder. In den 70er-Jahren stagnierte das Geschäft, deshalb verkauften sie es. Um ihre Schulden abzubezahlen, arbeitete Doug an einer Tankstelle und als Wachmann, bevor er damit begann, Waren auf Auktionen zu erstehen und dann weiterzuverkaufen. Beverley hatte die Aufgabe, den Transporter zu be- und entladen, denn seiner Meinung nach war er als Verkäufer besser als sie.

Auch wenn Beverley nicht genau sagen konnte, was in ihrer Ehe falsch lief, so hielt sie Doug doch für faul. Dass er gerne ihre Unterwäsche trug, fand sie genauso wenig ungewöhnlich wie sein Bedürfnis, Partner zu tauschen oder zu dritt Sex zu haben.

Beverley legte im Laufe ihrer Ehe immer mehr an Gewicht zu, und Doug verbrachte immer weniger Zeit zu Hause und hing stattdessen lieber in Bars herum. Laut Carol Ann trank ihr Bruder viel und wurde, wenn er betrunken war, überängstlich oder wütend. Beverley leugnete dies, obwohl sie ihn – als Bedingung dafür, dass sie zusammenblieben – dazu überredet hatte, sich den Anonymen Alkoholikern anzuschließen. Er trank dann zwei Jahre keinen Alkohol.

Doug war zwar ehrgeizig, schaffte es aber nicht, sich zu der Arbeit zu zwingen, die nötig gewesen wäre, um den Erfolg zu haben, den er sich erhoffte. Es war schließlich Beverleys Idee, sich bei der Stadt für eine Ausbildung im Dampfkraftwerk zu bewerben. Er stimmte zu und schloss die Ausbildung tatsächlich ab.

1976, vier Jahre nachdem sie geheiratet hatten, trennten sich Doug und Beverley und ließen sich später scheiden, blieben jedoch gute Freunde.

1979 begann Douglas Clark, in einer Seifenfabrik zu arbeiten. Zu seinen Aufgaben als Techniker gehörte es, sich um den großen Kessel zu kümmern. Obwohl das seinem Ausbildungsniveau nicht angemessen war, genoss er das Gefühl von Macht, das ihm die Kontrolle über die dreistöckige Konstruktion verschaffte.

Im Februar 1980 setzte Clark während einer Nachtschicht sein Auto draußen vor der Fabrik in Brand, um die Versicherung dafür zu kassieren. Carol Bundy gegenüber prahlte er später, der wahre Grund dafür sei gewesen, dass er Beweise zerstören musste.

Als Clark Bundy kennenlernte, hatte er bereits ein ziemliches Talent dafür entwickelt, sich in das Leben dicker, unattraktiver Frauen einzuschleichen, die ihm als Dank für seine Aufmerksamkeit bereitwillig Unterkunft, Essen und Geld boten. Sobald die Frauen mehr von ihm verlangten, verließ er sie und widmete sich der nächsten einsamen Seele.

Kurz nach Weihnachten 1979 lernte Carol Bundy, damals 37 Jahre alt, Doug Clark im »Little Nashville Country Club« kennen, wo Murray Hits von Tom Jones sang. Douglas Daniel Clark war Dampfkessel-Techniker von Beruf, doch mit seiner lässigen Art wirkte er wie ein Geschäftsmann. Zudem war er sehr belesen und streute in seinen Gesprächen gerne Zitate von Shakespeare und französische Sätze ein. Der 31 Jahre alte Clark war ein gut aussehender Mann mit sanfter Stimme und einem leicht europäischen Akzent, der bei Frauen gut ankam. Er nützte andere gerne aus, war ständig auf der Suche nach sexuellen Abenteuern und gefiel sich darin, sich unter mehreren willigen Freundinnen, die ihr Zuhause mit ihm teilten, die jeweils passende auszusuchen. Tatsächlich war er zeitweise so gefragt, dass er selbst nicht mehr wusste, wo er eigentlich wohnte.

Schon nach ihrer ersten Begegnung verbrachten Carol Bundy und Douglas Clark die Nacht miteinander. Als sie von Dougs Problemen mit seiner Vermieterin erfuhr, bot Carol ihm an, bei ihr zu wohnen. Für kurze Zeit war dies eine für beide Seiten befriedigende Lösung. Einfach ausgedrückt bot Clark seinen Körper und Sex für ein Dach über dem Kopf. Schließlich kam er zu der Ansicht, dass Geld für Sex noch besser für ihn wäre. Während seines kurzen Aufenthalts in der Lemona Avenue stellte Bundy Clark ihre sexuelle Gespielin Shannon vor.

Die verführerische Nähe der sexuell weit entwickelten Jugendlichen und Carols Ermunterung zu Sex zu dritt erwiesen sich für Clark als unwiderstehlich. Bundy fotografierte ihn dabei, wie er Sex mit dem geschminkten Kind simulierte, eine Inszenierung, die ihm später zum Verhängnis werden sollte. Während eines Gesprächs im Gefängnis San Quentin sagte Clark dazu: »Mit Bundy hatte ich während unserer gesamten Beziehung vielleicht dreimal Sex, auch wenn Carol etwas anderes erzählen sollte. Murray war ihr großer S&M-Liebhaber. Sie und Jack hatten Sex mit der Elfjährigen. Er versuchte, das Kind oral und vaginal zu vergewaltigen. Mehrfach wollten sie meine

Mitbewohnerin Nancy für Sex zu dritt gewinnen. Carol wollte Nancy auch zu einem weiblichen Dreier mit ihr und Shannon überreden. Sie sagten Nancy und Shannon, sie sollten mir nicht verraten, dass sie und Jack versucht hatten, Sex mit ihnen zu haben, denn es würde mir ganz und gar nicht gefallen, wenn sie und ihr Liebhaber mit einer meiner Freundinnen herumgefickt hätten.«

* * *

Die ersten bestätigten Morde, die der Sunset-Mörder begangen hatte, waren die an der 15 Jahre alten Gina Marano und der 16-jährigen Cynthia Chandler. Die nackten Leichen der beiden attraktiven Teenager wurden am Donnerstag, dem 12. Juni 1980, von einem Straßenreiniger an einem Abhang neben dem Ventura Freeway gefunden. Der Gerichtsmediziner stellte fest, dass sie am Tag zuvor gestorben waren. Cynthia war durch einen Schuss mit einer Waffe Kaliber 25 getötet worden. Die Kugel war dabei durch ihren Hinterkopf eingedrungen und in ihrem Gehirn stecken geblieben. Eine zweite Kugel hatte ihre Lunge durchschlagen und ihr Herz zerfetzt. Zudem wurde festgestellt, dass beide Schüsse aus nächster Nähe abgefeuert worden waren. Auch auf Gina war zweimal geschossen worden. Eine Kugel war hinter ihrem linken Ohr eingedrungen und an ihrer rechten Augenbraue wieder ausgetreten, die zweite Kugel hatte ihren Hinterkopf durchdrungen und war hinter dem linken Ohr ausgetreten.

Am Samstag, dem 14. Juni, rief eine Frau bei der Polizei in Van Nuys an und erklärte einem Beamten, der den Anruf aufzeichnete, dass sie glaube, ihr Liebhaber sei ein Mörder. »Ich möchte herausfinden, ob die Person, die ich kenne und die mein Liebhaber ist, das tatsächlich getan hat. Er hat behauptet, es getan zu haben. Mein Name ist Betsy.«

Im weiteren Verlauf des Anrufs änderte sie ihren Namen in Claudia. Die Polizei wollte den vollständigen Namen des angeblichen Mörders wissen, doch die Informantin weigerte sich, diese entscheidende Angabe zu machen. Als sie unter Druck gesetzt wurde, gab sie immerhin eine kurze Beschreibung durch. »Er hat lockiges braunes Haar und blaue Augen. Sein Vorname ist John, und er ist 41 Jahre alt«, gab sie an. »Ich habe in seinem Wagen eine Reisetasche gefunden, die voll war mit blutigen Decken, Papierhandtüchern und seiner Kleidung.«

Diese Beschreibung passte perfekt auf Jack Murray und nicht auf Clark, der zum damaligen Zeitpunkt erst 37 war. Die Frau fügte noch hinzu: »Er hat mir gesagt, dass er vier Schüsse abgefeuert hat. Zwei in den Kopf des einen Mädchens, damit hat er ihr den Kopf praktisch weggeblasen. Einen Schuss in den Kopf und einen in die Brust des anderen Mädchens. Er hat eine Pistole Kaliber 25 benutzt. Stimmt das mit dem überein, was Sie herausgefunden haben?« Nachdem die Anruferin aufgelegt hatte, schrieb einer der Polizisten auf die Kassette: »Entweder die Mörderin selbst oder jemand, der den Mörder kennt!«

Im Laufe der nächsten Tage stellten die Ermittler eine Liste mit den Namen aller Leute zusammen, die in den letzten Monaten eine Pistole Kaliber 25 gekauft hatten. Auf ihr tauchte auch Carol Mary Bundys Name auf, denn sie hatte am Freitag, dem 25. April, in Van Nuys zwei halbautomatische Raven-Pistolen Kaliber 22 erstanden. Tatsächlich war sie die einzige Frau auf der Liste. Das Waffengeschäft übermittelte der Polizei ihre Adresse, ihre Fahrzeuganmeldung und ihre Sozialversicherungsnummer. Unverständlicherweise entschied sich die Polizei dafür, diese sehr wichtige Information zu ignorieren, obwohl man gerade einen Anruf von einer Frau erhalten hatte, der auf eine Verbindung zu den zwei Morden verwies. Warum sich die Polizei zu diesem Vorgehen entschied, bleibt ein Rätsel.

Am Sonntag, dem 22. Juni, zog Bundy in eine Wohnung in die Verdugo Avenue in Burbank um. Unter anderen half ihr auch Clark, ihre Möbel und die andere Habe durch die Stadt zu ihrem neuen Zuhause zu transportieren, das nur einen Steinwurf von seiner Arbeitsstelle in der Seifenfabrik entfernt lag.

Am nächsten Tag fand ein Beamter der Polizei von Burbank um 3.05 Uhr die voll bekleidete Leiche der Prostituierten Karen Jones, die im Rinnstein einer Straße in der Nähe der NBC Studios in Hollywood lag. Ihr war mit einer Pistole Kaliber 25 in die Schläfe geschossen worden, und es gab Hinweise darauf, dass sie aus einem fahrenden Wagen geworfen worden war. Ballistische Untersuchungen der bei der Autopsie aus ihrem Kopf entnommenen Kugel bewiesen, dass sie mit den Kugeln übereinstimmte, mit denen Chandler und Marano getötet worden waren.

Später am Morgen fand die Polizei nur ein paar Kilometer entfernt auf dem Parkplatz eines Diners die kopflose Leiche von Exxie Wilson, einer weiteren Prostituierten. Die Leiche, die hinter einen Abfallcontainer gezogen worden war, war nackt und lag in einer Lache aus geronnenem Blut. Wilson und Jones hatten den gleichen Zuhälter, und der berichtete, er habe beide zuletzt kurz vor Mitternacht lebend gesehen. Sie seien zusammen gewesen.

Am 26. Juni wollte der Bewohner eines Hauses in Studio City spätabends in seine Einfahrt fahren und stellte fest, dass eine verzierte Holztruhe ihm die Zufahrt versperrte. »Ich dachte, ich hätte einen Schatz gefunden«, erklärte er später der Polizei, doch als er die Truhe öffnete, entdeckte der Mann entsetzt einen abgeschlagenen Kopf, der in ein T-Shirt und in Jeans eingewickelt war. Bei der Autopsie stellte sich heraus, dass Exxie mit einer Waffe Kaliber 25 erschossen worden war und dass der Kopf gewaschen und grob geschminkt worden war. Nach der Enthauptung, die noch bei lebendigem Leibe durchgeführt worden war, war er zudem eingefroren worden. In ihrer Kehle wurde Sperma entdeckt. Die Kugel passte genau zu denen, die auch für die Morde an Marano, Chandler und Wilson benutzt worden waren.

* * *

Am Sonntag, dem 29. Juni, waren Schlangenjäger in einer Schlucht in der Nähe des Foothill Boulevards in Sylmar unterwegs und fanden die Leiche der 17-jährigen Prostituierten Marnette Comer. Die teilweise nackte und mit Gestrüpp bedeckte Leiche, die von der Sommerhitze bereits ausgetrocknet und beinahe mumifiziert war, lag auf dem Bauch. Bei der Autopsie wurde festgestellt, dass ihr mit einer Pistole Kaliber 25 dreimal in die Brust geschossen und ihr der Bauch aufgeschlitzt worden war. Marnette war zuletzt am 31. Mai lebend gesehen worden. Die geborgenen Kugeln glichen wieder denen, mit denen alle anderen bisherigen Opfer getötet worden waren.

Inzwischen hatte die Polizei den Weg der verzierten Holztruhe bis zu einem Laden in Reseda zurückverfolgen können. Ein Angestellter erinnerte sich dort daran, dass die Kundin eine übergewichtige Frau mit einer Brille mit dicken Gläsern und kurzen schwarzen Handschuhen gewesen sei. Der Verkäufer erinnerte sich insbesondere an die Handschuhe, da es ein sehr heißer Tag gewesen war. »Sie wirkte plump und war irgendwie hässlich«, erzählte der Angestellte der Polizei.

Die Hinweise, die Rückschlüsse auf die mysteriöse Informantin namens Claudia zuließen, verdichteten sich. Fünf Prostituierte waren mit der gleichen Pistole Kaliber 25 erschossen worden, und die Beschreibung der Käuferin der Truhe passte auf Carol Bundy, die einzige Frau in ganz Kalifornien, die zwei Pistolen der Marke Raven besaß. Dennoch konnte die Polizei diese Spuren noch nicht miteinander verknüpfen.

Am 29. Juli begann Bundy, psychisch abzubauen. Sie bettelte Clark an, sie zu erschießen. Als er dies ablehnte, unternahm sie einen Selbstmordversuch. Sie setzte sich in ihren Wagen und injizierte sich Insulin und Librium. Dann schluckte sich noch eine Handvoll Schlaftabletten. Trotzdem sie als Krankenpflegerin einiges Wissen über Medikamente erworben hatte, schlug der Selbstmordversuch fehl. Sie wurde rechtzeitig aufgefunden und in ein Krankenhaus gebracht.

Das Erste, was sie am nächsten Tag tat, war, Jack Murray von ihrem Krankenhausbett aus anzurufen und ihn zu bitten, sie mit seinem Transporter abzuholen. Er kam in Begleitung einer Frau namens Nancy Smith. Carol war darüber so wütend, dass sie sich weigerte, in den Chevy einzusteigen, und vor Wut schäumend zu Fuß nach Hause lief. Doch das alles hielt sie und Murray nicht davon ab, vier Tage später gemeinsam mit der jungen Shannon im Bett Sex zu haben.

Am Sonntag, dem 3. August, verabredete Bundy sich erneut mit ihrem Liebhaber auf dem Parkplatz des »Little Nashville Country Club«. Als sie allerdings wie ausgemacht zu ihrem Rendezvous erschien, musste sie feststellen, dass Murray bereits in seinem Transporter war und Sex mit einer Frau namens Avril Roy-Smith hatte. Carol hämmerte gegen die Tür und Avril lief davon.

Dass sie ihn wieder mit einer anderen Frau überrascht hatte, war wohl der Tropfen, der das Fass zum Überlaufen brachte. Bundy und Murray fuhren gemeinsam vom Club weg und parkten ein paar Blocks entfernt, um hinten im Transporter Sex miteinander zu haben. Der nackte Murray lag auf seinem Bauch, während die hinter ihm hockende Bundy seine Pobacken auseinanderdrückte und ihre Zunge in seinen Anus schob. Während Murray vor Lust stöhnte, griff sie in ihren Hosenbund und zog eine ihrer halbautomatischen Raven-Pistolen hervor. Mit ihrer Zunge immer noch an gleicher Stelle, drückte sie die Mündung der Waffe an Murrays Hinterkopf. Er spürte den kalten Stahl und erstarrte einen Moment, dann feuerte sie einen Schuss ab. Danach überprüfte sie seinen Puls und stellte fest, dass er immer noch lebte, also schoss sie ein zweites Mal. Doch sein Herz schlug weiter. Sie warf die Waffe auf die Seite und zog ein schweres Ausbeinmesser aus ihrer Tasche, das sie ihm mehrfach in den Rücken rammte. Nachdem sie ein Dutzend Mal zugestochen hatte, war er endlich tot. Um ihr grausames Werk zu vollenden, schlitzte Bundy den Po ihres Opfers auf und verstümmelte seinen Anus, dann hackte sie ihm den Kopf ab. Nachdem sie die Kästen im Transporter durchwühlt hatte, verteilte sie um den Körper herum pornografische Videos und Magazine. Sie leerte Murrays Aktentasche aus, nahm mehrere Sex-Fotos, seine Schlüssel und seine Waffe mit. Anschließend steckte sie seinen Kopf in einen Plastikbeutel. Dann kehrte sie zu ihrem eigenen Wagen zurück, der noch immer auf dem Parkplatz des Clubs stand. In den frühen Morgenstunden des 4. August fuhr sie zu einer Telefonzelle und rief in ihrer Wohnung an, in der Clark schlief.

Doug Clark lag mit Nancy Smith im Bett, als ihn das schrille Klingeln aus seinem tiefen Schlaf riss. »Carol flüsterte und kicherte am Telefon«, erzählte er. Doch während des Telefongesprächs bekam Nancy, die an Epilepsie litt, einen Anfall. Doug forderte Bundy auf, das Gespräch zu beenden und nach Hause zurückkehren, dann rief er per Telefon einen Krankenwagen. Als Bundy fünf Minuten später eintraf, waren die Sanitäter schon vor Ort. Nachdem der Krankenwagen abgefahren war, nahm Bundy Clark mit zu ihrem Auto, in dem im Fußraum des Beifahrersitzes der Plastikbeutel mit Murrays Kopf lag. Als Clark den zerfetzten und blutigen Stumpf sah, wich er zurück und übergab sich. Nancys Anfall und dann dies, das war offenbar zu viel für ihn. Bundy fragte ihn ganz ruhig, ob er ihr helfen würde, die Überreste zu beseitigen. Benommen von dem Schock stimmte er zu, und das, obwohl er schon bald seine Schicht in der Seifenfabrik antreten musste.

Sie fuhren in Richtung der Fabrik los und Bundy hatte den in Plastik verpackten Kopf auf ihrem Schoß liegen. Als sie an einem Müllhaufen vorbeikamen, drehte sie die Fensterscheibe herunter und warf das grausige Ding hinaus. Murrays Kopf wurde nie gefunden.

Drei Tage später, am Donnerstag, dem 7. August, lud die sexuell unersättliche Bundy Tammy Spangler, eine von Murrays früheren Freundinnen, zum Essen ein. Clark war klar, dass Carol wieder einen Dreier arrangieren wollte, lehnte aber ab, daran teilzunehmen. Auf jeden Fall gefiel ihm die attraktive Frau und gleichzeitig machte er sich Sorgen um Bundys Geisteszustand. »Wenn sie Jack das antun konnte«, sagte er, »was konnte sie wohl dann irgendjemand anderem antun? Was würde sie dann mit meinem verdammten Kopf anstellen?«

Nach dem Essen ging Tammy zur Arbeit, und Bundy und Clark blieben allein zurück. Da ihre sexuellen Bedürfnisse nicht erfüllt worden waren, überredete sie Doug dazu, gemeinsam nach Hollywood zu fahren, um dort eine Prostituierte zu finden, die ihm Oralsex bieten würde. Das sollte Bundys Geburtstagsgeschenk für ihn sein. Zögernd willigte er ein.

Also fuhren sie zur Highland Avenue, wo sie eine passende Prostituierte entdeckten. Sie riefen sie herbei und handelten das Ganze aus. Der Name des Mädchens war Cathy. Bevor sie das Geld annahm, meinte sie noch: »Mit Frauen mach' ich es aber nicht.« Nachdem ihr das zugestanden worden war, kletterte sie mit Clark, der den Fahrersitz nach vorne auf das Lenkrad geklappt hatte, auf den Rücksitz. Carol, die auf dem Beifahrersitz saß, hatte so einen guten Blick auf das Geschehen. Durch ihre zentimeterdicke Brille konnte sie sich an dem wenig erbaulichen Anblick erfreuen. Clark beschrieb, was dann passierte.

»Ich saß links und Cathy auf meiner rechten Seite. Sie saß mit ihrer linken Pobacke auf der Kante des Sitzes. Sie besorgte es mir mit ihrem Mund. Dann bemerkte ich, dass Carol auf ihrem Sitz herumzappelte. Sie begann, sich hin und her zu bewegen, und reckte ihren Hals, um die Gegend um den Wagen herum abzusuchen, als wollte sie prüfen, ob jemand in der Nähe war. Als Nächstes sah ich Carols Hand nach hinten greifen, als wolle sie Cathy anfassen. Plötzlich bemerkte ich die verdammte Waffe. Einen Moment lang fürchtete ich, dass sie mich – wie Murray – erschießen wolle. Doch Carol hielt die Waffe an den Hinterkopf der Nutte und drückte ab.«

Die Kugel schoss durch den Kopf der Prostituierten und traf Clark am Bauch. Glücklicherweise war es nur eine oberflächliche Fleischwunde, doch er blutet stark. »Ich war geschockt und panisch«, erklärte er. »Carol sagte, ich solle den Scheißwagen fahren, während sie auf den Rücksitz kletterte, dem toten Mädchen die Kleidung auszog, sie sexuell missbrauchte und dabei die ganze Zeit schrie, dass sie sicher sei, dass das dem toten Mädchen gefallen hätte.«

Nachdem die Leiche entsorgt war, fuhren die beiden zurück in Bundys Wohnung, wo Clark seine Kleidung wechselte. Die Sachen sollte er erst wiedersehen, nachdem die Polizei ihn verhaftet hatte.

Am Samstag, dem 9. August, ging bei der Polizei von Van Nuys eine Beschwerde über einen Chevrolet-Transporter ein, der auf der Barbara Ann Street abgestellt worden war. Der Anrufer erklärte, dass das Fahrzeug einen üblen Geruch verströme. Wenige Minuten später traf eine Funkstreife vor Ort ein, und ein Polizeibeamter, der durch eines der Fenster des Fahrzeugs schaute, erblickte im hinteren Teil des Wagens eine Leiche. Nachdem der Fundort abgeriegelt worden war, durchsuchte der Kriminalbeamte Roger Pida das Fahrzeug und fand unter all den dort verstreuten Dingen eine Brieftasche, durch die das männliche Opfer als John Robert Murray identifiziert werden konnte. Als die Beamten seinen Namen im Polizeicomputer überprüften, stellten sie fest, dass Murrays Frau ihn vor einigen Tagen als vermisst gemeldet hatte. Die Beamten fanden auch heraus, dass er viel Zeit mit einer Frau namens Carol Mary Bundy verbracht hatte.

Am nächsten Morgen klingelten zwei Kriminalbeamte an der Tür von Bundys Wohnung in Burbank. Sie bat sie herein und stellte ihnen Clark und Tammy Spangler vor. Clark und Bundy wurden aufgefordert, für weitere Befragungen auf das Revier mitzukommen, und Spangler folgte ihnen in ihrem Auto, um sie nach der Befragung wieder nach Hause zu bringen.

Auf der Polizeiwache machte das Paar unterschiedliche Angaben, was sie zur Zeit des Mordes an Murray getan hatten. Clark sagte die Wahrheit und erklärte, Bundy sei an jenem Abend spät nach Hause gekommen. Bundy log in einem separaten Verhörraum und behauptete, sie sei den ganzen Abend zu Hause gewesen. Sie beharrte darauf, dass sie das Haus nicht verlassen hatte. Auf die Frage, ob sie irgendwelche Schusswaffen besitze, antwortete Bundy, dass sie gerade zwei Pistolen an einen groß gewachsenen Mann mit roten Haaren und einer Narbe verkauft habe. Der einzige Name, der ihr auf die Schnelle einfiel, war Mike Hammer, der Name eines Privatdetektivs aus einer bekannten Romanreihe, was die Beamten ziemlich lustig fanden. Dann meldete sich Tammy Spangler zu Wort. Sie erklärte den

Kriminalbeamten, sie habe Murray am Abend des Mordes mit einer Frau namens Avril Roy-Smith gesehen. »Vielleicht fragen Sie besser mal die«, schlug sie vor.

Da keine klaren Beweise vorlagen, die es möglich machten, Bundy festzuhalten, durften sie und Clark gehen. Die Polizisten machten sich auf die Suche nach Avril, die für den Zeitraum, als Murray gestorben war, allerdings ein Alibi hatte. Sie erzählte, dass Murray noch gelebt habe, als sie aus dem Transporter ausgestiegen sei. Danach sei sie in den Club gegangen und habe dort in den nächsten drei Stunden mit Freunden etwas getrunken. In dieser Zeit habe sie Carol Bundy in Murrays Transporter einsteigen sehen.

Nun waren die Mordermittler doch wieder sehr an Bundy interessiert. Am nächsten Tag, während noch alles Nötige für den Haftbefehl vorbereitet wurde, verließ Bundy ihre Arbeitsstelle im Krankenhaus, nachdem sie ihren Kollegen gestanden hatte, dass sie für den Mord und die Enthauptung ihres Liebhabers verantwortlich sei. Sie meinte, sie müsse in ihre Wohnung, »um Beweise zu beseitigen, bevor Doug nach Hause kommt«. Kurz nachdem sie gegangen war, rief ein Leiter des Krankenhauses aufgeregt bei der Polizei an und erzählte von Bundys seltsamer Behauptung.

Auf dem Nachhauseweg fuhr Bundy bei der Seifenfabrik vorbei, in der Clark arbeitete. Sie bat den Pförtner, ihn herbeizurufen. Als er herauskam, sagte sie ihm, sie habe der Polizei alles erzählt. Clark war wütend. »Du blöde Fotze«, brüllte er sie an, »lass mich verdammt noch mal in Ruhe.«

Nachdem Bundy das Gelände verlassen hatte, stürmte Doug zurück in die Fabrik und versuchte mehrmals, den Kriminalbeamten Pida telefonisch zu erreichen. Der war jedoch nicht in seinem Büro. »Bundy wollte mir die Morde in die Schuhe schieben«, sagte er mehrmals, wenn er seine Unschuld bezüglich der Sunset-Morde beteuerte, »und wer glaubt schon, dass eine Frau all diese Morde begeht? Außerdem hatte sie verfängliche Fotos von Shannon und mir. Das war Erpressung. Ja. Genau das war es.«

Kurz nach 11 Uhr klingelte bei der Polizei von Los Angeles das Telefon und eine Frau – Carol Bundy – bat darum, mit den Mordermittlern sprechen zu können. Als der Kriminalbeamte James Kilgore ans Telefon ging, sagte die Frau: »Es gab vor einiger Zeit eine Reihe von Morden an Prostituierten in Hollywood.«

»Das beschäftigt uns immer noch«, meinte Kilgore, der keine Ahnung hatte, dass die Anruferin das Gespräch aufzeichnete.

»Führen Sie das Mädchen mit dem Namen Betsy/Claudia immer noch unter einem Decknamen?«

Kilgore sagte, er sei sich nicht sicher.

»Schon gut, kein Problem«, meinte die Anruferin. »Würden Sie gerne wissen, wer der Mann ist, den Sie suchen?«

Dann erzählte sie von den Morden und sagte, bei der Waffe handele es sich um eine halbautomatische Pistole Kaliber 25. Sie behauptete, ihr Mann habe ihr erzählt, er habe »mehr als 50 Leute abgeknallt«. Schließlich gab sie zu, einen Mann namens Jack Murray getötet zu haben und an einigen der anderen Morde beteiligt gewesen zu sein. »An dem, bei der er ihr den Kopf abgehackt hat. Also mit dem hab ich rumgespielt. ... und das fette Mädchen [Karen Jones], das er in der Nähe der NBC-Studios abgeladen hat, da war ich dabei.«

Kilgore fragte, wie viele Morde es gegeben habe. »So zwölf oder 14«, lautete die Antwort. »Aber ich weiß es nicht genau. Ich kann nur ungefähr acht oder neun sicher bestätigen.«

»Und Sie haben ihm bei einigen geholfen?«

»Ja, das hab ich«, gestand Bundy. »Ich bin da hineingezogen worden, weil ich Todesangst hatte, denn ich wusste ja, dass er diese Dinge getan hatte. Ich hatte das Gefühl, dass ich da mitmachen muss. Denn wenn ich mitmachen würde, dann hätte er keinen Grund, mich zu töten.«

Dann sagte sie, sie rufe an, weil sie sich stellen wolle, ihr richtiger Name sei Carol Bundy. Schließlich platzte sie mit dem Namen des Mörders heraus: »Es ist mein Freund und sein Name ist Douglas Daniel Clark.«

»Haben Sie kein schlechtes Gewissen, dass Sie jemanden getötet haben?«, fragte der Kriminalbeamte. Erstaunlicherweise entgegnete Bundy: »Um ganz offen zu sein, es macht Spaß, Leute umzubringen, und wenn ich weiter frei herumlaufen dürfte, würde ich es vermutlich wieder tun. Ich weiß, dass das krank klingt ... es hört sich vielleicht verrückt an, aber ich glaube nicht, dass ich verrückt bin, doch irgendwie macht es Spaß. Es ist wie eine Achterbahnfahrt. Nicht das Töten an sich, die Tat, die jemanden umbringt, denn wir haben sie nicht so getötet, dass sie leiden mussten. Es war einfach die Macht, sie zu töten.«

* * *

Nachdem sie ihren Anruf hinter sich hatte, räumte Bundy ihre Wohnung auf, denn sie war sicher, dass ihr noch ein paar Stunden blieben, um alles in Ordnung zu bringen. Sie wollte alles tun, um Clark zu belasten, doch es blieben ihr tatsächlich nur ein paar Minuten, denn die Kriminalbeamten standen schon bald vor ihrer Tür, um sie zu verhaften. Als es so weit war, führten sie eine sorgfältige Untersuchung der Wohnung durch.

Bundy hielt kurz darauf einen Pappkarton in die Höhe, in dem ein Schlüpfer und allerlei Kleidungsstücke waren. Diese Dinge gehörten, wie sich erweisen sollte, zu einem bis dahin unentdeckten Mordopfer, das später als »Jane Doe 28« gekennzeichnet wurde. Die Schachtel enthielt zudem eine Geldbörse, die zu einem weiteren unidentifizierten Opfer, »Jane Doe 18«, gehörte.

»Dieser Karton ist von Clark«, sagte sie. »Und wollen Sie mal sehen, was für ein Typ Doug Clark ist?«, fragte sie und griff nach ihrer Handtasche, die auf einem Tisch stand. Einer der Beamten hielt sie auf, weil er fürchtete, in der Tasche könne sich eine Waffe befinden, doch in ihr lag nur Bundys Schlüsselbund. Sie suchte einen Schlüssel heraus und übergab ihn einem der Polizisten, damit er damit den Schrank in Clarks Schlafzimmer öffnen konnte. In diesem Schrank lag ein Fotoalbum mit Bildern, die Clark mit seinen zahllosen Liebhaberinnen zeigten, darunter auch Fotos von seinem Posieren mit der elfjährigen Shannon. Verborgen unter verschiedenen Papieren lag auch eine Quittung über den Verkauf einer Schusswaffe, die auf einen Juan Gomez ausgestellt war und sich später als gefälscht erwies.

In der Zwischenzeit hatte der Kriminalbeamte Pida Clark zu einem Verhör auf die Polizeiwache von Van Nuys bringen lassen, wo er ohne Wasser oder Nahrung stundenlang festgehalten wurde und nicht einmal die Toilette benutzen durfte. Diese Behandlung war illegal, insbesondere weil Clark noch nicht einmal der Grund für seine Festnahme mitgeteilt worden war. Tatsächlich glaubte er damals, die Verhaftung hätte allein mit Murray zu tun. Als er schließlich befragt wurde, was er zu diesem Mord zu sagen hätte, berichtete er – das muss zu seinen Gunsten erwähnt werden – alles, was er wusste. Auf die Frage der Beamten, warum er damit nicht gleich zur Polizei gegangen sei, antwortete Clark wahrheitsgemäß, Bundy besitze Dutzende von belastenden Fotos von ihm mit Shannon, die sie als Drohung gegen ihn eingesetzt habe.

Als Pida das Fotoalbum aus seinem Schlafzimmerschrank vorlegte, wurde Clark ausgesprochen unruhig. Der Beamte zeigte ihm ein Polizeifoto der toten Cynthia Chandler, und Doug erklärte, dass er sie persönlich gekannt habe. Sie sprachen über die Prostituierten-Morde und Clark bemerkte dazu: »Da versucht jemand, mir etwas anzuhängen, und ich denke, ich weiß, wer das ist.«

Da die Polizei sonst nur wenig hatte, was sie ihm vorwerfen konnte, nahm sie ihn zunächst wegen Kindesmissbrauchs fest. Das war eine Notlösung, denn, was Clark betraf, ging es aus ihrer Sicht um weit mehr. Abgesehen von Carol Bundys wilden Anschuldigungen gab es allerdings keinen Beweis, der darauf hindeutete, dass er in die Sunset-Morde verwickelt war. Trotzdem wurde Clark, ohne dass ihm seine Rechte vorgelesen wurden, für weitere acht Stunden festgehalten, weil er verlangte, einen Anwalt zu sehen.

Da es bereits spät am Abend war, als die Polizei endlich bereit war, seiner Bitte nach anwaltlichem Beistand nachzukommen, hieß es, dass alle Anwälte bereits nach Hause gegangen seien und es noch Stunden dauern würde, bevor man einen anrufen könne. Dann wurde er widerrechtlich zu einem anderen Polizeirevier gebracht, das etwa 50 Kilometer entfernt war. Als dann auf der Polizeistation in Van Nuys ein Anwalt auftauchte, war Clark schon nicht mehr da und niemand schien zu wissen, wohin er überstellt worden war.

So wenig entgegenkommend sich die Polizei Clark gegenüber verhielt, so kooperativ war er. Er erteilte den Beamten die Erlaubnis, seine Wohnung zu durchsuchen, sein Motorrad zu überprüfen und seinen Arbeitsplatz aufzusuchen. »Ich gab denen alles«, schimpfte Clark später. »Ich gab ihnen meine verdammten Stiefel, meinen verdammten Speichel, mein verdammtes Blut. Ich bot ihnen an, mich an einen Lügendetektor anzuschließen, änderte dann aber meine beschissene Meinung, weil ich den Bullen nie getraut habe. Schon aus einem Kilometer Entfernung konnte ich erkennen, dass ich reingelegt werden sollte.«

Während er verhört wurde, erzählte Bundy den Kriminalbeamten, die sie befragten, ihre Geschichte. Sie bestätigte, dass Doug mit der Ermordung Murrays nichts zu tun habe, und gab an, sie habe Murray zwar erschossen, doch ein anderer Mann, »ein Irrer«, habe ihm den Kopf abgehackt, um die als Beweise dienenden Kugeln verschwinden zu lassen. Befragt, warum sie die Patronenhülsen im Chevy zurückgelassen habe, machte sie einander widersprechende Angaben. Zuerst berichtete sie, sie hätte nicht gewusst, dass die Waffe die Patronenhülsen automatisch auswerfe. Dann behauptete sie das genaue Gegenteil und sagte, ihr sei zwar klar gewesen, dass die Waffe die Hülsen automatisch auswerfe, doch sie hätte einfach vergessen, sie aufzusammeln.

Während der ersten extrem gründlichen Untersuchung von Murrays Transporter wurden keine Patronenhülsen gefunden. Einige Zeit später sagte ein Kriminalbeamter jedoch, er habe im Transporter eine einzelne Patronenhülse entdeckt und die stamme aus Bundys Pistole. Diese Enthüllung bekam einen üblen Beigeschmack, als bekannt wurde, dass ein versiegelter Umschlag der Polizei mit Beweismitteln, auf dem »2 x Patronenhülsen, an nicht genau angegebenen Quellen gefunden«, geschrieben stand, aufgerissen worden war und eine der Patronenhülsen fehlte.

Auf die Frage, warum sie Murray erschossen habe, nannte Bundy schnell nacheinander vier Gründe. Erstens, weil er ihr Geld gestohlen habe, zweitens, weil er ihr den Laufpass gegeben habe, dann, weil er geplant habe, Shannon zu vergewaltigen und zu töten, und schließlich, weil er zur Polizei gehen wollte, um Doug als brutalen Sunset-Mörder anzuzeigen. Nichts davon machte irgendeinen Sinn, doch seltsamerweise schien die Polizei geneigt, ihr zu glauben. Welche der vier Geschichten als wahr angenommen wurde, blieb unklar.

Umgeben von einem aufmerksamen Publikum gut aussehender Polizeibeamter fuhr Bundy fort und gab zu, an dem Mord von Cathy beteiligt gewesen zu sein. Die Prostituierte sei in ihrem Datsun erschossen worden. Als die Polizisten ihr erklärten, dass es keine Spuren für eine Schießerei oder gar einen Mord in dem Wagen gab, änderte sie ihre Aussage und behauptete, das Verbrechen habe in ihrem Buick stattgefunden, den sie Clark geliehen habe. Doug seinerseits gab an, dass es ganz sicher im Datsun gewesen sei, denn der Wagen hatte nur zwei Türen, und er habe den Fahrersitz nach vorne drücken müssen, damit die Prostituierte hatte einsteigen können.

Bundy erzählte weiterhin, sie habe die Prostituierte dafür bezahlt, damit sie Clark als Geburtstagsgeschenk einen blase, behauptete jedoch, es sei vereinbart gewesen, dass er ihr ein Zeichen geben solle, wann sie der Prostituierten in den Kopf schießen solle. Douglas Clark stritt dies vehement ab und argumentierte folgendermaßen:» Nein, Mann, sicher nicht. Wer würde einer halb-blinden Schlampe erlauben, einer Nutte in den Kopf zu schießen, die gerade seinen Schwanz lutscht, und dabei darauf zu vertrauen, dass sie ihm nicht auch noch ein Loch ins Knie oder in die Brust schießt? Ich meine, was wäre, wenn dann ihr Kiefer zuklappen würde?« Vielleicht hatte Clark ja recht!

Als sie zu den Morden an Marano und Chandler befragt wurde, gab Bundy an, damit nichts zu tun zu haben. Sie habe von Clark von diesen Verbrechen erfahren. Doug hätte ihr erzählt, dass er beiden Frauen während des Oralsexes in den Kopf geschossen habe. Bei unserem Gespräch in San Quentin bat ich Clark, Bundys Behauptung zu kommentieren.

»Glauben Sie, ich bin völlig verrückt?«, erklärte er. »Da bläst mir eine Tussi einen, und ich halte ihr eine Waffe an den Kopf und knalle ihr die Birne weg. Was passiert dann mit dem Scheißblut, Mann? Und was mit meinem Schwanz? Ich wäre von der ganzen Scheiße vollgesaut gewesen und es hätte im ganzen Innern des verdammten Wagens herumgespritzt.«

Bundy berichtete der Polizei, dass Doug »die Leichen aus dem Buick in seine abschließbare Garage geschleppt und dort mit ihnen Sex gehabt hat«. Sie fügte hinzu: »Und wegen dieser blutigen Schweinerei im Wagen hat Doug ihn zu einer Autowaschanlage gefahren.« Clark hat nie bestritten, dass er den Buick gereinigt hat, und tatsächlich hat er den Kriminalbeamten diese Information sogar selbst gegeben. Sie bestätigten, dass er am 21. Juni in der Autowaschanlage gewesen sei, genau eine Woche nachdem Bundy ihren Betsy/Claudia-Anruf bei der Polizei getätigt hatte.

Clark beteuerte: »Jeder, der den Buick zwischen dem 14. Juni und dem 21. Juni gesehen oder benutzt hat – und da gibt es viele, die das bezeugen können –, wird bestätigen, dass der Wagen trocken war, und nach der Autowäsche am 21. Juni war er eine ganze Woche lang nass. Der Punkt ist doch: Welches beschissene Auto hat sie kurz vor dem aufgezeichneten Anruf bei der Polizei am 14. Juni gereinigt? Der Datsun war kaputt, der Buick war trocken und die Angaben, die sie bei diesem Anruf gemacht hat, passen nur auf Murrays Chevy-Transporter.«

Später stellte sich heraus, dass Murrays Transporter tatsächlich nach den ersten drei Morden gereinigt worden war. Die Polizei entschied sich allerdings dafür, diesen entscheidenden Beweis zu ignorieren, der zudem belegte, dass Bundy erneut log, um ihre eigene Haut zu retten. Doch all dies wirft die Frage auf, warum Clark den Buick überhaupt gereinigt hat. Die Antwort darauf wurde von vier Leuten bestätigt.

Im Laufe des Abends des 20. Juni hatte Clark Joey Lamphier besucht, eine seiner vielen Freundinnen, und als er die Wohnung der Frau verlassen hatte, hatte er versehentlich im Rückwärtsgang eine Straßenkatze überfahren und ihr dabei den Hinterleib zerquetscht. Er hatte das schwer verletzte Tier in den Buick gehoben, wo es sich unter dem Beifahrersitz verkrochen hatte. Douglas Clark war bekannt dafür, dass er Katzen mochte, und in der Vergangenheit hatte er schon einige Streuner bei sich aufgenommen. Viele Tiere hatte er aus Tierheimen gerettet und für sie ein neues Zuhause gefunden. Jeder Katzenliebhaber wird deshalb bestätigen, dass es ganz normal war, dass er sich um diese Katze nach dem Unfall Sorgen machte. Unglücklicherweise war die Katze gestorben, bevor er einen Tierarzt erreicht hatte, deshalb hatte er das tote Tier in einen Pappkarton gelegt, den er dann in einen Müllcontainer gesteckt hatte.

Nach der Arbeit am 21. Juni war Clark mit Timmy, dem jungen Sohn seiner aktuellen Vermieterin, und Bundy zur Autowaschanlage gefahren. Carol hatte darauf bestanden, zur Vorbereitung ihres Umzugs nach Burbank den Wagen bald wiederzubekommen. Doug hatte das Blut, den Urin und die Exkremente der Katze mit Wasser unter dem Sitz entfernt und das Wasser dann abgesaugt. Später erzählte Timmy der Polizei, dass das bisschen Blut noch feucht gewesen war, als er in den Wagen gestiegen war, was der Behauptung von Bundy, das Blut sei ungefähr zehn Tage alt gewesen, total widersprach. Und Clark gab zu bedenken: »Wenn hinter dieser Reinigungsgeschichte etwas Böses gesteckt hätte, wieso hätte ich dann ausgerechnet ein Kind mitnehmen sollen, das nichts für sich behalten kann?«

Kriminaltechniker der Polizei fanden eine kleine Menge einer Substanz, die wie Blut aussah, unter dem Vordersitz des Buick und um den Sitz herum, doch der Rücksitz war in keiner Weise so verunreinigt, dass es irgendwie zu Bundys Behauptung gepasst hätte, dass drei brutale und blutige Morde in diesem Fahrzeug begangen worden waren.

Ungefähr Mitte 1991 veränderte Carol Bundy ihre Geschichte erneut. Dieses Mal zum Nutzen eines Journalisten, der ein Buch über die

Sunset-Morde schrieb. Jetzt behauptete sie, die Autowäsche vom 21. Juni habe nach dem Mord an Cathy (Jane Doe 28) stattgefunden, der in der Nacht zuvor verübt worden war. Nun stammte das Blut, ihren jüngsten Behauptungen entsprechend, nicht mehr von Chandler und Marano, und der Mord an Cathy war auch nicht mehr im Datsun verübt worden. Dieses Mal war es irgendjemand anderes gewesen, doch erneut schien die Polizei diese Widersprüche zu ignorieren.

Als sie zu den Morden an Karen Jones und Exxie Wilson befragt wurde, stritt Bundy jegliche Verwicklung in diese Verbrechen ab, sie gab lediglich eine Darstellung wieder, die angeblich von Clark stammte. »Da waren drei Nutten, die zusammenarbeiteten«, sagte sie. »Clark nahm Exxie mit und schoss ihr in den Kopf, bevor er sie hinter dem ›Sizzler Diner‹ enthauptete.« (Zeugen hatten gehört, wie gegen 1.15 Uhr ein Fahrzeug von genau diesem Ort aus losraste.) Bundy fuhr fort und gab an, Doug sei zurückgekehrt, um Karen Jones mitzunehmen, und habe sie im Auto erschossen, während sie an ihm Oralsex ausübte. »Er tötete sie und entsorgte die Leiche.« Zeugen hatten gegen 2.40 Uhr einen Schrei gehört, und weniger als eine Stunde später wurde Karens Leiche an eben diesem Ort entdeckt.

Nach diesen beiden Morden habe Clark laut Bundy Exxies Kopf in ihre neue Wohnung in Burbank gebracht, ihn in die Tiefkühltruhe gelegt und sie anschließend in ihrer alten Wohnung an der Lemona Avenue angerufen, in der sie noch gewohnt habe. Telefonaufzeichnungen belegten, dass dieser Anruf genau um 3.08 Uhr getätigt worden war. Aber stimmte Bundys Geschichte? Sie behauptete, es sei Clark gewesen, der sie angerufen habe, um ihr zu erklären, was er getan hatte. Doug hingegen sagte, Bundy habe ihn angerufen. Der entscheidende Punkt war, dass seine Darstellung überprüfbar war, denn für jene Nacht hatte er ein Alibi.

Tammy Spangler bestätigte, dass Bundy gegen 3.00 Uhr Doug in der Wohnung an der Lemona Avenue angerufen habe, wo sie auf einer alten Matratze geschlafen hätten. »Doug hatte starke Schmerzen, denn er hatte sich beim Umzug mit Carols Sachen am Rücken verletzt«, sagte sie. »Er hatte wirklich Schmerzen und war ziemlich sauer, dass Carol ihn aus dem Bett scheuchte.« Wieder einmal ignorierten die Kriminalbeamten Clarks Version der Geschichte und entschieden sich, Bundy zu glauben, die eine krankhafte

Lügnerin war. Aber gab es nicht noch irgendeinen anderen Beweis, der Clarks und Tammy Spanglers Behauptung bekräftigte, dass sie die Nacht in Bundys alter Wohnung verbracht hatten? Den gab es.

Douglas Clark berichtete: »Ich habe mich an jenem Sonntag mit Cissy Buster gestritten. Sie sagte: ›Wenn du nicht mit mir leben willst, dann hau ab.‹ Ich meinte nur: ›Scheiß drauf‹, und schleppte dann meinen Kram runter in den Buick. Carol hatte sich nach der Autoreinigung am Vortag über die Feuchtigkeit und den anhaltenden Geruch nach Katzenkot beschwert. Ich hatte ihr angeboten, den Wagen zu trocknen, denn ich brauchte ihn. Ich versprach, ihn zu trocknen und dann rechtzeitig bis zu Carols Umzug nach Burbank zurückzubringen. Dann fuhr ich zwischen 13.30 und 14.30 Uhr zur Lemona Avenue. Die Leute vom Umzugsunternehmen kamen zwischen 15 und 16 Uhr und brachten dann alles mit zwei Umzugswagen nach Burbank. Ich fuhr mit denen, und Carol hatte eine Meute von Kindern beauftragt, ihr zu helfen, den ganzen Küchenkram in den Buick zu packen.

Am Ziel angekommen schleppten die Umzugsleute alles nach oben. Ich half dabei und verrenkte mir den Rücken, sodass ich mich kaum noch bewegen konnte. Also ging ich bald und fuhr mit dem Motorrad nach Van Nuys. Gegen 18 Uhr rief ich Al Joines an, meinen Assistenten in der Arbeit. Ich erzählte ihm, dass ich mich am Rücken verletzt hatte, und bat ihn, sich am nächsten Morgen um den Kessel zu kümmern. Dann trank ich ein paar Bier.

Als Tammy vorbeikam, schmissen wir uns in der nun leeren Wohnung an der Lemona Avenue auf eine Matratze. Carol riss mich mit einem Anruf aus dem Schlaf, das war gegen 3.08 Uhr, das weiß ich so genau, weil die Polizei bestätigt hat, dass es einen solchen Anruf gegeben hat.«

Jedes Detail dieser Aussage erwies sich später als wahr.

Die meisten Prostituierten gehen nur ungern allein auf den Strich, aus Sicherheitsgründen bevorzugen sie es, ihrer Arbeit zu zweit nachzugehen. Bundy behauptete aber, dass Exxie Wilson im Gegensatz dazu allein gewesen sei, als sie zu Clark in den Wagen gestiegen sei. Der habe sie getötet und sei dann wieder allein in den Rotlichtbezirk gefahren, um die Kollegin des nun toten Mädchens in den Buick zu locken. Exxie Wilson war, wie später bei der Autopsie festgestellt wurde, als sie enthauptet wurde, noch am Leben. Es wäre unmöglich gewesen, diese Verstümmelung vorzunehmen, ohne dass sich Clark dabei mit Blut bespritzt hätte, was jedoch nicht der Fall gewesen war. Noch entscheidender war die Feststellung des Gerichtsmediziners, dass sowohl Murrays Kopf, von dem Bundy zugegeben hatte, dass sie ihn abgeschnitten hatte, als auch Exxies Kopf von der gleichen Hand und unter Benutzung von Messern abgetrennt worden waren, die in Bundys Wohnung gefunden worden waren.

Die Zeitspanne, die zwischen den Morden an Exxie Wilson und Karen Jones verstrichen war, war ebenfalls von Interesse, denn das war typisch für die Vorgehensweise von Bundy und Murray. Bundy offenbarte ihre Vorgehensweise, als sie Clark ihr Geburtstagsgeschenk zukommen ließ und bei dem Deal die Prostituierte erschoss. Dass Exxie von der gleichen geschickten Hand geköpft wurde, die auch Murray den Kopf abgeschnitten hatte, und dass es Murrays Transporter gewesen war, der kurz nach den Morden mehrmals gereinigt wurde, all dies verweist darauf, dass Murray und Bundy die wahren Mörder von Exxie Wilson und Karen Jones waren.

Dann war da noch Bundys Anruf bei der Polizei am Samstag, dem 14. Juni, bei dem sie den Mörder als einen Mann namens »John« beschrieben und einschließlich seines korrekten Alters eine Beschreibung geliefert hatte, die genau auf John »Jack« Murray passte.

Während ihrer auf Band aufgenommenen Befragung am Montag, dem 11. August, berichtete Carol Bundy von dem Mord an einer weiteren Prostituierten (Jane Doe 18), den Clark »vor zwei Wochen« begangen haben sollte, und was das Datum betraf, war sie ganz sicher. Etwas merkwürdig ist, dass sie diese ganz entscheidende Datumsangabe einfach verändern durfte, nachdem die Polizei ermittelt hatte, dass Clark zu dem von Bundy zunächst angegebenen Zeitpunkt 600 Kilometer entfernt bei der Hochzeit seines Bruders gewesen war. Letztendlich sagte Bundy dann nur »irgendwann im Juni«. Dass es dieser Mörderin möglich war, ein bestimmtes Datum auf ein beliebiges von ihr gewähltes Datum in einem Monat zu verändern, verlor offenbar an Bedeutung, als sie hinzufügte, dass das an diesem Tag begangene Verbrechen »Dougs letzter Mord« gewesen sei.

»Er hat mir nichts darüber erzählt«, erklärte sie den Kriminalbeamten. »Überhaupt nichts, und wenn er mir schon nichts gesagt hat, wird er auch Ihnen nichts verraten. Sie müssen ihn also gar nicht fragen.«

Minuten später veränderte sie wieder ihre Aussage und gab eine vollständige Beschreibung des Verbrechens zum Besten, inklusive des Spitznamens, den Clark angeblich dem Opfer gegeben hatte – »Wasserturm«. Dann verriet sie auch noch den Ort, an dem die Leiche lag. Sie sagte, dass Doug den Körper des Mädchens auf die Haube ihres Datsun gelegt und Geschlechtsverkehr gehabt habe, dabei sei der Motor gelaufen und er habe »Beischlafbewegungen« simuliert.

Da Bundy log und ihre Geschichte bei jeder Gelegenheit wieder veränderte, war es wenig überraschend, dass sie der Polizei auch noch erzählte, die Handtasche, die man in ihrer Wohnung gefunden habe, gehöre dem Opfer »Wasserturm«. Doch die Besitzerin der Tasche war in Wirklichkeit jemand anderes, und obwohl sich die Visitenkarten einer Frau, Telefonnummern und ein Führerschein in ihr befanden, machte die Polizei keinerlei Anstalten, diese wichtigen Details zu überprüfen oder zu versuchen, die rechtmäßige Besitzerin zu finden.

Clark war zu Recht überzeugt, dass die Identifikation von Jane Doe 18 dazu geführt hätte, ein Datum zu ermitteln, an dem sie zuletzt lebend gesehen und wahrscheinlich ermordet worden war. Das hätte ihm die Gelegenheit geboten, ein Alibi zu präsentieren. Später äußerte er sich auch zu dem Spitznamen, den er angeblich diesem Opfer gegeben hatte.

»Ich habe nie jemanden, ob tot oder lebendig, so genannt«, beteuerte Clark. »Die Polizei sagt, die Leiche sei bei einem Öltank gefunden worden. Ich bin Ingenieur mit einer vierjährigen Ausbildung, und Tanks sind keine Türme, und Öl ist kein Wasser. Dieser Fundort ist wahrscheinlich in dem Bereich in den Hügeln, in dem Öl gepumpt wird, und ich käme nie auf die Idee, ein Mädchen ›Wasserturm‹ zu nennen. Nur ein Laie, der den Unterschied nicht kennt, würde so etwas tun.«

Selbst wenn sie mit ihren Lügen konfrontiert wurde, die die Polizei unbedingt als »Wahrheiten« ansehen wollte, um die Anklage gegen Clark zu unterstützen, log Bundy wieder und wieder. Sie brachte die ohnehin schon schwierige Ermittlungsarbeit weiter durcheinander, indem sie behauptete, dass die Kosmetika, die sie benutzt hatte, um Exxies Kopf in eine »Barbiepuppe« zu verwandeln, aus der Handtasche stammten, die Jane Doe 18 gehört hatte. Sie bestand darauf, obwohl Wilson einen Monat früher als Jane

Doe 18 getötet worden war, was es unmöglich machte, dass Bundy zu diesem Zeitpunkt im Besitz der Handtasche war.

Während sie ständig Aussagen machte, um andere anzuklagen und selbst einer Hinrichtung zu entgehen, behauptete Carol Bundy auch steif und fest, Clark sei ein Nekrophiler. Sie sagte, er habe den Prostituierten in den Kopf geschossen, während sie Oralsex mit ihm gehabt hatten. Bei solchen bizarren Taten ist im Grunde alles möglich, doch der gesunde Menschenverstand legt doch nahe, dass selbst der abartigste Sexualpsychopath nicht derart pervers vorgehen würde. Denn es bestand nicht nur, wie im Falle von Cathy, die Gefahr, dass eine Kugel austrat oder abprallte, sondern auch das sehr reale Risiko von reflexartigen durch den Todeskrampf bedingten Bissen in den Penis, und Doug war auf sein Gemächt sehr stolz.

Es gab zwar keine Beweise, die Bundys Behauptung, Clark sei ein Nekrophiler, stützten, doch es gab überzeugende Belege dafür, dass sie nekrophil war. Sie hatte zugegeben, dass sie ihre Zunge in den Anus von Jack Murray gesteckt hatte, bevor sie die Kugeln in seinen Kopf geschossen hatte. Darüber hinaus wurde, als ihr Datsun eingelagert wurde, nachdem er aus der Polizeiverwahrung freigegeben worden war, ein Brief entdeckt, der bei der ersten polizeilichen Durchsuchung des Wagens offenbar übersehen worden war. In Carols Handschrift und mit »Betsy« signiert – ihrem Pseudonym, das sie bei ihrem ersten Anruf bei der Polizei benutzt hatte – enthielt der Brief explizite sexuelle Details zu »vaginalen Todeskrämpfen«. Dann beschrieb sie in anschaulichen Einzelheiten, wie Doug den abgehackten Kopf von Exxie Wilson aus dem Tiefkühlfach mit unter die Dusche genommen und dort mit dem eisigen Teil Oralsex getrieben habe.

Wieder einmal bestand ihr Bericht aus einem Haufen Lügen und zeugte von ihrer grausamen Vorstellungskraft. Denn es ging in diesem Fall nicht um einen »gekühlten Kopf«. Das Objekt für Clarks sexuelle Gräueltat war nicht einfach »gekühlt«, es war ein fest gefrorener Brocken. Der abgetrennte Kopf war, wie sowohl Bundy als auch die Polizei bestätigte, als er entdeckt wurde, ein fester Eisblock, und es dauerte mehrere Tage, bis er auftaute. Danach befragt, meinte Clark: »Die Bullen sagen, es war ein gefrorener Brocken, und Bundy sagt dieselbe verdammte Scheiße. Der Kiefer war verschlossen. Wie kriegt man denn einen Penis in einen solchen Mund? Ist doch Unsinn, oder?«

Dieses Argument könnte allerdings über etwas Entscheidendes hinwegtäuschen. Es war schließlich nicht sicher, dass der Kopf nicht vielleicht schon vor dem Einfrieren sexuell missbraucht worden war.

Trotz Bundys Behauptung, Clark habe in die Münder von Marano und Chandler ejakuliert, zeigten den Leichen entnommene Abstriche keinerlei Spuren von Sperma. Spuren von Blut und Sperma wurden allerdings auf Exxie Wilsons Körper und auf Chandlers äußeren Schamlippen gefunden. Bei den Tests ergab sich, dass es Blut mit der Blutgruppe A war, die gleiche Blutgruppe, die Murray hatte, während Clark Blutgruppe 0 hatte. In Exxies Kehle wurden Spuren von Säurephosphat gefunden, doch stammten die vermutlich von ihrer Rückenmarksflüssigkeit, obwohl der Staatsanwalt später behauptete, dass es Clarks Sperma sei, ungeachtet der Tatsache, dass es nicht zu seiner Blutgruppe passte.

Kurz nach ihrer Festnahme wegen Mordes gingen Kriminalbeamte mit Bundy zum Essen.

Während dieser Unterbrechung der Vernehmung erhielt sie die Erlaubnis, ihr Bankschließfach zu leeren. Die Polizeibeamten standen daneben und protokollierten nicht, was sich darin befand. Zudem führte sie die Beamten zu der Postfiliale, bei der Clark ein Postfach hatte, und die Polizisten forderten den Angestellten ohne Durchsuchungsbefehl und damit rechtswidrig auf, ihnen die enthaltene Post zu übergeben. Dann durfte Bundy in ihre Wohnung zurückkehren, sodass sie ungeachtet der Tatsache, dass viele davon Clark gehörten, den Verkauf ihrer Möbel in die Wege leiten konnte. Er sagte ganz richtig, dass »sie [die Polizei] ihr ihr Auto zurückgegeben haben, bevor es vom Verteidigerteam untersucht wurde«, und betonte: »Mördern geben die die Autos nie zurück, nie.«

Jemand, der für Bundy nach ihrer Verhaftung den Datsun verwahrte, fand den Todeskrämpfe-Brief und eine blutbefleckte Jacke, die nie forensisch untersucht wurde und deren Flecken auch nie auf die Blutgruppe überprüft wurden. Das Kleidungsstück gehörte weder Clark noch Bundy noch irgendeinem der bekannten Opfer. Bei nachträglichen Recherchen stellte sich heraus, dass es Jack Murrays Jacke war. Als seiner Frau ein Foto davon gezeigt wurde, identifizierte sie das Kleidungsstück eindeutig als Eigentum ihres verstorbenen Mannes.

Obwohl Bundy als krankhafte Lügnerin entlarvt worden war, kannte die Großzügigkeit, die die Polizei ihrer Starzeugin entgegenbrachte, keine Grenzen. Am 29. August, nur 18 Tage nach ihrer Festnahme, gewährte man ihr den Zugang zu Jack Murrays Bankschließfach und erlaubte ihr, 3000 Dollar daraus mitzunehmen. Auf dieses Bargeld hatte von Rechts wegen eigentlich Mrs. Murray Anspruch. Das Geld war dann einfach verschwunden. Viele Jahre lang bestritt die Polizei entschieden, dass dieser Vorfall stattgefunden habe. Erst als Clark vor Gericht bewies, dass dies gelogen war, gestanden Polizisten ein, dass das Schließfach in ihrer Gegenwart geöffnet worden war.

»Oh ja. An dem Tag. Natürlich, aber um welches Geld geht es?«, fragte ein Beamter. »Geld, wir haben kein Geld gesehen.«

Zur Zeit der Abfassung dieses Buches bestritt die Polizei, dass es irgendeinen zweifelhaften Deal mit Bundy gegeben habe. Würden sie zugeben, dass es zu Deals, »Gefälligkeiten gegen Bargeld«, gekommen sei, könnten drei Anwälte und ein Dutzend Polizeibeamte vor Gericht landen. Carol Bundy ihrerseits bestand darauf, sie habe die 3000 Dollar der Polizei zur sicheren Verwahrung übergeben und habe das Geld seitdem nicht mehr gesehen.

* * *

Carol Bundys Lügen und Anschuldigungen haben einige Rätsel offengelassen, doch die in diesen Fall involvierten Schusswaffen schufen ein enormes Ausmaß an ungelösten Problemen. Bewiesen war, dass Bundy am 16. Mai 1980 zwei halb automatische Pistolen Kaliber 25 der Marke Raven erworben hatte. Diese Waffen waren sich im Aussehen sehr ähnlich, aber nicht identisch. Sie waren insofern unterscheidbar, als die eine verchromt und die andere vernickelt war. Bei ballistischen Tests stellte sich heraus, dass bei allen Morden die vernickelte Schusswaffe benutzt worden war, mit Ausnahme der Morde an Cathy (Jane Doe 18) und an Jack Murray. Im letzten Fall war keine ballistische Untersuchung möglich, weil sein Kopf nie gefunden wurde. Später waren auch beide Patronenhülsen, die angeblich in seinem Transporter gefunden worden waren, auf ähnliche Weise wie Mrs. Murrays Bargeld einfach verschwunden. Die fantasievolle Bundy gab auf einmal die Erklärung ab, die vernickelte Waffe gehöre eigentlich Clark. Er stritt das ab, und andere Leute, denen die Polizei aber nicht glauben wollte, bestätigten seine Aussage.

Während des Wochenendes vor dem Feiertag am 24. Mai hatten Clark und eine Freundin, Toni, Vorbereitungen für eine Reise in den Norden getroffen. Sie wollten in Yosemite seine Eltern besuchen. Er hatte geplant, mit seinem Motorrad zu fahren, und nur für den Fall, dass Toni etwas dagegen hatte, hatte er Bundy angerufen, um zu erfahren, ob er falls nötig ihren Buick ausleihen konnte. Während dieses Telefonats hatte Bundy ihm erzählt, dass sie kürzlich zwei Raven-Pistolen gekauft habe, und sie hatte ihn gebeten, sie mal zu überprüfen, da eine davon Ladehemmung hatte. Als Clark diese Waffen an sich genommen hatte, waren sie nicht geladen, aber eine zu zwei Dritteln gefüllte Schachtel mit Patronen war dabei gewesen.

Nach seiner Rückkehr aus Yosemite hatte Clark Bundy mitgeteilt, dass die verchromte Waffe immer noch Ladehemmung habe. Sie hatte daraufhin die vernickelte Waffe, die sich später als die Mordwaffe erweisen sollte, an sich genommen und die schlecht funktionierende verchromte Pistole Clark als Geschenk überlassen. Dies bestätigte sie gegenüber der Polizei.

Am 16. Juni hatte Clark die Waffe Joey Lamphier gegeben und ihr gezeigt, was sie machen musste, falls sie wieder klemmte. In den ersten Juli-Tagen hatte Bundy dann diese Waffe zurückgefordert. Es hatte eine Auseinandersetzung gegeben, nach der Clark die Raven an Bundy zurückgegeben habe. Das nächste Mal hatte er die Waffe in der Nacht des 7. August wiedergesehen, als Carol sie dazu benutzt hatte, Cathy in den Kopf zu schießen.

Am 9. August, nachdem die Polizei den kopflosen Leichnam von Murray entdeckt hatte, waren die beiden Pistolen wieder aufgetaucht. Bundy hatte die Waffen Clark übergeben und gesagt: »Sieh zu, dass du sie irgendwo loswirst, wo sie nie gefunden werden.« Er hatte sie in die Seifenfabrik mitgenommen, wo sie schließlich von der Polizei entdeckt worden waren. Sie hatten noch immer, in Bundys Kosmetiktasche verstaut, versteckt auf einem Kessel gelegen.

Die Polizeiermittler hatten einen erfolgreichen Tag, als sie Bundys Wohnung durchkämmten und in ihrem Nachtkästchen 29 Patronen Kaliber 25 fanden. Ein Polizist blätterte die Zeitschriften *Hustler* und *Playboy* durch, während sich ein anderer damit amüsierte, ein Magazin mit Bondage- und Domina-Techniken zu studieren. Im Wohnzimmer entdeckten die Ermittler zudem mehrere Filmrollen mit Pornos und ein Buch, in dem ein abgetrennter

Kopf abgebildet war. All diese Sachen gehörten Bundy, doch bei Clarks Prozess wurden sie allein ihm zugeschrieben.

Während ihrer ausführlichen Befragungen bei der Polizei erzählte Bundy den Beamten, Clark habe in seiner Garage, in der er Holz lagerte und sein Motorrad und einige Kisten mit persönlicher Habe abgestellt hatte, Sex mit den Leichen von Marano und Chandler gehabt. Die aufmerksamen Polizisten erwirkten daraufhin einen Durchsuchungsbeschluss für diesen Ort. Kaum hatte sie diese Anschuldigung ausgesprochen, insistierte sie verzweifelt, dass man dort keine Beweise finden werde. »Wir haben den Ort gründlich geschrubbt«, vertraute sie den Beamten an. Dennoch fanden die Polizisten auf dem Boden Clarks Stiefelabdruck und sie wollten unbedingt herausfinden, ob es sich bei den Spuren um Blut handelte.

Forensiker führten daraufhin einen Test durch, bei dem herauskam, dass der Fleck organischen Ursprungs war. Um zu klären, worum es sich bei den Spuren genau handelte, wären weitere Test nötig gewesen. Doch die fanden nie statt, und der Grund dafür war laut Angaben der Polizei, dass man »den Stiefelabdruck zur Identifizierung und für den Vergleich bewahren« wolle. Das war eine ziemlich dürftige Ausrede, denn der Abdruck war fotografisch dokumentiert worden, und es gab eigentlich keinen Grund dafür, dass keine abschließender Test gemacht wurde, nachdem die Aufnahmen erstellt worden waren. Eine andere mögliche Erklärung lässt auf die Befürchtung rückschließen, dass der Test nicht das gewünschte Ergebnis hätte bringen können und damit zum x-ten Mal bewiesen worden wäre, dass Carol Bundy eine Lügnerin war.

Die Polizei behauptete, auch auf dem Boden von Clarks Garage einen Blutfleck gefunden zu haben, der rund 60 x 250 Zentimeter groß war. Daraus wurde geschlussfolgert, dass ein stark blutender Körper über den Boden gezogen worden war. Dies untermauerte nach Ansicht der Polizei Bundys Aussage bezüglich der nekrophilen Orgie, die mit den Leichen von Marano und Chandler angeblich in der Garage stattgefunden hatte. Wie bei dem Stiefelabdruck wurde auch hier wieder nur ein erster Test durchgeführt, und auch dieser Test erwies sich als ergebnislos. Zudem waren an den Körpern der Mädchen bei der Untersuchung keine Anzeichen dafür festgestellt worden, dass sie über den Boden gezogen worden waren. Schürfwunden auf

Chandlers Rücken wurden von den Ermittlern dem Umstand zugeschrieben, dass der Körper über eine raue Oberfläche gezerrt worden war. Andererseits konnten diese Schürfwunden laut Gerichtsmediziner auch daher rühren, dass der Körper in eine Schlucht geworfen worden war.

Clark war verwundert, dass die Polizei es so überraschend fand, seinen Stiefelabdruck in seiner Garage zu finden, und mit seinem ausgeprägten Sinn für Humor kommentierte er: »Verdammt, was erwarten die von mir? Dass ich in meiner Garage herumschwebe?« Er lieferte zudem eine Erklärung für die langen Schleifspuren auf dem Boden.

»Da war, genau in der Mitte der Garage, wo das Motorrad über einen Zeitraum von sechs Monaten rein- und rausgefahren wurde, eine Spur. Ich hab da drinnen Holz, Sperrholz und Spanplatten gelagert. Und es gab in einer Entfernung von etwa 15 Metern vier holzverarbeitende Betriebe, deren Holzstaub sich in der ganzen Gegend verteilt hat. Blätter und Staub wurden durch die Tür und unter ihr hereingeweht.« Das konnte auf jeden Fall erklären, warum der Test bei den Schleifspuren organisches Material angezeigt hatte.

Nach einer sorgfältigen Untersuchung von Clarks Garage konnte die Polizei nur sagen, dass dort »möglicherweise Blut auf dem Boden war«. Da gab es nicht den Funken eines Beweises, der Bundys Anschuldigung stützte, dass Clark an diesem Ort Sex mit zwei toten und stark mit Blut verschmierten Leichen gehabt hatte. Darüber hinaus erwies sich auch Bundys andere Behauptung, sie hätten den Tatort ordentlich geputzt, als eine weitere ihrer Lügen, denn es war sogar für die Polizei ganz offensichtlich, dass die Garage seit Jahren nicht mehr gesäubert worden war.

Wenn irgendetwas Clark vor der Todesstrafe bewahren konnte, so war es der Nachweis solider Alibis zumindest für einige der Morde. Doch Alibis schienen zu fehlen, insbesondere für den 11. Juni, den Tag, an dem Marano und Chandler getötet worden waren. Doug gab an, er könne sich nicht einmal daran erinnern, wo er an jenem Tag gewohnt habe, geschweige denn, was er nach der Arbeit getan habe, als laut Bundy die Verbrechen begangen worden waren. Bald stellte sich aber heraus, dass er damals bei Cissy Buster untergekommen war, einer seiner zahlreichen zeitweiligen Freundinnen. Sie erklärte den Kriminalbeamten, dass er an jenem Abend gegen 20 Uhr nach

Hause gekommen sei, doch Zeiterfassungsprotokolle der Seifenfabrik wiesen darauf hin, dass er schon viel früher – um 13 Uhr – Feierabend gemacht hatte. Cissy Buster fügte hinzu, dass Clark sie angerufen habe, um ihr mitzuteilen, dass er spät zu Hause sein würde. Sie erinnerte sich so genau daran, weil es der Tag der Schulabschlussfeier ihres Sohnes gewesen sei. Im Nachhinein erwies sich, dass diese Ereignisse tatsächlich am Freitag, dem 13. Juni, stattgefunden hatten und nicht am Tag der Morde.

Was die Vorwürfe gegen Doug Clark eindeutig belegt hätte, wäre eine Überlebende gewesen, die ihn hätte identifizieren können. Während er und Bundy hinter Schloss und Riegel saßen, war gerade auch eine regelmäßige Knast-Insassin namens Charlene Anderman hinter Gittern, eine geistig verwirrte Frau, die schon häufig wegen Drogen und Prostitution festgenommen worden war. Ungefähr zur gleichen Zeit, als sich die »Sunset-Morde« ereigneten, gab es eine Reihe brutaler Messerangriffe und Raubüberfälle auf Prostituierte. Im April war Charlene Opfer eines solchen Angriffs geworden. Als sie zu einem Freier in den Wagen gestiegen war, hatte der Mann ein Messer hervorgezogen und ihr mehrmals in den Rücken gestochen, bevor er sie schließlich aus seinem Fahrzeug auf die Straße geworfen hatte.

Die Polizei nahm Jerome Van Houten fest, den Charlene Anderman bei einer Gegenüberstellung identifizierte. Doch ihre Erinnerung an den Angriff war nur diffus, weil sie damals unter Kokaineinfluss gestanden hatte. Sie erzählte der Polizei zunächst, der Angriff habe in einem Zimmer eines Motels stattgefunden, dann veränderte sie ihre Geschichte dahingehend, dass sie in einem Auto niedergestochen worden war, dessen Farbe und Marke ständig wechselten. Verständlicherweise sah die Polizei ihre Identifizierung als unzuverlässig an, doch gegen Van Houten lag genug vor, um seine Verurteilung zu sichern, denn er war von anderen Opfern ebenfalls identifiziert worden.

Jetzt, da sie wieder mal im Gefängnis saß, fing Anderman an zu prahlen, Clark sei der Angreifer gewesen. Also beschloss die Polizei, sie erneut zu befragen. Als man ihr ein Foto von Clark zeigte, behauptete sie plötzlich, dass dies der Messerstecher war. Sie fügte hinzu, sie sei bereit, dies vor Gericht zu bezeugen, vorausgesetzt, die Polizei würde sie nach Abschluss des Falles aus der Haft entlassen. Zum Glück für Doug Clark hielt das Gericht sie für völlig unglaubwürdig und ihre Zeugenaussage wurde nicht zugelassen. Die

Polizei musste nun aber ihren Teil des Deals erfüllen, und Charlene, von der ihre Schwester sagte, sie sei »eine Lügnerin, die alles sagen oder tun würde, nur um sich Ärger zu ersparen«, wurde fast umgehend freigelassen.

Doug Clark hat stets behauptet, dass Bundy und Murray die meisten der Opfer in Murrays Chevy-Transporter getötet hätten. Im Verlaufe der forensischen Untersuchung dieses Fahrzeugs wurde auch ein entscheidendes Beweisstück gefunden, ein Fetzen menschlicher Kopfhaut mit blonden Haarsträhnen. Dieses grausige Fundstück hatte eine Länge von ungefähr 10 Zentimetern, war getrocknet und hatte sich wahrscheinlich infolge eines Schusses vom Kopf gelöst. Da die meisten Opfer blond gewesen waren und Murray dunkle Haare gehabt hatte, war anzunehmen, dass zumindest eine der Prostituierten in dem Transporter getötet worden war, was Clarks Behauptung gestützt hätte. Der Staat wollte Clark jedoch unbedingt verurteilen. Murray war schließlich tot, und wenn er der Sunset-Mörder gewesen war, dann hätten die Verbrechen damit ihr blutiges Ende gefunden. Das wäre bei den beteiligten Polizeidienststellen nicht gut angekommen, zumal sie alles daran gesetzt hatten, Clark zu belasten. Das Hautgewebe mit den Haaren wurde also entfernt und es gab keine Ermittlungen, um festzustellen, von wem es stammte. Clark wurde zudem das Recht verweigert, es bei seinem Prozess als Beweisstück einzureichen.

Zusätzlich zu all dem, was gegen Clark vorgebracht wurde, verließ ihn auch noch das letzte bisschen Glück, als ein Anwalt zu seiner Verteidigung ernannt wurde, der zu unerfahren und unfähig war, um einen so schwierigen Fall wie diesen Serienmord kompetent zu übernehmen. Clarks Anwalt war kürzlich für bankrott erklärt worden und hatte sich vor Gericht wegen juristischen Fehlverhaltens und Veruntreuung von Geldern eines Klienten zu verantworten. In der Folge hatte er sich dem Alkohol zugewandt, und als er die Interessen Clarks vertreten sollte, war er ein außer Kontrolle geratener Trinker. Er gab dem Gericht gegenüber zu, dass er ein Alkoholiker war, und war während des gesamten Prozesses durch seinen persönlichen Bankrott so abgelenkt, dass er Clarks Fall nur wenig Aufmerksamkeit widmete. Familie, Freunde, Zeugen des Bezirksstaatsanwalts und Gerichtsbeamte, alle sahen ihn etwas – in der Regel einen Doppelten – trinken, bevor das Gericht zusammentrat. Selbst der Gerichtsdiener beschwerte sich beim Richter über den Alkoholgestank, den der Anwalt verbreitete und der bei seinem Erscheinen zu den morgendlichen Sitzungen die Luft verpestete.

Am ersten Tag des Prozesses eröffnete der Anwalt das Verfahren, indem er sagte, Clark sei entsprechend der Anklage schuldig, aber er sei unzurechnungsfähig und sollte daher ein mildes Urteil erhalten. Der Richter war von diesem Beginn zu Recht schockiert und sah sich zunächst gezwungen, den Anwalt, während er zu seinem Sitz zurückschwankte, daran zu erinnern, wie ein Gerichtsverfahren normalerweise verlief. Dies sei zunächst die erste Phase des Prozesses, in der versucht würde, herauszufinden, wer die Verbrechen begangen habe. Jede Aussage zu einem Urteil sei erst in der späteren Phase der Urteilsfindung und der Festlegung des Strafmaßes erlaubt.

Der Anwalt setzte sich vor sich hinmurmelnd auf seinen Platz, erhob sich jedoch eine Stunde später kurz wieder, um kundzutun, er sei schlecht vorbereitet, weil er Clark seit Wochen nicht gesehen habe. Dies war allerdings nicht der Fall, denn die Besucherprotokolle des Gefängnisses und die Aufzeichnungen der Zahlungen an den Anwalt bewiesen, dass er fast jeden Tag Instruktionen seines Mandanten entgegengenommen hatte, und zwar bis zum ersten Verhandlungstag.

Je weiter das Gerichtsverfahren voranschritt, desto deutlicher wurde Clark bewusst, dass sein Anwalt eher eine Belastung war. In einem verzweifelten Versuch, etwas zu unternehmen, um seine eigene Haut zu retten, beantragte er daher, sich selbst vertreten zu dürfen. Im Kreuzverhör des Staatsanwalts musste er mehrmals feststellen, dass sein Anwalt schlief, sodass er ihn aufwecken musste. Bei anderen Gelegenheiten musste er selbst die rechtlichen Einsprüche zu Fragen vorbringen, die das Gericht für unzulässig erklärt hatte. Der Staatsanwalt sah natürlich, dass der Anwalt einnickte, und versuchte, die Situation auszunutzen und strittige Punkte schnell hinter sich zu lassen, eine hinterhältige Taktik, die verschiedentlich funktionierte. Das Gericht entschied, dass Clark nicht in eigenem Namen Einspruch einlegen könne; nur sein Verteidiger sei dazu befugt, ob er nun gerade im Land der Träume sei oder nicht.

Es war also von Beginn an offensichtlich, dass der Staat um welchen Preis auch immer, einen Schuldspruch erreichen wollte. Da die Verteidigung in Händen eines total inkompetenten Anwalts lag, der entweder schlief oder betrunken war, würde sich der Vorschlag der Staatsanwaltschaft wahrscheinlich durchsetzen können.

Gelegentlich brach Clark in wütende Tiraden und Anschuldigungen aus. An einem Nachmittag wurde er sogar gefesselt, an einen Stuhl gebunden und mit einem Lederriemen und einer Damenbinde geknebelt. Zu anderen Zeiten wurde er aus dem Gerichtssaal geführt und in einer kleinen Arrestzelle eingesperrt, die mit Lautsprechern ausgestattet war, sodass er dabei zuhören konnte, wie sein Recht, weiterzuleben, infrage gestellt wurde.

Als der Prozess bereits zur Hälfte vorbei war, stimmte Richter Torres endlich Clarks beharrlicher Forderung zu und erlaubte ihm, sich selbst zu vertreten. Obwohl Doug nun genau das erreicht hatte, was er vom ersten Tag an gewollt hatte, wurde nichts besser. Wenn dies überhaupt möglich war, wurde es sogar noch weit schlimmer. Ihm wurden ein begleitender Anwalt, ein beratender Beistand und die Dienste eines Referendars verweigert und der Richter befahl ihm, rechtswidrig, er solle es »im Alleingang machen«. Clark übergab dem Gericht eine Liste mit Dingen, die er als Beweismittel benötigte, darunter auch die Sachen, die in Murrays Transporter gefunden worden waren. Einige davon waren Sexspielzeuge und selbst gedrehte Pornovideos. (Bundy hatte Murray eine Videokamera gekauft, und die Vermutung lag nahe, dass sie die Morde aufgezeichnet hatten.) Der Richter schmetterte Clarks Ersuchen natürlich ab. Der überraschte Angeklagte schrie daraufhin: »Wenn ich einen Farbfilm hätte, auf dem zu sehen ist, wie Carol und Jack diese Morde begehen, dann würden Sie mir immer noch nicht gestatten, ihn vorzulegen, oder?«

Der Richter grinste und sagte: »Da haben sie recht, Mr. Clark. Das würde ich nicht.«

In einer anderen Phase des Prozesses wurde klar, dass Clark für die Nacht, in der die verzierte Truhe mit Exxie Wilsons Kopf abgestellt worden war, tatsächlich ein Alibi hatte. Mehrere Leute erinnerten sich daran, dass er mit einer Go-go-Tänzerin gefeiert hatte, die nach Hause nach Neuseeland zurückkehren wollte. Clark hatte ihr in jener Nacht zudem einen Scheck ausgestellt, und er konnte Bankbelege vorlegen, die bewiesen, dass der Scheck am nächsten Tag eingelöst worden war. Nicht einmal der versierteste Serienmörder kann sich gleichzeitig an zwei verschiedenen Orten aufhalten, doch

Bundy hatte der Polizei erzählt, dass Clark Exxies abgetrennten Kopf entsorgt habe. Der Staatsanwalt hatte damit also ein Problem. Die Tänzerin bot sogar an, in die USA zurückzukehren, um ihre Zeugenaussage zu machen, sofern man ihr den Flug bezahle.

Clark bat vergeblich um diese Zusage und argumentierte zu Recht, der Bezirksstaatsanwalt habe zahlreiche Zeugen einfliegen lassen, darunter einen FBI-Agenten aus Virginia, der bestätigen sollte, dass der in Clarks Garage gefundene Stiefelabdruck tatsächlich von Clark stamme. Eine Tatsache, die er von Anfang an bestätigt hatte. In der Tat hatte die Staatsanwaltschaft mehr als 10 000 Dollar an Reisekosten für ihre Zeugen ausgegeben und Clark wurden gerade mal 20 Dollar – was seinem gesamten Verteidigungsbudget entsprach – für einen einzigen Anruf zugestanden.

In einem allerletzten Versuch, die Tänzerin als Zeugin zu bekommen, bettelte er um die Erlaubnis, dass sie ihre Zeugenaussage per Telefon machen dürfe. Eine juristisch durchaus akzeptierte Vorgehensweise, sofern die Zeugin dafür von einem örtlichen Gericht eindeutig identifiziert und vereidigt wurde. Doch wieder einmal wurde sein Antrag abgelehnt.

In der Zwischenzeit tauchte, während das Gericht mit Anhörungen bezüglich der Entdeckung von Exxies Kopf und der Kleidung, in die er gewickelt war, begann, ein anderes Problem auf. Die Polizei hatte sich bemüht, die Jeans und das T-Shirt zu identifizieren, und die Kriminalbeamten Stallcup und Jaques vom Los Angeles Police Department, die den Mord an Marnette Comer bearbeiteten, hatten bei der Polizei von Sacramento angerufen. Stallcup war mit bekannten Kolleginnen und Kollegen von Comer, also Prostituierten und Zuhältern, in Kontakt getreten und er hatte auch Marnettes Schwester Sabra befragt, die ebenfalls Prostituierte war.

Sabra hatte den beiden Ermittlern versichert, dass das T-Shirt und die Jeans einer Prostituierten namens Toni Wilson gehörten, einer 19 Jahre alten Weißen mit naturblondem Haar und blauen Augen. Sie war schlank, ungefähr 1,70 Meter groß und hatte Sommersprossen. Das war eine eindeutige Identifizierung, zudem eine, die von zahlreichen anderen Personen bestätigt wurde, darunter einem Zuhälter namens Mark. Diese Zeugen hatten Stallcup sogar erklärt, dass Toni Wilson genau diese beschriebenen Kleidungsstücke getragen hatte, als sie sie zuletzt gesehen hatten.

In seinem handgeschriebenen Bericht, der auf den 9. August 1980, 16 Uhr datiert war, hatte Stallcup diese Informationen sorgfältig notiert. Später am Abend hatte er unerklärlicherweise noch eine mit Schreibmaschine geschriebene »offizielle« Version seines Berichts angefertigt, deren Inhalt insofern anders war, als es bezüglich der Zeugenaussage von Sabra Comer nun hieß, sie habe das T-Shirt und die Jeans als Kleidungsstücke ihrer verstorbenen Schwester identifiziert, was nicht stimmte. Im Laufe des Prozesses lud die Staatsanwaltschaft Sabra Comer als Zeugin vor, um die Kleidungsstücke zu identifizieren, und sie gab an, dass die Sachen Eigentum ihrer Schwester Marnette waren. Da gab es nun eindeutig einen Widerspruch und Clark griff das Thema natürlich auf. Er bat den Kriminalbeamten Stallcup in den Zeugenstand.

Er befragte den Polizisten zu den handgeschriebenen Notizen, die er zu den Antworten gemacht habe, die Sabra gegeben habe, und wollte wissen, ob es üblich sei, dass sich Details, wenn Berichte abgetippt wurden, vollkommen veränderten. Stallcup antwortete: »Nein. Damit würde ich mich einer sehr großen Gefahr aussetzen. Das Verbrechen, so etwas ... so etwas zu tun, wenn es letztendlich um ein Kapitalverbrechen geht, dann hätte ich das gleiche Problem wie Sie, der Sie hier sitzen.«

Stallcup wusste, dass ein Polizist, der bei einem Kapitalverbrechen Beweise fälscht und einen Meineid leistet, Gefahr lief, daraufhin selbst wegen eines Kapitalverbrechens angeklagt zu werden. Nachdem er zu diesem Thema von Clark unter Druck gesetzt worden war, bejahte der Polizist die Frage, ob er die handschriftlichen Notizen angefertigt hatte. Stallcup »nahm an«, dass auch die mit Schreibmaschine geschriebene Fassung von ihm sei, dies aber erst, nachdem ihm seine Unterschrift auf der Seite gezeigt worden war. Dieser Vorfall ereignete sich, ohne dass seine Glaubwürdigkeit dabei irgendeinen Schaden nahm.

Ähnlich wie es Clark erging, wurde später auch im Fall von Roger Coleman vorgegangen, der in einem Mordfall ständig seine Unschuld beteuerte. Als Colemans Verteidigung solide Beweise für ein Wiederaufnahmeverfahren vorlegte, wurde das als zu spät erachtet, doch da berechtigte Zweifel blieben, bot man ihm einen Test mit einem Lügendetektor an, der nur wenige Stunden vor seiner Hinrichtung stattfand. Dieser Test, der einfach nur jede

Steigerung der Herzfrequenz oder der Schweißabsonderung konstatiert, sobald die entscheidenden Fragen gestellt werden, misslang Coleman natürlich, da er kurz vor einem qualvollen Tod stand, und so wurde er am 21. Mai 1992 auf dem elektrischen Stuhl hingerichtet.

Wie Clark hatte Coleman solide Alibis, Zeugen und forensisches Beweismaterial, Hinweise darauf, dass er den Mord nicht begangen hatte. Darüber hinaus behauptete eine Frau, ein anderer Mann, der ein bekannter Mörder war, hätte ihr gegenüber eingestanden, dass er den Coleman zugeschriebenen Mord begangen habe. Diese Zeugin wurde einen Tag nach ihrer Aussage tot aufgefunden. Zudem boten im Coleman-Fall staatliche Stellen einem Mitgefangenen an, er käme frei, wenn er erklären würde, dass Coleman ihm gesagt habe, er hätte das Verbrechen begangen. Er redete und konnte gehen, während Coleman starb. Nach seiner anschließenden Freilassung zog der Gefängnisdenunziant seine Aussage zurück.

Douglas Daniel Clark wurde in sechs Fällen des vorsätzlichen Mordes für schuldig befunden und zum Tod verurteilt. Carol Bundy ihrerseits wurde in zwei Fällen des vorsätzlichen Mordes für schuldig befunden, für den an Jack Murray und den an Cathy (Jane Doe 28), und zu zweimal lebenslänglicher Haft verurteilt. Aber war Clark wirklich ein Serienmörder?

Für alle Morde, außer für einen, hatte er Alibis und Zeugen. Die Polizei erhielt von vielen dieser Zeugen Aussagen und ließ zu, dass sie geändert wurden, damit man die Alibis umgehen und Clark dadurch belasten konnte.

Die Waffen und die Fahrzeuge, die mit allen Morden in Verbindung gebracht wurden, gehörten entweder Carol Bundy oder Jack Murray.

Bundy log bei jeder sich bietenden Gelegenheit. Geld verschwand und sie behauptete, sie habe es Polizeibeamten gegeben, die ihr im Gegenzug außerordentliche Gefälligkeiten gewährten. Die meisten Zeugen der Anklage hatten Vorstrafen, die der Polizei als Druckmittel dienen konnten, sie zu den »gewünschten« Zeugenaussagen zu nötigen. Tatsächlich bekannte Sabra Comer später, sie sei gezwungen worden, ihre Aussage zu ändern, weil die Polizisten ihr gedroht hätten, sie »aus dem Geschäft zu nehmen«, wenn sie nicht mit ihnen kooperiere.

Der Richter erlaubte den Geschworenen nicht, sich den auf Band vorliegenden Beweis zu Bundy anzuhören, die bei dieser Aufnahme ihre

Verwicklung in die Morde und ihr Vergnügen an den Morden eingestanden hatte.

Murrays Transporter wurde, noch bevor der Prozess begann, seiner Witwe übergeben, und so wurde Clark der Möglichkeit beraubt, das Innere des Wagens von unabhängiger Stelle untersuchen zu lassen.

Wichtige Spuren und ballistische Beweise wurden von der Polizei entweder verlegt oder sie gingen »verloren«.

Der Generalstaatsanwalt gestand ein, dass mit Bundy ein Deal vereinbart war und man ihr versprochen hatte, ihr Leben zu schonen, wenn sie gegen Clark aussagte. Ihr wurde sogar die Möglichkeit der Bewährung eingeräumt. Sie starb 2003 im Gefängnis an Herzversagen [Anm. d. Redaktion].

* * *

Zum Zeitpunkt unseres Gesprächs wartete Clark auf seinen Termin mit dem Henker von San Quentin. In dieser Situation wäre es vielleicht unfair, ihn als wütenden Mann zu kritisieren, der für die Polizei und das Justizsystem der Vereinigten Staaten nur Verachtung übrig hatte.

Zweifellos hatte sich Doug Clark wie ein Dummkopf benommen. Ganz sicher war er im Fall von Jack Murray ein Komplize gewesen, denn er hatte zugegeben, dass er mit Bundy zusammen gewesen war, als sie den Kopf ihres ehemaligen Liebhabers aus dem Auto geworfen hatte. Und Clark war ohne Zweifel auch dabei gewesen, als Bundy einer Prostituierten in den Kopf geschossen hatte, während diese mit ihm Oralsex im Auto hatte. Auch diesen Mord hatte er nicht angezeigt, was ihm auf jeden Fall lebenslänglich eingebracht hätte.

Über Clarks Kindheit und Jugend ist nicht viel bekannt und er war auch mir gegenüber nicht gewillt, über diese Zeit seines Lebens zu reden, solange er noch sehr viel dringendere Angelegenheiten auf dem Herzen hatte. Allerdings ist bekannt, dass Doug, anders als Bundy, aus gutem Hause stammte, eine glückliche Kindheit verbracht und eine erstklassige Ausbildung genossen hat.

Doug Clark war früher ein sehr belesener, gut aussehender Mann, und seine Art, sich auszudrücken, war, wie die meisten bestätigen würden, angenehm gewesen. Er war ein Schürzenjäger gewesen, der fast wöchentlich um verschiedene Frauen geworben hatte, ein ausgesprochener Don Juan. Aber alle mit ihm befreundeten Damen hatten gesagt, er habe sie gut behandelt, nie war ihm vorgeworfen worden, gewalttätig gegen sie geworden zu sein, auch wenn seine sexuellen Vorlieben alles andere als konservativ gewesen waren. Clark hatte Frauen benutzt, um bei ihnen wohnen zu dürfen, oft im Gegenzug für sexuelle Gefälligkeiten, eine Gepflogenheit, die letztendlich, als er Bundy kennengelernt hatte, sein Verderben gewesen war. All dies passt, auch nach Einschätzung des FBI, in keiner Hinsicht in das psychologische Profil eines Serienmörders.

Wie so viele Serienmörder hatte Carol Bundy dagegen eine problembeladene Jugend. Sie war eine hässliche, unförmige Frau gewesen, die kaum 60 Zentimeter weit sehen konnte. Sie hatte Männer dafür bezahlt, mit ihr Sex zu haben, und Murray war ein bereitwilliger Partner gewesen, der all ihre perversen sexuellen Bedürfnisse befriedigt hatte. Wie sie selbst eingeräumt hatte, war sie nekrophil und eine hedonistische Mörderin gewesen.

Hedonistische Mörder können in zwei Unterkategorien eingeteilt werden. Lustmörder töten, weil es ihnen sexuellen Genuss verschafft. Mörder, die den Nervenkitzel suchen, töten, weil sie eine neuartige Erfahrung aufregend finden. Beide Unterkategorien können mit sadistischen Methoden, Verstümmelung, Zerstückelung und ante und post mortem ausgeführten sexuellen Aktivitäten verbunden sein. Bundy passte sehr gut in beide Kategorien.

Es gibt kaum Anhaltspunkte, die gegen die Ansicht sprechen, dass Bundy und Murray mindestens fünf der Sunset-Prostituierte getötet haben, woraufhin Bundy, von ihrem Liebhaber und Komplizen verschmäht und in sexuell motivierte Serienmorde einbezogen, ihn in einem Anfall von Eifersucht und Wut getötet und geköpft hat. Tatsächlich bewies der Betsy/Claudia-Anruf bei der Polizei, bei dem sie mit einem anklagenden Finger in Murrays Richtung gezeigt hatte, ohne jeden Zweifel, dass Wut und Ärger schon lange, bevor sie ihn erschoss, in ihr gegärt hatten.

Zu dieser Zeit war Doug Clark auf Distanz zu Bundy gegangen, und aus reiner Bösartigkeit hatte sie ihn angezeigt. Indem sie sich selbst die Rolle der einzigen – völlig unglaubwürdigen – Zeugin zugeschrieben hatte, hatte sie es geschafft, für sich eine lebenslange Haftstrafe und für Clark die Todesstrafe zu erreichen.

Dieses Kapitel basiert auf exklusiven, auf Video aufgenommenen Gesprächen zwischen Christopher Berry-Dee und Douglas Daniel Clark im Todestrakt des Staatsgefängnisses San Quentin, Kalifornien, im Jahr 1995 und auf einer umfangreichen Korrespondenz.

HENRY
LEE
LUCAS

»So wie der lebende Baum seinen
frühen Kern behält, so steckt in
jedem von uns das Kind, das wir
einmal waren. Dieses Kind bildet
die Grundlage dessen, wie wir uns
entwickelt haben, wer wir sind und
was wir sein werden. «

DR. R. JOSEPH, PSYCHOTHERAPEUT,
NEUROPSYCHOLOGE UND
NEUROWISSENSCHAFTLER

Texas ist ein Geisteszustand«, schrieb John Steinbeck. »Alles scheint überdimensional und unwirklich zu sein, ob die Ölproduktion, die Rinderzucht oder die Größe der Hüte, die jeder hier zu tragen scheint, ob er Autowerkstattbesitzer, Schuhverkäufer oder ein Texas Ranger ist.« Texas hat die zweithöchste Zahl an Gefängnisinsassen in den USA und im Laufe ihres Lebens verbringen 560 von 100 000 Texanern eine Zeit lang im Gefängnis. Im texanischen Strafvollzug sind meist rund 100 000 Insassen untergebracht, von denen 46 Prozent jemanden getötet haben. Zum Zeitpunkt der Abfassung dieses Buchs saßen 453 Häftlinge im Todestrakt der Ellis Haftanstalt. Henry Lee Lucas war einer von ihnen, bis sein Urteil 1998 in lebenslänglich ohne Bewährung umgewandelt wurde. Am Montag, dem 12. März 2001, starb er im Alter von 64 Jahren an einem Herzanfall.

* * *

FBI-Statistiken besagen, dass die meisten Serienmörder aus zerrütteten Familien stammen oder als Kinder unter irgendeiner Art von schwerem Missbrauch gelitten haben. Henry Lucas war keine Ausnahme. Sein Vater Anderson Lucas, war ein Trinker und Landstreicher, der von einem Güterzug fiel und dadurch beide Beine verlor. »Mein Papa«, sagte Henry einmal, »rutschte sein Leben lang auf seinem Arsch herum. Um seinen Lebensunterhalt zu verdienen, verkaufte Done Stifte und enthäutete Nerze.«

Henrys Mutter, Viola Dison Wall Lucas, war eine Prostituierte, die schon einmal verheiratet gewesen war. Bevor sie Anderson heiratete, brachte sie ihre vier Kinder in Pflegeheimen unter. Im Alter von 35 Jahren bekam sie einen Sohn, Andrew, und fünf Jahre später kam in den ersten Stunden des 23. August 1936 Henry Lee auf diese Welt.

Viola hatte ein bisschen indianisches Blut in ihren Adern und diejenigen, die sie kannten, meinten, sie konnte so gemein sein wie eine wütende Klapperschlange. »Sie war eine verwahrloste alte Frau, die man nicht um sich haben wollte«, sagte ihre Enkelin.

Henry erzählte, seine Mutter habe nur mehr zwei Zähne gehabt. Sie habe zu Ausbrüchen extremer Gewalt geneigt und Tabak gekaut. »Manche Leute drohen damit, jemanden mit einem Stock oder so eine Tracht Prügel zu verpassen«, erzählte Lucas mir. »Wenn sie so etwas tun wollte, dann holte sie einen Besenstiel und den arbeitete sie dann komplett auf.«

Henry wurde in einer heruntergekommenen Hütte mit vier Räumen geboren, 15 Kilometer von dem Provinznest Blacksburg im Montgomery County, Virginia, entfernt. Die Hütte ohne sanitäre Einrichtungen oder Elektrizität lag in einem Tal zwischen den sanften Hügeln der Brushy Mountains, die zur Gebirgsregion der Appalachen im östlichen Nordamerika gehören, die sich von der kanadischen Provinz Quebec bis nach Zentral-Alabama erstreckt. Das Land um die Hütte der Lucas', die einige Kilometer vom nächsten Nachbarn entfernt lag, eignete sich nur für einen kümmerlichen Getreideanbau und die Aufzucht einiger magerer Nutztiere, ein paar dürrer Hühner und einer Kuh. Zwei Nebengebäude waren ebenso verwahrlost wie die Hütte, und alles, einschließlich der Familie, wirkte, als sei es von einem Wirbelsturm aus der Vergangenheit gesaugt und im Niemandsland abgeworfen worden. Weil das Haus nicht gepflegt wurde, war es dem Zahn der Zeit und den Unbilden des Wetters ausgesetzt. Die meisten Fensterscheiben waren zerbrochen oder existierten gar nicht mehr, die sonnengebleichten, Fensterläden, deren Farbe abblätterte, hingen schief an rostigen Scharnieren und waren höchstens noch als Brennholz zu gebrauchen. Das Dach war marode, ebenso wie die Veranda, auf der Anderson Lucas seine Tage verbrachte.

Die Familie Lucas lebte dort mit Violas Zuhälter Bernie, der ein dürrer, zwielichtiger Typ und stets auf Geld oder Sex aus war. Henry, Andrew, Anderson, Viola und Bernie teilten sich alle ein verdrecktes Schlafzimmer, und Lucas erzählte, dass er zuschauen musste, wenn seine Mutter mit Bernie oder einem ihrer vielen Kunden Sex hatte.

Wie bei den Einheimischen üblich brannte auch die Familie Lucas schwarz einen speziellen Schnaps. Die Herstellung dieses Schnapses war für Anderson, der ständig betrunken war, eine Möglichkeit, um das Einkommen der Familie etwas aufzubessern, denn alles, was nicht selbst aufgebraucht wurde, wurde verkauft. Da Henry sich um die Schnapsbrennerei seines Vaters kümmerte, war er schon im Alter von zehn Jahren ganz verrückt nach dem Maisschnaps. Für diese Arbeit erhielten Henry und sein Bruder gelegentlich eine 5-Cent-Münze, an besonders guten Tagen sogar eine 25-Cent-Münze als Lohn. Wenn sie ein paar Münzen in der Tasche hatten, eilten sie nach Blacksburg und schauten sich dort einen Film an. Die Familie ernährte sich in der Regel von gestohlenen Nahrungsmitteln oder Abfällen. Gegessen wurde vom schmutzigen Boden, denn Viola wollte keine Teller abwaschen. Sie kochte nur für sich und für Bernie, während der Rest der Familie sich selbst überlassen blieb.

Seine Mutter zwang Henry, Mädchenkleider zu tragen, und so tauchte er damit auch an seinem ersten Schultag auf, ein schmales, unterernährtes Kind mit langen blonden Haaren. Da seine Lehrerin Mitleid mit ihm hatte, besorgte Annie Hall ein Paar Hosen für ihn und schnitt ihm noch an diesem Tag die Haare. Für diesen Akt christlichen Mitgefühls wurde Frau Hall von Viola Lucas scharf zurechtgewiesen. An seine Lehrerin, die ihm auch sein erstes Paar neuer Schuhe kaufte, hatte Henry liebevolle Erinnerungen. Sie bereitete auch Sandwiches für ihn zu und nahm ihn gelegentlich mit zu sich nach Hause, wo er ein ordentliches warmes Essen bekam.

Brutaler körperlicher Missbrauch kam im Hause Lucas häufig vor. Öfter noch, fast täglich, hatte Henry unter psychischer Misshandlung zu leiden. Einmal nahm Viola ihn mit in die Stadt und zeigte dort auf einen fremden Mann. »Das ist dein wirklicher Vater«, sagte sie. »Er ist dein leiblicher Papa.« Der Siebenjährige war am Boden zerstört, und als er tränenüberströmt zu Hause ankam, fragte er Anderson, ob das wahr sei. Es stimmte.

Im gleichen Jahr schlug Viola mit einem Holzbrett auf Henrys Hinterkopf ein. Drei Tage lang blieb er an der Stelle liegen, an der er hingefallen war, bis Bernie den Jungen schließlich aus Angst, dass er nie wieder aufstehen würde, in ein Krankenhaus brachte. Bei der Aufnahme behauptete Bernie, Henry sei von einem Pick-up-Transporter gefallen. Auch nach seiner Entlassung litt Henry an Schwindel- und Ohnmachtsanfällen – und das blieb so bis zu seinem Tod. Seiner Aussage nach fühlte er sich in diesem Zustand so, als würde er »in der Luft schweben«.

Allen, denen Henry Lucas begegnet ist oder die ein Foto von ihm gesehen haben, wird aufgefallen sein, dass sein linkes Auge ein Glasauge war. Dies ging auf einen Unfall zurück, als er und sein Bruder Andrew an einem Ahornbaum eine Schaukel montieren wollten. Henry hielt eine Liane fest und Andrew versuchte, sie mit einem Messer durchzuschneiden, doch die Klinge rutschte ab und über Henrys Nasenrücken in sein Auge. Während der folgenden sechs

Monate, die er im Krankenhaus verbrachte, besuchte ihn seine Mutter nur ein einziges Mal. Am Tag, an dem er wieder nach Hause kam, erschoss sie in einem Wutanfall sein Lieblingsmaultier und schlug dann auf ihn ein, weil die Entsorgung des Kadavers sie ein paar Dollar kosten würde.

Die Verletzung am Auge bereitete Henry große Schmerzen, doch mit der Zeit heilte die Wunde. Doch er sah noch eine lange Zeit nur Schatten, und weil sein räumliches Sehen dadurch gelitten hatte, neigte er dazu, sich wie eine Krabbe seitlich vorwärtszubewegen.

Die einzige Liebe und Aufmerksamkeit, die Henry in seinen Jugend-jahren zuteilwurde, kam nicht von jemandem zu Hause, sondern von sei-nen Lehrerinnen in der Schule. Aufgrund seiner langen Abwesenheit in der Schule blieb er ein Jahr hinter seinen Kameraden zurück. Annie Hall sorgte als engagierte Lehrerin nicht nur dafür, dass er ordentlich ernährt wurde, sie suchte auch nach Möglichkeiten, ihn dabei zu unterstützen, die Probleme, die er nun mit dem Lesen hatte, in den Griff zu bekommen. Mit einem geschwächten Auge hatte er Schwierigkeiten mit Kleingedrucktem und so kaufte sie ihm Bücher mit großer Schrift, damit er weiter lernen konnte. Dummerweise ereignete sich dann ausgerechnet in der Schule ein weiterer Unfall, der seine Probleme verstärkte. Als eine Lehrerin namens Mrs. Glover einen anderen Schüler schlagen wollte, geriet Henry dazwischen und seine Augenverletzung platzte wieder auf. Diesmal heilte das Auge nicht mehr und ein Jahr später wurde ihm ein Glasauge eingesetzt.

Henry Lee Lucas hatte bedauerlicherweise alles andere als eine ideale Kind-heit. Von den 13 »familiären Merkmalen«, die laut einer FBI-Studie über Se-rienmörder das spätere Leben eines Kindes nachteilig beeinflussen, war Lucas zehn ausgesetzt. Erstaunliche 77 Prozent, die ihn nach FBI-Einschätzungen an die Spitze eines »Verzeichnisses mit Hochrisikokandidaten« katapultiert hätten. Im Falle von Lucas waren Alkoholmissbrauch, psychische Probleme, kriminelle Machenschaften, sexuelle Probleme, körperlicher und seelischer Missbrauch, eine dominante Mutter, die negative Beziehung zu männlichen Bezugspersonen und zur Mutter und eine ungerechte Behandlung prägend.

Wann genau Lucas' kriminelle Karriere begann, ist unklar, doch er sagte, es habe angefangen, als er einen batteriebetriebenen Fernseher gestohlen habe, weil er gerne *The Lone Ranger* und *Sky King* sehen wollte. Von ihm wird auch die Bemerkung zitiert: »Ich glaube, ich habe mit dem Stehlen begonnen, als ich alt genug war, um schnell wegrennen zu können. Ich wollte nicht zu Hause bleiben und ich dachte mir, wenn ich stehlen könnte, dann würde ich es schaffen, von zu Hause abzuhauen.«

Auch Henrys sexuelle Geschichte reicht weit in der Zeit zurück. Er berichtete, sein Halbbruder habe ihn zu Gräueltaten ermutigt, wie etwa Tieren den Hals aufzuschneiden und sie dann sexuell zu missbrauchen. Einem Psychiater erzählte er, er habe mit 13 Jahren Sex mit der Frau seines Halbbruders gehabt. »Ich habe einfach nur mitgemacht ... Ich hatte das Gefühl, dass es nicht richtig war.« Dann steigerte sich Henry zu versuchter Vergewaltigung und Mord, zumindest behauptete er das in seiner unbewiesenen Darstellung eines Verbrechens, das er angeblich im Alter von 15 Jahren begangen hat.

Im März 1951 erblickte Henry demnach an einer Bushaltestelle ein 17-jähriges Mädchen. Er trieb sie an einer Böschung in die Enge, versuchte, sie zu vergewaltigen, und erwürgte sie dann. In seinem Gespräch mit mir erinnerte er sich an das Ereignis:

»Ich hatte nicht die Absicht, sie zu töten. Ich weiß nicht, ob ich es war oder nicht. Das war meine erste, meine schlimmste und meine am schwersten zu überwindende Tat. Ich konnte einfach nicht begreifen, was passiert war. Manchmal war ich tagelang unterwegs, blickte mich ständig um, hielt Ausschau nach Polizei und befürchtete stets, die würden mich anhalten und mitnehmen. Aber die haben mich kein einziges Mal belästigt.«

Jahre später, als Lucas schließlich zum letzten Mal zur Rechenschaft gezogen wurde, befragten ihn Ermittler aus allen Ecken der Vereinigten Staaten, um ungelöste Mordfälle aufzuklären. Während dieser ausführlichen Verhöre erwähnte Henry diesen ersten Mord nie, und aufgrund weiterer sorgfältiger Recherchen zu diesem Fall ist die Polizei mittlerweile überzeugt, dass er nie stattgefunden hat.

Im März 1952 ging Henrys Bruder zur US-Marine und dann verließ sein Vater das Zuhause in einem schlichten Holzsarg. »Er begab sich nach draußen und legte sich in den Schnee, weil er nicht dabei sein wollte, wie seine Frau Sex mit einem anderen Mann hatte«, sagte Henry. »Deshalb starb er. Er legte sich in den Schnee, holte sich eine Lungenentzündung, außerdem war er betrunken, und so starb er einfach.«

Noch im gleichen Monat holte das Gesetz Henry Lucas ein, der mittlerweile ein versierter Dieb war. Er wurde wegen eines Bagatelldiebstahls angeklagt und an die Beaumont Training School für Jungen geschickt. Er behauptete zwar, diese Anstalt gemocht zu haben, denn zum ersten Mal bekam er regelmäßig etwas zu essen und konnte warmes Wasser und Elektrizität genießen. Doch diese Aussage widerspricht seinem Verhalten, denn Aufzeichnungen der Schule belegen, dass er ständig versucht hatte, abzuhauen. Im September 1953 wurde Henry aus Beaumont entlassen und arbeitete danach zeitweise als Helfer auf einer Farm. Im Oktober vergewaltigte er seine 12-jährige Nichte.

Neun Monate später wurde er zum zweiten Mal verhaftet, und der 18-jährige Lucas wurde wegen Einbruchs zu vier Jahren im Staatsgefängnis von Virginia verurteilt. In der Stuhlfabrik des Gefängnisses erlernte er den Beruf eines Zimmermanns und erwarb Fähigkeiten, die ihm nach seiner Freilassung von Nutzen waren. In der Schneiderei wurde ihm außerdem das Nähen beigebracht, und die Märsche, die er zusammengekettet mit anderen Sträflingen absolvierte, sorgten für Bewegung.

Am 28. Mai 1956 nutzten Lucas und ein anderer Häftling trotz des Risikos, von Hunden gejagt zu werden oder eine Kugel in den Rücken zu bekommen, die Gelegenheit, bei einem Einsatz zur Straßenreparatur außerhalb des Gefängnisses zu fliehen. Sie stahlen ein Auto und fuhren damit nach Ohio. Als ihnen der Sprit ausging, nahmen sie ein anderes Fahrzeug und überquerten die Grenze zum Bundesstaat Michigan. Die Flucht von einem Bundesstaat in den anderen und Autodiebstähle über die Staatengrenzen hinweg waren Bundesdelikte, und so wurden sie im Juli in Toledo von Bundespolizisten verhaftet. Danach trat Henry eine 13-monatige Strafe in der staatlichen Besserungsanstalt von Ohio in Chillicothe an, und als diese Zeit vorüber war, wurde er in Fesseln zurück in das Staatsgefängnis von Virginia überführt, wo er den Rest seiner Haftzeit absitzen musste. Im September 1959 war er schließlich wieder frei.

Nach seiner Entlassung zog er nach Tecumseh, Michigan, wo er bei seiner Halbschwester Opal unterkam. Bei diesem Aufenthalt lernte er eine Frau namens Stella kennen, und nachdem er eine Weile mit ihr zusammen war, fragte er sie, ob sie ihn heiraten wolle. Da sie zustimmte, verkündeten sie ihre Verlobung. Am Abend des 12. Januar 1960 trank und feierte er in einer Bar mit Stella. »Sie war meine erste große Liebe«, sagte er. »Sie verstand mich einfach, und wir wollten heiraten und so.« Jedoch gab es an jenem Abend noch einen anderen Besucher in der Stadt, und zwar seine wütende Mutter, die herausbekommen hatte, wo er sich aufhielt. Viola spürte Henry in der Bar auf und verlangte von ihm, Stella sitzen zu lassen und unverzüglich nach Virginia zurückzukehren. Dieser Wutanfall ließ Stella in Tränen ausbrechen.

Es war der unpassendste Moment, an dem sich diese grauenhafte Mutter wieder in Henrys Leben mischen wollte, denn an jenem Abend hatten er und Stella Pläne für die Hochzeit geschmiedet, und er war bereits sturzbetrunken. In einem Telefongespräch mit mir erinnerte sich Stella: »Wenn Henry betrunken war, wurde er immer ziemlich gemein. Er trank Jack Daniels wie andere Wasser. Die alte Frau hat mich an jenem Abend echt wütend gemacht. Ich habe dann gedroht, die Hochzeit abzublasen, und bin nach Hause gegangen. Er hasste seine Mutter wirklich, und sie hat verdient, was sie bekommen hat.«

Da nun die Gefahr bestand, dass Lucas die einzige Frau verlor, die er liebte, hämmerte er 20 Minuten später an die Tür von Opals Wohnung, in der sich seine Mutter aufhielt. Viola, die ebenfalls betrunken war, verfluchte ihn und warf ihm fälschlicherweise vor, mit Opal intim gewesen zu sein. Sie beschimpfte ihn, dass er sie alleine in Virginia gelassen habe, denn Bernie hatte inzwischen eine neue Spielwiese gefunden. Was dann geschah, soll Lucas am besten selbst schildern.

> »Ich bin dahin gegangen, wo sie sich aufhielt, um sie zu beruhigen, aber sie schnappte sich einen Besenstiel und schlug damit auf mich ein. Es war wohl so gegen Mitternacht, auf jeden Fall hat sie mich so wütend gemacht, dass ich ihr eine geschurt habe. Alles, woran ich mich noch erinnern kann, ist, dass ich ihr auf den Nacken geschlagen habe. Nachdem ich das getan hatte, geriet sie ins Wanken und drohte umzufallen. Ich habe versucht, sie festzuhalten, doch sie fiel auf den Boden, und als ich sie wieder aufheben wollte, merkte ich, dass sie tot war. Dann sah ich, dass ich mein Messer in der Hand hielt und sie Schnittwunden hatte.

Ich bekam es mit der Angst zu tun, schaltete das Licht aus, ging nach draußen und fuhr zurück nach Virginia. Dort blieb ich nur einen Tag, doch ich machte mir Sorgen um meine Mutter und fragte mich, ob jemand sie wohl gefunden hatte. Also verließ ich Virginia und fuhr zurück nach Tecumseh, um mich zu stellen. Es ist schrecklich, was ich getan habe, und ich weiß, dass ich damit den Respekt meiner Familie und von Leuten, die mich kennen, verloren habe, aber es war eines dieser Dinge … Ich glaube, es musste einfach passieren.«

Wie sich herausstellte, war Viola nicht sofort nach dem Angriff gestorben. Als Opal 48 Stunden später nach Hause kam und sie in einer Blutlache vorfand, lebte sie noch. Ein Krankenwagen wurde gerufen, aber da sie bereits zu lange geblutet und einen Schock erlitten hatte, war sie nicht mehr zu retten und starb kurze Zeit danach. Im offiziellen Polizeibericht wurde festgehalten, dass sie an einem Herzanfall infolge eines tätlichen Angriffs gestorben sei.

Henry wurde in Toledo, Ohio, aufgegriffen und zurück nach Michigan gebracht, wo er wegen Mordes mit bedingtem Vorsatz angeklagt wurde. Obwohl er der Polizei versicherte, dass er sich nur verteidigt habe, bekannte er sich später schuldig und wurde zu 20 bis 40 Jahren im Staatsgefängnis von Süd-Michigan verurteilt. Er war allerdings weit davon entfernt, den Respekt seiner Familie, des Lucas-Clans – und der Vielzahl seiner mehr oder weniger entfernten Bekannten – und der Bürger von Blacksburg zu verlieren, denn die waren höchst erfreut, als sie von Violas Ableben hörten. Sie war zeit ihres Lebens eine Plage gewesen, und jeder war überglücklich, sie nun unter der Erde zu wissen.

Als ich ihn in der Ellis-Haftanstalt in Texas zum Gespräch traf, hatte Henry, ein schwächlicher Mann mit einem nässenden Glasauge, das er ständig mit dem Ärmel seines Hemdes abwischte, seine Ansicht über den Mord an seiner Mutter geändert. Nachdem er den Mord zuerst zugegeben hatte, widersprach er dem nun: »Meine Halbschwester Opal hat sie getötet, und jetzt ist sie auch tot.«

Seine Haft im Gefängnis von Süd-Michigan war laut Henry nicht gerade eine glückliche Zeit in seinem bereits aus den Fugen geratenen Leben. Er behauptete, die Stimme seiner toten Mutter habe ihn in seiner Zelle verfolgt.

»Sie hat mir immer wieder gesagt, ich solle böse Dinge tun«, erinnerte er sich. »Sie sagte mir, dass ich hinter diesen Mauern dem Tod begegnen solle.« Er versuchte daraufhin, sich zweimal das Leben zu nehmen, einmal schnitt er sich mit einer Rasierklinge die Pulsadern auf und das andere Mal schlitzte er sich mit einem Messer den Bauch auf, doch die Gefängniswärter entdeckten ihn jeweils rechtzeitig.

Die Ärzte entschieden dann zu seiner eigenen Sicherheit, ihn in der staatlichen psychiatrischen Anstalt in Ionia unterzubringen, wo er einer Elektrotherapie unterzogen wurde und unter ständiger Beobachtung stand. Dort blieb er fast fünf Jahre, bis er 1966 ins Gefängnis zurückkehrte, nachdem ein Psychiater festgestellt hatte: »Lucas macht gute Fortschritte. Ich bin von seiner Entwicklung beeindruckt.« Ein anderer Psychiater war allerdings anderer Meinung. »Lucas mangelt es völlig an Selbstbewusstsein, Eigenverantwortung, Willenskraft und einem allgemeinen Durchhaltevermögen«, schrieb er in seinem Bericht. »Er hat nicht den Mut, Verantwortung für sein Verhalten zu übernehmen, stattdessen schiebt er anderen die Schuld für seine Fehler und Missgeschicke zu. Zudem neigt er zu aggressivem Sozialverhalten und versucht damit, einige seiner Beschwerden zu lindern.«

Lucas war Prozac verschrieben worden, ein Antidepressivum mit beruhigender Wirkung, das seine starken Emotionen mehr oder weniger im Zaum hielt. Es ist jedoch bekannt, dass er die Behörden davor warnte, ihn aus dem Gefängnis zu entlassen, weil er wusste, dass seine mörderischen Neigungen wieder aufflammen würden. Den Ärzten sagte er sogar: »Wenn Sie mich rauslassen, dann lege ich Ihnen eine Leiche vor die Tür. Das garantiere ich Ihnen.«

Während dieser Zeit waren in den Justizvollzugsanstalten von Michigan 37 000 Insassen untergebracht und damit waren sie zu 125,5 Prozent ausgelastet. Jede Haftanstalt platzte aus allen Nähten. Was Lucas betraf, so war er nur eine Nummer im Gefängnis, und trotz seiner Proteste und mörderischen Drohungen wurde er, um in den Zellen Platz für 9000 neue Gefangene zu schaffen, am 3. Juni 1970 von den Wärtern buchstäblich zum Tor gezerrt und hinausgeworfen.

An diesem Nachmittag wurde in Jackson, nur wenige Kilometer von den düsteren Gefängnismauern entfernt, eine junge Frau ermordet. Am Tag darauf wurde nur ein paar Blocks weiter die Leiche eines anderen Mädchens entdeckt. Offiziell wurde keiner dieser Morde Lucas zugeschrieben, obwohl die Fälle noch immer als »ungeklärt« gelten.

Lucas seinerseits behauptete, dafür verantwortlich zu sein, und fügte hinzu: »Sie [die Gefängnisbehörde] wissen, dass ich das wirklich gemeint hatte, was ich gesagt hatte. Ich hasste alles. Ich war so schrecklich verbittert. Ich war total durchgedreht.«

Inoffiziell klingt die Geschichte etwas anders. Ein höherer Polizeibeamter, dessen Name nicht genannt werden darf, erklärte dem Autor gegenüber: »Sicher, jeder wusste, dass es Henry gewesen war, der diese Mädchen getötet hatte. Die Entscheidung, ihn nicht festzunehmen, wurde ganz oben getroffen, und damit meine ich ganz oben. Aber diese Arschlöcher wollten nichts mit der Scheiße zu tun haben, die auf sie zukommen würde, wenn die Presse erfahren hätte, dass er am Tag seiner Freilassung gedroht hatte, jemanden umzubringen. Wäre das herausgekommen, wären da einige, auch der Gefängnisdirektor, entlassen worden.«

* * *

Vieles, was sich in Henrys wechselvollem Leben zwischen seiner Freilassung aus dem Gefängnis in Michigan und seiner letzten Festnahme im Montague County, Texas, 13 Jahre später abgespielt hat, bleibt unklar. Zunächst lebte er, freigesetzt auf Bewährung, bei Almeda, einer weiteren Halbschwester, die in Maryland wohnte, und fast ein Jahr lang hatte er keine Probleme mit der Polizei. Im August 1971 ging dann sein Vorrat an Prozac zur Neige und er versäumte es, das Rezept zu erneuern. Lucas sagte, dass dieser Medikamentenentzug ihn unruhig und aufbrausend gemacht habe.

Im Oktober 1971 näherte er sich einem 15-jährigen Mädchen, das auf dem Weg zur Schule war. Er befahl ihr, in sein Auto zu steigen, sonst würde er sie erschießen. Als auf der anderen Straßenseite ein Schulbus auftauchte, raste er in einer Staubwolke davon und ließ das verschreckte Mädchen am Straßenrand stehen. Ein paar Tage später versuchte er, ein anderes Schulmädchen zu entführen, das jedoch ebenfalls unbeschadet entkam. Beide potenziellen Opfer hatten sich jedoch seine Autonummer notiert und sich bei der Polizei gemeldet.

Im März 1972 stand Lucas wieder vor Gericht und wurde wegen versuchter Entführung und Kidnapping zu fünf Jahren Gefängnis verurteilt. Nach seiner Entlassung am 22. August 1975 reiste Lucas nach Port Deposit, Maryland, um seine Halbschwester Almeda Kiser und ihre Tochter Aomia Pierce zu besuchen. Aufzeichnungen belegen, dass er dort drei Tage blieb und dann mit Aomia Pierce und ihrem Mann nach Chatham, Pennsylvania, zog. Er fand einen Aushilfsjob als Landarbeiter, dann wurde ihm Betty Crawford vorgestellt, die Witwe eines seiner Neffen. Anfangs waren die beiden nur befreundet, doch die Beziehung entwickelte sich weiter, bis sie schließlich am 5. Dezember 1975 heirateten.

Nachdem er für kurze Zeit bei den Pierces gelebt hatte, zogen Lucas, Crawford und ihre drei Kinder wieder nach Port Deposit und lebten dort in einer Wohnwagensiedlung. Henry wechselte von einem Job zum nächsten und verdiente nur wenig Geld. Der Großteil des Einkommens der Familie bestand aus der Sozialhilfe, die Betty erhielt. So lebte die Familie bis zum Juni 1976, als sie gemeinsam mit einer anderen Familie aus der Wohnwagensiedlung nach Hurst, Texas, umzog. Betty wollte ihre Mutter besuchen und Henry wollte sich Arbeit suchen. Doch daraus wurde nichts, sie zogen daher weiter nach Illinois und kehrten schließlich wieder nach Maryland zurück.

Kurz nach dieser Rückkehr konfrontierte Betty Crawford Lucas mit dem Vorwurf, ihre Töchter zu belästigen. Lucas bestritt dies, sagte ihr aber, dass er sowieso beschlossen habe, sie zu verlassen. Am 7. Juli packte Lucas seine Habe und machte sich auf in Richtung Florida. Auf dem Weg nach Süden machte er Zwischenstation bei Opal. Weniger als einen Monat später reiste Henry mit seinem Schwager Wade Kiser zu einem Familientreffen nach West Virginia. Als sie unterwegs im Stau standen, kam Henry mit einem anderen Mann ins Gespräch. Kurz darauf verließ er Kiser und fuhr mit dem Fremden Richtung Shreveport, Louisiana. Nach einem kurzen Aufenthalt in Virginia, wo er seinen Halbbruder Harry Waugh besuchte, traf Lucas an seinem Zielort ein.

In Shreveport erhielt Henry das Angebot, gegen Bezahlung einen Wagen nach Los Angeles zu fahren, doch weil er überzeugt war, dass er damit für die Mafia arbeiten würde, lehnte er ab. Er verließ Louisiana und kehrte nach

Port Deposit zurück. Lange blieb er nicht, dann zog er weiter nach Wilmington, Delaware, wo ihm ein Verwandter, Leland Crawford, Arbeit in einem Teppichladen verschaffte. Diesen Job hatte er einige Monate, dann fuhr er erneut nach Port Deposit, um Weihnachten mit einer anderen Verwandten, Nora Crawford, zu verbringen. Im Januar darauf verließ er Nora und zog nach Hinton, West Virginia. Dort arbeitete er für Joe Crawford, der nicht nur ein Verwandter war, sondern auch Besitzer eines Teppichladens. Während seiner Zeit in Hinton lernte er eine Frau namens Rhonda Knuckles kennen, mit der er bis März 1977 zusammenlebte. Dann hatte er genug von der Beziehung und kehrte nach Port Deposit zurück.

Henry blieb nur kurze Zeit, bis ihm seine Schwester Almeda Unterkunft und einen Job auf dem Schrottplatz ihres Mannes anbot. Endlich schien Henry sesshaft werden zu wollen, doch dann warf ihm Almeda vor, ihre Enkeltochter sexuell belästigt zu haben. Wieder bestritt er die Vorwürfe.

Am oder um den 4. September 1977 war Lucas nach eigenen Angaben in Kalifornien und ermordete dort in Davis, einer mittelgroßen Stadt ungefähr 40 Kilometer westlich von Sacramento, Elizabeth Wolf. Was er da, so weit im Süden, zu suchen hatte, bleibt ein Geheimnis, allerdings hatte seine verstorbene Mutter eine Beziehung zu einem Mann namens Dixon, der aus einer Stadt mit dem gleichen Namen stammte, die 25 Kilometer von jenem Ort entfernt war, an dem er Elizabeth Wolf tötete. Vielleicht suchte er nach seinem leiblichen Vater?

Nachdem er Mrs. Wolf erstochen hatte, floh Lucas nach Houston, Texas, wo er am 7. September Glenda Beth Goff erschoss. Am 17. September 1977 wurde er wegen eines Vergehens in Jacksonville, Florida, verhaftet und für 45 Tage eingesperrt. Am Morgen nach seiner Entlassung erzählte er den Kisers, er brauche ihren Lastwagen und Werkzeug, um für den Schrottplatz ein paar Autowracks zu holen. Als Lucas weder am Abend noch am nächsten Tag zurückkehrte, meldeten die Kisers den Wagen als gestohlen. Das Fahrzeug wurde später außerhalb von Jacksonville, Florida, in einem nicht fahrtüchtigen Zustand aufgefunden. An diesem Ort lernte Lucas seinen künftigen Begleiter Ottis Toole kennen.

* * *

Ottis Elwood Toole wurde am 5. März 1947 in Florida geboren. Er wuchs in ähnlichen Verhältnissen auf wie Henry. Mit vier Jahren wurde Ottis von einem Auto überfahren. Seit er sechs Jahre alt war, missbrauchte ihn sein alkoholkranker Vater sexuell mehrere Jahre lang, und als sein leiblicher Vater auszog, kam Robert, ein ebenso perverser Stiefvater, und machte da weiter, wo sein Vorgänger aufgehört hatte.

Mit acht Jahren stürzte Ottis auf der Veranda auf der Vorderseite des Hauses durch ein zerbrochenes Brett und spießte sich einen Nagel in die Stirn, der mehr als sieben Zentimeter in den vorderen Gehirnlappen eindrang. Diese Verletzung führte dazu, dass er für den Rest seines Lebens an schweren epileptischen Anfällen litt.

Ottis wurde als jüngstes von vier Kindern in eine Familie geboren, die von Inzucht geprägt, schizophren und psychopathisch war. Seine Mutter, Sarah, eine eingeschworene Baptistin, die jederzeit Bibelzitate parat hatte, hatte sich daran gewöhnt, dass ihr zweiter Ehemann Ottis bei seinen Saufkumpanen für Sex herumreichte. Und als ob dieser Missbrauch nicht schon schlimm genug gewesen wäre, wurde der Junge auch noch jeden Tag von seinen älteren Brüdern gemobbt und von seinen Schwestern Drusilla und Vonetta sexuell missbraucht, die ihn zwangen, sich als Mädchen zu verkleiden, und ihn wie ein Aschenputtel behandelten. Ungeachtet dieser Quälereien wuchs Ottis zu einem bärenstarken, knapp 1,90 Meter großen Hünen mit großen Händen und einem kraftvollen, 100 Kilo schweren Körper heran.

Das heruntergekommene Haus der Tooles lag mitten in einer Alligatoren-Gegend in Springfield, Florida, und bot der Familie, die in dieser explosiven Mischung aus Enge, Armut und abnormem Sexualverhalten zusammenlebte, ein undichtes Dach über dem Kopf. Wahrscheinlich kann niemand Ottis Toole besser charakterisieren als die amerikanische Autorin Sondra London. Sondra befragte Toole im Juli 1991 in der Appalachee-Justizvollzugsanstalt und schildert in ihrem Buch *Knockin' on Joe* den Serienmörder folgendermaßen:

> *»Für ihn ist das Leben an sich wertlos und die Unterscheidung zwischen lebenden und toten Menschen so verschwommen, dass Töten nicht mehr ist als das Zerquetschen einer Fliege. Zurückgeblieben und ungebildet, ist er seit seiner frühen Kindheit außer Kontrolle geraten. Geboren in einer*

Gegend mit Alligatoren ist Ottis in seinem Leben eine Art Reptil – ein eher tierischer als menschlicher Widerling, der durch die Sümpfe der Gesellschaft kriecht und unaufhörlich nach hilfloser Beute sucht.«

Lucas lernte seinen künftigen Begleiter in einer Suppenküche in der Nähe von Jacksonville kennen. Zu dieser Zeit lebte Ottis in einem Haus zusammen mit seiner Mutter Sarah und ihrem Mann Robert, seiner Frau Novella, einem Neffen, Frank Powell jr., und Frieda »Becky« Powell, Ottis' elfjähriger Nichte. Offenbar war die Familie Toole daran gewöhnt, dass Ottis fremde Männer nach Hause mitbrachte. Sarah Pierce, die dort einmal zu Gast war, erklärte später gegenüber der Polizei, dass Ottis, der bekanntermaßen bisexuell war, oft Männer aufgabelte und sie für sexuelle Abenteuer nach Hause mitgenommen habe. Ottis fand nicht nur an seinen homosexuellen Neigungen Vergnügen, er schaute auch gerne dabei zu, wie seine männlichen Gäste Sex mit seiner Frau und der minderjährigen Becky hatten. Henry gewöhnte sich schon bald an sein neues Zuhause und es dauerte nicht lange, da teilte er sich, nachdem Novella zu Nachbarn gezogen war, das Hauptschlafzimmer mit Ottis.

Ottis organisierte für Henry einen Job in der Farbenfabrik, in der er arbeitete, doch den erledigte er nur ein paar Tage lang, dann gab er ihn auf und machte sich in Richtung Süden zu seinen früheren Jagdgründen nach Texas auf, wo er am 22. Oktober 1977 Lily Pearl Darty mit zwei Kugeln in den Hinterkopf erschoss. Am 1. November feuerte er mit einem Revolver Kaliber 38 zwei Mal auf Glen D. Parks, nachdem er sein Opfer zunächst gefesselt hatte.

Lucas' nächste Mordserie setzte Ende 1978 in Jacksonville und Umgebung ein, aber erst, nachdem er und Toole sich, wie er behauptete, einer satanischen Vereinigung, die sich *The Hand of Death* (Die Hand des Todes) nannte, angeschlossen hatten. Tatsächlich schrieb Lucas seine abscheulichsten Verbrechen – die »Kreuzigungs-Morde« – dem Teufel und »seinen Machenschaften« zu. Später behauptete er, einige Zeit nachdem er aus dem Gefängnis entlassen worden war, ein »Seminar« der Sekte in den Everglades von Florida mitgemacht zu haben. Laut einem 1985 veröffentlichten Buch mit dem Titel *The Hand of Death*, das Lucas zusammen mit Max Call verfasste, gehörten zu seiner Gruppe 200 Teilnehmer aus sechs verschiedenen Nationen, alle ethnischen Gruppen und gesellschaftlichen Klassen waren vertreten. Henry behauptete zudem, er habe während der ersten Trainingswoche einer Unterrichtsgruppe Techniken des Tötens mit einem Messer beigebracht. Sie hätten Nahkampf geübt, Bücher zum Thema Strafverfolgung studiert und Funkcodes auswendig gelernt. Für Henry mit seinem extrem niedrigen IQ muss all dies eine mühselige Aufgabe gewesen sein. Nach sorgfältigen Recherchen des Autors dieser Zeilen wurde klar, dass diese große Studiengruppe und das Training, das die Teilnehmer genossen, nur in der Fantasie von Lucas existierten und nirgendwo sonst. Er sagte auch, sie hätten eine satanische Bibel gelesen, und da die Teilnehmer glaubten, dass perverse Handlungen die Wiedergeburt des Teufels befördern und Satan ehren würden, seien sie von den Gruppenleitern zu Sodomie, Sadomasochismus, Brutalität und Nekrophilie, die im Rahmen Schwarzer Messe erfolgten, ermutigt worden, allesamt Themen, mit denen Lucas bereits vertraut war.

Henry erzählte dem Autor, dass sie während dieser angeblichen Teufelsanbetungen entführte Kinder oder verräterische Mitglieder auf einem Altar innerhalb eines heiligen Kreises geopfert hätten. Tanzend und betend hätten einige die dem Untergang geweihten Opfer auf ihren Schultern dorthin getragen, während der Rest der Gruppe »*Ambe iske ho a secco*« gesungen habe, eine Zeile, deren Bedeutung ein Geheimnis bleibt! Wie auch immer, Lucas berichtete weiter, dass ein »Die Hand« genannter und in einen Umhang gehüllter Hohepriester durch Feuerringe zum Altar geschritten sei und dort die Opfer getötet habe. Jeder der Anwesenden habe von ihrem Blut trinken und ihr Fleisch essen müssen. Henry gab an, das Lager nach sieben Wochen verlassen zu haben, um die mörderischen Befehle eines Oberen namens Don Meteric auszuführen.

Lucas behauptete, dass er auf seiner ersten Mission, bei der der Teufel vermutlich auf seinen Schultern saß, kleine Kinder entführt und sie auf einer Schaffarm gleich hinter der mexikanischen Grenze abgesetzt habe. Als er zur Sekte zurückgekehrt sei, hätten ihm die Führer einen Skorpion auf die Hand tätowiert. Dann hätte Meteric Lucas und Toole dazu aufgefordert, einen Mann zu töten. Dieses Opfer wurde zu einem Strand gelockt, und Lucas schnitt ihm den Hals durch, als das Opfer einen Schluck aus einer Flasche

Whisky nehmen wollte. Zur Belohnung für dieses Verbrechen habe er ein zweites Tattoo erhalten. Später wurde ihm noch eine Schlange tätowiert, dann ein Teufel mit einem Kreuz, weil er junge Prostituierte entführt habe, die dann gezwungen worden seien, in pornografischen Filmen mitzuspielen.

Als ich Lucas bat, mir doch mal seine Tattoos zu zeigen, erklärte er vage, sie seien irgendwie verschwunden, nachdem er sich dem Christentum zugewandt hatte. Gott entdeckte er anscheinend unmittelbar nach dem Mord an der 72-jährigen Librada Apodaca in El Paso, Texas, am 27. Mai 1983.

Wollte man auch nur ein einziges Wort über diese Sekte glauben – es gibt keinen Beweis, der auch nur andeutungsweise die Existenz der Sekte belegt –, müsste man sich immer noch fragen, wie Lucas und Toole es geschafft haben, nach Kennewick, Nevada, zu fahren, wo das Duo erwiesenermaßen am 31. Oktober 1978 Lisa Martini in ihrer Wohnung vergewaltigte und ermordete. Nach seinen eigenen Angaben hätte Lucas entweder in den Everglades sein müssen, wo er etwas über Funktechnik gelernt hatte – was für Teufelsanbetung offenbar von Bedeutung war –, oder in Mexiko, wo er mit den entführten Kindern beschäftigt war, ein Ereignis, von dem die Strafverfolgungsbehörden keinerlei Kenntnis hatten. Dann kehrte der Mörder nach Jacksonville zurück und nahm seinen alten Job wieder auf. Einige Zeit später kaufte Ottis' Mutter ein Haus, in dem sie ihre erweiterte Familie unterbrachte. Wieder ließ Henry seinen Job sausen und machte nun mit Altmetall Geschäfte, was dazu führte, dass der Hof des neuen Hauses bald schon mit Autowracks und Einzelteilen vollgestellt war.

Am 5. November 1978 fuhren die beiden Mörder laut Ermittlungen der Polizei auf der Interstate 35 in Texas und erblickten dabei zwei Teenager, die am Straßenrand entlangliefen, weil ihnen das Benzin ausgegangen war. Toole schoss Kevin Kay mit einer Pistole Kaliber 22 in den Rücken und in den Kopf, während Lucas Rita Salazar vergewaltigte und anschließend sechs Kugeln auf sie abfeuerte. Kevin Kay, der eine unbedeutende Vorstrafe hatte, konnte über seine Fingerabdrücke identifiziert werden, und die attraktive Rita war seine feste Freundin gewesen.

Die beiden Männer fuhren nun nach Michigan, wo sie am 3. Oktober 1979 Sandra Mae Stubbs ausraubten, vergewaltigten und ermordeten. Dann änderten sie ihre Richtung und machten sich auf nach Süden, nach Austin in

Texas, wo zehn Tage später Harry und Molly Schlesinger in ihrem Spirituosenladen erschossen wurden. Während dieser kurzen Zeitspanne finanzierten die Mörder ihre kriminellen Aktivitäten durch Raubüberfälle mit Todesfolge.

* * *

Der wohl bekannteste Lucas/Toole-Mord war die Vergewaltigung und die Erschießung einer nicht identifizierbaren jungen Frau, ein Fall, der als »Orange Socken Mord« bezeichnet wurde. Das am 31. Oktober 1979, an Halloween, in einem Abwasserkanal gefundene Opfer trug außer einem Paar orangefarbener Socken keine Kleidung. Ein Autofahrer, der auf der Interstate 35 in Richtung Norden unterwegs war, hatte angehalten, um sich zu erleichtern, und musste zu seinem Schrecken feststellen, dass er auf eine Leiche hinabblickte, die mit dem Gesicht nach unten auf dem schmutzigen Beton lag. »Ich hatte gerade meinen Penis herausgeholt«, erklärte er einem Polizisten, der schnell am Tatort eingetroffen war, »und dann … Scheiße! Also Mann, verdammte Scheiße! Da liegt das da, wissen Sie. Hab dann woandershin gepinkelt.«

Dieser Mord fiel in die Zuständigkeit des Sheriffs von Williamson County, Jim Boutwell, und als er wieder auf seiner Polizeiwache in Denton war, ungefähr 16 Kilometer nördlich von Fort Worth, grübelte der altgediente Polizist über die wenigen verfügbaren Hinweise nach und hoffte, dass er irgendetwas finden würde, was ihm weiterhelfen konnte. Er suchte nach Spuren, die zur Identifizierung der Frau mit den orangen Socken beitragen und zu ihrem Mörder führen konnten.

Die attraktive Frau war Mitte 20. Sie hatte rötlich-braunes Haar, wog zwischen 56 und 58 Kilogramm und war 1,75 Meter groß. Abgesehen von den orangefarbenen Socken trug sie einen silbernen Ring mit Perlmuttverzierungen. Weder ein Portemonnaie noch eine Handtasche oder ein Führerschein wurden gefunden. Es gab überhaupt nichts.

Bei der Autopsie lieferte die Leiche ein paar Hinweise. Dazu gehörte, dass sie an einer Geschlechtskrankheit litt. An ihren Fußknöcheln befanden sich Insektenstiche, vermutlich von Mücken. Ihr Magen wies Spuren eines teilweise verdauten Essens auf – Burger, Pommes und Cola. Ihre Zähne waren in einem fast perfekten Zustand, gut möglich also, dass zahnärztliche

Unterlagen gar nicht existierten, und eine Röntgenaufnahme zeigte keinerlei gebrochene Knochen. Eine weitere Untersuchung ihres Intimbereichs förderte ein behelfsmäßiges Tampon aus Toilettenpapier aus ihrer Vagina zutage – das war alles, was Boutwell an Hinweisen hatte. Es gab nichts, was dabei helfen konnte, sie für ihre Familie oder Freunde zu identifizieren, und ihr Foto in ganz Nordamerika herumzuschicken kam nicht infrage.

Nach seiner Verhaftung im Montague County, Texas, gab Lucas zu, dass er die Frau mit den orangen Socken getötet hatte, aber er weigerte sich, Toole als Komplizen zu nennen. Lucas sagte, er habe sie mitgenommen, als sie in Oklahoma City als Anhalterin auf der Straße gestanden habe. Ihr Name sei entweder Joannie oder Judy gewesen. Sie seien über die Interstate 35 in südliche Richtung gefahren, hätten einvernehmlichen Sex gehabt und dann an einer Raststätte etwas gegessen. Seine Beschreibung der Mahlzeit passte mit dem Mageninhalt, wie ihn der Gerichtsmediziner festgestellt hatte, überein.

Nach dem Essen seien sie weiter nach Süden gefahren, und Henry habe sie erneut um Sex gebeten, was sie jedoch abgelehnt habe. Daraus habe sich ein Streit entwickelt, bei dem er beinahe die Kontrolle über den Wagen verloren habe, fast von der Straße abgekommen sei und dann schreiend in einer Staubwolke stehen geblieben sei. »Danach fuhr ich an den Straßenrand«, sagte er. »Ich habe sie gewürgt, bis sie tot war. Ich hatte noch einmal mit ihr Sex, dann zog ich sie aus dem Auto heraus und warf sie runter in den Abwasserkanal.« Er erwähnte auch, dass sie eine Art Damenbinde getragen habe.

Sheriff Boutwell wollte diesen Fall nicht aufgeben, er war entschlossen, ihn zu lösen, denn er war überzeugt, dass dies nur einer von einer Reihe von Morden mit sexuellem Hintergrund war, die entlang der Interstate 35 begangen wurden. An der viel befahrenen Fernstraße zwischen Laredo an der Grenze zu Mexiko und Gainesville, Cooke County, im Norden waren immer wieder Leichen aufgetaucht.

Am 27. November 1979 waren Lucas und Toole zurück in Jacksonville. In dieser Nacht vergewaltigte und erschoss Lucas die 31 Jahre alte Elizabeth Dianne Knotts während eines Raubüberfalls in einem Motel in Cherokee County. Zwei Wochen später wurde eine 18-Jährige bei sich zu Hause vergewaltigt und erstochen. Debra Lynn O'Quinns sterbliche Überreste wurden später in einem nahe gelegenen Wald entdeckt.

Am 5. Januar 1980 erschmeichelten sich die beiden Männer den Zugang zum Haus der 76 Jahre alten Jamie L. Collins, die sie vergewaltigten und erstachen. Am 27. März wurde die 45-jährige Jo Scheffer zu Tode geprügelt und zerstückelt. Ihre Leiche wurde zwölf Stunden später in einer Kinderkrippe gefunden.

Am 12. Juli wurde die 24 Jahre alte Regina Azell Campbell tot unter einem Auto liegend gefunden. Sie war von beiden Männern vergewaltigt und dann erwürgt worden.

Am 20. Juli ereigneten sich die brutale Vergewaltigung und der Mord an Tammy Keel Conners. Die hübsche, 19-jährige Frau, die Model und Schauspielerin hatte werden wollen, war schreiend vom Straßenrand weggeschleift worden und hatte, bevor sie halb tot in eine Schlucht in der Nähe von Jacksonville geworfen worden war, unsägliche Grausamkeiten über sich ergehen lassen müssen.

Es ist unmöglich, die Gesamtzahl der Opfer von Lucas und Toole zu ermitteln. Die acht Morde sind vielleicht nur die Spitze des Eisbergs. Es ist jedoch bekannt, dass die beiden Männer am 22. Dezember erneut zugeschlagen hatten, als die 28 Jahre alte Brenda Elaine Harden, Mutter von zwei Kindern, vergewaltigt und erstochen in ihrem Schlafzimmer aufgefunden wurde.

Nachdem die Feiertage vorüber waren, brachte das neue Jahr 1981 den Bewohnern der Gegend auch keine Ruhe. Lucas sagte, sie hätten wieder und wieder getötet. Sicher beendeten sie das Leben der 58 Jahre alten heruntergekommenen Shirley Ogden, ihre sterblichen Überreste wurden am 14. April in der Nähe von Mülltonnen in einer Gasse gefunden.

Toole vergnügte sich zudem mit seinem kriminellen Hobby Brandstiftung. Er behauptete, »100 Brände« gelegt zu haben. Am 4. Januar 1982 ermordeten die beiden Männer den 65 Jahre alten George Sonenberg, der eine Woche später einen qualvollen Tod starb, nachdem Toole den betrunken daliegenden Mann mit Benzin überschüttet und angezündet hatte. Allem Anschein nach hatte dieses Vergehen mit einem misslungenen Raubüberfall begonnen, und wie es bei Brandstiftung ihre Gewohnheit war, schauten die Männer aus dem Gebüsch zu, wie die Flammen in den nächtlichen Himmel loderten, und versteckten sich, während die Feuerwehrleute gegen das Inferno kämpften und dabei Sonenberg mit schweren Verbrennungen bargen.

Da jeder Hinweis auf einen Raubüberfall und versuchten Mord verbrannt war, ging die Polizei zunächst davon aus, dass das Opfer das Feuer tragischerweise selbst gelegt hatte, als ihm im Schlaf eine brennende Zigarette aus der Hand gefallen sei. Dass Sonenberg nach Benzin roch, scheint von der Polizei übersehen worden zu sein. Toole bekannte sich später zu diesem Mord, als Polizeibeamte ihn nach seiner Verhaftung im Gefängnis von Raiford aufsuchten. Für dieses Verbrechen erhielt Toole die Todesstrafe.

Am 9. Januar 1982 und nur fünf Tage, nachdem sie George Sonenberg angezündet hatten, brachen Lucas und Toole in das Kinderheim von Jacksonville ein und »retteten«, wie sie sagten, Becky und Frank. Das Quartett machte sich auf eine Verbrechenstour, die noch durch einige weitere Bundesstaaten führen sollte, darunter Nevada, New Mexico und Texas.

* * *

In der Zwischenzeit hatten sich auf dem Schreibtisch des unermüdlichen Sheriffs Boutwell Akten zu 20 ungelösten Mordfällen angehäuft. Die letzten vier Monate waren für ihn anstrengend gewesen, und im Oktober 1981 hatte er sich zu einer gewagten Initiative gezwungen gesehen. Mit Unterstützung der in Waco untergebrachten Kompanie F der Texas Ranger und der Abteilung für Kriminalanalysen des Amts für öffentliche Einrichtungen in Austin, hatte Boutwell eine Zusammenkunft organisiert, um sämtliche Informationen zu den Interstate-Morden zu sammeln. 29 Polizisten und Repräsentanten aller Bundesstaaten, die die Interstate 35 durchläuft, kamen zum ersten Mal zusammen. Systematisch sichteten sie Fotografien, Zeugenaussagen und Beweise und verglichen den *modus operandi*, um das Geheimnis der Morde zu enträtseln.

Nach Weihnachten fasste Sheriff Boutwell die Ergebnisse zusammen: Die meisten der Opfer waren entlang der Interstate 35 entsorgt worden. Sie waren erschossen, erschlagen, erwürgt, angezündet, gekreuzigt, vergewaltigt, anal missbraucht und erstochen worden. Es hatte auch eine Fahrerflucht gegeben, die fast schon einem Mord gleichkam. Der Sheriff hatte mit einer Vielzahl von schrecklichen Morden zu tun und kämpfte unermüdlich für die Aufklärung.

Die Polizei und das Sheriffbüro in Jacksonville, Florida, sowie ihre Kollegen in Michigan und in anderen Orten, hatten ähnliche Probleme zu bewältigen. Und Lucas und Toole waren derweil als Mörder weiter auf der Interstate unterwegs und würden, wenn sie keine Fehler begingen, ihre mörderische Tour noch jahrelang fortsetzen. Zudem kam den beiden Männern noch etwas zugute: Für die Verbrechen, die sie begingen, waren nicht die Bundesbehörden zuständig, und so hatten das FBI und der US Marshals Service weder Interesse an den Taten noch die Befugnis dazu, aktiv zu werden. Damit war es den relativ unerfahrenen örtlichen Polizeidienststellen überlassen, die vorliegenden Verbrechen aufzuklären. Egal in welchem Bundesstaat, in welcher Stadt oder welchem Ort, diese Dienststellen hatten weder das Budget noch die Zeit oder auch das Interesse, eng zusammenzuarbeiten.

* * *

Henry Lucas war 40 Jahre alt und hatte sich in die 13 Jahre alte Becky verliebt, die, wenn sie wollte, wie eine 19-Jährige aussehen konnte. Die beiden Männer nutzten die Minderjährige oft, um arglose Lkw-Fahrer in ihr mörderisches Netz zu locken. Die gelangweilten, einsamen Fahrer, die lange Strecken zurücklegen mussten, konnten der Verlockung eines leicht bekleideten Mädchens, das eine Mitfahrgelegenheit suchte, nicht widerstehen. Das Ganze wurde zu einem gängigen Szenario: das Zischen der Bremsen, eine Wolke aus Schmutz und Staub, die pulsierenden Motoren dieser großen Lastwagen. »Spring rein, Mädchen«, riefen die Fahrer. Doch kaum war die Tür zur Fahrerkabine offen, blickten sie in die gefährliche Mündung einer geladenen Pistole.

Ähnlich wurde die »spärlich bekleidete« Becky eingesetzt, um einen Mord zu begehen. Als ihr Auto in der glühenden Sonne von Texas einmal heiß gelaufen war, hielten sie in Tyler County an. Becky klopfte an die Tür einer älteren Frau und bat um Wasser, um den Kühler wieder aufzufüllen. Die gutgläubige Dame bereitete für alle ein Frühstück zu, und während Becky und Frank ihre Spiegeleier, Hafergrütze und Schinken verzehrten, vergewaltigten die beiden Männer ihre Gastgeberin brutal und töteten sie mit zwei gezielten Schüssen in den Kopf.

Doch schließlich begann Toole nach Aussagen von Lucas, sich seltsam zu verhalten und Dinge zu tun, die ihm nicht gefielen. So misshandelte er zum Beispiel Becky, verstümmelte Leichen und grillte sogar das Fleisch ihrer Opfer und aß es. Dann war da noch ein anderes Problem. Ottis hatte sich in

Henry verliebt, der seinerseits in Becky verliebt war. Offenbar wollte Ottis Lucas nicht mit Becky – oder sonst jemandem, egal ob tot oder lebendig – teilen. Dass Lucas seine Opfer vergewaltigte, machte das Problem mit dem besitzergreifenden Toole nicht einfacher, und dieses Zerwürfnis brachte die beiden Männer schließlich auseinander. Zum Bruch kam es im Januar 1982, als Lucas ein junges Mädchen vergewaltigte und anal missbrauchte, während Becky und Frank dabei zuschauten und Ottis vor Wut kochte.

Toole, der nun fast vollständig wahnsinnig war, ließ seinen ganzen Hass an diesem Opfer aus, schlug gnadenlos auf das Mädchen ein und schlitzte ihm den Leib auf, bis es starb. Als er damit fertig war, machte Toole sich auf den Heimweg nach Jacksonville, während Lucas, Becky und Frank nach Kalifornien weiterfuhren.

80 Kilometer östlich von Los Angeles hielten sie in der unscheinbaren Stadt Hemet und blieben dort. Als Lucas sich auf die Suche nach Arbeit als Zimmermann machte, lernte er Jack und Becky Smart kennen, die mit der Restaurierung von Antiquitäten ihr Geld verdienten. Mit seinen im Gefängnis erworbenen Fähigkeiten unterstütze Lucas sie gegen Kost und Logis. Mit der Zeit schloss Mrs. Smart Henry in ihr Herz und entschied schließlich, dass er – obgleich er ihnen im Geschäft fehlen würde – der perfekte Mann für alles war, den ihre 80 Jahre alte Mutter Kate Rich in Ringgold, im Clay County in Texas, dringend brauchte. Die Smarts kauften Busfahrscheine für das Trio, drückten ihnen noch etwas Bargeld in die Hände und winkten ihnen zum Abschied nach.

* * *

Kate Rich war eine rüstige Witwe, die etwas Probleme beim Gehen hatte. Sie war beliebt bei ihren Nachbarn, nähte Patchwork-Decken, mochte frische Flusskrebse und erfreute sich an den häufigen Besuchen ihrer vielen Kinder, Enkel und Urenkel, von denen einige in der Nähe lebten. Als Henry mit einer Nachricht ihrer Tochter aus Kalifornien an ihre Tür klopfte, nahm sie ihn mit offenen Armen in ihrem Haus auf. Unwissentlich hatte Mrs. Smart ihrer Mutter den Engel des Todes geschickt.

Binnen kurzer Zeit sorgten Henrys schäbige Bekleidung, sein ungebildetes Gerede, seine Kraftausdrücke und sein seltsames Benehmen allerdings dafür, dass sich Kates Familie und Freunde zusehend unwohl mit dieser Situation fühlten. Abgesehen davon war er letztendlich auch nicht so nützlich wie erhofft. Es war entweder das, oder er war einfach stinkfaul. Die meiste Zeit des Tages rauchte er Zigaretten und trank Kaffee oder Bier. Nach einiger Zeit verabschiedete sich Frank – damit war einer weniger durchzufüttern – und ging seinen eigenen Weg. Kurz danach sagte Kate Henry und Becky, dass sie ebenfalls gehen sollten. Er sei ein Nichtsnutz und sie wollte nichts mehr mit ihm zu tun haben. Am nächsten Morgen zogen sie los und suchten sich eine neue Bleibe.

Die Sonne in Texas stand schon hoch am Himmel und die Temperatur lag deutlich über 37 Grad Celsius, als der Prediger Rubin Moore Henry und Becky an der Bushaltestelle von Ringgold stehen sah. Die beiden warteten auf eine Mitfahrgelegenheit. Er ließ sie einsteigen und fuhr sie zu seiner Kirche, 16 Kilometer südlich in Stoneburg, Montague County. 1994, als der Autor den Ort zusammen mit Paul Smith, einem Ermittler des Bezirksstaatsanwalts, besuchte, hatte sich dort nur wenig verändert. Es handelte sich bei dem Gotteshaus um eine umgebaute Hühnerfarm, die von einer kleinen Gruppe von Gläubigen bewohnt wurde, die gern für sich blieben und keinen Besuch empfingen.

Rubin Moore besaß eine Dachdeckerei, und so kamen der Prediger und Lucas überein, dass die beiden in einer Hütte wohnen und die Gemeinschaftsküche benutzen konnten. Im Gegenzug sollte Henry für Rubin Moore arbeiten, während Becky der Gemeinde bei der Hausarbeit helfen sollte.

Eine Zeit lang schien alles bestens zu sein. Becky war sehr glücklich, sie nahm an den sonntäglichen Gottesdiensten teil und besuchte, wann immer es ihr möglich war, Oma Rich, die ein Faible für das junge Mädchen hatte. Da sie so engen Kontakt mit den Mitgliedern der religiösen Gemeinschaft hatte, dauerte es nicht lange, bis auch Becky von deren Überzeugung angesteckt war.

Im August 1982 beschloss sie, ihr sündiges Leben aufzugeben, Henry zu verlassen und nach Florida zurückzukehren. Sie sagte ihm, dass er sie begleiten könne, wenn er sein verwerfliches Leben ändern würde. Am 24. August stritten sie bis tief in die Nacht, bis Henry schließlich einwilligte und mit ihr gehen wollte. Um Mitternacht packten sie leise ihr Hab und Gut zusammen, schlichen sich vom Anwesen, ohne jemanden darüber zu informieren, und machten sich auf den Weg, um nach Florida zu trampen.

In einer jener typischen heißen und stickigen Texas-Nächte befanden sie sich unter einer Straßenüberführung in Denton. Dort breiteten sie auf einem offenen Feld eine Decke aus und zogen sich aus. Henry legte zur Sicherheit sein großes Bowiemesser neben sich und wollte Sex mit Becky. Doch sie lehnte ab, und schon fingen sie wieder an, zu streiten. Auf einmal änderte Lucas seine Meinung, sagte, er wolle nun doch nicht nach Florida, sondern bei der religiösen Gemeinschaft bleiben. Doch Becky war entschlossen, ihren eigenen Weg zu gehen. Plötzlich schlug sie ihm ins Gesicht. Ohne lange nachzudenken rammte er ihr daraufhin das Messer in die Brust. Die Klinge fuhr durch ihr Herz und wenige Minuten später war sie tot. Als Lucas bewusst wurde, was er da angerichtet hatte, nahm er sie in den Arm und weinte.

Vor Sonnenaufgang beschloss Lucas, die Leiche vor Ort zu begraben. Er zog ihr einen Ring vom Finger, zerschnitt ihren Leib, steckte alles, außer den Beinen, in Kopfkissenbezüge und legte die in eine flache Grube. Dann band er einen Gürtel um die Beine und schleifte sie ins Gebüsch, wo sie von wilden Tieren aufgefressen werden sollten. Henry kehrte dann zur Gemeinde zurück und behauptete, Becky sei mit einem Lastwagenfahrer weggefahren. Er machte einen vollkommen ruhigen Eindruck, als er Rubin Moore gegenüber die Lüge wiederholte, und dem erschien die Geschichte offenbar durchaus plausibel.

Am 16. September, einem Donnerstagabend, kündigte Lucas an, er werde Oma Rich in die Kirche begleiten. Er machte sich also auf zu ihrem Haus, und da es noch zu früh für den Gottesdienst war, beschlossen sie, über die Grenze nach Oklahoma zu fahren, um dort ein bisschen Bier einzukaufen. Sie unterhielten sich während der Fahrt fast zwei Stunden lang, der Gottesdienst war schließlich längst vorbei. Dann geschah ein Mord.

Kate war eine regelmäßige Kirchgängerin und war wohl wütend, dass sie den Gottesdienst verpasst hatte. Als sie zu ihrem Haus fuhren, bog Lucas plötzlich von der Route 81 ab, fuhr an einem Bahngleis entlang, überquerte die Eisenbahnlinie in Richtung einer stillgelegten Ölquelle und trat dann fest auf die Bremsen. Warum genau Lucas Kate Rich tötete, ist nicht bekannt, und er wollte nicht über das Thema sprechen. Sicher ist aber, dass die alte Dame Becky sehr gemocht hatte und deshalb Lucas vielleicht ein paar sehr unbequeme Fragen gestellt hatte. Er erstach Kate, und als ihre Lungen den letzten Atemzug getan hatten, schlitzte er ihr ein Kreuz zwischen die Brüste und hatte Sex mit dem toten Körper. Danach zerrte er die Leiche über ein Nest von Feuerameisen und weiter hinunter in einen schilfumstandenen Wassergraben. Er schob Kate Rich in einen ausgetrockneten Abflusskanal und deckte die Leiche mit Balken ab, die er an der Bahnstrecke gefunden hatte. Ihre Kleidung vergrub er in der Nähe, dann fuhr er zur Gemeinde zurück.

Sheriff Conway aus dem Montague County war bekannt als gerissener »Spürhund«. Er erzählte mir, dass Kates Verwandte sich wegen ihres Verschwindens große Sorgen gemacht hatten und damit zu ihm gekommen waren. Der Sheriff fand schnell heraus, dass Kate lebend zuletzt in Begleitung von Lucas gesehen worden war. Also holte er ihn für ein Verhör auf die Wache. Doch der Mann sagte keinen Ton. »Ich hatte keine Beweise, um diesen Hurensohn einzusperren«, berichtet Conway. »Natürlich überprüfte ich ihn im Computer des Nationalen Zentrums für Kriminalinformationen und ja, Lucas hatte Vorstrafen. Doch das genügte nicht, also musste ich ihn freilassen. Aber wir behielten ihn im Auge, das war klar.«

Lucas' Ende war nun nicht mehr fern, denn er hatte zwei ernsthafte Probleme. Kate Rich und Becky Powell waren als vermisst gemeldet, und beide waren zuletzt zusammen mit ihm gesehen worden. Da sich in dieser Gegend Nachrichten schnell verbreiteten, wiesen nun Dutzende anklagende Finger auf ihn. Deshalb verließ er den Ort und behauptete, er wolle Becky suchen.

Von Ringgold aus fuhr er nach Kalifornien, wo er bei den Smarts vorbeischaute, um seine Unschuld zu bekräftigen. Doch während er dort war, entdeckte Mr. Smart Blut auf Henrys Autositz und kontaktierte die örtliche Polizei, die wiederum Sheriff Conway anrief.

Den Rest des Oktobers verbrachte Lucas damit, im Land herumzuvagabundieren, dann kehrte er törichterweise nach Montague County zurück. Dort hatte der »Spürhund« einen alten Haftbefehl für Lucas aus Maryland gefunden, weil er gegen seine Bewährungsauflagen verstoßen hatte. Dies bot Sheriff Conway die Möglichkeit, seinen Verdächtigen zu verhaften. Er unterzog ihn daraufhin einem Test mit einem Lügendetektor, der belegte, dass

Lucas im Zusammenhang mit Kate Rich nicht die Wahrheit sagte. Dies war jedoch kein ausreichender Beweis, um ihn des Mordes anzuklagen, und so schickte Conway, im Bemühen, Lucas noch länger festzuhalten, seinen Kollegen in Maryland ein Fernschreiben. Die Polizei von Maryland informierte Sheriff Conway jedoch kurz und knapp, man habe kein Interesse mehr an Lucas und werde sicherlich auch nicht die Kosten für die Auslieferung in ihren Zuständigkeitsbereich übernehmen. Wieder wurde Lucas freigelassen.

* * *

Einige Monate lang fuhr Lucas über die Interstate-Fernstraßen Amerikas. Er besuchte Mexiko, Kalifornien und Illinois, wo er Gloria Ann Stephens kennenlernte, die er nach Texas mitnahm. Er tötete sie und entsorgte die Leiche außerhalb des Ortes Magnolia, in der Nähe von Huntsville. Dann kehrte er skrupellos zu der religiösen Gemeinschaft zurück. Aus Sorge, jemand könne zufällig auf die Leiche von Kate Rich stoßen, fuhr er zum Abflusskanal und sammelte die sterblichen Überreste ein, die er später in einem Ofen der Gemeinde verbrannte. Die Asche warf er in den Hausmüll, damit sie auf normalem Wege entsorgt wurde.

Am 9. Oktober 1982 befragten der Sheriff von Wise County, Phil Ryan aus Decatur, und der Sheriff von Denton County, Weldon Lucas, Henry in der Kirchengemeinde, doch noch immer wurden keine Anklagen erhoben. Nachdem die Gesetzeshüter weg waren, ging er zu Kate Richs Haus und setzte es in Brand. Dann wollte er wieder nach Kalifornien. In Tucamari, New Mexico, hatte sein Auto eine Panne. Also rief er Rubin Moore an und bat ihn, ihm zu helfen und nach Montague County zu bringen.

Der »Spürhund« Conway hatte sich seinen Beinamen dadurch verdient, dass er ein überaus hartnäckiger Ermittler war. Er fand heraus, dass Rubin Moore eine Pistole Kaliber 22 an sich genommen hatte, die Lucas ihm zur sicheren Verwahrung anvertraut hatte. Die Sache mit dem Verstoß gegen die Bewährungsauflagen in Maryland hatte zwar wenig gebracht, aber nun hatte Conway einen grundsoliden Anlass, Lucas festzunehmen. »Es gilt als Verbrechen, wenn ein Ex-Häftling, der wegen eines Gewaltdelikts verurteilt wurde, eine Schusswaffe besitzt«, erklärte Conway. »Ich rieb mir vor Freude die Hände.«

Der »Spürhund« nahm Lucas in der Kirchengemeinde fest. Er steckte ihn in eine Zelle, in der Henry sich bald über die Kälte beklagte – der Sheriff hatte die Klimaanlage absichtlich so hoch gedreht, um seinen Verdächtigen mit Eiseskälte zum Reden zu bringen. Zudem verweigerte er ihm Zigaretten und Kaffee. Lucas beklagte sich bitterlich: »Sie wissen ganz genau, Sheriff, wie Sie einen Mann kleinkriegen.«

Letztlich war es unvermeidlich, dass Lucas aufgab, denn er rauchte üblicherweise bis zu 80 Zigaretten am Tag, trank literweise Kaffee und hasste Kälte. Nach kurzer Zeit gestand er eine Vielzahl von Morden, zeichnete Bilder seiner Opfer und schrieb Seiten mit Notizen wie diesen voll:

»eine getötet in new
york
helles Braunes haar
Blaue augen
New York
Buffalo
wäre Erwürgt Worden
mit weißer kordel
goldohr
beine
hatte kleid
in der wohnung
Joanie
mit hübschen zähnen
und vorn einer zahnlücke
Top Zähne
Blaue Augen kleines Bein
Ohr
Haare über die schultern
durch über
Brücke
mit kopf und fingern
vermisst«

Am 1. Oktober 1983 bekannte sich Lucas in Wichita Falls des Mordes an Kate Rich schuldig und bekam eine Haftstrafe von 75 Jahren. Doch er musste auch noch für den Mord an Becky geradestehen, und dafür stand er in Denton County vor Gericht. Zu seiner Verteidigung brachte er vor, dass er sie nicht habe töten wollen und das Ganze bei einem Streit in der Hitze des Gefechts geschehen sei. Als sich Henrys Anwalt, Tom Whitlock, an die Geschworenenjury wandte, gab er den einzigen Milderungsgrund an, der ihm möglich war. »Ich denke, es war wohl eher ein Unfall«, sagte er. Zwischen dem, was Tom Whitlock vorbrachte, und dem, was die mit sieben Männern und fünf Frauen besetzte Jury letztlich glaubte, lagen allerdings Welten. Am 10. November 1983 zogen sie sich für zwei Stunden zur Beratung zurück und einigten sich auf einen Schuldspruch. Der Richter verurteilte Lucas daraufhin zu lebenslänglich.

In Texas bedeutete eine Verurteilung zu lebenslänglich nicht unbedingt auch lebenslängliche Haft, so war es gut möglich, dass Lucas irgendwann auf Bewährung entlassen würde. Jim Boutwell, der Sheriff von Williamson County, hatte jedoch andere Pläne. Wäre es nach ihm gegangen, wäre Lucas für den »Orange Socken Mord« auf dem elektrischen Stuhl gelandet.

Boutwell hatte Lucas befragt, als dieser wegen des Mordes an Kate Rich angeklagt worden war. Er hatte ihm ein Foto der Leiche gezeigt und dabei sorgfältig den Bereich des Halses abgedeckt, damit Lucas die Todesursache nicht gleich erkennen konnte. Der Verdächtige hätte eine Reihe von Ursachen nennen können, stattdessen sagte er: »Ja, das war eine Tramperin, die hab ich wohl erwürgt.« Er fuhr fort und nannte noch weitere Details zu diesem Mord sowie zu weiteren 156 Morden im ganzen Land. Aber dieses Geständnis zum Mord an der unidentifizierten Leiche war alles, was Sheriff Boutwell brauchte. Um einen Widerruf zu vermeiden, filmte er das Geständnis mit einer Videokamera.

Die Todesstrafe wird in den Vereinigten Staaten in der Regel verhängt, wenn ein Mord mit einem anderen schweren Vergehen einhergeht, was das Verbrechen noch schwerwiegender erscheinen lässt. Obwohl der Anwalt seinem Mandanten dringend empfahl, den Mund zu halten, sprach Lucas immer weiter und gestand, dass er die »orange Socke« vor und nach ihrem Tod vergewaltigt habe. Nach einem solchen Eingeständnis ist eine Verurteilung zum Tod rechtlich eigentlich nur noch Formsache. Lucas hatte einen Fahr-schein in sein eigenes Verderben erworben.

* * *

Hauptmann Bob Prince von der Kompanie F der Texas Ranger war ein he-rausragender Gesetzeshüter. Er wog mehr als 90 Kilogramm, war 1,93 Me-ter groß und ein großartiger Polizist. Er war damit beauftragt worden, die 875 Polizeidienststellen mit mehr als 1000 Ermittlern, die Lucas zu in ihren jeweiligen Zuständigkeitsbereichen begangenen ungelösten Mordfällen be-fragen wollten, zu koordinieren. Es gab so viele Anfragen, dass er die Befra-gungen sechs Monate im Voraus buchen musste. Lucas war nun so bekannt, dass Bob Prince schriftliche Aufzeichnungen zu den meisten Telefonanrufen und schriftlichen Anfragen anfertigte.

Lucas stand nun im Mittelpunkt des größten Kriminalfalls der Welt und genoss offenbar jeden Augenblick. In einem teuren neuen Anzug, Hemd und Schuhen besuchte er zum ersten Mal in seinem Leben einen Zahnarzt und ließ sich Zahnprothesen anpassen. Polizisten wetteiferten darum, sich mit Henry Lucas, dem schlimmsten Serienmörder in der Geschichte Amerikas, fotografieren zu lassen. Offenbar wurden keine Kosten gescheut, denn die Polizei wollte unbedingt so viele Verbrechen wie möglich aufklären.

Im April hatte die Polizei scheinbar 190 Fälle gelöst, obgleich Bob Prince erklärte, dass die Zahl wohl auf 3000 oder mehr gestiegen wäre, wenn es nach Henry gegangen wäre. In ihrer vorschnellen Begeisterung, endlich ungelöste Mordfälle klären zu können, kümmerten sich die Beamten nicht weiter da-rum, dass Henry oft Morde gestand, die am gleichen Tag ungefähr 1000 Ki-lometer voneinander entfernt begangen worden waren, und das zu einer Zeit, als er nur zu Fuß unterwegs gewesen war.

Während sich die Akten häuften, versuchte die Polizei bei den Morden ein wiederkehrendes Muster herauszuarbeiten, was allerdings nur selten glückte. Abgesehen von den Morden entlang der Interstate 35 und in Jacksonville, die Gemeinsamkeiten bei der Vorgehensweise aufwiesen, wurden die Morde mit Pistolen, Gewehren, Schrotflinten, Tischbeinen, Telefonschnüren, Vasen, Messern, Hämmern, Reifenhebern, Kanthölzern, Äxten, Staubsaugerkabeln, Nylonschnüren, Feuer oder gar mit einem Auto begangen. Auch wenn Lucas behauptete: »Sie wurden auf jede erdenkliche Weise getötet, außer mit Gift«, besteht mittlerweile Einigkeit darüber, dass er tatsächlich wohl nur einen Teil der Menschen umgebracht hat, deren Mord er gestanden hat. Bevor Sheriff Boutwell vor ein paar Jahren starb – ohne dass sich sein Wunsch, Lucas exekutiert zu sehen, erfüllt hatte –, wurde er von einem britischen Fernsehteam zu eben diesem Thema interviewt.

Boutwell war fest davon überzeugt, dass Lucas Hunderte von Menschen getötet hatte, doch als er mit Beweisen konfrontiert wurde, die etwas anderes nahelegten, lehnte er jeden weiteren Kommentar dazu ab und warf die Dokumentarfilmer aus seinem Büro. Bob Prince nahm an, dass Lucas 30 Menschen ermordet hatte, wenn überhaupt.

* * *

Mittlerweile ist bekannt, dass die Struktur und Qualität der familiären Interaktion ein wichtiger Faktor für die Entwicklung eines Kindes ist. Das gilt besonders für die Weise, in der das Kind Familienmitglieder, ihre Interaktion mit dem Kind und untereinander wahrnimmt.

Das FBI konstatiert: »Bei heranwachsenden Kindern ist die Qualität ihrer Bindungen zu den Eltern und zu anderen Familienmitgliedern entscheidend dafür, wie diese Kinder später als Erwachsene zu anderen Mitgliedern der Gesellschaft stehen und wie sie diese zu schätzen wissen. Diese frühen Bindungen im Leben (auch Bonding genannt) bestimmen grundsätzlich, wie ein Kind mit Situationen außerhalb der Familie umgehen wird.«

Der Psychotherapeut, Neuropsychologe und Neurowissenschaftler Dr. R. Joseph ist als kreativer, einfühlsamer und fundierter Theoretiker und Wissenschaftler hoch angesehen. Er gilt als Experte im Bereich Gehirn *und* Psyche. Was hat Dr. Joseph also zu diesem Thema zu sagen? In seinem Buch *The Right Brain and the Unconscious* schreibt er:

> *»Wenn ein Baum wächst, verschwindet der junge Baum, der er einst war, nie; Schicht für Schicht wächst Holz um den Kern. Tief in seinem Innern lebt der junge Baum, der er einmal war, noch immer. Die Art und Weise, wie der junge Baum sich entwickelt hat, die Kräfte, die auf ihn eingewirkt haben, die Drehungen, Wendungen, Biegungen und Brüche, die durch Wind*

und Regen, Menschen oder Krankheiten verursacht wurden, bestimmen die Form, die der Baum im Laufe seines Reifens und Alterns annimmt. Ganz gleich, wie gut er gepflegt wird, nie wird er die Vernachlässigung, die er als junge Pflanze erlitten hat, überwinden. Würden wir diesen Baum fällen und seinen innersten Kern untersuchen, würden wir entdecken, dass der junge Baum, der er einmal gewesen ist, in seinem zentralen Kern weiter existiert. Er ist lebendig und behält seine ursprüngliche Form für immer. Was der junge Baum einmal war, wird er immer sein. Was er war, ist die Grundlage für das, was er sein wird.

Der ausgewachsene Baum behält diesen lebendigen Kern, nachdem er aus ihm herausgewachsen ist. Würden wir diesen zentralen Kern herausreißen, würde der Baum absterben, denn die Unversehrtheit des Baumes [sein Überleben] hängt von ihm ab. Wenn der zentrale Kern schwach und krank ist, dann wird der ausgewachsene Baum, ganz gleich, wie fachkundig die Pflege ist, so schwach sein wie seine Basis.

So wie der lebende Baum seinen frühen Kern behält, so steckt in jedem von uns das Kind, das wir einmal waren. Dieses Kind bildet die Grundlage dessen, wie wir uns entwickelt haben, wer wir sind und was wir sein werden.«

Betrachtet man Henrys Kindheit, dann ist deutlich, dass er während dieser Zeit zweifellos psychisch geschädigt wurde. Wie viele Fachleute bestätigen werden, erleiden aber Millionen von Menschen aus allen Gesellschaftsschichten und Kulturen ähnliche Misshandlungen und werden dadurch nicht zu Serienmördern.

In seinem Buch mit dem Titel *Serial Killers – the Growing Menace* widmet sich der inzwischen verstorbene Joel Norris Henrys Ernährung als Kind:

»Diese Jahre der Unterernährung, insbesondere während seiner Kindheit, führten zu einer mangelhaften Entwicklung des Gehirngewebes sowie zu einer Beeinträchtigung des Urteilsvermögens und der kognitiven Leistungsfähigkeit. Erst während seiner Inhaftierung wurde seine Ernährung so weit stabilisiert, dass er nicht mehr unter erhöhten Blutzuckerwerten und schwerem Vitaminmangel litt.«

Doch auch wenn dies alles stimmen mag, bezweifle ich angesichts der vorliegenden Fallgeschichte, dass dies die ganze Wahrheit ist.

Es ist bekannt, dass Lucas' Verhalten im Gefängnis gelinde gesagt extrem psychotisch und dissozial war, weshalb ihm Prozac verschrieben wurde, ein Medikament, das seine Emotionen wirkungsvoll kontrollierte. Diese Behandlung hat Lucas, vielleicht in Kombination mit der ausgeglichenen Ernährung, während seiner Haftzeit zur Ruhe kommen lassen. Im strukturierten Strafvollzug beruhigen sich Häftlinge allerdings oft und verhalten sich verantwortungsbewusster, in dieser Hinsicht war Lucas also kein Einzelfall.

Vor seinem Tod befragte ich Lucas einige Male. Er wirkte auf mich wie ein Zombie, aber ein freundlicher Zombie. Der Cocktail aus psychischer und körperlicher Misshandlung, Drogenkonsum, Unfällen, vier Schachteln Zigaretten pro Tag, erheblichem Alkoholkonsum und einer schlechten Ernährung hat sicherlich einen fortschreitenden Zerfall seines neurologischen Systems verursacht. Joel Norris weist darauf hin: »Die physischen Verbindungen zwischen den verschiedenen Bereichen des Gehirns, die Hunderte Millionen elektromechanischen Schalter, die die urzeitlichen Gefühle von Gewalt angesichts eines gestörten Sozialverhaltens kontrollieren, funktionierten einfach nicht richtig.«

Wir haben es hier also mit einem Mann zu tun, der wie so viele ähnliche Verbrecher schon emotional und sozial gestört war, bevor er das Teenageralter erreicht hatte. Für ihn war das Leben lediglich der Versuch, seine gestörten Triebe von Tag zu Tag zu befriedigen. Natürlich soll nichts von all dem, was hier angesprochen wird, dazu dienen, Lucas im juristischen Sinne als unzurechnungsfähig zu erklären. Er kannte den Unterschied zwischen richtig und falsch, gut und böse. Er wusste, dass er sich mit seinen Taten jenseits der gesellschaftlichen Ordnung bewegte, und die Folgen, das Blutbad und das Leid, das er mit all seinen Morden verursachte, kümmerten ihn nicht im Geringsten.

Während des letzten Gesprächs mit Lucas behauptete er, er hätte nie jemanden getötet. Becky Powell sei noch immer am Leben und es gehe ihr gut, sagte er, obgleich die Polizei inzwischen an einer von Lucas bezeichneten Stelle im Denton County einen Haufen ausgebleichter Knochen geborgen hatte. Es gab jedoch keine sicheren Beweise dafür, dass es sich dabei um die Überreste von Becky Powell handelte. Zudem muss der Ehrlichkeit halber auch erwähnt werden, dass sich tatsächlich eine Frau gemeldet hat, die behauptete, Becky Powell zu sein. Sie hat sogar angeboten, sich einem Test mit einem Lügendetektor zu unterziehen und Blutproben abzugeben, die für eine DNA-Analyse genutzt werden könnten. Die Polizei hatte kein Interesse daran, selbst wenn es nur als interessante Übung oder Bestätigung hätte dienen können. Aber was, wenn Becky tatsächlich noch leben würde? War alles ein Werk des Teufels und der Anhänger der Sekte Die Schwarze Hand des Todes? Real existierende Zombies, die aus einem texanischen Grab zurückkehren? Das ist die Art von Stoff, für den jede Filmgesellschaft, die Horrorfilme produziert, eine ansehnliche Summe zahlen würde!

»Kate Rich habe ich auch nicht getötet«, jammerte Henry. Leider gab es von ihr nur noch Aschereste, die der Wind irgendwohin geweht hatte. Niemand konnte aufgrund dieser Spuren noch jemanden identifizieren. Allerdings wurden *tatsächlich* Teile ihrer Brille in der Nähe des Ofens gefunden, in dem er ihre Leiche, wie er ursprünglich angegeben hatte, eingeäschert hatte.

Gegen Ende unseres letzten Gesprächs fragte ich Henry, wie er denn so viele Polizisten zu den provisorischen Gräbern der Leichen hatte führen können. Wie hatte er Einzelheiten beschreiben können, die nur der Mörder wissen konnte. Seine eigenartige Antwort lautete, man habe ihm Bilder der Leichen an Ort und Stelle gezeigt, so habe er diese Informationen ableiten können. Das forderte natürlich die Frage heraus: »Wie konnten Sie wissen, wo die Leichen abgelegt worden waren?«

Und wieder gab Lucas eine Antwort, die er für glaubwürdig hielt. »Sie [die Polizei] brachte mich zuvor dorthin, und dann kamen sie danach wieder zu mir und fragten mich, wo die Leichen seien.«

Doch die Polizei hatte in Wirklichkeit keine Ahnung, wo die Leichen lagen, bis Henry es erzählt hatte.

In einem allerletzten Versuch, Henry dazu zu bringen, die ganze Wahrheit zu sagen, fragte ich ihn nach dem Mord an seiner Mutter. Während er mit seinem Hemdärmel sein Glasauge trocken wischte, entgegnete er: »Nee, ich habe noch nie jemanden getötet. Ich habe mir nur immer eingebildet, ich hätte sie getötet. Aber meine Schwester hat auf dem Sterbebett gestanden, dass sie meine Mutter getötet hat … Das habe ich nicht gewusst. Dafür gibt es auch eine Zeugin, doch die ist auch schon tot.«

Nur zwei Wochen zuvor hatte Lucas Besuch von Polizeibeamten. Während diesem Gespräch hatte er zwei weitere Morde gestanden und den Beamten detaillierte Hinweise zu den Verstecken der Leichen gegeben. Daraufhin wurden die toten Körper geborgen.

Henry Lee Lucas erinnerte mich an ein seltenes prähistorisches Tier, das in Bernstein konserviert wurde. Er war in seiner Gemeinheit auch faszinierend. So abstoßend und psychisch gestört, wie er war, verkörperte er in diesem texanischen Gefängnis, einem Sammelsurium krimineller Gestalten, perfekt den Typus des Serienmörders.

* * *

Ottis Elwood Toole starb im September 1996 im Gefängnis an Leberzirrhose. Der verurteilte Mörder Henry Lee Lucas wurde am 25. Juni 1998 vom damaligen Gouverneur von Texas und späteren Präsidenten der Vereinigten Staaten, George W. Bush, aus dem Todestrakt und vor der fast sicheren Hinrichtung gerettet.

Bush sagte: »Henry Lee Lucas hat sich zwar eine Reihe fürchterlicher Verbrechen zuschulden kommen lassen, doch seine Schuld in diesem Fall [orange Socken] konnte nicht eindeutig bewiesen werden.«

Arbeitsaufzeichnungen und ein eingelöster Barscheck wiesen darauf hin, dass Lucas in Florida gewesen war, wo er als Dachdecker gearbeitet hatte, und diese Belege trugen das Datum, an dem der betreffende Mord geschehen war. Natürlich konnte Lucas nicht an zwei Orten gleichzeitig gewesen sein, und inzwischen gibt es gute Gründe für die Annahme, dass der inzwischen verstorbene Sheriff Boutwell dies auch wusste.

In Texas hat ein Gouverneur die gesetzliche Vollmacht, ein Todesurteil umzuwandeln, allerdings nur auf Empfehlung einer Mehrheit des mit 18 Mitgliedern besetzten Begnadigungsausschusses. Der gleiche Ausschuss wies ein Gnadengesuch von Karla Faye Tucker ab, einer 38 Jahre alten Frau, die gestanden hatte, zwei Menschen mit einer Spitzhacke getötet zu haben. Sie erklärte jedoch, sie habe im Gefängnis zum Glauben gefunden, und bat um Gnade. Am 3. Februar 1998 wurde sie hingerichtet.

In der Amtszeit von Gouverneur Bush hat eine Mehrheit des Ausschusses nur bei einer Gelegenheit die Umwandlung einer Todesstrafe empfohlen.

Die einzige Befugnis, die ein Gouverneur von Texas im Falle von Todesstrafen hat, ist, eine einmalige Verschiebung der Hinrichtung um 30 Tage zu gewähren. Im Zeitraum von der Amtseinführung Bushs bis zum Tag der Umwandlung von Lucas' Urteil waren 134 Hinrichtungen ausgeführt worden.

»Es gibt eine 80-prozentige Chance, dass ich eines Tages aus dem Gefängnis entlassen werde«, erklärte Lucas dem Journalisten Michael Graczyk. »Er [Bush] setzt sich für das ein, woran er im Blick auf das Gesetz glaubt, und das Gesetz sagt, dass kein unschuldiger Mensch hingerichtet werden darf«, fügte Henry hinzu, dessen Hinrichtung mit einer Giftspritze für den 1979 begangenen »Orange Socken Mord« im Williamson County auf den 30. Juni angesetzt war.

Am 30. Juni wurde er aus dem Todestrakt in das Diagnostische Zentrum des texanischen Amtes für Strafjustiz in Huntsville gebracht, wo er medizinischen und psychiatrischen Tests unterzogen wurde, um zu prüfen, ob er gesund genug war, um hingerichtet zu werden. Sein Gespräch mit den Psychiatern dauerte ungefähr eine Minute. »Sie haben meine Akte verändert«, berichtete er danach. »Sie sagten, ich sei verrückt. Dann haben sie die Akte hierhergeschickt; ich bin wieder zu diesen Leuten gegangen. Sie haben gesagt: ›Die haben Sie in einen Irren verwandelt.‹ Diese Leute haben meine Akte so verändert, wie sie sie haben wollten. Ich bin nur ein Mensch, der seine Zeit absitzt, der versucht, diese falschen Dinge aufzuklären und zurück zu seinem eigenen Leben zu finden. Das ist alles, was ich will.«

Henry war nur knapp seiner Hinrichtung entkommen und wurde eine Woche später wieder zurück in die Ellis-Haftanstalt gebracht. Aber statt im Todestrakt wurde er nun bei den gewöhnlichen Strafgefangenen untergebracht.

Sein Leben unter den normalen Gefangenen verlief nicht ohne besondere Auflagen. Auch hier wurden ihm die Hände hinter seinem Rücken gefesselt, wenn er auf den Gängen unterwegs war, so wie es im Todestrakt üblich gewesen war. Er bekam nun auch eine neue Gefangenennummer, seine dreistellige Nummer aus dem Todestrakt wurde gegen eine reguläre sechsstellige Nummer ausgetauscht.

»Da ist alles ganz anders«, sagte er über den Todestrakt. »Man ist immer angespannt. Kommt man dann zu den normalen Gefangenen, ist das nicht so.« Er erzählte, dass sein Zellengenosse eine sofortige Verlegung beantragt hätte, als er mitbekommen hatte, dass Lucas sein neuer Zellengenosse war. Daraufhin bekam Henry eine eigene Zelle zugeteilt.

Bush, der versichert hatte, dass Lucas nie aus dem Gefängnis entlassen würde, gab an, dass Fragen, die Lucas und andere bezüglich des Mordes, für den er letztendlich zum Tod verurteilt worden war, aufgeworfen hatten, ihn davon überzeugt hätten, der Strafumwandlung zuzustimmen. »Ehrlich gesagt war ich geschockt«, meinte Lucas. »Ich hätte nicht gedacht, dass er das machen würde. Alle waren dagegen. Er setzte sich für das ein, woran er glaubte. Ich hatte aufgegeben, ja. Jeder mit so vielen Vorstrafen wie ich hätte das getan. Aber ich habe nur meine Mutter getötet, und dafür hab ich meine Zeit abgesessen.«

Am Montag, dem 12. März 2001, starb Henry Lee Lucas im Alter von 64 Jahren an einem Herzinfarkt. Nachdem er über Brustschmerzen geklagt hatte, war er aus seiner Zelle in die medizinische Abteilung der Haftanstalt gebracht worden, und um 22.17 Uhr wurde er für tot erklärt. Nach einer Autopsie in der medizinischen Fakultät der Universität von Texas in Galveston, wurde er am Donnerstag, dem 15. März, auf dem Peckerwood-Hill-Friedhof in Huntsville begraben, der letzten Ruhestätte Tausender Gefangener der texanischen Strafverfolgungsbehörden, deren Leichen weder von Freunden noch von der Familie eingefordert wurden.

Über 500 Personen waren bei der Beerdigung anwesend, mehr als dreimal so viele, wie bis dahin jemals der Beerdigung eines Mörders beigewohnt hatten.

Dieses Kapitel basiert auf exklusiven Gesprächen zwischen Christopher Berry-Dee und Henry Lee Lucas, die 1996 im Todestrakt der Ellis-Haftanstalt in Huntsville, Texas, geführt wurden, sowie auf zusätzlicher Korrespondenz und Recherchearbeit.

368 Seiten
24,99 € (D) | 25,70 € (A)
ISBN 978-3-7423-1336-2

Stephen Kinzer

Project Mind Control

Sidney Gottlieb, die CIA und das LSD – wie der amerikanische Geheimdienst versuchte, das Bewusstsein zu kontrollieren

Grausame Menschenversuche in Geheimgefängnissen, neue Foltermethoden, bewusstseinsverändernde Drogen und nicht nachweisbare Gift-Attentate – alles im Auftrag der CIA und amerikanischer Präsidenten. Das ist nicht der Plot eines Hollywoodstreifens, sondern Teil der Biografie des Chemikers Sidney Gottlieb, einer der tödlichsten Geheimwaffen der CIA bis in die 1970er-Jahre. Als Leiter des streng geheimen MK-ULTRA-Projekts forschte er an Wegen, das Bewusstsein von Menschen zu kontrollieren. Der Journalist Stephen Kinzer bringt Licht in dieses dunkle Kapitel der amerikanischen Geschichte. Anhand neuer dokumentarischer Recherchen und Originalinterviews zeigt Kinzer, wie skrupellos die US-Regierung Experimente an »entbehrlichen« Menschen durchführte, um dem vermeintlich höheren Zweck der inneren Sicherheit zu dienen.